SECRETS D'ÉTAT

1870 / 1945 LES GRANDS DOSSIERS DU MINISTÈRE DE L'INTÉRIEUR

Ouvrage publié sous la direction de Jean-Baptiste Bourrat.

L'Iconoclaste
27, rue Jacob, 75006 Paris
Tél : 01 42 17 47 80
iconoclaste@editions-iconoclaste.fr
www.editions-iconoclaste.fr

Bruno Fuligni

SECRETS D'ÉTAT

1870/1945 LES GRANDS DOSSIERS DU MINISTÈRE DE L'INTÉRIEUR

L'ICONOCLASTE

DU MÊME AUTEUR :

Les Constituants de l'Eldorado ou la république de Counani, Plein Chant, 1997.
L'État c'est moi. Histoire des monarchies privées, principautés de fantaisie et autres républiques pirates, Les Éditions de Paris – Max Chaleil, 1997.
Le Feu follet de la République. Philibert Besson, député, visionnaire et martyr, Éditions Guénégaud, 1999.
La Chambre ardente. Aventuriers, utopistes, excentriques du Palais-Bourbon, Les Éditions de Paris – Max Chaleil, 2001.
Victor Hugo président ! Les Éditions de Paris – Max Chaleil, 2002.
L'Île à éclipses. Histoire des apparitions et disparitions d'une terre française en Méditerranée, Les Éditions de Paris – Max Chaleil, 2003.
Jules Verne en verve, Éditions Horay, 2004.
Les Quinze mille. Députés d'hier et d'aujourd'hui, Éditions Horay, 2006.
La Police des écrivains, Éditions Horay, 2006.
Votez fou ! Candidats bizarres, utopistes, chimériques, mystiques, marginaux, farceurs et farfelus : de 1848 à nos jours, les élus auxquels vous avez échappé, Éditions Horay, 2007.
Dans les secrets de la police. Quatre siècles d'Histoire, de crimes et de faits divers, L'Iconoclaste, 2008.
La Parlotte de Marianne. 1 000 mots d'argot politique, Éditions Horay, 2009.
Présentation du *Dictionnaire de la racaille*, manuscrit inédit d'Adolphe Gronfier, Éditions Horay, 2010.
Dans les archives inédites des services secrets. Un siècle d'Histoire et d'espionnage français (1870-1989), L'Iconoclaste, 2010.
La France rouge. Un siècle d'histoire dans les archives du PCF, Les Arènes, 2011.
Petit Dictionnaire des injures politiques, L'Éditeur, 2011.
Le Livre des espions, L'Iconoclaste, 2012.
Les Frasques de la Belle Époque, Albin Michel, 2012.
La Tortue d'Eschyle et autres morts stupides de l'Histoire, Les Arènes (en collaboration), 2012.
Présentation de *Dans l'enfer du bagne. Mémoires d'un transporté de la Commune*, manuscrit inédit d'Alexis Trinquet, Les Arènes, 2013.
Le Monde selon Jaurès, Tallandier, 2014.
Tour du monde des terres françaises oubliées, Éditions du Trésor, 2014.
Secrets d'État. Les Grands Dossiers du ministère de l'Intérieur, 1870-1945, L'Iconoclaste, 2014.

Les Gastronomes de l'extrême. Du potage de hannetons au rôti de baleineau, les repas des grands voyageurs racontés par eux-mêmes, Éditions du Trésor, 2015.

Raccourcis. Dernières paroles stupéfiantes et véridiques devant la guillotine, Éditions Prisma, 2015.

Dieu au Parlement, Omnibus, 2015.

Le Musée secret de la police, Gründ, 2015.

Justiciers, Perrin/Sonatine, 2015.

Présentation de *Un Libertin chez les Esquimaux*, manuscrit inédit de Georges Péan, Éditions du Trésor, 2016.

Royaumes d'aventure. Ils ont fondé leur propre État, Les Arènes, 2016.

Paris en relief, Les Arènes, 2016.

L'art de retourner sa veste sous tous les régimes. De l'inconstance en politique, Vuibert, 2016.

Souvenirs de police, collection « Bouquins », Éditions Robert Laffont, 2016.

Histoire amusée des promesses électorales, Tallandier, 2017.

L'Évêque Cauchon et autres noms ridicules de l'histoire, Les Arènes, 2017.

Atlas des zones extraterrestres, Arthaud, 2017.

Mata Hari. Les vies insolentes de l'agent H 21, Gallimard, 2017.

L'Affreux du Panthéon, Les Éditions de la Table ronde, 2018.

Mai 68. L'Envers du décor, Gründ, 2018.

Tour du monde à travers la France inconnue, Les Éditions du Trésor, 2018.

Républiquissime. Petites et grandes histoires de la vie politique, Armand Colin, 2018.

Le Bureau des légendes décrypté, L'Iconoclaste, 2018.

LE FONDS PANTHÉON

Anne Leblay-Kinoshita
Conservateur du patrimoine

Émilie Charrier
Chargée d'études documentaires au département de la Justice et de l'Intérieur des Archives nationales

Les Archives nationales conservent des centaines de milliers de dossiers individuels émanant du fichier central du ministère de l'Intérieur créé dans les années 1930 pour regrouper, en un même lieu, tous les dossiers de surveillance politique, d'affaires judiciaires ou de contrôle des étrangers éparpillés depuis la fin du XIXe siècle dans les différents services de la direction de la Sûreté générale (actuelle direction centrale de la Police nationale).

Parmi ces centaines de milliers de dossiers, environ cinq cents constituent ce que l'on appelle communément le fonds Panthéon. On y trouve des dossiers individuels de syndicalistes, de journalistes, d'hommes politiques du premier XXe siècle – Léon Gambetta, Aristide Briand ou Léon Blum –, des dossiers d'affaires politico-judiciaires qui ont fait trembler la IIIe République – canal de Panama ou Stavisky –, des dossiers d'affaires criminelles qui ont tenu les contemporains en haleine, notamment celui du tueur en série Désiré Landru, ou des dossiers d'immigrés, souvent d'origine russe, à l'instar de Léon Trotsky ou de Dimitri Navachine, tué en plein Paris en 1937. Ces dossiers, parmi les plus sensibles de l'époque, étaient alors classés dans une pièce à part, le coffre, accessible à un nombre limité d'agents. Le nom de « Panthéon » fut ainsi donné par les policiers pour qualifier cette collection de dossiers de célébrités.

Le sort du fonds Panthéon pendant la Seconde Guerre mondiale reste encore mystérieux. En mars 1942, la revue de l'administration vichyste, *Les Documents français*, fait une brève allusion au fichier central : « Par la suite de la rapidité des événements de juin 1940, les archives [du fichier central] n'ont pu être évacuées de Paris. » Or, quand la direction de la Sûreté se réinstalle place Beauvau après l'Occupation, une grande partie des archives a disparu. Des légendes circulent au sein du ministère. Roger Wybot, premier directeur de la direction de la Surveillance du territoire (DST) en 1944, écrit dans ses Mémoires qu'« une partie des secrets de la place Beauvau a sombré dans la Loire » lors de leur transfert vers le sud pendant l'exode. La vérité ne sera finalement connue qu'en 1994, lorsque la Russie restitue à la France plus de deux kilomètres linéaires d'archives de la direction de la Sûreté générale – dont six cent mille dossiers du fichier central – à la grande surprise… du ministère de l'Intérieur.

Abandonné place Beauvau alors qu'éclate la Seconde Guerre mondiale, le fichier central était alors tombé aux mains des nazis avant que l'Armée rouge ne s'en empare en 1945 et ne le transfère à Moscou où il sera conservé au secret durant plus de cinquante ans. Seul le fonds Panthéon, contenant pourtant les informations les plus sensibles de la IIIe République, a miraculeusement échappé aux spoliations. Les raisons n'en sont pas encore clairement établies mais il est probable qu'il ait été mis à l'abri dans un lieu secret de la capitale pour échapper aux mains des Allemands.

Après guerre, un nouveau fichier central est constitué à partir des dossiers – déjà près de deux cent mille en 1942 – du secrétariat général à la Police transférés de Vichy à Paris. Le fonds Panthéon perd progressivement de sa sensibilité au regard des personnalités qu'il concerne. Un nouveau coffre est alors mis en place dans les années 1950. Seuls quelques dossiers, ainsi celui du général de Gaulle, sont extraits du fonds Panthéon pour intégrer ce nouveau coffre. Désormais clos, le fonds Panthéon, devenu obsolète, ne sera cependant versé qu'en 1981 aux Archives nationales.

Cet ouvrage propose une plongée dans l'Histoire de la IIIe République au prisme du fonds Panthéon. C'est celle de la IVe et de la Ve République qui pourra bientôt être écrite à la lumière des dossiers que le ministère de l'Intérieur jugea en son temps les plus sensibles, conservés aujourd'hui pour partie aux Archives nationales, et que le temps rendra librement communicables.

Dans cette salle se trouve un véritable coffre-fort
où sont conservés les trésors des Archives nationales.

INTRODUCTION

L'homme de la place Beauvau

Bruno Fuligni

Gambetta, Waldeck-Rousseau, Combes, Clemenceau, Briand, Caillaux, Mandel : tels sont quelques-uns des grands noms qui apparaissent dans la chronologie des soixante-huit personnalités à avoir porté le titre de « ministre de l'Intérieur » sous la IIIe République.

Dans un régime parlementaire, la puissance revêt un caractère temporaire et révocable, de sorte que le ministère a compté quatre locataires différents en 1913, 1932 et 1936, et jusqu'à cinq en les difficiles années 1876 et 1934. Si Emmanuel Arago ne fut ministre de l'Intérieur que douze jours, et Eugène Frot une semaine, d'autres surent toutefois se maintenir longuement et surtout revenir : Charles Dupuy et Aristide Briand obtinrent à quatre reprises le portefeuille stratégique, Théodore Steeg et Albert Sarraut cinq fois, Louis Malvy sept et Camille Chautemps, neuf. L'instabilité gouvernementale se trouvait ainsi compensée par une certaine récurrence des détenteurs.

Plusieurs, comme Clemenceau, dirigèrent le gouvernement tout entier depuis l'Intérieur, en un temps où le président du Conseil était aussi un ministre et n'avait pas de services autonomes. Deux anciens titulaires du poste, Émile Loubet et Armand Fallières, devinrent quant à eux présidents de la République. Depuis 1879, avec l'installation officielle de la présidence à l'Élysée, le chef de la police n'a d'ailleurs que quelques pas à faire pour s'entretenir directement avec le chef de l'État. Car le ministre de l'Intérieur réside quant à lui place Beauvau depuis 1861, par la volonté de Napoléon III.

Le bureau sur lequel il travaille, plus ancien encore, est celui de Cambacérès : si l'archichancelier de l'Empire s'y penchait en légiste, les hasards du Mobilier national y ont étalé les dossiers les plus sulfureux de la République.

Au tableau de chasse : des criminels de grand style, comme Landru ou Stavisky, mais aussi des agitateurs politiques, des révolutionnaires, des comploteurs, des terroristes, des espions et, plus largement encore, tous ceux qui, de près ou de loin, ont menacé l'ordre établi. De la Commune à la France libre, plusieurs générations de rebelles ont été ainsi scrutées, analysées, en vue de contrer et de réprimer leur action.

Héritier de l'ancien ministre de la Police générale, l'homme de la place Beauvau a certes pour mission de combattre la délinquance individuelle et le crime organisé, mais plus encore d'assurer la stabilité du pays, ce qui emporte de multiples compétences en matière de renseignement, d'ordre public, de contrôle des étrangers, sans oublier les collectivités locales et les cultes.

L'accès aux dossiers confidentiels, indice de sa puissance, constitue aussi une fragilité. Le ministre de l'Intérieur est un homme exposé, critiqué quand l'ordre tangue, conspué s'il a la main trop lourde. À tout moment, une affaire, un scandale, une négligence peut décider sa chute. Louis Malvy tomba pour trahison en 1917, Albert Sarraut dut démissionner après l'assassinat du roi de Yougoslavie en 1934, Roger Salengro se suicida en 1936... Le très oublié Charles Pomaret assista impuissant à l'effondrement de la France républicaine en 1940 et, sous le gouvernement de l'État français, deux anciens ministres de l'Intérieur furent encore victimes de vieux règlements de compte : Georges Mandel, assassiné par la Milice, et Marx Dormoy, tué dans un attentat préparé par d'anciens cagoulards.

Souvenirs des coups d'éclats et des drames d'autrefois, les grands dossiers qui passèrent sur le bureau de Cambacérès constituent aujourd'hui le fonds Panthéon des Archives nationales. Une source précieuse pour les historiens, qui trouvent là des documents frappés des tampons « Secret » ou « Confidentiel » et peuvent ainsi se faire une idée précise de l'information dont disposait l'exécutif.

Ce fonds, d'une étonnante diversité, traite les figures historiques en autant de suspects, à travers sept décennies de convulsions politiques et sociales. Peu à peu, les rapports manuscrits cèdent la place aux notes dactylographiées à l'encre violette ; au milieu des années 1880, les fiches anthropométriques font leur apparition, ornées après 1902 des empreintes digitales, quand la dactyloscopie vient compléter l'arsenal du bertillonnage. Mais ces évolutions pittoresques ne doivent pas masquer l'essentiel : la permanence d'une police politique, vigilante et active, s'occupant aussi bien de sécurité intérieure que de contre-espionnage

Préalablement aux enquêtes, une documentation abondante est ainsi rassemblée, sur tous ceux qui comptent dans la société française. L'efficace réseau de la Police des chemins de fer surveille les gares, les ports et les postes-frontières ; la

Sûreté, la vieille « Surtanche » détestée des anarchistes comme des royalistes, a des antennes dans les partis, les mouvements, les ligues, mais encore dans les rédactions des journaux, les imprimeries, les lieux de plaisir aussi. Adultère, prostitution, chantage, rien n'est étranger à l'indiscrète curiosité de messieurs les « chaussettes à clous », dont le propos n'est pas de réformer les mœurs, mais de repérer les accointances et les faiblesses de leurs contemporains illustres.

Pour la première fois, un livre présente les plus belles pièces de cet ensemble exceptionnel qui, en deux cent vingt-huit boîtes noires s'étalant sur trente-quatre mètres linéaires, renferment tant de secrets. Comme son modèle de pierre, le fonds Panthéon est maintenant ouvert au public.

L'entrée du ministère de l'Intérieur au début du XXe siècle.

I

Les peurs de la Belle Époque

(1870-1914)

Le destin d'un communard

Jean Allemane, du bagne au Parlement

Jean Valjean n'a pas fait mieux que lui : sorti de l'infamie du bagne, Jean Allemane est devenu député. Pour les policiers toutefois, émules de Javert, il reste ce qu'il a toujours été : un suspect, un rouge, un communard.

Né le 25 août 1843 au village de Boucou, près de Sauveterre, en Haute-Garonne, Jean Allemane fait partie de cette population pauvre qui a fui les campagnes au milieu du XIXe siècle. Avec son frère, il s'installe à Paris. Jean est intelligent, gros lecteur : il intègre cette aristocratie ouvrière que sont alors les typographes, des travailleurs manuels au contact de l'esprit, cultivés et mauvaises têtes, bien organisés aussi. Syndicaliste, Jean Allemane « prenait déjà part sous l'Empire aux réunions politiques avancées et combattait activement le gouvernement », note la police. Selon un autre rapport, plus précis, « Jean Allemane a débuté dans les derniers temps de l'Empire ; il était l'ami et l'émule du chapelier Amouroux mort député, et se contentait alors d'être un simple collectiviste et de prêcher l'avènement de la République ». En 1870, quand les Prussiens assiègent Paris, le voici caporal au 59e bataillon de la Garde nationale.

À la chute de l'Empire, il attend beaucoup de cette République proclamée par les Parisiens. Dès 1871 pourtant, la province envoie une majorité conservatrice à l'Assemblée nationale qui siège d'abord à Bordeaux, puis à Versailles. Quand les autorités légales commencent à négocier avec l'envahisseur, Allemane se détache de ce gouvernement bourgeois et timoré qui veut désarmer la capitale. Il sera « communeux », et même « communard », comme disent avec mépris les « Versaillais ». « Pendant la période révolutionnaire, il déploya un zèle qui, plus tard au conseil de guerre, fut considéré comme abus de pouvoir : destruction d'édifices appartenant à l'État, réquisitions à main armée, usurpation de fonctions, etc. », résume un rapport biographique de janvier 1888. Une autre fiche rappelle ainsi son rôle, modeste au demeurant : « Il se rallie le 18 mars au mouvement insurrectionnel, devient délégué à la mairie du Ve arrondissement au Panthéon, puis adjoint au citoyen Régère, maire. Il est pris les armes à la main, condamné par le conseil de guerre aux travaux forcés à perpétuité et transporté ensuite en Nouvelle-Calédonie... »

Au pénitencier de l'île Nou, il subit les brimades, les humiliations. Après une tentative d'évasion à bord d'une chaloupe à vapeur volée à ses gardiens, il est affecté à la « quatrième classe », la section disciplinaire.

« Ce n'est pas tout », ose le rédacteur de sa fiche biographique : « Il prit comme aide à la cantine et fit coucher dans sa chambre un jeune homme de 19 ans, le nommé Viard qui... comment dirai-je, lui servait dit-on, de... compagne. Le jeune Viard était connu sous le sobriquet de "la dame blanche". »

Révolutionnaire professionnel

Les points de suspension, le style oral de la confidence témoignent de la gêne et d'une répugnance feinte à évoquer l'homosexualité, pourtant courante en milieu carcéral et répandue au bagne néo-calédonien, où les jeunes condamnés qui se prêtaient à ces amours étaient surnommés «félins» ou «mômes» par leurs codétenus. Au reste, le policier relativise lui-même cette révélation par une autre rumeur, plus gauloise : «Rentré en France, Allemane congédia Viard; un sieur Bruère, cantinier comme lui en Calédonie, qui devint plus tard photographe rue Cadet, l'avait chargé de correspondances pour sa femme en attendant son retour qu'il était forcé de différer pour régler des affaires d'intérêt. Allemane profita de l'occasion et quand Bruère revint, Allemane et la dame… vivaient ensemble.»

Quelle que soit la part de vérité dans ces ragots, un tel écrit vise surtout à salir, comme le montre la conclusion du même rapport : «Il en est de son parti qui assurent qu'Allemane serait tout disposé, le cas échéant, à changer d'opinion s'il pouvait espérer se créer de cette façon la situation qu'il ambitionne.»

Calomnie pure, car Allemane ne déviera jamais de ses convictions et c'est en cela justement qu'il paraît dangereux. Après l'amnistie des communards, en 1880, il revient et s'impose comme le chef de file des socialistes antiautoritaires dits «allemanistes» : conseiller de Paris, député de la Seine de 1901 à 1902 et de 1906 à 1910, cofondateur avec Jaurès du quotidien ouvrier *L'Humanité* en 1904, c'est un révolutionnaire professionnel qui «ne travaille pas ou très peu; il aime les réunions publiques et les voyages».

Ses meetings, en province, font l'objet de rapports détaillés qui citent quelques-unes de ses diatribes collectivistes. À Brest, le 20 mars 1886, après avoir raconté l'écrasement de la Commune : « Aujourd'hui nous sommes organisés, et je déclare que nous pouvons tenir tête au gouvernement, car sur le sol français, nous comptons plus de cinq millions d'adhérents, aussi quand arrivera l'heure de la révolution sociale, nous tiendrons la corde et sonnerons la cloche. » Près d'Aubin, devant les mineurs de l'Aveyron, le 23 mars 1898 : « M. Allemane, pendant trois quarts d'heure environ, a enfin préconisé ses théories révolutionnaires, il a dit entre autres choses, que tous les citoyens ouvriers devaient s'unir pour arriver par tous les moyens, même les plus violents, à renverser la bourgeoisie et les pouvoirs publics actuels. » À Nîmes, le 4 mai 1901 : « Dans un langage imagé, il représente le capitalisme sous la forme de l'ours gris qui défend l'entrée de sa caverne. Le prolétariat doit s'emparer de cette caverne, des ressources que l'ours gris y a accumulées. » Et à Rouen, le 10 janvier 1904, il conclut vigoureusement : « Debout ! N... d... D... les femmes des prolétaires et leurs hommes pour la révolution sociale. »

Le citoyen Allemane, que le bagne aurait dû briser, paraît indestructible. Fin 1912, il est encore signalé à Sotteville, près de Rouen, « où il dirige un cinématographe populaire installé dans un restaurant coopératif *La Famille laborieuse* ». En 1917, il est toujours là, s'enthousiasmant pour la révolution russe et, d'année en année, on le retrouvera en mai au mur des Fédérés, commémorant les victimes de la Semaine sanglante. Le 6 juin 1935, c'est l'un des derniers survivants de la Commune qui s'éteint avec lui, à Herblay, en Seine-et-Oise, où il s'est retiré : témoin de presque un siècle d'histoire ouvrière, Jean Allemane aura vécu quatre-vingt-douze ans.

Dernier coup d'éclat du vieux révolutionnaire : socialistes et communistes feront de ses obsèques une manifestation politique, observée de près par la police qui compte quatre mille six cents personnes sous les banderoles du cortège. « Tout le long du parcours les participants ont chanté *L'Internationale*, *La Carmagnole*, et crié : "Vive la Commune ! Front rouge ! Les soviets partout !..." »

Jean ALLEMANE

(AN, f/7/15924)

◆

Le dossier

Alors que la plupart des communards sont simplement « déportés » en Nouvelle-Calédonie, Jean Allemane fait partie des 251 « transportés » qui, mêlés aux criminels de droit commun, subissent une peine de travaux forcés au pénitencier de l'île Nou ; il y connaîtra même la « quatrième classe », la section disciplinaire, après sa tentative d'évasion de 1876. L'amnistie des communards, en 1880, le ramène en France. Après avoir tenté de faire condamner les gardes-chiourmes coupables de torture et de traitements inhumains en Nouvelle-Calédonie, Jean Allemane se présente à de multiples scrutins, devient conseiller de Paris et député, publie ses Mémoires d'un communard *en 1906. Si sa fiche biographique de 1888 insiste sur son homosexualité au bagne, en précisant que « ces choses lui ont été reprochées même en réunion publique », plusieurs rapports soulignent la virulence et la force de conviction de l'orateur socialiste.*

Note sur Jean Allemane, s. d.
(AN, f/7/15924)

M. Allemane, Jean, né en 1843, ouvrier typographe, prenait déjà part sous l'Empire aux réunions politiques avancées et combattait activement le gouvernement.

Garde national pendant la guerre franco-allemande, il se rallie le 18 mars au mouvement insurrectionnel, devient délégué à la mairie du Ve arrondissement au Panthéon, puis adjoint au citoyen Régère, maire. Il est pris les armes à la main, condamné par le conseil de guerre aux travaux forcés à perpétuité et transporté ensuite en Nouvelle-Calédonie, d'où il n'est rentré en France qu'après l'amnistie.

Il reprend alors à Paris la propagande socialiste, s'affilie au Parti ouvrier et pose différentes fois, sans succès d'ailleurs, sa candidature aux élections municipales et législatives de Paris.

C'est à ce moment qu'il a créé le Parti allemaniste en se séparant du Parti ouvrier.

Il a édité beaucoup de publications, de brochures socialistes qu'il fait paraître 51, rue Saint-Sauveur, à l'imprimerie de son journal hebdomadaire *Le Parti ouvrier* qui a cessé sa publication récemment faute de fonds.

MM. Faberot, Toussaint, Groussier, Dejeante ont été élus députés de Paris comme allemanistes. On connaît la scission de ces deux derniers sur la question de retenue que voulait opérer le Parti sur leurs salaires de représentants du peuple.

M. Allemane n'a plus maintenant à la Chambre qu'un seul représentant, M. Renou, député de Clichy. Aux dernières élections législatives, Allemane échoua à Decazeville. Socialiste-possibiliste, M. Allemane ne travaille pas ou très peu ; il aime les réunions publiques et les voyages.

On connaît sa collaboration à *La Petite République*, au journal *Les 3 huit*, au journal *Le 1er mai*, au journal *La Grève générale* et, dernièrement, à la feuille de l'anarchiste Sébastien Faure, *Le Journal du peuple*.

On connaît aussi son attitude lors des péripéties de l'affaire Dreyfus et du dernier congrès général socialiste et, à ce titre, sa place était toute marquée au sein du comité général du Parti socialiste unifié.

On ne compte plus les insuccès électoraux de M. Allemane à Paris où il a été candidat bien souvent.

Note sur Allemane, janvier 1888
(AN, f/7/15924)

Jean Allemane, dont différentes biographies ont été publiées par le journal *Le Cri du peuple*, mérite, en sa qualité d'orateur du possibilisme et de candidat perpétuel aux élections municipales, qu'on lui consacre quelques lignes, attendu que ses biographes ordinaires, bons frères et amis, ont su faire l'éloge du compère, mais se sont bien gardés de dire la « vérité ».

Les Allemane sont une dynastie : trois frères, Jean, Charles et un jeune bambin de quatorze ans qui dirige déjà, sous l'égide du frère aîné, la jeunesse socialiste du IIIe arrondissement. Quant à Charles, c'est l'admirateur et très humble serviteur de son illustre frère.

Jean Allemane, dont seul d'ailleurs nous avons à nous occuper, est un ouvrier typographe, mais il exerce rarement sa profession, trouvant beaucoup plus avantageux et agréables les voyages en Algérie, en Angleterre ou en tout autre pays où il va porter la bonne parole, c'est-à-dire prêcher le socialisme-possibiliste.

Jean Allemane a débuté dans les derniers temps de l'Empire ; il était l'ami et l'émule du chapelier Amouroux mort député, et se contentait alors d'être un simple collectiviste et de prêcher l'avènement de la République.

Il prit part au mouvement de 1871, mais le service de la Garde nationale où il était entré parut sans doute trop pénible à ce brave citoyen qui, n'ayant pu se faire nommer ni à la Commune, ni au Comité central, parvint à obtenir l'emploi de délégué à la mairie du Ve (Panthéon) où il fut adjoint au citoyen Régère qui en était maire.

Pendant la période révolutionnaire, il déploya un zèle qui, plus tard au conseil de guerre, fut considéré comme abus de pouvoir : destruction d'édifices appartenant à l'État, réquisitions à main armée, usurpation de fonctions, etc. Allemane fut, pour ces faits, envoyé au bagne de l'île Nou.

À l'île Nou comme à la déportation, les chefs de la Commune firent bande à part ; ces messieurs, grâce à Dacosta et Giffaut, employés à l'infirmerie, pouvaient améliorer leur situation en passant pour malades ou en obtenant sans l'être du vin de quinquina, etc.

Il faut le dire, Allemane profita peu de ces douceurs, car dès son arrivée il se posa en adversaire déclaré de l'administration pénitentiaire, ce qui lui attira un long séjour à la 4e division disciplinaire et, comme il tenta, en compagnie de Peyrol, Fortin, Trinquet et Viard une évasion et qu'ils furent repris, Allemane fut mis à la double chaîne.

Mais alors, corrigé sans doute, le farouche révolutionnaire changea de tactique ; les transportés de l'île Nou ayant obtenu la faveur de passer à la presqu'île Ducos et d'y occuper la baie Tindu, Allemane offrit ses services à l'administration ; il devint le « second du cantinier Lavigne » et vendit à beaux bénéfices à ses cotransportés le vin, le tabac et autres denrées de cantine.

Ce n'est pas tout (notez que ces choses lui ont été reprochées même en réunion publique, au Ve arrondissement). Il prit comme aide à la cantine et fit coucher dans sa chambre un jeune homme de 19 ans, le nommé Viard qui… comment dirai-je, lui servait dit-on, de… compagne. Le jeune Viard était connu sous le sobriquet de « la dame blanche ».

Rentré en France, Allemane congédia Viard ; un sieur Bruère, cantinier comme lui en Calédonie, qui devint plus tard photographe rue Cadet, l'avait chargé de correspondances pour sa femme en attendant son retour qu'il était forcé de différer pour régler des affaires d'intérêt. Allemane profita de l'occasion et quand Bruère revint, Allemane et la dame… vivaient ensemble.

Tout cela ne le gêne guère et ne l'empêche pas de prêcher la « guerre aux bourgeois, à tous les abus, et l'émancipation populaire ».

C'est un orateur qui a la parole facile mais d'une instruction très superficielle, il réussit à « empoigner » le public des réunions populaires.

Cependant il n'est pas encore parvenu, malgré ses nombreuses candidatures, à entrer à l'Hôtel-de-Ville, ni au Palais-Bourbon : il est d'une ambition démesurée, se croit un aigle et « appelé à être l'un des gouvernants futurs ».

En attendant, il rédige un petit journal : *Le Réveil typographique* et fait partie de la Chambre syndicale de cette corporation.

Il en est de son parti qui assurent qu'Allemane serait tout disposé, le cas échéant, à changer d'opinion s'il pouvait espérer se créer de cette façon la situation qu'il ambitionne. À ce sujet on lui reproche sa liaison avec *La Justice* et Clemenceau ainsi qu'avec *Le Figaro* et Chincholle.

Lettre du préfet du Finistère au ministre de l'Intérieur, 27 mars 1886

(AN, f/7/15924)

Monsieur le ministre,

J'ai l'honneur de vous envoyer ci-jointe une affiche placardée il y a quelques jours sur les murs de Brest.

Par cette affiche les chefs du Parti socialiste ouvrier convoquaient leurs adeptes le 20 mars, à 8 heures du soir, à une conférence faite par le citoyen Allemane et ayant pour sujet :

« Du mouvement communaliste de 1871 et de la répression versaillaise ».

Voici en quels termes M. le sous-préfet de Brest me rend compte de ce qui s'est passé à cette réunion :

« J'ai l'honneur de vous informer que la conférence faite par le citoyen Allemane à l'occasion de l'anniversaire du 18 mars n'a donné lieu à aucun incident, de nature à motiver l'intervention de la police.

« Cinq ou six cents personnes assistaient à la réunion et, comme toujours à Brest, les ouvriers de l'Arsenal, qui sont pourtant des privilégiés s'il en fut, étaient en grande majorité et ont applaudi avec frénésie les passages les plus violents du discours d'Allemane.

« Il a refait l'historique de la Commune, et flétri le gouvernement de Thiers "qui a soustrait pendant la nuit à la mode des voleurs et des assassins, les canons que les Parisiens avaient payés de leurs deniers".

« Passant à la répression de l'insurrection au 18 mars, Allemane a fait un tableau fantaisiste, de la Semaine sanglante : "Vieillards, enfants, femmes grosses, personne ne fut épargné. Thiers s'était entendu avec Bismarck pour faire rentrer en France les soldats prisonniers depuis six mois, et leur dit en nous désignant : Ce sont ces insurgés qui sont la cause que la guerre a duré si longtemps, il faut les exterminer. Il eut aussi la bassesse d'envoyer deux ou trois mille espions dans Paris qu'il assiégeait pour surveiller notre organisation et nos moyens de défense. Ces espions, non contents de faire leur triste métier, se plaçaient ordinairement aux fenêtres des rues où étaient les barricades, et tiraient sur nos blessés que l'on portait à l'ambulance.

"Fatalement nous devions succomber parce que nous n'avions pas d'organisation et que la Commune a eu la faiblesse de continuer les errements du passé, c'est-à-dire

Pénitencier de l'île Nou

Les cases des condamnés sont alignées le long du « boulevard du Crime », où ont lieu les bastonnades des forçats punis et les exécutions capitales. Aujourd'hui rattachée à la Grande Terre, l'île Nou est devenue un quartier de Nouméa, appelé Nouville.

protéger le capital et la propriété, alors qu'on aurait dû les répartir entre les citoyens qui les avaient produits par leur travail." *(Applaudissements prolongés.)* Appréciant, au point de vue économique, les décisions des conseils de guerre, le citoyen Allemane a comparé l'émigration qui a suivi 1871 à celle que provoqua la révocation de l'édit de Nantes : "Les meilleurs ouvriers ont dû s'expatrier et porter à l'étranger les procédés et les fabrications françaises."

« Après avoir recommandé aux ouvriers de s'organiser en syndicats, Allemane a terminé par cette péroraison : "Aujourd'hui nous sommes organisés, et je déclare que nous pouvons tenir tête au gouvernement, car sur le sol français, nous comptons plus de cinq millions d'adhérents, aussi quand arrivera l'heure de la révolution sociale, nous tiendrons la corde et sonnerons la cloche." *(Applaudissements prolongés.)*

« Allemane est déjà venu à Brest plusieurs fois, et y a toujours obtenu un certain succès. La clientèle de ces réunions socialistes est toujours la même et ne paraît pas s'augmenter sensiblement. Elle se compose presque exclusivement, comme j'ai eu l'honneur de vous le dire, d'ouvriers du port, illettrés et inintelligents pour la plupart, mais qui se laissent mener par quelques ambitieux, par les Chiron, Gouzien et autres, dont le but est de se faire élire députés.

« PS : il n'a pas été question de la grève de Decazeville, on s'est contenté de faire une quête en faveur des grévistes, mais on n'a pu savoir combien elle avait produit. »

Je n'ai rien à ajouter au rapport très explicite et très sage de M. le sous-préfet.

Veuillez agréer, monsieur le ministre, l'hommage de mon profond respect,

Le préfet du Finistère
[Signature]

Rapport du commissariat spécial de la gare de Nîmes adressé au préfet et à la Sûreté générale, 5 mai 1901

(AN, f/7/15924)

Ministère de l'Intérieur.
Police des chemins de fer.
Commissariat spécial de la garde de Nîmes.
Sommaire : conférence du citoyen Jean Allemane, député de Paris.

Nîmes, le 5 mai 1901

Hier, à neuf heures du soir, sous la présidence du citoyen Fournier, député, a eu lieu, à la chapelle de l'ancien lycée, une conférence publique et contradictoire organisée par le groupe d'études sociales (Parti ouvrier). 1 200 personnes environ, dont une centaine de femmes, y assistaient.

Le citoyen Fournier présente à l'auditoire les députés Pastre, Légitimus et Allemane, qui sont venus faire ici l'exposé des doctrines socialistes, et il remercie les assistants d'être venus en aussi grand nombre à cette conférence.

Il excuse le citoyen Devèze de son absence à la réunion, parce que la mort de son père l'a empêché de s'y rendre.

Le citoyen Pastre prend ensuite la parole, parle des misères du peuple, de la lutte qu'il faut engager contre le capital et contre le cléricalisme et termine par le cri de : « Vive la Sociale ! » *(Vifs applaudissements.)*

Le citoyen Légitimus retrace la situation faite aux Noirs qu'on considère à tort comme une race inférieure, les vexations et humiliations de toutes sortes qu'ils ont dû subir, même dans les Antilles françaises, et dit que les peuples sont tous ses frères et doivent combattre pour leur émancipation et la suppression des frontières.

Il apporte aux socialistes français le salut fraternel des socialistes des Antilles et espère que la France continuera à marcher dans la voie du progrès social et à la tête de ce progrès. Il déclare que les Antilles n'ont pas, comme l'intention leur en a été prêtée, d'idées de séparatisme. Le citoyen Légitimus qui parle avec facilité, est très applaudi.

Le citoyen Allemane lui succède à la tribune. Il fait allusion à ses années de bannissement et à celles qu'il a passées au bagne. Dans un langage imagé, il représente le capitalisme sous la forme de l'ours gris qui défend l'entrée de sa caverne. Le prolétariat doit s'emparer de cette caverne, des ressources que l'ours gris y a accumulées.

Il dit que la patrie n'a été inventée par l'ours gris que pour permettre à ce dernier de se défendre contre le prolétariat dont il s'empare des fils pour protéger l'entrée de son repaire. Il conseille aux mères d'inculquer à leurs enfants les idées socialistes et de leur montrer ce qu'a d'horrible le service militaire.

Allemane ajoute que pour défendre la patrie, les gouvernements n'ont qu'à mettre à la disposition des foules, canons et fusils. L'ours gris sera bien vite anéanti et les prolétaires se défendront ensuite sans difficulté contre tout ce qui nuirait à l'avenir de l'humanité.

Le discours du citoyen Allemane a été interrompu fréquemment par des applaudissements et un ban d'acclamations accueille la fin de son discours.

L'anarchiste Aubert Albert monte ensuite à la tribune et parle dans le même sens que le précédent orateur.

L'anarchiste floutier qui a demandé la parole, s'associe aux idées exprimées par le citoyen Allemane et rappelle les incidents qui ont marqué la réunion de la bourse du travail, le 1er mai. (Rapport n° 378, du 2 mai 1901.)

Il annonce que l'anarchiste Sivasty Léo donnera une conférence publique samedi prochain dans la même salle, et il y convie les socialistes pour la contradiction.

Un ordre du jour approuvant les théories des conférenciers est mis aux voix et adopté.

La séance est levée à 11 heures du soir, sans incident. Une quête est faite à la sortie pour les grévistes de Montceau-les-Mines.

Le député Allemane, qui était arrivé hier matin à Nîmes et descendu à l'hôtel Terminus, quittera Nîmes à 9 heures 5 minutes du matin ou à midi 29 minutes pour se rendre à Alais où il doit donner ce soir à deux heures, salle du casino, une nouvelle conférence.

Les députés Pastre, Fournier et Légitimus qui étaient également descendus à l'hôtel Terminus sont partis ce matin pour le congrès d'Avèze, par le train de 5 heures 50 minutes.

Ils seront attendus en gare du Vigan par la fanfare « L'Avenir d'Avèze », à 9 heures du matin. Ils se rendront ensuite au congrès qui commencera à 10 heures du matin, comprendra, à 1 h ½, un banquet démocratique, à 4 heures, une conférence publique, et se terminera par un bal et un concert.

Le commissaire spécial,
[Signature]

Rapport du commissariat spécial de Police des chemins de fer sur la conférence de Jean Allemane à Rouen, 10 janvier 1904
(AN, f/7/15924)

Ministère de l'Intérieur.
Commissariat spécial de la Police des chemins de fer.
Compte rendu de la conférence Allemane.

Rouen, le 10 janvier 1904

La conférence organisée par le Parti socialiste avec le citoyen Allemane, ancien député, rédacteur à *L'Action* a eu lieu cet après-midi dans la salle de l'Évolution, rue des Murs Saint-Yon, devant 200 personnes environ des deux sexes.

Le bureau a été formé par les citoyens Février, président, Bénard et Cottais, secrétaire et assesseurs. Le citoyen Allemane a développé son sujet : « L'enseignement congréganiste et le socialisme ».

Parlant de l'affiche apposée sur les murs de Rouen sur la liberté religieuse, l'orateur dit qu'il ne comprend pas cette protestation venant de gens qui se mettent en dehors de la société et qui demandent à cette même société de les soutenir. Le conférencier critique ensuite Dieu, les saints etc. et en arrive aux Sœurs du Bon Pasteur qui, organisées avec rien, ont pu en quelques années en faisant travailler 47 000 femmes et filles, amasser des millions.

Il s'élève avec violence contre les bagnes qui laissent bien loin derrière eux les bagnes industriels.

Il défend ensuite les juifs qu'on n'a attaqués que depuis que Bontoux, le banquier catholique, avait succombé sous les coups de la finance juive qu'il avait voulu détruire.

Il critique ensuite les républicains bourgeois qui gouvernent et qui devront « dussent-ils en attraper la jaunisse, céder à la pression socialiste ! »

Le parti révolutionnaire veut les enfants élevés moralement et matériellement par la société et il l'obtiendra par tous les moyens.

Le conférencier s'élève ensuite contre les conseils de guerre. Il traite de bandits les législateurs qui maintiennent cette institution et annonce que pour combattre le projet de loi du général André « qui comporte 24 articles à dormir debout, si l'indignation ne vous réveillait à la lecture » le Parti socialiste a fait vendre 100 000 cartes postales que rempliront les acheteurs et qui parviendront au général André le 13 courant.

Il engage les gens à signer leur nom et à mettre sur la carte : « À bas les conseils de guerre ! À bas les bourreaux ! »

Si cette manifestation ne suffit pas, les sénateurs et les députés seront l'objet d'une manifestation identique. Si cela est encore insuffisant, le Parti enverra toutes les femmes socialistes de Paris rue Saint-Dominique et à l'Élysée et gare « à Lépine et à ses sbires ».

L'orateur, qui doit aussi traiter ce sujet au punch qui lui est offert le même soir, rue des Charrettes, dit de plus que « la ville de Rouen est avachie et Sotteville en décadence ».

Il engage les socialistes à avoir leur liste pour les élections municipales prochaines et termine en disant : « Debout ! N... d... D... les femmes des prolétaires et leurs hommes pour la révolution sociale. »

Quelques individus sont ensuite montés à la tribune pour prononcer quelques paroles sans intérêt aucun et la séance a pris fin vers 5 h du soir sans aucun incident.

Le commissaire spécial,
[Signature]

Note sur les obsèques de Jean Allemane, 15 juin 1935

(AN, f/7/15924)

Cet après-midi a eu lieu le transfert, au cimetière du Père-Lachaise, du corps de Jean Allemane, ancien député de Paris, ex-combattant de la Commune, décédé la semaine dernière à Herblay (Seine-et-Oise) et inhumé provisoirement au cimetière de cette localité.

Cette cérémonie a été organisée de concert par le Parti communiste et le Parti socialiste SFIO. Le comité de coordination de ces deux organisations avait invité les éléments socialistes et communistes de la région parisienne à se rassembler, aujourd'hui à 15 heures, sur l'avenue de la République, entre la place du même nom et le boulevard Richard-Lenoir pour accompagner au « Père-Lachaise » la dépouille mortelle amenée d'Herblay en fourgon automobile. Il s'agissait, dans l'esprit des responsables, de mettre à profit le transport d'Allemane à Paris pour organiser une manifestation du même genre que celles qui ont déjà eu lieu à l'occasion des obsèques des anciens cadres communards : Camélinat et Andrieux.

La cérémonie s'est déroulée selon le programme prévu, sauf en ce qui concerne l'itinéraire qui a été modifié au dernier moment. En effet le cortège, qui devait pénétrer dans le cimetière du Père-Lachaise par la porte principale du boulevard de Ménilmontant, a emprunté l'avenue Gambetta et est entré dans la nécropole par la porte de la Dhuys.

Les premiers participants ont commencé à arriver sur le lieu de rassemblement, au croisement des boulevards Jules Ferry, Richard-Lenoir et de l'avenue de la République, à partir de 14 h 30. À 15 h 30, on en comptait environ 1 500.

Obligés par l'averse de se disperser un instant et de s'abriter sous les porches des maisons voisines, ils se sont regroupés à 15 h 45, on évaluait alors leur nombre à 3 000.

Le fourgon automobile contenant le corps du défunt est arrivé à 15 h 50 ; le cortège s'est aussitôt constitué et mis en marche. En tête, précédant le char funèbre, marchaient les porteurs de huit couronnes rouges et une vingtaine de pupilles communistes. Puis, derrière le char, venaient les porteurs de quarante-cinq drapeaux, dont celui des « Anciens Combattants et Amis de la Commune de 1871 » ainsi que ceux d'une banderole sur laquelle figurait l'inscription : « Vive la Commune ! Pour les soviets, en avant ! » Ils étaient suivis des membres de la famille et d'un groupe de dirigeants des partis communiste et socialiste, parmi lesquels on a reconnu :

– pour les socialistes : Paul Faure, Zyromski, Grumbach, Chausse, Marceau Pivert, Groussier ;

– pour les communistes : Hénaff, Brout, Radiguet, Chantesais, André Marty, Dupont, Clamamus, Lampe, Vodovos, Barbé et Delhom. On a également remarqué dans ce groupe la présence de Me Zévaès, du barreau de Paris.

Dans le cortège qui comprenait alors 3 500 participants, marchaient de nombreux porteurs de pancartes sur lesquelles figuraient les noms des divers groupements représentés. En queue venait un groupe d'environ 200 partisans de Doriot conduits par Richard, maire de Pierrefitte. Deux d'entre eux étaient porteurs d'une couronne avec l'inscription : « Municipalité de Saint-Denis. »

Par l'avenue de la République, l'avenue et la place Gambetta et l'avenue du Père-Lachaise, le cortège a gagné le cimetière. Tout le long du parcours les participants ont chanté *L'Internationale*, *La Carmagnole* et crié : « Vive la Commune ! », « Front rouge ! », « Les soviets partout ! », « Chiappe en prison », « De La Rocque au poteau ! », « Les J.P. dans le fumier ! »

Des militants socialistes et communistes faisaient la chaîne de chaque côté du cortège pour contenir les curieux qui stationnaient nombreux sur les trottoirs.

Au passage des drapeaux à hauteur de la station du métropolitain « Saint-Maur », un individu a fait entendre plusieurs coups de sifflet. Poursuivi par quelques manifestants, il s'est réfugié dans le métropolitain et n'a pas été rejoint. L'incident n'a pas eu d'autre suite.

Les éléments de tête ont atteint la porte de la Dhuys à 17 h 05. Le cortège s'était grossi en cours de route d'un grand nombre de curieux et, à 17 h 20, 4 600 personnes avaient pénétré dans le cimetière. D'autre part, un millier de curieux s'étaient déjà groupés aux abords de la tombe située dans la 89e division, à proximité du « Mur des Fédérés ».

Après l'inhumation, quatre discours ont été prononcés devant la tombe, par Repiquet, des « Combattants de la Commune », Jean Longuet, du Parti socialiste, Amédée Dunois, du journal *Le Populaire*, et André Marty, du Parti communiste.

Aussitôt ceux-ci terminés, les participants, après avoir roulé les drapeaux et fait disparaître les pancartes, ont commencé à se retirer. À 18 h 20, les derniers éléments avaient quitté la nécropole et s'étaient dispersés sans incident.

Peu après, les abords du cimetière avaient repris leur physionomie normale.

◆

La police veille

Gambetta molesté par un bonapartiste

De 1871 à 1879, les parlementaires siègent à Versailles, loin du Paris remuant et de ses agitateurs de toutes tendances. Un grand nombre de députés transitent donc par la gare de l'Ouest, dite Saint-Lazare, pour aller de la capitale déchue au château où ils tiennent séance.

Mêlés aux autres voyageurs, pressés comme eux et encombrés de bagages, ils n'ont guère conscience de la présence policière qui hante la vaste nef métallique. La police veille, pourtant : son rôle n'est pas d'appréhender les fraudeurs qui monteraient sans billet – c'est là une menue tâche qui incombe aux contrôleurs –, mais d'exercer une surveillance très politique des lieux et des gens. Des gardiens de la paix en tenue forment un cordon de sécurité, tandis que dans l'ombre, des observateurs discrets circulent parmi la foule.

Créée dès 1857, la Police des chemins de fer constitue en réalité le premier service de renseignement intérieur français. À l'origine, il s'agissait de prévenir d'éventuels mouvements incontrôlés de population, quand on redoutait que des villages entiers migrent vers les métropoles industrielles pour y trouver de l'emploi. Très vite, cette police en civil, invisible et postée aux points de communication les plus névralgiques, va porter une attention particulière aux personnalités : leurs allées et venues, leurs compagnons de voyage, les propos échangés quand ils peuvent être entendus, tout cela remonte au ministère de l'Intérieur...

En cette belle journée du 11 juin 1874, la moisson promet d'être excellente, avec une forte affluence de représentants du peuple à la gare Saint-Lazare. Ne signale-t-on pas Gambetta lui-même, l'idole des républicains, qui revient de Versailles ? Accueilli par les clameurs de ses partisans, il est soudain insulté, boxé, par un énergumène ! Le député Ordinaire, qui s'interpose, reçoit de violents coups de canne sur la tête. « La plus vive animation régnait dans les groupes. D'une part les bonapartistes allaient et venaient, se rapprochant volontiers des gardiens ; les républicains, d'autre part, entouraient leurs députés, se promenant au milieu de cette foule fiévreuse », résume un rapport.

La Police des chemins de fer ne fait qu'observer la scène. Pour le reste, c'est à la police en uniforme d'interpeller le fauteur de troubles : le comte de Sainte-Croix, ancien sous-officier des zouaves et bonapartiste convaincu. Et il appartiendra au commissaire de quartier d'interroger les témoins, le coupable, avant de constater « que M. Gambetta porte depuis la base du nez jusqu'à l'angle externe de l'œil droit, une ecchymose avec coloration violacée et gonflement ; M. Gambetta ressent une douleur assez sensible dans cette partie ». Ce vilain coquard prouve surtout que les plaies de l'Année terrible sont toujours à vif.

◆

Le dossier

Gambetta, frappé au visage, souffrira d'autant plus de l'agression qu'il porte un œil de verre. « À l'arrivée du train parti de Versailles à six heures moins dix, je descendais en compagnie de quelques amis l'escalier de l'aile gauche de la gare de l'Ouest. Arrivé à quelques mètres de la porte du vestibule qui donne sur la cour de la place du Havre, j'ai été brusquement frappé au visage, à poings fermés, par un individu que je ne connais pas, d'environ trente-cinq à quarante ans, brun avec une petite moustache noire », dépose-t-il au commissariat.
« Je reconnais avoir volontairement frappé M. Gambetta, me considérant comme suffisamment provoqué par les paroles injurieuses proférées par lui à la tribune de l'Assemblée, en traitant les impérialistes de misérables », déclare Henry, comte de Sainte-Croix, appréhendé par la police.

Rapport de la police municipale, 11 juin 1874
(AN, f/7/15968/2)

Police municipale, 2e brigade de recherches,
M. Brissaud, officier de paix, cabinet, 1er bureau.
Gare Saint-Lazare.

Paris, le 11 juin 1874, 2 h ¼

Rapport

Le train partant pour Versailles à 1 h 25 min a emporté un grand nombre de députés.

Durant la demi-heure qui s'est écoulée avant la fermeture des guichets sont arrivés, de tous les côtés, plus de mille curieux.

La plus vive animation régnait dans les groupes. D'une part les bonapartistes allaient et venaient, se rapprochant volontiers des gardiens ; les républicains, d'autre part, entouraient leurs députés, se promenant au milieu de cette foule fiévreuse.

Vers 1 h, les officiers de paix de service ont donné l'ordre aux gardiens de dissoudre les groupes, la circulation étant devenue très difficile. L'opération ne s'est pas opérée sans obstacle, ni sans perturbation.

Des députés, MM. Gent, le général Guillemaut, Rouvier, entre autres, ont apostrophé vivement les gardiens, ce qui, tout naturellement a augmenté l'émotion.

À 1 h 20 mn, M. Gambetta accompagné de deux ou trois de ses amis, a fait son entrée par la porte de la rue de Rome. Immédiatement, un grand nombre de curieux, dont l'attitude avait été calme jusque-là l'ont entouré, et, levant leurs chapeaux, l'ont accompagné jusqu'à la salle d'attente par les cris nourris de *Vive Gambetta !* et quelques cris de *Vive la République !*

Au moment où il allait franchir la porte de la salle d'attente, s'est produite une scène un peu tumultueuse. Les gardiens, ayant dû intervenir pour maintenir la circulation, quelques conflits ont éclaté. Des députés, au milieu de la foule, ont été bousculés ; M. Gent s'est récrié très énergiquement et on a pu dégager M. de Marty que des gardiens, ne le connaissant pas, avaient saisi par les bras.

Un officier de paix a fait arrêter un individu qui avait lancé ces paroles :

« Voilà les casse-tête de l'Europe qui reviennent. »

Les agents ont, de leur côté, arrêté deux individus qu'ils ont conduits chez le commissaire de police, et qui, pendant l'ovation faite à M. Gambetta, avaient crié : l'un vive pétrole ! et l'autre à bas les Rabagas !

J'avais fait prévenir dès le commencement M. Crépy qui s'était immédiatement rendu à la salle des pas perdus.

Si j'en juge par ce qui s'est passé à midi, il y aura beaucoup de monde au retour des députés.

L'officier de paix
[Signature]

Rapport de la police municipale du 8e arrondissement, 11 juin 1874
(AN, f/7/15968/2)

Police municipale, 8e arrondissement,
M. La Salce, officier de paix.
Préfecture de police

Paris, le 11 juin 1874

Rapport

Nous avons l'honneur de faire connaître à Monsieur le chef de la police municipale que conformément à ses instructions un service d'ordre a été établi à la gare Saint-Lazare à partir de midi 15 min.

Nous avons immédiatement remarqué que le public était nombreux dans la galerie de Versailles et la foule n'a pas tardé à devenir houleuse.

Un peu avant le départ du train de une heure 20 min, M. Gambetta escorté de plusieurs de ses amis a fait son entrée dans la gare par la rue de Rome : il a été aussitôt entouré par des journalistes et des gens de mine suspecte qui ont accueilli son arrivée par les cris répétés de « vive Gambetta. »

Les agents, tant du 8e arrondissement que de la 4e brigade centrale se sont appliqués, suivant les ordres donnés à faciliter l'entrée de M. Gambetta dans la salle d'attente et pour atteindre ce but ils ont énergiquement requis le public présent d'avoir à circuler. En exécutant cette consigne ils se sont heurtés à des protestations très vives parmi lesquelles nous devons enregistrer celles de MM. le général Guillemaut, Georges Perrin et Maurice Rouvier qui en leur qualité de députés se sont trouvés blessés de l'invitation qui leur était adressée par les agents de ne pas former de groupe et de ne pas causer de rassemblement.

Sur les observations qui lui ont été faites par l'un de nous (M. La Salce) le général Guillemaut a reconnu que personne parmi les agents n'avait dépassé la mesure et que les gardiens n'avaient fait que leur devoir ; il a donné lui-même l'exemple de l'obéissance à la consigne. Quant à M. Rouvier qui a protesté en termes injurieux contre la police en général et contre les gardiens de la paix en particulier, il s'est écrié : « La police n'est ici que pour faire de la provocation et c'est elle qui met le désordre ! » M. La Salce a protesté contre ces paroles et a exigé que le nom et la qualité de celui qui les proférait lui fussent déclinés, c'est alors seulement que l'auteur des dites paroles a été reconnu pour être M. Rouvier, député des Bouches-du-Rhône.

Dans cette situation, on n'a pu que relever ces outrages.

En ce qui concerne M. Georges Perrin, il s'est plaint d'avoir été, dans la bagarre bousculé par les agents, qui ne connaissant pas sa qualité de représentant du peuple, lui ont adressé les mêmes invitations qu'aux nombreux curieux présents, et il a annoncé qu'il se plaindrait à qui de droit.

M. Henri Lefebvre, député des Alpes-Maritimes ayant frappé d'un coup de canne le gardien de la paix Brunet du 8e arrondissement a été, sur l'ordre d'un sous-brigadier de la 4e brigade centrale conduit au bureau de M. Crépy, commissaire de police et ce n'est que là qu'il a décliné son nom et sa qualité : du reste, il a fait des excuses à l'agent et a avoué ses torts.

Trois autres individus qui avaient fait du scandale dans la gare ont été mis à la disposition du commissaire de police compétent.

Au moment précis de l'entrée de M. Gambetta dans la salle d'attente, M. Gent, député du Vaucluse a interpellé M. La Salce dans les termes suivants : « Vous faites aujourd'hui beaucoup trop de zèle, il aurait mieux valu que vous en fissiez un peu plus, hier, en ne laissant pas insulter un député républicain. Du reste, je vous connais et quand le moment sera venu, vous aurez de mes nouvelles, vous êtes ici, matin et soir, et nous savons le métier que vous y faites, vous avez voulu, il y a un instant, arrêter mon collègue Rouvier, et j'en ai pris note. » M. Gent en parlant ainsi avait l'écume aux lèvres et il lui a été répondu par ces seules paroles : « Je proteste contre vos outrages, je n'ai pas de discussion à engager en public et devant l'inviolabilité parlementaire qui vous couvre, je me retire. »

L'officier de paix.
[Signature]

Déclaration de Gambetta au commissariat du 8e arrondissement au sujet de l'affaire contre le comte de Sainte-Croix Henry, 11 juin 1874

(AN, f/7/15968/2)

Préfecture de police, 1re division, 2e bureau, ville de Paris, 8e arrondissement, commissariat de police du quartier de l'Europe, 4 rue de Stockholm, n° 29.
Coups et blessures volontaires.
Affaire contre le comte de Sainte-Croix, Henry.
Son envoi au dépôt.
Déclaration de M. Gambetta.

L'an mil huit cent soixante-quatorze, le onze juin, six heures et demie du soir.

Nous, Eugène Crépy, commissaire de police de la ville de Paris, plus spécialement chargé du quartier de l'Europe, officier de police judiciaire, auxiliaire de Monsieur le procureur de la République.

Se présente Monsieur Gambetta (Léon), député, demeurant rue Montaigne, n° 12, lequel nous a fait la déclaration suivante.

À l'arrivée du train parti de Versailles à six heures moins dix, je descendais en compagnie de quelques amis l'escalier de l'aile gauche de la gare de l'Ouest. Arrivé à quelques mètres de la porte du vestibule qui donne sur la cour de la place du Havre, j'ai été brusquement frappé au visage, à poings fermés, par un individu que je ne connais pas, d'environ trente-cinq à quarante ans, brun, avec une petite moustache noire.

J'ai immédiatement levé ma canne pour me défendre et j'ai vu mon collègue, Monsieur Ordinaire, recevoir du même individu un coup de canne qu'il me destinait.

La foule s'est précipitée et les sergents de ville ont opéré l'arrestation dudit individu au sujet duquel je vous fais la présente déclaration.

Persiste et signe avec nous.

Léon Gambetta
Le commissaire de police
E. Crépy

Interrogatoire du comte de Sainte-Croix, 11 juin 1874
(AN, f/7/15968/2)

Commissariat de police du quartier de l'Europe, coups et blessures volontaires.
Affaire contre le comte de Sainte-Croix, Henry.

Interrogatoire du comte de Sainte-Croix.

L'an mil huit cent soixante quatorze le onze juin.

Nous Eugène Crépy, commissaire de police de la ville de Paris plus spécialement chargé du quartier de l'Europe.

Officier de police judiciaire, auxiliaire de Monsieur le procureur de la Réplique.

Vu notre procédure relative à l'agression dont M. Gambetta, député au Corps législatif a été l'objet ce jour dans la gare Saint-Lazare.

Avons fait comparaître devant nous et interrogé comme suit l'auteur de cette agression.

D[emande] Votre individualité ?

R[éponse] de Sainte-Croix, Henry (comte) et sous-officiers au 2e régiment de zouaves, et ancien chef de bataillon de mobiles à l'armée de la Loire ; suis né le 3 octobre 1840, à Paris (ancien 2e arrondissement) de Louis Marie Philibert Edgard, marquis de Sainte Croix et de Léontine Savary de Rovigo, célibataire, demeurant rue du Delta n° 4.

D[emande] Vous êtes inculpé de coups et blessures volontaires envers MM. Gambetta et Ordinaire représentants ; à l'un, le 1er vous avez sans provocation porté un violent coup de poing en plein visage, à l'autre vous avez donné un coup de canne qu'il a paré avec la main gauche mais qui l'a atteint à la figure, qu'avez-vous à répondre ?

R[éponse] Je reconnais avoir volontairement frappé M. Gambetta, me considérant comme suffisamment provoqué par les paroles injurieuses proférées par lui à la tribune de l'assemblée, en traitant les impérialistes de misérables. Quant à M. Ordinaire que je ne connais pas, je n'avais pas l'intention de le frapper, et s'il a été atteint par ma canne, c'est dans le mouvement que j'ai fait avec celle-ci pour me mettre sur la défensive après mon agression.

D[emande] Êtes-vous venu à la gare de l'Ouest dans l'in tention d'y frapper M. Gambetta ?

R[éponse] Oui, je me proposais de frapper M. Gambetta si je le rencontrais et cela dans l'intention de l'amener à me demander réparation.

D[emande] Avez-vous des antécédents judiciaires ?

R[éponse] Non !

Lecture faite le sieur de Sainte-Croix persiste dans ses réponses et signe avec nous.

Signé : comte de Sainte-Croix
Le commissaire de police, signé : E. Crépy

Rapport du service des garnis de la police municipale au sujet de la surveillance aux abords de la gare Saint-Lazare, 11 juin 1874
(AN, f/7/15968/2)

Préfecture de police, police municipale, service des garnis.
Surveillance aux abords de la gare Saint-Lazare.

Paris, le 11 juin 1874

Rapport

À la suite des voies de fait qu'ont été exercées sur M. Gambetta, il y a eu un peu d'émotion dans la rue d'Amsterdam. On a crié : « Vive la République ! Vive Gambetta ! »

Il y a eu plusieurs altercations entre les républicains et les bonapartistes.

À 7 h, M. Gambetta n'avait pas encore quitté le commissariat de police, et la foule qui l'avait suivi, très nombreuse, était tenue à distance.

L'animation était très vive de part et d'autre.

[Signature]

Rapport de la 2e brigade de recherches au sujet de la gare Saint-Lazare, 11 juin 1874

(AN, f/7/15968/2)

Police municipale, 2e brigade de recherches, M. Brissaud, officier de paix, cabinet, 1er bureau.
Gare Saint-Lazare.

Paris, le 11 juin 1874, 8 h.

Rapport.

J'ai l'honneur de transmettre à Monsieur le chef de la police municipale les renseignements suivants sur l'agression dont a été victime M. Gambetta.

Ce soir, à 6 h 20 min, ce député descendant de wagon, sortait de la gare par la place du Havre, accompagné de plusieurs de ses amis, MM. Francisque Ordinaire, Rathier, Lepère, Lockroy, Rivaille, Laurent Pichat, Challemel-Lacour, etc. Ayant trouvé fermée la porte qu'il voulait prendre, il s'est dirigé par la galerie de St-Germain vers la rue d'Amsterdam. Au milieu de cette galerie, un individu s'est jeté devant lui et lui a porté au visage un coup de poing, puis a essayé de le frapper avec sa canne. En voulant défendre son ami, M. Ordinaire a été atteint par cette canne à la joue et à la main.

Je dis tout de suite que l'agresseur se nomme comte Henri de Ste Croix, né à Paris le 3 octobre 1840 (2e arrondissement) fils de Louis Marie Philibert Edgard, marquis de Ste-Croix et de Léontine Savary de Rovigo, célibataire, ancien sous-officier au 2e zouaves, et ancien commandant des mobiles de la Mayenne, sans profession, demeurant rue du Delta, 4, à Montmartre.

Saisi par la foule, et par des gardiens, le comte de Ste-Croix a été entraîné, suivi de MM. Challemel-Lacour et Lockroy, au poste de police de la rue de Naples. La canne figure comme pièce à conviction, son chapeau a été perdu dans la bagarre.

Une vive émotion s'est aussitôt manifestée et en quelques secondes, M. Gambetta était entouré d'une foule d'individus criant vive Gambetta ! vive la République !

Ce député s'est transporté, accompagné de ses amis et suivi par cette foule, au commissariat de police de M. Crépy. Là, il a fait sa déclaration que ses amis, MM. Ordinaire, Laurent-Pichat et Rathier ont confirmée. M. Gambetta porte, au-dessous de l'œil droit, une ecchymose résultant du coup qu'il a reçu. M. Ordinaire, outre la même blessure, a eu les doigts et la face dorsale de la main contusionnés.

Le plaignant et les témoins ayant été entendus, a été amené l'inculpé. Celui-ci a reconnu hautement avoir frappé M. Gambetta, se considérant comme suffisamment offensé par la qualification de misérable appliquée à son parti par M. Gambetta. Il a déclaré en outre qu'il était prêt à recommencer si M. Gambetta y consentait, espérant amener par là une rencontre par les armes. Pendant la réponse de cet individu M. Gambetta se contenait difficilement. Toutefois, il est resté calme, se bornant à répondre à l'allégation de l'inculpé prétendant qu'il en voulait à M. Gambetta depuis le jour où il avait fait une déclaration en présence des Prussiens, que M. de Ste-Croix n'avait aucune qualité pour tenir ce langage et que lorsqu'on voulait une satisfaction par les armes on ne frappait pas avec le poing.

M. de Ste-Croix est fils du trésorier général de la Mayenne. Sa mère demeure rue de Las Cases, 7, et son frère est officier de chasseurs, instructeur à Saumur. Une note du 26 mars dernier, le signalant comme bonapartiste exalté, me demande des renseignements sur son compte. On n'avait pu, jusqu'à présent, découvrir son adresse.

En terminant, je crois devoir dire que l'inculpé ne me semble pas jouir d'une saine raison. Il a été retenu par M. Crépy qui le conduira ce soir à la préfecture.

L'officier de paix
[Signature]

◆

Garibaldi espionné

L'infiltration des « Chemises rouges » à Rome

Garibaldi, l'homme-épopée ! Son nom seul, en 1875, fait trembler plusieurs ministres de l'Intérieur, en France et à l'étranger. Après avoir pris part aux guerres d'indépendance en Amérique du Sud, le « combattant de la liberté » a lutté pour la noble cause de l'unité italienne. En 1860, à la tête d'un millier de « Chemises rouges », il a pris la Sicile, puis Naples, menaçant le pape lui-même en ses États pontificaux. Pendant la guerre franco-prussienne de 1870, les « Chemises rouges » se mettent au service de la République, défendant Dijon : Garibaldi le Niçois, élu député dans trois départements français et à Alger, démissionne immédiatement de cette « Assemblée de ruraux » qui ne veut pas l'entendre. Il est maintenant député de Rome au Parlement italien, mais le gouvernement conservateur du maréchal duc de Mac-Mahon veut savoir ce que prépare ce maître de la subversion.

« Un ramassis d'aventuriers »

L'infiltration, dans ce cas, reste la meilleure des méthodes, d'autant que plusieurs Français ont rejoint les rangs des garibaldiens. « La direction générale peut être assurée que j'ai puisé mes informations à la source même », écrit fièrement l'espion dont les rapports arrivent au ministère.

Le 5 avril 1875, l'habile homme parvient à être présenté à Garibaldi lui-même, qui rêve d'endiguer le cours du Tibre pour assainir la campagne romaine et donner de nouvelles terres aux paysans. « J'ajouterai que selon ses vieilles habitudes, il a emmené de Caprera sa maîtresse qu'il présente à tous visiteurs, hommes ou femmes tout comme un autre Louis XIV, et on trouve cela fort naturel chez un héros qui ne doit pas être soumis aux usages ordinaires. »

Choqué par cet excès de latinité, l'espion français l'est encore plus par l'entourage du condottiere : « C'est en général un ramassis d'aventuriers dont la plupart l'avaient suivi dans ses diverses expéditions, depuis 1848 et que l'appât du lucre a attirés à Rome, car ils comptent tous sur des places largement rétribuées, dans les travaux qu'on espère commencer bientôt. Tous ont voué un véritable culte au "héros", au "preux des temps antiques", comme ils disent. »

« Une vénération sans bornes »

Cette dévotion impressionne l'observateur. « Garibaldi habite une assez agréable villa, extra-muros. Il paraît mener une vie simple et sort très peu à cause sans doute de sa

Le combattant de l'unité italienne a été blessé à la bataille de l'Aspromonte, en 1862.

blessure et de ses rhumatismes : mais le buste semble solide encore, la tête est ferme et énergique. Il reçoit de nombreuses visites et la correspondance qu'on lui adresse est très considérable. Il lui arrive souvent deux, trois, quatre cents lettres par jour de toutes les parties de l'Italie, ainsi que de la Suisse, de l'Angleterre et un peu de tous les pays. En Italie, dans les provinces méridionales spécialement, la bourgeoisie, le peuple surtout paraissent avoir pour lui un respect, une vénération sans bornes. On lui écrit comme à un père, pour les motifs les plus intimes, les plus futiles parfois, et pour n'en citer qu'un exemple, j'ai vu la lettre d'une artiste de Palerme lui demandant des conseils, parce qu'elle était malheureuse, que son propriétaire lui avait donné congé et qu'elle voulait rester honnête. »

Sensible au pittoresque, l'espion n'oublie pas que sa mission est d'abord politique. Il insiste sur la haine de Garibaldi à l'encontre du clergé, du pape même, dont il attendrait la mort en vue d'une insurrection. « Il déteste aussi, non pas la France, qui est d'après lui sincèrement républicaine et anticléricale, mais le maréchal-président et notre gouvernement qu'il accuse de favoriser les intrigues du Vatican et des jésuites contre lesquels il nourrit une haine profonde, tout le monde le sait. » Si Garibaldi approuve la politique anticléricale de Bismarck en Allemagne, « il aimerait cependant plus la France et serait prêt à la servir encore, dit-il, si elle secouait pour toujours le joug clérical et monarchique qui menace de la faire sombrer dans les abîmes ».

L'espion français observe ainsi un milieu étrange, dont les linéaments lui échappent quelque peu. Parmi les garibaldiens, « un sieur Guesde [...] poursuivi aussi après la Commune » : il s'agit de Jules Guesde, celui qui introduira le marxisme en

France ! Quant à l'assèchement des marais, Mussolini s'en chargera, en 1934, pour la plus grande gloire du fascisme.

◆

Le dossier

Infiltré parmi les « Chemises rouges » à Rome, un mouchard français renseigne le ministère de l'Intérieur sur les projets politiques de Garibaldi. Né à Nice le 4 juillet 1807, celui-ci a combattu sur terre et sur mer, en Amérique du Sud, en Italie et en France, pour la liberté des peuples et la République universelle. Il a joué un rôle notable dans la réalisation de l'unité italienne, même si celle-ci s'est faite au profit du roi de Piémont, devenu le souverain de la monarchie constitutionnelle italienne.

Lettre de la direction politique du ministère des Affaires étrangères à M. Buffet, vice-président du Conseil et ministre de l'Intérieur, 26 avril 1875
(AN, f/7/15958/2)

Monsieur et cher collègue, d'après un rapport de M. le ministre de France en Italie, il se trouve en ce moment à Rome un certain nombre de Français soupçonnés d'appartenir à l'Internationale et qui cherchent à se grouper autour de Garibaldi sous le prétexte de le seconder dans son entreprise relative au dessèchement de la campagne romaine. M. Visconti Venosta ayant exprimé à M. le ministre de Noailles le désir d'obtenir au sujet de ces individus tous les renseignements qui seraient de nature à l'éclairer sur leurs menées, je recommande cette démarche à votre sollicitude. Par des raisons que vous comprendrez et sur lesquelles je n'ai pas besoin d'insister, nous avons un grand intérêt à déjouer le projet présumé de Garibaldi et à seconder les vues du général italien. Je vous serai donc reconnaissant de vouloir bien me communiquer toutes les informations que vous pourriez réunir sur les personnes qui me sont signalées. Afin de faciliter vos investigations je vais prier M. de Noailles de demander à l'administration italienne les indications qu'elle aura recueillies elle-même sur les noms, le dernier séjour en France, et la condition de ces individus.

Agréez Monsieur et cher collègue, les assurances de ma haute considération.

Decaux

Rapport, 25 avril 1875
(AN, f/7/15958/2)

Note du 25 avril

J'ai l'honneur d'adresser à la direction générale mon rapport auquel j'aurais désiré donner plus de soin. Je l'ai écrit tant bien que mal, sous le coup d'une violente courbature et de fortes douleurs de tête. Qu'on veuille bien m'excuser. [...]

Rapport

La mission que la direction générale a bien voulu me confier avait pour but d'étudier l'affaire de l'Agro-romano, de la déviation du Tibre, etc. présentée par le général Garibaldi et dont se préoccupe l'opinion publique en Italie, à Rome surtout.

Sous les apparences d'une simple question économique, ne cachait-elle pas une question politique ? J'ai eu l'honneur d'adresser de Rome quelques notes sommaires. Je viens fournir aujourd'hui le résultat complet de mes observations.

On assure que Garibaldi nourrissait depuis longtemps les projets qu'il veut essayer de mettre à exécution, c'est-à-dire d'assainir la campagne romaine et de garantir la capitale des fréquentes et terribles inondations du Tibre. Ce projet gigantesque est-il réalisable ? On ne le pense pas. Je soumets plus loin quelques observations personnelles, en dehors des questions techniques qui ne sont pas de ma compétence.

Rome avait choisi Garibaldi pour son représentant au Parlement, on connaît les détails de l'entrée qu'il y a faite avec grand fracas et l'accueil enthousiaste qu'il a reçu de la population. Sans perdre de temps, il voulut frapper encore plus les esprits en déclarant qu'il n'avait consenti à quitter sa retraite que pour consacrer le peu de forces qui lui restent à tâcher de réaliser une idée tant de fois rêvée avant lui. Aussi la popularité du célèbre Condottiere ne connut-elle plus de bornes ! Son premier soin fut d'appeler auprès de lui Bordone qu'il affectionne beaucoup et dans lequel il semble avoir placé toute sa confiance. De soi-disant ingénieurs, des hommes spéciaux même accoururent pour lui soumettre force projets.

Le gouvernement laissa fort adroitement aller les choses, le Vatican lui-même, les princes romains ne parurent point vouloir susciter d'obstacles tout d'abord et une entrevue des plus courtoises eut lieu entre le général Garibaldi et le prince Torlonia, le plus riche capitaliste de la péninsule, un intime du Saint-Père. Mais tous ces beaux semblants de concorde durèrent peu, sans doute dès qu'on s'aperçut dans les hautes sphères entre quelles mains l'entreprise était livrée.

J'ai parlé de Bordone ; avec lui ou après lui arrivèrent de nombreux compagnons d'aventure de Garibaldi. Leurs opinions sont trop connues pour que je m'y appesantisse.

Le clergé, la noblesse, la haute bourgeoisie entrevirent facilement peut-être la question politique se cachant derrière la question industrielle ou humanitaire. Les garibaldiens restèrent bientôt livrés à leur seule initiative, à leurs propres forces, autant dire à leur impuissance.

Parlerai-je des projets divers présentés par le général, tels que le dessèchement de l'Agro-romano, le port à créer à Fiumicino, la déviation du Tibre, l'endiguement de ce fleuve etc. ? Un projet d'emprunt de cent millions fut soumis par M. Semenza tant pour les travaux du Tibre que pour ceux de l'Agro, avec garantie du gouvernement, de la ville et du département. On émettrait un million d'obligations de cent francs, en or, portant intérêt à 3 %. Le remboursement des obligations devait s'opérer dans le courant de cinquante ans, à partir de 1885, avec une prime de cent francs par obligation. Si le projet Semenza était adopté, on paierait dans les dix premières années trois millions par an, savoir, deux par le gouvernement, un par la ville et par le département.

Je n'ai pas besoin d'ajouter que rien ne fut conclu, que rien ne semble près de l'être, et je ferai connaître plus loin le projet auquel on paraît vouloir s'arrêter pour le moment. Ajouterai-je que pour accomplir de si vastes travaux, il faudrait un gouvernement très riche, ayant à sa disposition des avances d'une dizaine de millions à employer chaque année, ou à défaut une population active, riche et laborieuse. Nous ne nous trouvons ici ni dans l'un ni dans l'autre cas : le peuple romain est indolent, les princes et les patriciens qui possèdent des fortunes immenses restent étrangers aux questions industrielles, et dans cette circonstance, ils sont hostiles pour un motif politique.

En présence des difficultés qui s'accumulaient, que restait-il à faire au général ? Il ne pouvait abandonner la partie, aussi s'en tient-il à cette heure au seul projet d'endiguer le Tibre, pour lequel une quarantaine de millions tout au plus seraient suffisants. Il compte le soumettre au Parlement qui l'adoptera, il l'espère et il ne doute pas que le gouvernement contribuera pour une bonne part à le faire mettre prochainement à exécution. Aussi Bordone a-t-il fait un voyage à Paris tout récemment, à l'effet d'organiser une société ou d'intéresser quelques banquiers et l'opinion de l'entourage du général et qu'il a à peu près réussi. Bordone est attendu de jour en jour à Rome.

Je ne sais si j'ai suffisamment développé la question industrielle qui était du reste secondaire pour moi qui avais plus spécialement à étudier la question politique. Voici, à cet égard, la situation que je me suis attaché à connaître le plus consciencieusement possible.

Garibaldi habite une assez agréable villa, extra-muros. Il paraît mener une vie simple et sort très peu à cause sans doute de sa blessure et de ses rhumatismes : mais le buste semble solide encore, la tête est ferme et énergique. Il reçoit de nombreuses visites et la correspondance qu'on lui adresse est très considérable. Il lui arrive souvent deux, trois, quatre cents lettres par jour de toutes les parties de l'Italie, ainsi que de la Suisse, de l'Angleterre et un peu de tous les pays. En Italie, dans les provinces méridionales spécialement, la bourgeoisie, le peuple surtout paraissent avoir pour lui un respect, une vénération sans bornes. On lui écrit comme à un père, pour les motifs les plus intimes, les plus futiles parfois, et pour n'en citer qu'un exemple, j'ai vu la lettre d'une artiste de Palerme lui demandant des conseils, parce qu'elle était malheureuse, que son propriétaire lui avait donné congé et qu'elle voulait rester honnête. Il a deux secrétaires, sans compter le vieux Basso, qui ne le quitte jamais, mais il n'entretient qu'une correspondance politique, et laisse toutes les autres lettres sans réponse.

L'influence du général me paraît donc immense, et je ne crois pas exagérer en assurant qu'à un certain point de vue, il est le véritable maître à Rome. Les journaux ont parlé de la manifestation populaire le jour de sa fête. Il m'a été certifié de la manière la plus positive que plus de quarante mille personnes s'étaient portées en effet à la villa Casalini.

La masse croit que Victor-Emmanuel et Garibaldi sont une paire d'amis, et que seul à seul, ils se tutoient, l'entrevue qu'ils ont eue a été d'une politique adroite. Le roi est généralement respecté et aimé. J'ai remarqué que le buste ou le portrait de Victor-Emmanuel se trouve dans presque tous les établissements publics, dans les magasins, même dans les maisons particulières, et je dois ajouter que la population me semble fière de son souverain.

Souvent des officiers de l'armée vont voir Garibaldi. J'ai entendu dire par des militaires que jamais un soldat italien ne tirerait sur le général, si un mouvement insurrectionnel ou quelconque survenait.

Garibaldi a désapprouvé l'entrevue de Venise et excité, par lettre, les Vénitiens, à mal accueillir François-Joseph, «le bourreau de tels et tels (j'ai oublié les noms) martyrs de la liberté». Il déteste aussi, non pas la France, qui est d'après lui sincèrement républicaine et anticléricale, mais le maréchal-président et notre gouvernement qu'il accuse de favoriser les intrigues du Vatican et des jésuites contre lesquels il nourrit une haine profonde, tout le monde le sait. Il approuve la politique du chancelier prussien à l'égard du clergé et désire que l'Italie resserre son alliance avec l'Allemagne, mais il aimerait cependant plus la France et serait prêt à la servir encore, dit-il, si elle secouait pour toujours le joug clérical et monarchique qui menace de la faire sombrer dans les abîmes.

La direction générale peut être assurée que j'ai puisé mes informations à la source même. J'ajouterai que selon ses vieilles habitudes, il a emmené de Caprera sa maîtresse qu'il présente à tous visiteurs, hommes ou femmes tout comme un autre Louis XIV, et on trouve cela fort naturel chez un héros qui ne doit pas être soumis aux usages ordinaires.

Des deux fils de Garibaldi, Menotti seul habite Rome ; Ricciotti voyage avec sa jeune femme en Australie. Menotti est un homme d'un tempérament froid, réservé, qui paraît intelligent et énergique, destiné très probablement à jouer un rôle dans la péninsule.

Il a donné sa démission d'officier général, parce que, disent ses intimes, il ne voulait pas être exposé à marcher contre son père qu'il vénère. Ils ajoutent que le roi le nommerait général d'armée, s'il voulait accepter. Menotti me semble aimé des officiers qui le saluent toujours affectueusement et respectueusement. Il reçoit beaucoup et tous les soirs sa maison est remplie de gens de toutes conditions qui viennent très familièrement. On y cause peu, si ce n'est parfois politique, et on y joue aux échecs ou à la *zecchinetta,* mais un très petit jeu.

J'arrive à l'entourage intime de Garibaldi. C'est en général un ramassis d'aventuriers dont la plupart l'avaient suivi dans ses diverses expéditions, depuis 1848 et que l'appât du lucre a attirés à Rome, car ils comptent tous sur des places largement rétribuées, dans les travaux qu'on espère commencer bientôt. Tous ont voué un véritable culte au héros, au preux des temps antiques, comme ils disent.

Bordone sera le chef de l'entreprise (il est aussi très aimé de tous les garibaldiens qui l'appellent général). Il s'est adjoint le sieur Delpech, ancien préfet de Marseille avec Esquiros, ex-général de l'armée des Vosges. Il y a en outre un grand nombre d'officiers d'état-major de la même malheureuse armée des Vosges et tout ce monde-là vit à Rome sans rien faire pour le moment, quelques-uns même assez largement. Tous les jours, de la Suisse, de l'Angleterre et de diverses parties de l'Italie arrivent des demandes de places et l'on promet d'appeler en masse les frères et amis au premier coup de pioche.

Jusqu'ici, je n'y ai vu, en fait de Français, en dehors des Bordone, Delpech et un soi-disant ingénieur Dussaut, qu'un sieur Hector Amadou, ancien rédacteur des *Droits de l'homme* de Montpellier, poursuivi après la Commune. Un sieur Guesde, rédacteur du même journal qui se cache à Lodi, poursuivi aussi après la Commune, était attendu d'un moment à l'autre. J'ai entendu nommer pareillement Arthur Arnoult et Lefrançais qu'on appellerait en temps et lieu (de Suisse).

Amadou et Guesde fonderaient un office de correspondance franco-italienne pour les informations spécialement. Bordone et Delpech en seraient les inspirateurs.

Je me suis attaché à étudier s'il existait des relations actuellement entre les radicaux italiens et les Français. Je crois pouvoir certifier qu'en l'état il n'y a rien qui me paraisse digne de fixer l'attention.

Pour le moment, les Bordone et compagnie n'ont en vue que la question purement spéculative. Ils espèrent gagner beaucoup d'argent et attendre là-bas les événements, c'est-à-dire une révolution en France qui, d'après eux, est inévitable dans un délai peu éloigné, et en second lieu, la mort du pape.

D'après ce que j'ai vu et entendu, je viens déclarer que d'après moi, les projets humanitaires de Garibaldi, aidé par les sinistres farceurs qui l'entourent, ne sont qu'un prétexte. Si les projets lancés réussissaient, ce qui est presque impossible, le général deviendrait l'idole de Rome, si l'on échoue, ils le mettront sur le compte des prêtres et des nobles et dès lors la haine du pays pour ceux-là sera des plus violentes.

Si je dois m'en rapporter à son entourage, Garibaldi s'entendrait avec le roi et se tiendra tranquille jusqu'à la mort du Saint-Père, mais ce jour qui ne peut être éloigné, disent-ils, nulle puissance au monde n'arrêtera le torrent qui anéantira pour toujours le cléricalisme en Italie et si le roi lui-même voulait tenter de s'y opposer, on ferait une révolution et la chose d'après eux est des plus facile.

Je ne voudrais pas être taxé d'exagération mais ce que j'ai constaté de haine pour le clergé et pour les nobles, de passions violentes parmi cet état-major de Garibaldi ne peut se décrire.

Ils disent qu'avec le denier de Saint-Pierre, le Vatican entasse des sommes immenses que les jésuites placent à l'étranger, que ce sont eux qui entretiennent les carlistes d'Espagne, que les atrocités commises à Buenos Aires contre les prêtres étaient méritées, que ce sont les avant-coureurs d'autres aussi terribles qu'on verra en Italie et en France et qu'ils seront heureux le jour où ils recevront le clergé et surtout les jésuites de Rome sur le bout des baïonnettes. Je cite textuellement leurs paroles.

Il existe cependant, même dans l'entourage de Garibaldi, quelques personnes qui raisonnent plus froidement et qui sont persuadées que si, à la mort de Pie IX, on choisit un pape italien libéral, rompant avec les vieilles traditions et avec la domination des jésuites, et acceptant franchement les faits accomplis tout se passerait sans secousse.

En attendant cette éventualité, l'état-major de Garibaldi entretient des relations dans toute la péninsule et plus particulièrement dans les Romagnes et du côté de Naples et de la Sicile. Il me paraît être écouté et devoir être suivi par la phalange franc-maçonnique qui ne serait autre chose que l'ancien carbonarisme ou qui est, pour mieux dire, le socialisme parfaitement organisé.

Paris, le 26 avril 1875
[Signature]

Lettre de l'ambassade de France à Rome à Léon Renault, préfet de police, 19 avril 1875
(AN, f/7/15958/2)

Monsieur le préfet,

J'ai confié au cardinal secrétaire d'État de Sa Sainteté les recherches que vous avez bien voulu faire sur mes indications, au sujet des projets de Garibaldi. Le cardinal m'a chargé de vous exprimer combien il en a été touché. Il sait que vous êtes le digne gardien de toutes les grandes causes.

Monsieur Quilichini m'a fait connaître, conformément à vos instructions, les résultats de son enquête dans la haute Italie et à Rome. Il en ressort que Garibaldi et son état-major ont fort restreint les plans d'assainissement général et de culture de l'Agro-romano qu'ils s'étaient d'abord proposés. Ils les réduisent maintenant à la formation d'une compagnie instituée pour l'endiguement du Tibre et soutenue par une garantie d'intérêt qu'accorderait l'État italien. Ils pensent que l'entreprise ainsi réduite aurait plus de chances d'être acceptée, au point de vue des difficultés financières, et qu'elle suffirait pour atteindre le but politique qui consiste à tenir sous sa main des ateliers nationaux composés des hommes de désordre de tous les pays et à exercer au besoin une pression sur le Saint-Siège, en cas de conclave et sur le gouvernement italien lui-même.

Il paraît certain que Garibaldi proposera lui-même, comme député, son projet dès les premiers jours de la reprise de la session ; jusqu'à présent le gouvernement italien paraît à la fois en crainte vis-à-vis de lui, et cependant porté à lui opposer des fins de non-recevoir tirées de la situation financière. Il redoute la popularité de ce personnage mais voudrait lui accorder le moins possible. Garibaldi croit que le minimum nécessaire pour déguiser le peu de sincérité des compliments est la garantie d'intérêt, et il compte l'obtenir.

Dans cette situation, monsieur le préfet, il serait de la plus haute importance pour le Saint-Siège, pour la France et pour l'Italie elle-même que le vote pût être empêché par les bons avis que pourrait donner M. le marquis de Noailles au cabinet du Quirinal. Les documents qui ont dû vous parvenir établissent clairement que Garibaldi s'est associé dans son entreprise des socialistes français, notamment Delpech, l'ancien commissaire de Marseille, et bien d'autres noms que je ne reproduis pas ici, puisqu'ils vous sont connus.

Il est toujours délicat de donner des conseils à un gouvernement étranger, mais n'est-ce pas un procédé irréprochable envers lui, et même un devoir de lui offrir les renseignements prouvant qu'on a chez soi des gens très dangereux en relations assidues avec un parti italien qui pourrait, dans certains cas, inquiéter et troubler le gouvernement du roi ?

Comme je tiens les renseignements de vous, monsieur le préfet, il me paraît convenable que vous soumettiez vous-même à M. le ministre de l'Intérieur et à M. le ministre des Affaires étrangères les observations auxquelles ils peuvent donner lieu et que notre gouvernement soit en mesure d'y pourvoir diplomatiquement. L'affaire est urgente, puisque Garibaldi va faire sa proposition. Il serait, je crois très utile que le marquis de Noailles reçût sans délai des instructions qui l'autoriseraient à rendre un réel service au gouvernement italien, en lui faisant connaître ses dangers et les nôtres.

Soyez assez bon, monsieur le préfet, pour me faire savoir si vous approuvez cette marche. Dans le cas où vous jugeriez convenable de joindre cette lettre à vos communications, je n'y vois pour mon compte, que des avantages, parce que je crois avoir posé la question avec toute la prudence diplomatique qu'il importe d'observer en pareille occurrence.

Je ne puis assez vous exprimer, monsieur le préfet, le prix que j'attache à nos relations et à vos excellents procédés en toutes choses.

Veuillez agréer l'expression de ma gratitude, de ma haute considération et de mes tout dévoués sentiments.

[Signature]

M. Quilichini m'a paru fort intelligent et n'exagérant rien. Il est clair qu'il n'y a pas de danger immédiat d'exécution, mais que le vote législatif serait un grave danger pour un avenir plus ou moins prochain.

Note de Rome, 7 avril 1875

(AN, f/7/15958/2)

Ainsi que je l'annonçais dans ma dernière note je suis arrivé au résultat que je faisais pressentir, c'est-à-dire à entrer en relations très suivies avec tous les garibaldiens et surtout avec le sieur Delpech qui est le bras droit de Bordone, encore absent, mais qu'on attend de jour en jour.

Delpech se rend presque tous les jours chez Garibaldi, auprès duquel se sont groupés depuis son arrivée à Rome, une grande partie de nos fameux officiers de l'armée des Vosges, qui me semblent dévoués corps et âme à lui et à Bordone. J'entends parler bien entendu des Italiens et des Polonais. Parmi ces ex-commandants, colonels ou capitaines se trouve un seul Français, un sieur Hector Amadou, de Béziers, ancien rédacteur en chef des *Droits de l'homme*, de Montpellier, compromis et poursuivi, je crois, après la Commune. Un sieur Guesde, rédacteur aussi des *Droits de l'homme* est attendu de jour en jour. Ce dernier, poursuivi comme Amadou, ne porterait point son véritable nom et serait le fils d'un célèbre professeur de Paris très légitimiste. Je tâcherai de le savoir. Guesde rédige en ce moment un journal radical à Lodi où, d'après une lettre que j'ai vue, il se trouve dans la misère. Malgré mes investigations, je ne vois pas la moindre trace de l'Internationale française. Beaucoup de communards, pour la plus grande part réfugiés en Suisse ou en Angleterre, s'adressent journellement à Garibaldi pour lui faire des offres de services et surtout pour demander à être employés dans la fameuse entreprise de l'Agro-romano. On les prie d'attendre et surtout de ne pas venir à Rome en ce moment.

Tous les aventuriers que je vois vivent sans rien faire, les uns même assez largement. Pour eux, le véritable roi d'Italie c'est Garibaldi, qui pourrait faire, disent-ils, une révolution quand il voudrait. Mais il veut attendre le moment opportun, qui serait celui de la mort du pape.

Delpech vit très largement à l'hôtel *La Minerve* où j'ai conservé une chambre près de la sienne. Je vois toutes ses allées et venues. Il s'est mis en rapport avec tous les rédacteurs de *La Capitale*, journal avancé, et d'autres, que je vois aussi avec lui, du reste. Tous sont francs-maçons, véritable société internationaliste de l'Italie. En réalité la question de l'Agro-romano me paraît être secondaire pour eux. Ils comptent peu sur le gouvernement italien dont ils se disent et sont véritablement les ennemis. Ils attendent la réouverture du Parlement pour savoir ce qu'il décidera quant au projet de Garibaldi, ou plutôt quelles seront les concessions qu'on accordera au général.

Ce qu'ils attendent, c'est, comme je le dis plus haut, la mort du pape. Alors assurent-ils, rien ne les arrêtera pour détruire à tout jamais le cléricalisme en Italie, dussent-ils s'allier avec M. de Bismarck, et faire une révolution, si le roi d'Italie n'est pas avec eux. Garibaldi leur aurait solennellement promis de se mettre à leur tête. [...]

[Signature]

Note de Rome, 10 avril 1875
(AN, f/7/15958/2)

Je suis de plus en plus dans le mouvement. J'ai été présenté hier au général Garibaldi et j'ai pu m'entretenir quelque temps avec lui. On avait dit que sa santé était très affaiblie et qu'il était presque paralysé. J'ai constaté qu'il n'en est rien. Il ne peut marcher, c'est vrai, mais le reste du corps semble encore plein de vigueur. Il paraît avoir confiance dans le résultat de l'entreprise à laquelle il veut, dit-il, consacrer toutes les forces qui lui restent. Je ne peux entrer dans tous les détails de questions techniques, mais j'indiquerai que pour le moment le seul travail qu'on espère mettre bientôt à exécution, c'est d'endiguer le Tevere. Garibaldi compte sur l'approbation de la Chambre. C'est lui-même qui portera la parole à ce sujet, à la prochaine ouverture du Parlement, si ses forces ne le trahissent. D'après les conseillers qui l'entourent (et avec lesquels je passe ma vie), le général ne reprendra que plus tard le travail de l'Agro-romano, si celui qu'il va entreprendre réussit. C'est pour cela que toute entrevue, tout pourparler avec le prince Torlenia ont cessé. Le général a dit à ses intimes que ce n'est point pour faire la fortune des princes romains qu'il est venu, mais pour améliorer le triste sort de la bonne population.

Garibaldi vit très simplement et fort sobrement. Il reçoit de fréquentes et nombreuses visites. La correspondance est très considérable. J'ai vu le courrier d'hier il y avait plus de trois cents lettres ou journaux. On s'adresse à lui de toutes les

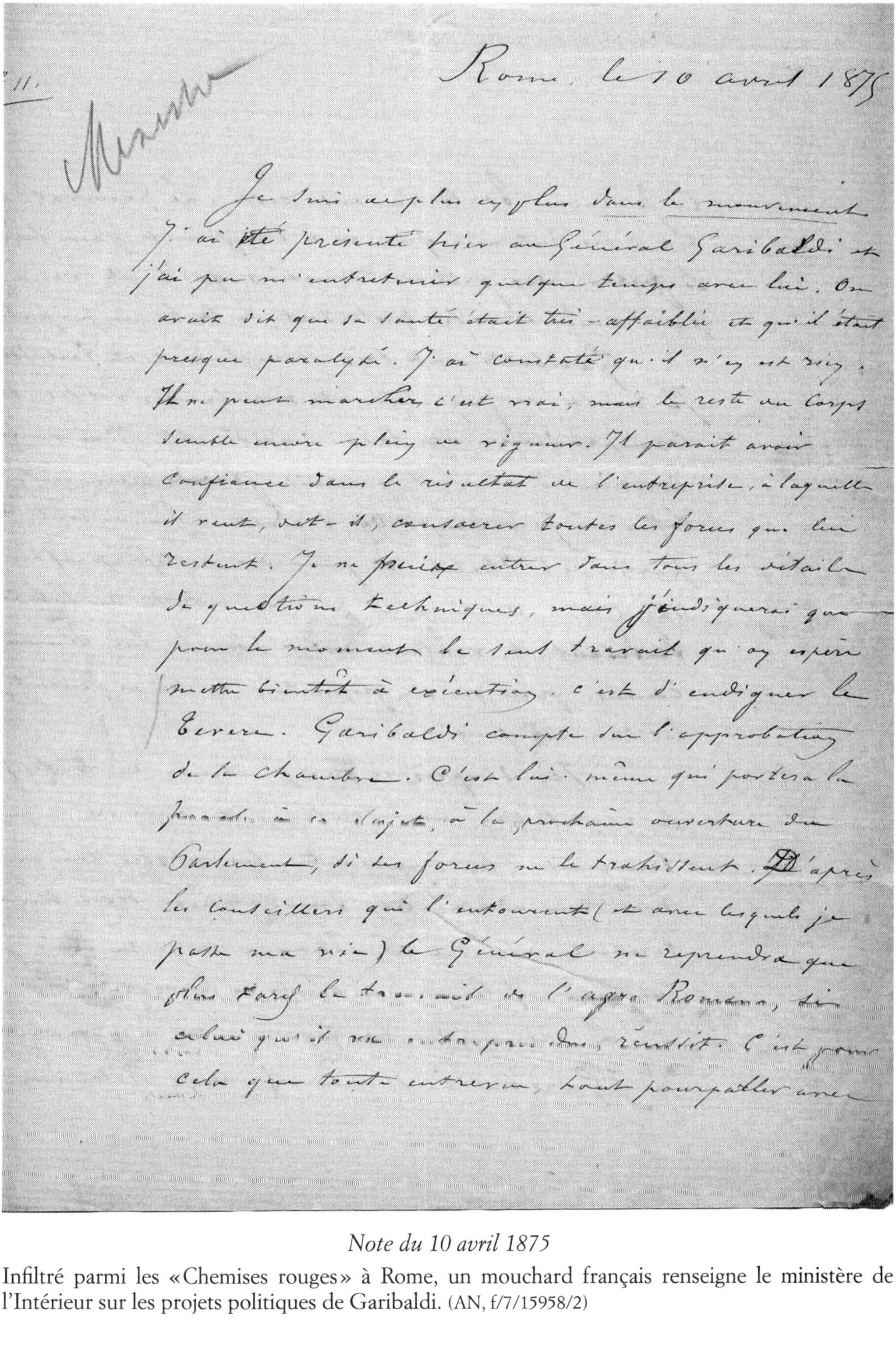

N° 11.

Ministre

Rome, le 10 avril 1875

Je suis de plus en plus dans le mouvement. J'ai été présenté hier au Général Garibaldi et j'ai pu m'entretenir quelque temps avec lui. On avait dit que sa santé était très-affaiblie et qu'il était presque paralysé. J'ai constaté qu'il n'en est rien. Il ne peut marcher c'est vrai, mais le reste du corps semble encore plein de vigueur. Il paraît avoir confiance dans le résultat de l'entreprise, à laquelle il veut, dit-il, consacrer toutes les forces qui lui restent. Je ne puis entrer dans tous les détails de questions techniques, mais j'indiquerai que pour le moment le seul travail qu'on espère mettre bientôt à exécution c'est d'endiguer le Tevere. Garibaldi compte sur l'approbation de la Chambre. C'est lui-même qui portera la parole à ce sujet, à la prochaine ouverture du Parlement, si ses forces ne le trahissent. D'après les conseillers qui l'entourent (et avec lesquels je passe ma vie) le Général ne reprendra que plus tard le travail de l'agro Romano, si celui qu'il va entreprendre réussit. C'est pour cela que toute entreprise, tout pourparler avec

Note du 10 avril 1875

Infiltré parmi les «Chemises rouges» à Rome, un mouchard français renseigne le ministère de l'Intérieur sur les projets politiques de Garibaldi. (AN, f/7/15958/2)

parties de l'Italie et pour des motifs parfois singuliers. Ainsi une pauvre artiste de Palerme se disant et voulant rester honnête, lui demandait conseil, parce que son propriétaire qu'elle ne pouvait payer, lui donnait congé.

Ici, d'après ce que j'entends de toutes parts, la population non seulement ouvrière, mais bourgeoise, les négociants, les artistes lui ont voué une admiration sans borne : c'est bien le véritable maître de Rome, et je ne crois pas exagérer en le présentant de la sorte. L'opinion des bourgeois, des négociants est que Garibaldi s'entend avec Victor-Emmanuel qui me paraît aussi assez aimé à Rome et dans toute l'Italie, du reste. Le peuple dit que, quand ils se voient seuls, ils se tutoient.

Garibaldi m'a dit quelques mots de la France « qu'il affectionne, malgré les attaques dont il a été l'objet. Elle a bien fait de constituer la République, mais il faut qu'elle se débarrasse des cléricaux qui l'ont toujours perdue. Il a ajouté que nous avions eu tort de renverser M. Thiers, qui est un illustre homme d'État ».

Je reverrai peut-être le Général avant de quitter Rome, ce que je pense faire dans quatre ou cinq jours.

Nota : nous avons vu MM. le général Davoust et le chef d'escadron d'état-major Lemayne.

Note de Rome, 10 avril 1875

(AN, f/7/15958/2)

Il paraît que Bordone arrivera plus tôt qu'on ne l'espérait. Il vient d'écrire à Delpech pour lui annoncer qu'il comptait avoir fini ses opérations à Paris et qu'il viendra directement à Rome, avec Dussaud et un ingénieur. Delpech pense que la question d'argent doit avoir été résolue, quoi qu'il arrive Delpech a le projet de s'installer à Rome pour longtemps si l'endiguement du Tevere se décide, pour quelques mois dans le cas contraire ; il veut, dit-il, étudier d'autres projets.

Delpech aurait l'intention de fonder une agence de correspondance franco-italienne pour les informations à fournir aux journaux français. Il a écrit à ce sujet à son ami M. Gambetta qui vient de lui répondre en l'approuvant complètement.

Ce serait l'Amadou, Hector, dont j'ai déjà parlé, qui serait le directeur qui a déjà envoyé jadis des notes aux *Débats*, au *Siècle* etc. à ce qu'il paraît, puis Guesde qu'on fait venir à Rome pour cela. Amadou me dit avoir fourni des renseignements à M. Erdan, du *Temps*.

Je vous parlerai plus des faits et gestes de tous nos aventuriers garibaldiens. Ils sont dans l'attente de Bordone qui va leur apporter la manne, et leur procurer des places lucratives, en attendant mieux, et j'ai dit ce qu'ils entendent par mieux, c'est la mort du pape. Alors ils seront les maîtres de Rome. Il me paraît clair que Garibaldi, avec un pareil état-major, pense faire beaucoup de choses à un moment donné, sans compter que tous nos radicaux français n'attendent qu'un signe, ceux qui sont en Angleterre, en Suisse bien entendu. Ainsi que je l'ai annoncé, je n'ai pas de motif, il me semble, pour attendre le Bordone qui ne m'apprendrait rien de plus. Je me propose de continuer à voir mon honorable (?) société pendant deux ou trois jours encore, puis, après avoir pris congé de notre ambassadeur qui est très gracieux pour moi, de reprendre la route de France.

M. de Corcelles m'a engagé à me ménager la possibilité de revenir au milieu de tous mes amis les garibaldiens si besoin est. C'est ce que je ferai.

Si donc je ne reçois pas de dépêche m'enjoignant de rester ici, à la date du 13 (M. Quilichini, via Frattina 48 ou hôtel *Minerva*), je partirai le 14 ou le 15 au plus tard. Respect à tous.

Jourdain

◆

L'EXPULSION D'UN PRINCE

Le duc d'Aumale quitte la France

Le 14 juillet 1886, à l'aube, deux petits hommes en noir se présentent devant l'imposant château de Chantilly, munis d'un papier officiel. En ce jour de fête nationale, ils viennent accomplir un pénible devoir : notifier son expulsion au châtelain, par ailleurs conseiller général, ancien député, ancien officier, duc et fils du roi Louis-Philippe !

« Nous J. Levaillant, directeur de la Sûreté générale, délégué par M. le ministre de l'Intérieur, assisté de M. Escourrou, commissaire spécial de police, attaché à la direction de la Sûreté générale, officier de police judiciaire, auxiliaire des parquets, nous sommes présentés chez M. Henri d'Orléans, duc d'Aumale… », indique le procès-verbal.

Le commissaire de police a, il est vrai, la loi pour lui : promulguée le 22 juin 1886, la « loi des prétendants » ordonne le bannissement des chefs de familles ayant régné sur la France. La République, proclamée à Paris le 4 septembre 1870, a vécu plusieurs années dans l'incertitude, hantée par le spectre d'une restauration monarchique. Depuis le 16 mai 1877, la voici aux mains d'authentiques républicains, mais elle demeure fragile et ses gouvernants veulent en finir avec les têtes couronnées. C'est ainsi que le ministre de la Guerre a radié plusieurs princes et ducs des cadres de l'armée. « Il m'appartient de vous rappeler que les grades militaires sont au-dessus de vos atteintes », réplique le duc d'Aumale dans une lettre ouverte au président de la République, lettre insultante qui détermine le Conseil des ministres à lui appliquer d'urgence la loi d'exil : c'est ce qui amène, de bon matin, les deux policiers à Chantilly.

Le prince n'ouvre pas en personne aux besogneux fonctionnaires de la République : c'est à son avocat, Me Limbourg, qu'ils remettent copie du décret signé la veille par le président Grévy, aux termes duquel « le territoire de la République est et demeure interdit à M. Henri d'Orléans, duc d'Aumale ».

Le prince, qui s'attendait à cette mesure, a déjà pris toutes ses dispositions. Un rapport de police en date du 28 juin fait état d'informations glanées auprès des domestiques : « Plusieurs sont employés à l'emballage des objets les plus précieux. »

Vente aux enchères

Le duc d'Aumale, qui se réfugie en Belgique, va aussi mettre en vente ses équipages : sa meute de cinquante-trois chiens de chasse anglais, ses plus beaux chevaux, Poupon, Roméo, Portugal, Britannicus, partent sous le maillet d'ivoire du commissaire-priseur, le 28 juillet, aux grandes écuries de Chantilly. Une vente mondaine et fort courue, note la police : « Les chevaux ayant été vendus le double de leur valeur réelle », les enchérisseurs sont avant tout venus apporter un soutien moral et financier au prétendant orléaniste. « Pour affronter des prix aussi élevés, il fallait avoir un intérêt tout autre que l'intérêt pécuniaire. C'est pourquoi l'on croit que les acheteurs sont des amis du duc. »

Cette manifestation quelque peu élitiste n'est pas de nature à susciter un fort courant de sympathie dans l'opinion démocratique. Au contraire, plusieurs rapports de la Police spéciale des chemins de fer attestent que l'expulsion « produit un excellent effet ; car cette mesure établit une fois de plus que le gouvernement sait être énergique en temps opportun ».

En réponse à la lettre du duc, le ministre de la Guerre a donc prononcé à la Chambre un discours vigoureux, dont les députés votent l'affichage dans toutes les mairies de France. L'énergie du général Boulanger est partout saluée. Les princes partis, la popularité de ce ministre va devenir dangereuse pour la République, secouée par le boulangisme jusqu'en 1889.

◆

Le dossier

Henri d'Orléans, duc d'Aumale, né le 16 janvier 1822 à Paris, a pris part à la conquête de l'Algérie, se distinguant tout particulièrement lors de la prise de la smalah d'Abd el-Kader, en 1843. Cinquième fils de Louis-Philippe Ier, roi des Français de 1830 à 1848, il n'en a pas moins servi la République après 1870, comme général et contrôleur aux armées. Il sera autorisé à revenir en France à partir de 1889, mais s'éteindra dans sa demeure de Sicile le 7 mai 1897.

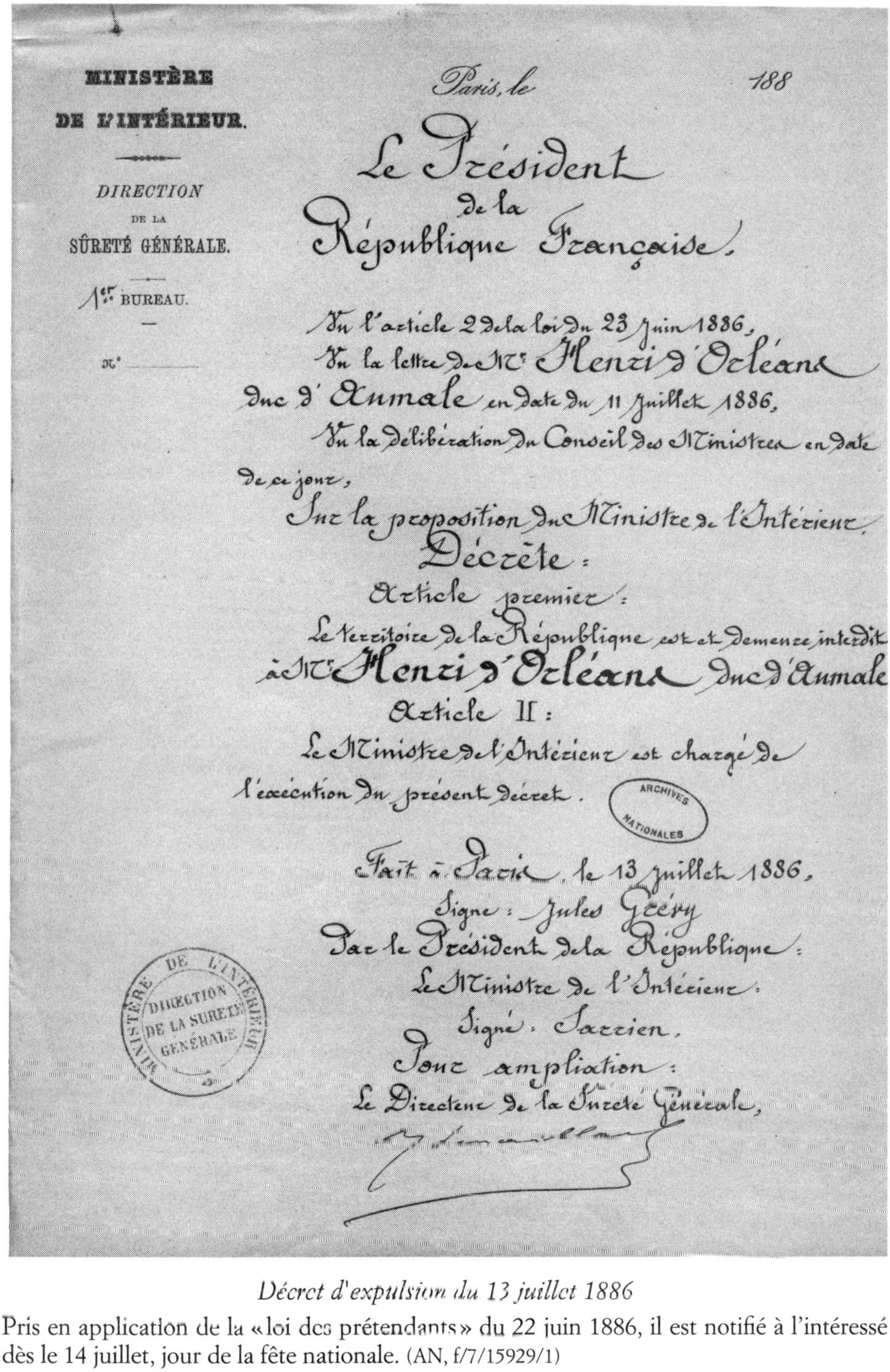
MINISTÈRE
DE L'INTÉRIEUR.

DIRECTION
DE LA
SÛRETÉ GÉNÉRALE.

1er BUREAU.

N°

Paris, le 188

Le Président
de la
République Française,

Vu l'article 2 de la loi du 23 juin 1886,
Vu la lettre de Mr Henri d'Orléans duc d'Aumale en date du 11 juillet 1886,
Vu la délibération du Conseil des Ministres en date de ce jour,
Sur la proposition du Ministre de l'Intérieur,

Décrète :

Article premier :
Le territoire de la République est et demeure interdit à Mr Henri d'Orléans duc d'Aumale

Article II :
Le Ministre de l'Intérieur est chargé de l'exécution du présent décret.

ARCHIVES NATIONALES

Fait à Paris, le 13 juillet 1886,
Signé : Jules Grévy
Par le Président de la République :
Le Ministre de l'Intérieur :
Signé : Sarrien.
Pour ampliation :
Le Directeur de la Sûreté Générale,

MINISTÈRE DE L'INTÉRIEUR
DIRECTION DE LA SURETÉ GÉNÉRALE

Décret d'expulsion du 13 juillet 1886

Pris en application de la « loi des prétendants » du 22 juin 1886, il est notifié à l'intéressé dès le 14 juillet, jour de la fête nationale. (AN, f/7/15929/1)

Décret du Président de la République, 13 juillet 1886
(AN, f/7/15929/1)

Ministère de l'Intérieur, direction de la sûreté générale, 1er bureau.

Le Président de République française,
Vu l'article 2 de la loi du 23 juin 1886,
Vu la lettre de M. Henri d'Orléans duc d'Aumale en date du 11 juillet 1886,
Vu la délibération du Conseil des ministres en date de ce jour,
Sur la proposition du ministre de l'Intérieur.
Décrète :

Article premier

Le territoire de la République est et demeure interdit à M. Henri d'Orléans duc d'Aumale.

Article II

Le ministre de l'Intérieur est chargé de l'exécution du présent décret.

Fait à Paris, le 13 juillet 1886.
Signé : Jules Grévy.
Par le Président de la République,
Le ministre de l'Intérieur :
Signé : Sarrien.
Pour ampliation :
Le directeur de la Sûreté générale :
J. Levaillant

Rapport du commissariat spécial de la gare de Creil, 26 juillet 1886
(AN, f/7/15929/1)

La vente de l'équipage de Chantilly appartenant au duc d'Aumale s'est effectuée aujourd'hui dans la cour des Grandes Écuries, sous la direction de M. Lyon Chéri, directeur de l'établissement Chéri de Paris. Elle a commencé à 2 h ½ et s'est terminée à 6 heures. 300 à 350 personnes environ, venues principalement de Paris, y assistaient, parmi elles on remarquait plusieurs membres de la noblesse, quant aux marchands de chevaux, ils étaient en très petit nombre et vu l'élévation des prix appliqués il leur a été impossible de faire un seul achat, les chevaux ayant été vendus le double de leur valeur réelle. Il y a donc toutes raisons de supposer que pour affronter des prix aussi élevés il fallait avoir un intérêt tout autre que l'intérêt pécuniaire. C'est pourquoi l'on croit que les acheteurs sont des amis du duc. La vente a produit 55 725 fr.

L'équipage du cerf vendu par couple a produit 4 600 fr.

Parmi les assistants qui se trouvaient à la vente une personne racontait que le duc d'Aumale aurait proposé à une société de chasseurs de chasser gratuitement dans la forêt d'Ermenonville à la seule condition d'avoir à entretenir les chevaux et les chiens du domaine dont ils pourraient en revanche se servir pour leur chasse. Cette société vu les charges que l'acceptation de l'offre qui lui était fait aurait occasionnées n'a pas accepté, c'est alors que le duc d'Aumale s'est décidé à faire vendre ses chevaux et ses chiens de cerf.

Quant aux chiens de sanglier et de chevreuil, ils ne seront pas vendus, le prince de Joinville s'en servira.

Le commissaire spécial
Jourdain

◆

Le scandale de Panama

Ferdinand de Lesseps et les « chéquards »

Ce jour-là, malgré le beau soleil d'été qui illumine enfin la cité lilloise, le préfet du Nord n'est pas content du tout. Le jeudi 31 juillet 1879, il saisit sa plus belle plume et, de son écriture régulière et ferme, alerte le ministre de l'Intérieur.

Ferdinand de Lesseps est attendu à Lille le lendemain, pour une conférence sur l'isthme de Panama, qu'il se propose de percer, comme il a ouvert celui de Suez en 1869. Le « Grand-Français », comme on l'appelle depuis cet exploit technique, jouit d'un prestige immense, mais il n'en reste pas moins un président de société en quête de capitaux. Or, ses émissaires viennent de parler un peu haut dans le bureau du préfet, en réclamant que Lesseps soit « reçu d'une façon quasi officielle », comme à Bordeaux et à Rouen où il avait organisé de pareilles conférences.

« J'ignore si mes collègues de la Gironde et de la Seine-Inférieure ont agi en vertu d'instructions spéciales, mais je ne saurais donner publiquement aucun encouragement au projet de M. de Lesseps, sans connaître la pensée du gouvernement », écrit le préfet du Nord. Orgueil blessé ? Sans doute, mais sa réaction témoigne aussi d'un sens aigu de l'intérêt général, qui le conduit à poser clairement les questions essentielles : « Le percement de l'isthme de Panama est-il possible ? Si ce percement s'effectue, l'entreprise présente-t-elle des garanties du point de vue financier ? Enfin, en admettant le succès complet de cette entreprise, la France est-elle intéressée à la voir réussir ? On peut se poser toutes ces questions et les encouragements publics des représentants du gouvernement sembleraient indiquer qu'elles sont résolues. On pourrait égarer la confiance des capitalistes en leur faisant espérer ainsi une garantie du gouvernement français. »

Rarement un fonctionnaire de la République se sera montré aussi clairvoyant ; rarement un avis aura été aussi superbement ignoré du ministère...

Lesseps, il est vrai, incarne tout ce que révère l'époque : le Progrès, la Science, la domination de l'Homme sur la nature, l'accroissement de la richesse par le commerce transocéanique... Ce n'est pas un mesquin courrier préfectoral qui va entraver la marche de sa grande entreprise, largement soutenue par les pouvoirs publics.

À Reims, où le célèbre ingénieur arrive dans un train « pavoisé aux couleurs nationales », le maire l'accueille à la tête de tous les notables de la ville, y compris les officiers de la garnison. « Une foule considérable – 1200 personnes environ – se pressait dans la cour de la gare et a acclamé le Grand-Français aux cris de "Vive M. de Lesseps" », note le commissaire spécial des chemins de fer, le 12 décembre 1885.

Même liesse à Nantes, le 21 mars 1886 : « Dès l'apparition du train, la musique municipale des sapeurs-pompiers a joué *La Marseillaise*. Monté dans une voiture découverte, où prenaient place à ses côtés le préfet, le maire et le président de la chambre de commerce, M. de Lesseps a été conduit à la

Ferdinand de Lesseps
Après avoir percé l'isthme de Suez en 1869, le «Grand-Français» constitue une société pour relier l'Atlantique au Pacifique par le creusement d'un canal à travers l'isthme de Panama.

préfecture. La population se pressait sur son passage.» Tous acclament le grand homme, pour qui les édifices publics, mais aussi «les navires du port et un grand nombre de maisons particulières sont pavoisés».

Des travaux meurtriers

Ces triomphes romains donnent une caution visible à la levée de fonds, qui séduit la France des petits épargnants : s'enrichir en contribuant au bien commun, y a-t-il un investissement plus gratifiant ?

À partir de 1887 cependant, la fête est perturbée par des rumeurs déplaisantes. Le journal *L'Intransigeant* et les milieux anarchistes dénoncent « la mortalité énorme qui se produit parmi les ouvriers de Panama », assurant que « les wagons, au lieu de transporter des matériaux, ne serviraient qu'à charrier des cadavres »… L'immense chantier qui s'est ouvert en Amérique centrale est en effet très meurtrier, d'autant que Lesseps, comme à Suez, rêve d'un canal à niveau, plutôt que d'un canal à écluses. Or, la roche de Panama résiste davantage aux excavateurs que les sables égyptiens, ce qui entraîne des dépenses nouvelles et des besoins de financement supplémentaires. Le doute se répand ; le président du Conseil, Tirard, ne veut pas autoriser l'émission d'obligations à lots, si bien que Lesseps doit reprendre l'offensive.

Le 20 janvier 1888, il adresse une lettre à ses actionnaires : « Vous avez admirablement résisté à toutes les menaces comme à toutes les offres ; vous avez fait justice, par votre seule attitude, de toutes les calomnies, et vous avez déjoué toutes les intrigues ; il vous reste à exercer avec calme, pour le succès de notre œuvre, vos droits indéniables de citoyens. » Réfutant les « infamies » dont on l'accable, refusant « de livrer l'entreprise de Panama, à la veille de son achèvement, aux étrangers qui la convoitent », le président-directeur de la Compagnie universelle du canal interocéanique engage même ses soutiens à signer une pétition adressée aux deux chambres du Parlement. Enfin, il conclut par cette affirmation que tout le monde attend : «Le canal de Panama s'achèvera comme s'est achevé le canal de Suez, pour l'honneur et le profit de notre grande et chère France ! »

Bientôt, les obstacles politiques se lèvent et les capitaux affluent. Quatre ans plus tard, toutefois, le percement est encore loin d'être fini. Les actionnaires et les détenteurs d'obligations s'interrogent. On apprend enfin par quels moyens inavouables les augmentations de capital ont été autorisées : l'influent baron de Reinach, ainsi qu'un intermédiaire plein d'entregent nommé Cornélius Herz, ont versé de l'argent à certains députés et ministres. «Ils ont touché ! » s'indigne la presse. Les nationalistes montent au créneau, fustigeant les «panamistes» et les «chéquards» vendus à la finance juive, tandis que l'extrême gauche socialiste dénonce la corruption de la République bourgeoise. Le régime parlementaire chancelle.

Mais il résiste à la crise : Reinach se suicide, Herz file en Angleterre, seul le ministre des Travaux publics, Baïhaut, avoue sa faute et ira en prison. La sanction ne sera pas judiciaire, mais politique, avec un fort renouvellement aux législatives de 1893, marquées par une poussée des socialistes.

La chute de Clemenceau

Le scandale de Panama éclabousse au passage Clemenceau, alors député du Var. Le chef de file des radicaux est un proche de Cornélius Herz, actionnaire de son journal, *La Justice*. Selon une note manuscrite du 6 décembre 1892, «on s'occupe beaucoup à la Chambre du cas spécial de

M. Cornélius Herz, qui a touché deux millions dans l'affaire du Panama ; on insinue que derrière M. Herz se cache la personnalité de M. Clemenceau, dont le silence dans la question de Panama est vivement commenté depuis le premier jour». Cela suffit à ses adversaires pour le mettre en accusation : le nationaliste Déroulède ose le nommer dans l'hémicycle, provoquant ainsi un duel, tandis que la presse le traîne dans la boue. «L'attitude de M. Clemenceau est très vivement commentée dans le monde politique, et surtout à la Chambre ; on est généralement frappé du changement physique qui se produit chez le député du Var, qui n'est plus le même, qui semble vieilli chaque jour ; en un mot, on ne le reconnaît plus», constate la police le 6 février 1893.

Malgré les rumeurs qui le donnent «fini», Clemenceau se présente devant ses électeurs, mais il est battu et doit se refaire une situation comme journaliste. Il ne reviendra au premier plan qu'en 1898, quand l'affaire Dreyfus lui donnera l'occasion de combattre à la fois l'injustice et l'antisémitisme.

Entre-temps, le canal de Panama aura changé de mains : il ne s'ouvrira qu'en 1914, sous pavillon américain.

◆

Le dossier

Dans sa lettre du 31 juillet 1879, le préfet du Nord s'étonne qu'on prétende donner un caractère officiel à une collecte de capitaux ; ailleurs toutefois, la venue de Ferdinand de Lesseps suscite un engouement populaire, nettement encouragé par les autorités, jusqu'au scandale final.

Lettre du préfet du Nord Paul Cambon au ministre de l'Intérieur, 31 juillet 1879
(AN, f/7/15978/2)

Monsieur le ministre,

M. Ferdinand de Lesseps, dont l'arrivée à Lille est annoncée pour demain vendredi, se propose de faire le soir, à l'hippodrome lillois, une conférence sur l'isthme de Panama. Les organisateurs de cette conférence m'ont fait savoir qu'à Bordeaux et à Rouen, M. de Lesseps avait été reçu d'une façon quasi officielle dans les préfectures, et ils me demandent de manifester par une démonstration du même genre, les sympathies de l'administration pour l'entreprise projetée.

J'ignore si mes collègues de la Gironde et de la Seine-Inférieure ont agi en vertu d'instructions spéciales, mais je ne saurais donner publiquement aucun encouragement au projet de M. de Lesseps, sans connaître la pensée du gouvernement. Le percement de l'isthme de Panama est-il possible ? Si ce percement s'effectue, l'entreprise présente-t-elle des garanties du point de vue financier ? Enfin, en admettant le succès complet de cette entreprise, la France est-elle intéressée à la voir réussir ? On peut se poser toutes ces questions et les encouragements publics des représentants du gouvernement sembleraient indiquer qu'elles sont résolues. On pourrait égarer la confiance des capitalistes en leur faisant espérer ainsi une garantie du gouvernement français.

Je recevrai donc M. de Lesseps, avec la déférence due à sa grande situation, à ses services, mais je ne m'associerai pas à la campagne qu'il poursuit.

Je vous serais très reconnaissant, monsieur le ministre, de vouloir bien m'adresser le plus promptement possible les instructions du gouvernement à ce sujet.

Je suis avec respect, Monsieur le ministre, votre très humble et très obéissant serviteur.

Le préfet du Nord
[Signature]

Rapport du commissariat spécial de police du réseau de l'Est et du Sud-Est au directeur de la Sûreté générale, ministère de l'Intérieur, 12 décembre 1885
(AN, f/7/15978/2)

Le train qui a amené M. de Lesseps à Reims, à 4 heures 44 minutes ce soir, était pavoisé aux couleurs nationales.

À l'arrivée en gare, M. de Lesseps, accompagné de M. l'abbé Trihidez, président de la section de géographie à la Société industrielle, et de M. J. Holden, vice-président de cette société, de Reims, a été reçu, dans les salles d'attente de 2e classe transformées en salon et décorées de drapeaux tricolores, de tentures etc., par la municipalité à la tête de laquelle se trouvait M. le maire, docteur Henrot, M. le général de division de La Hayrie, son état-major, les membres de la Société industrielle et ceux de la Ligue de l'enseignement, et de nombreux officiers de la garnison et de fonctionnaires.

M. le maire a souhaité la bienvenue au Grand-Français qui a bien voulu honorer la ville de Reims de sa visite ; M. de Lesseps a remercié la municipalité et la Société industrielle de l'accueil qui lui est fait, puis après quelques paroles échangées avec M. le général de division, le président de la Société industrielle et de celle de l'enseignement, M. de Lesseps a quitté la gare dans l'équipage de M. J. Holden, chez qui il est descendu.

Une foule considérable – 1 200 personnes environ – se pressait dans la cour de la gare et a acclamé le Grand-Français aux cris de « Vive M. de Lesseps ». Je n'ai pas

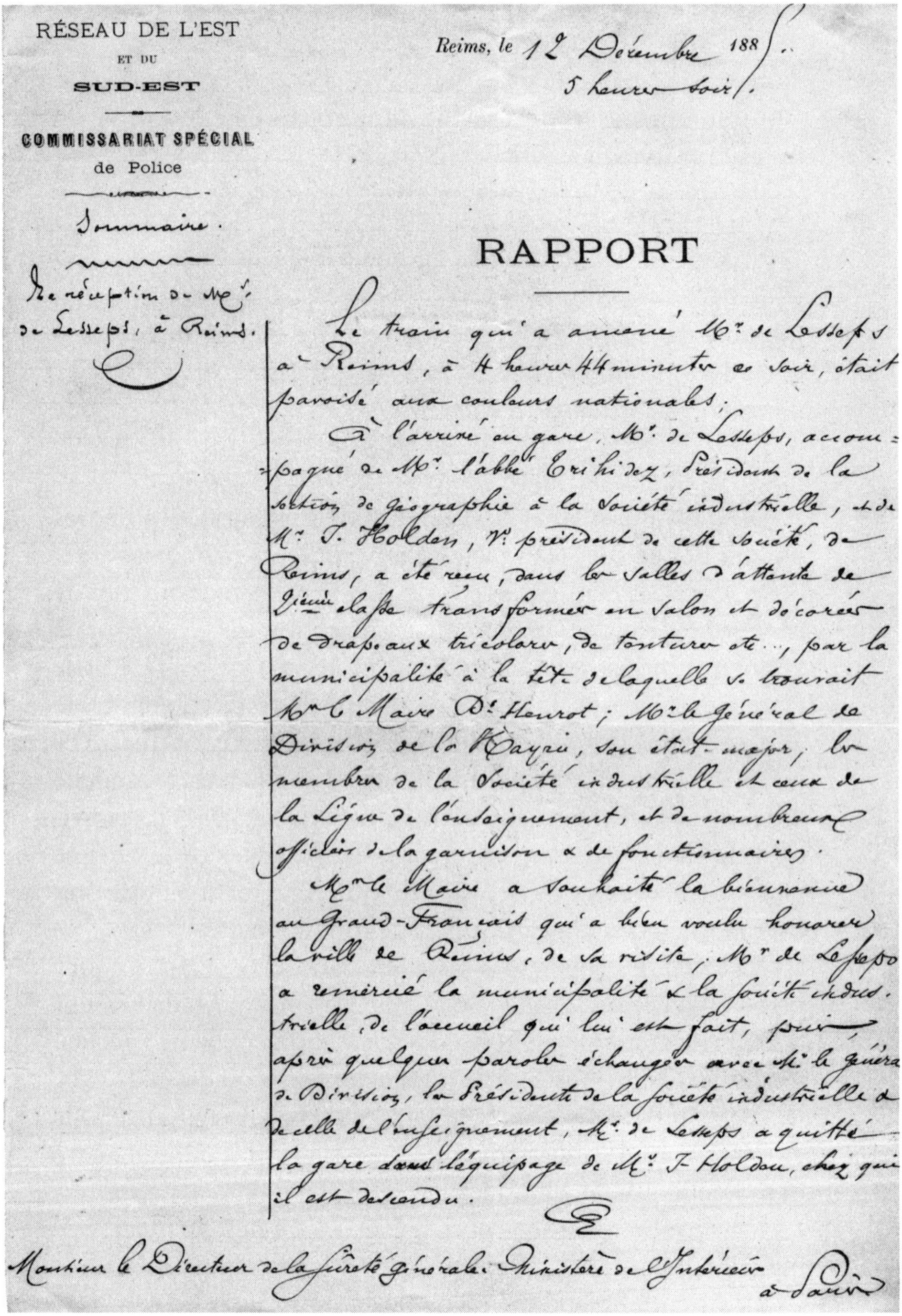

RÉSEAU DE L'EST
ET DU
SUD-EST

COMMISSARIAT SPÉCIAL
de Police

Sommaire.

La réception de Mr de Lesseps, à Reims.

Reims, le 12 Décembre 188
5 heures soir.

RAPPORT

Le train qui a amené Mr de Lesseps à Reims, à 4 heures 44 minutes ce soir, était pavoisé aux couleurs nationales.

A l'arrivée en gare, Mr de Lesseps, accompagné de Mr l'abbé Erhidez, Président de la section de géographie de la Société industrielle, et de Mr J. Holden, Vice président de cette société, de Reims, a été reçu, dans les salles d'attente de 3ième classe transformées en salon et décorées de drapeaux tricolores, de tentures etc.., par la municipalité à la tête de laquelle se trouvait Mr le Maire Dr Henrot; Mr le Général de Division de la Hayrie, son état-major, les membres de la Société industrielle et ceux de la Ligue de l'enseignement, et de nombreux officiers de la garnison & de fonctionnaires.

Mr le Maire a souhaité la bienvenue au Grand-Français qui a bien voulu honorer la ville de Reims, de sa visite; Mr de Lesseps a remercié la municipalité & la Société industrielle, de l'accueil qui lui est fait, puis, après quelques paroles échangées avec Mr le général de Division, les Présidents de la Société industrielle et de celle de l'enseignement, Mr de Lesseps a quitté la gare dans l'équipage de Mr J. Holden, chez qui il est descendu.

Monsieur le Directeur de la Sûreté générale. Ministère de l'Intérieur à Paris

Rapport du 12 décembre 1885

Il relate la visite de Ferdinand de Lesseps à Reims qui suscite un fort engouement populaire, nettement encouragé par les autorités. (AN, f/7/15978/2)

entendu le cri de Vive la République. Aucun accident ni aucun incident à signaler.

Le commissaire spécial

À l'instant j'apprends que le prince et la princesse Galitzine, sont arrivés ici et sont descendus au Grand hôtel de Reims.

Rapport du commissariat spécial de Nantes, police spéciale des Chemins de fer, à la direction de la Sûreté générale, 25 mars 1886
(AN, f/7/15978/2)

M. de Lesseps est arrivé à Nantes aujourd'hui jeudi, à onze heures et demie du matin, venant de Saint-Nazaire.

Il a été reçu à la gare par M. le préfet, M. le secrétaire général de la préfecture, le maire de Nantes et le conseil municipal, le président et les membres de la chambre de commerce, et les chefs de service des diverses administrations.

Une foule très nombreuse s'était rendue aux abords de la gare pour saluer M. de Lesseps, et il a été accueilli par les cris répétés de : Vive de Lesseps ! Vive la République !

Dès l'apparition du train, la musique municipale des sapeurs-pompiers a joué *La Marseillaise*. Monté dans une voiture découverte, où prenaient place à ses côtés le préfet, le maire et le président de la Chambre de commerce, M. de Lesseps a été conduit à la préfecture.

La population se pressait sur son passage.

Les édifices publics, les navires du port et un grand nombre de maisons particulières sont pavoisés.

M. de Lesseps a accepté d'assister ce soir au banquet qui

lui est offert dans la salle de la bourse par l'administration municipale et la chambre de commerce.

M. de Lesseps partira demain matin pour Paris, il débarquera à la gare Saint-Lazare à 4 heures 21 du soir.

Le commissaire spécial

Note sur la campagne entreprise contre M. de Lesseps par **L'Intransigeant** *et les groupes anarchistes, 28 mars 1887*

(AN, f/7/15978/2)

Il est fortement question (et je cherche à découvrir l'influence secrète qui y pousse) de faire ouvrir par les groupes anarchistes, une campagne violente contre M. de Lesseps, que l'on nomme le «Grand-Français» et que l'on accuse d'être vendu à l'Allemagne.

On lui reprocherait également la mortalité énorme qui se produit parmi les ouvriers de Panama, les wagons, au lieu de transporter des matériaux, ne serviraient qu'à charrier des cadavres.

L'Intransigeant a déjà commencé l'attaque, mais cela ne suffit pas et l'on compte sur les réunions publiques pour mener grand bruit autour de cette affaire.

Note, 29 novembre 1892

(AN, f/7/15941/1)

Le bruit court que M. Clemenceau se montre fort affecté des notes parues dans plusieurs journaux le désignant comme ayant pu tremper dans l'affaire du Panama.

Un récent article de *La Libre Parole* reproduit par *L'Intransigeant*, et dans lequel le signataire M. Georges Duval raconte que M. de Reinach était en relation de visites intimes avec M. Clemenceau, a sensiblement vexé ce dernier.

D'autre part, le silence obstiné gardé par le député du Var, paraît fort suspect à certaines gens, et donne lieu à des commentaires fort désagréables pour M. Clemenceau.

L'Intransigeant, d'après mes renseignements tient M. Clemenceau, et se fera un vrai plaisir de ne le point lâcher de sitôt.

Note, 14 décembre 1892

(AN, f/7/15941/1)

Au Cercle de la presse, et dans certains milieux politiques, on croit qu'une vigoureuse campagne va être menée contre M. Clemenceau, déjà fortement atteint par certaines révélations.

Ce n'est un mystère pour personne que M. Cornélius Herz est encore le plus fort, et pour ainsi dire le seul actionnaire de *La Justice* contrairement aux récentes déclarations de M. Clemenceau; qu'il est sous un nom d'emprunt, le fermier du bulletin financier de ce journal, où il préconise ses affaires financières, ou celles pour lesquelles il touche des mensualités.

La popularité de M. Clemenceau se ressent très fort de tout cela, et – comme il sera très combattu dans le Var par M. le sénateur Magnier – son élection est rien moins que certaine.

Note au sujet de M. Clemenceau et de La Justice*, 3 mars 1893*

(AN, f/7/15941/1)

Dans le monde de la presse, on commente beaucoup l'attitude de M. Clemenceau, en présence des divulgations du *Figaro*.

L'opinion générale est que le député du Var est absolument fini comme homme politique. On disait même hier, dans quelques bureaux de rédaction, que certains des rédacteurs de *La Justice* seraient décidés à se séparer définitivement de M. Clemenceau, on spécifiait même que M. Millerand serait à la tête de ce mouvement de séparation.

Ce qui semble donner une certaine créance à ce bruit, c'est que *La Justice* ne va pas du tout, financièrement parlant, et que les appointements ne sont payés qu'avec une grande irrégularité.

Privée des ressources, dont on a tant parlé, il se pourrait que *La Justice* disparût peut-être même avant les élections.

◆

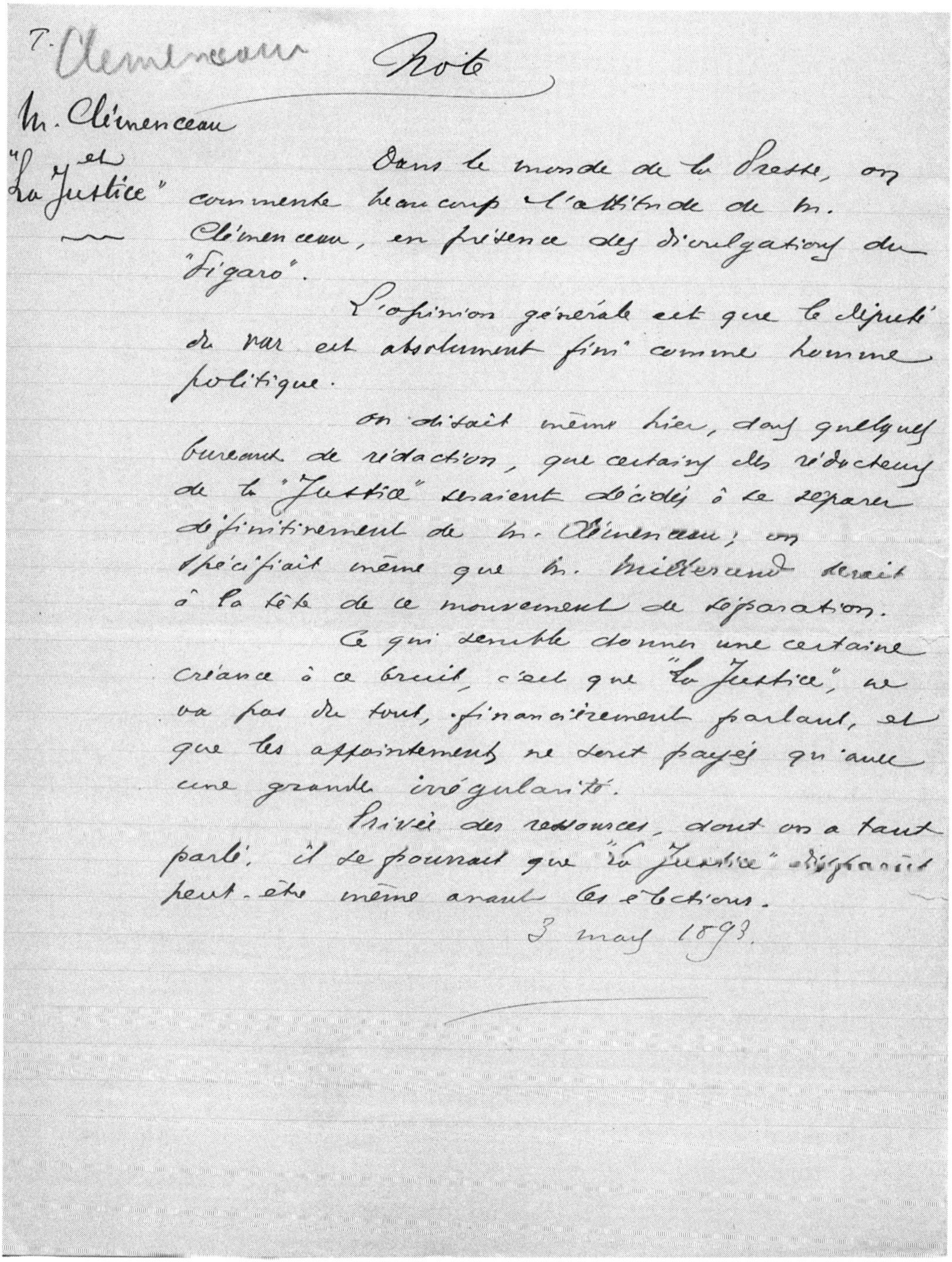
T. Clemenceau

Note

M. Clémenceau et "La Justice"

Dans le monde de la Presse, on commente beaucoup l'attitude de M. Clémenceau, en présence des divulgations du "Figaro".

L'opinion générale est que le député du Var est absolument fini comme homme politique.

On disait même hier, dans quelques bureaux de rédaction, que certains des rédacteurs de la "Justice" seraient décidés à se séparer définitivement de M. Clémenceau ; on spécifiait même que M. Millerand serait à la tête de ce mouvement de séparation.

Ce qui semble donner une certaine créance à ce bruit, c'est que "La Justice" ne va pas du tout, financièrement parlant, et que les appointements ne sont payés qu'avec une grande irrégularité.

Privée des ressources dont on a tant parlé, il se pourrait que "La Justice" disparût peut-être même avant les élections.

3 mars 1893.

Note sur Clemenceau

Datée du 3 mars 1893, elle donne le député du Var comme fini : Clemenceau sera effectivement battu aux législatives d'août 1893, mais reviendra sur le devant de la scène avec l'affaire Dreyfus. Sénateur du Var à partir de 1902, il deviendra président du Conseil de 1906 à 1909, puis de 1917 à 1920.
(AN, f/7/15941/1)

Le poignard de Caserio

L'assassinat du président Carnot

Le 24 juin 1894, Lyon est en fête : la capitale des Gaules accueille le président de la République, qui vient honorer l'industrieuse cité, toute pavoisée de tricolore. Après avoir visité l'Exposition universelle et coloniale, Sadi Carnot ouvre un somptueux banquet, dont le menu richement orné a été imprimé sur pièces de soie. Puis c'est la triomphale traversée de la ville, en landau découvert, sous les acclamations de la foule.

Un jeune homme exalté, l'œil ardent, porte un bouquet de fleurs au chef de l'État, qui reçoit cet hommage avec un sourire débonnaire. Un scintillement de métal et la scène bascule dans le drame : le bouquet cachait un poignard que l'individu plante d'un coup dans l'abdomen de sa victime. L'anarchiste italien Sante Geronimo Caserio vient de frapper le président de la République française !

Député de la Côte-d'Or à partir de 1871, président depuis la démission de Grévy en 1887, il est surtout le petit-fils de Lazare Carnot, « l'Organisateur de la victoire » en 1793. « Il n'est pas bien fort mais il porte un nom républicain », aurait dit Clemenceau quand les parlementaires recherchaient un candidat à la présidence – ce que la rumeur a transformé en cette pirouette : « Je vote pour le plus bête. » Peu suspect de prétendre au pouvoir personnel, le nouveau président s'est montré à l'aise dans les fonctions strictement protocolaires que lui assignent les institutions de la IIIe République. La police, toutefois, sait que malgré son nom illustre de révolutionnaire, son prestige est très entamé à l'extrême gauche. Un indicateur proche de Louise Michel signale que l'ancienne communarde le considère comme compromis dans le scandale de Panama. « N'y aura-t-il personne pour lui mettre un couteau dans le ventre ? » écrit alors le pamphlétaire Jules-Louis Breton, futur député socialiste. Le 24 juin 1894, c'est fait.

Soif de vengeance

Mortellement blessé, Sadi Carnot s'éteint le 25 juin, peu après minuit. « À part qu'il en est mort, Carnot n'aurait pas à se plaindre que Caserio lui ait troué le foie. Jusque-là, le type avait passé pour une tourte ; on l'avait bombardé président, à cause de son *imbécillité :* le plus bête semblait le *nec plus ultra* des présidents. Grâce à Caserio, on lui a découvert une foultitude de qualités et de vertus, de quoi rendre des points à toutes les saintes nitouches du paradis », écrit l'anarchiste Émile Pouget dans *Le Père Peinard*, en septembre 1894. Sur l'assassinat, les archives du ministère de l'Intérieur sont minces, car la police n'a rien vu venir. Caserio, simple ouvrier, ne faisait l'objet d'aucune surveillance ; il a agi seul, pour venger Vaillant, qui avait lancé une bombe dans l'hémicycle de la Chambre des députés, le 9 décembre 1893.

L'engin n'avait pas tué, mais le geste défiait si ouvertement la République que le coupable fut condamné à mort. Carnot ayant refusé de le gracier, le voici à son tour exécuté, par la justice sommaire des compagnons libertaires.

C'est justement cette soif de vengeance qui préoccupe la police. Caserio a-t-il des amis ? D'autres viendront-ils continuer à semer la terreur ? Depuis les initiatives de Ravachol, en 1892, chaque exécution d'anarchiste est suivie d'un nouvel attentat : Henry au café Terminus, Vaillant à la Chambre, et maintenant Caserio, à l'arme blanche, en province !

À la prison Saint-Paul de Lyon, où il est détenu, le nouveau Ravaillac reçoit des lettres inquiétantes, dont la copie est transmise au ministère de l'Intérieur. La première, datée du 4 août, est rédigée en italien ; en témoignage de son engagement, son auteur l'a écrite avec son propre sang... « Tous les compagnons de Marseille t'envoient un hourra à toi, et à l'anarchie. Tu nous as fait comprendre, devant ces barbares, que nous n'avons pas peur de leurs fausses lois, et que la réalité est au-dessus de tout. » La suite est plus claire encore : « Tu penses bien que nous sommes déjà préparés pour te venger ; la vengeance s'accomplira prochainement et elle sera terrible, parce que la moindre petite goutte de sang anarchiste ou sang humain, vaut 1 000 bourgeois. » Une autre lettre, d'un Espagnol, fustige le despotisme et le colonialisme de la République française : « Elle conserve une Église d'État qu'elle paie avec les deniers des citoyens, elle entretient une armée de mercenaires. De plus, elle s'est emparée du Soudan, du Congo, du Tonkin, en un mot elle agit comme les tsars de Russie. »

Sadi Carnot à Lyon.

Les « lois scélérates »

Pour Caserio, l'instruction sera sommaire et le procès, rapide : moins de deux mois après son geste, il est exécuté à Lyon, le 16 août 1894. « Vive l'anarchie, courage camarades », lance-t-il sous la guillotine, sans doute en italien. Peut-être pense-t-il à cette autre lettre, fort lapidaire, reçue d'Italie quelques jours plus tôt : « Cher Caserio, tu mourras, mais réjouis-toi de ce qu'il te reste encore beaucoup de compagnons pour te venger. »

La police toutefois, prise au dépourvu par ce solitaire, sait comment infiltrer les groupements subversifs. Un vaste coup de filet déstabilise les compagnons, d'autant que le Parlement vote les «lois scélérates» qui facilitent les perquisitions et musellent leur presse.

Tandis que la République, en grande pompe, transfère au Panthéon son président assassiné, tout un commerce macabre se développe, exploitant l'émotion populaire. Des enveloppes bordées de noir à l'effigie du mort, des partitions illustrées de chansons patriotiques se vendent partout dans Paris, où le Musée des figures de cire demande l'autorisation de montrer au public un «Carnot sur son lit de mort» plus vrai que nature.

À Lyon, une polémique déplaisante vient à naître sur le foie transpercé de la victime, relique républicaine qu'a tenté de conserver chez lui le médecin chargé de l'autopsie. « M. le procureur général a invité M. le juge d'instruction Benoît à donner l'ordre à M. le professeur Ollier d'apporter au greffe le foie de M. Carnot : cet organe a été placé dans un récipient scellé, et après la clôture de l'instruction je vous prierai de vouloir bien m'indiquer dans quelles conditions il devra être déposé dans le caveau où repose le corps de M. Carnot», écrit le préfet du Rhône au président du Conseil, le 5 juillet 1894. Mais c'est bien entendu l'arme du crime qui suscite tout spécialement les convoitises. En mars 1896, l'ambassadeur de France à Washington reçoit une lettre d'un mystérieux personnage, signant Maring, qui s'offre de jouer les intermédiaires : un collectionneur américain détiendrait le poignard authentique, volé dans un musée parisien. L'ambassadeur alerte le Quai d'Orsay, qui signale l'affaire au président du Conseil, lequel interroge le garde des Sceaux. Cette correspondance dure un mois, jusqu'à ce que la Chancellerie réponde que le procureur général de Lyon a dû faire remettre l'arme à la famille, qui en avait exprimé le souhait.

Malgré l'imprécision de la réponse, il est décidé que « les allégations du nommé Maring paraissent donc dénuées de tout fondement ».

Les Carnot ont-ils vraiment reçu la lame meurtrière ? C'est le professeur Lacassagne, pionnier de la médecine criminelle à Lyon, qui dira bientôt avoir obtenu cette précieuse pièce à conviction, longtemps exposée dans le musée de criminologie qu'il a installé au Palais de Justice. Poignard authentique ou copie conforme ? Caserio, qui n'était pas riche, avait acquis une dague à bon marché, produite en série, dont il existait de nombreux exemplaires.

Déménagées après la mort de Lacassagne, ses collections se trouvent aujourd'hui à l'École nationale de police de Saint-Cyr-au-Mont-d'Or, où le « poignard de Caserio » est toujours sous vitrine : les futurs commissaires de police, en examinant cette pièce de musée, peuvent méditer sur l'imparable danger que représentent les « loups solitaires ».

◆

Le dossier

Surprise par cet assassinat commis en solitaire, la police n'a pas su évaluer la menace que le scandale de Panama faisait peser sur le chef de l'État. Les messages de soutien au ton vengeur que reçoit Caserio en prison sont copiés et traduits pour être transmis au ministère de l'Intérieur, qui se préoccupe aussi de l'exploitation commerciale et des trafics de reliques suscités par l'événement.

Note du 26 janvier 1893
(AN, f/7/15940/1)

Paris, le 26 janvier 1893 (Londres 25 janvier)

Andrieux aurait dit à Rochefort qu'il était prouvé que Mme Carnot avait reçu 200 000 fr. de Panama.

Je tiens de Louise Michel le détail suivant :

M. Andrieux aurait dit confidentiellement à Rochefort, lors de son dernier voyage à Londres que « la preuve existait que Madame Carnot avait reçu, ainsi que le bruit en avait couru, 200 000 fr. de la Compagnie de Panama ». Je vais tâcher de vérifier auprès de Rochefort lui-même, l'exactitude de ce propos prêté à Andrieux.

Note du 30 janvier 1893
(AN, f/7/15940/1)

Paris le 30 janvier 1893 (Londres 29 janvier)

Rochefort prétend avoir la preuve que M. H. Carnot a reçu 100 parts de fondateurs de la compagnie de Panama. Il se réserve d'utiliser à son heure les renseignements qu'il possède.

Je sors de chez Rochefort qui, très confidentiellement, a dit à Louise Michel, en ma présence, à propos de l'affaire de Panama :

« Que, sur les quatre cents parts de fondateurs de la société de Panama, il savait qu'il y avait la preuve que cent parts avaient été attribuées à M. Hippolyte Carnot, père du président de la République.

« Qu'il y avait également certitude à propos des 200 000 fr. versés par la compagnie de Panama pour les bonnes œuvres de Mme Carnot ».

Rochefort déclare ne pas vouloir utiliser personnellement, dans son journal, les renseignements qu'il possède sur ce sujet ; mais il laissera faire par d'autres et, dans tous les cas, il se réserve d'en user au moment qu'il jugera opportun.

Lettre du préfet du Rhône au président du Conseil, 5 juillet 1894
(AN, f/7/15940/1)

Monsieur le président du Conseil,

Ainsi que je vous en ai informé lundi 2 juillet à la suite de l'autopsie du corps de M. Carnot, M. le docteur Ollier a enlevé et emporté le foie du président de la République. Cet incident n'était connu que de quelques personnes parce que le mercredi 17 juin après s'être concerté avec M. le maire de Lyon et avec moi, M. le procureur général a invité M. le juge d'instruction Benoît à donner l'ordre à M. le professeur Ollier d'apporter au greffe le foie de M. Carnot : cet organe a été placé dans un récipient scellé, et après la clôture de l'instruction je vous prierai de vouloir bien m'indiquer dans quelles conditions il devra être déposé dans le caveau où repose le corps de M. Carnot.

Cet incident est connu aujourd'hui à Lyon, et un article du journal *La Province médicale*, signé par le docteur V. Augagneur, membre du conseil municipal de Lyon, en fait mention à la suite d'un récit de la mort du Président.

Veuillez agréer, monsieur le président, l'hommage de mon profond respect.

Le préfet du Rhône
[Signature]

Santo Ieronimo Caserio

L'assassin du président Sadi Carnot a agi seul. Il est exécuté moins de deux mois après l'attentat, le 16 août 1894.

Lettre du préfet de police au président du Conseil, ministre de l'Intérieur (direction de la Sûreté générale), 6 juillet 1894
(AN, f/7/15940/1)

Monsieur le président du Conseil,

M. Béguine, directeur du musée de figures de cire installée boulevard Bonne Nouvelle, 8, avait exhibé dans son établissement, deux jours après l'attentat de Lyon, un sujet représentant M. Carnot sur son lit de mort.

Pour des raisons de convenance j'avais immédiatement interdit l'exhibition dont il s'agit. M. Béguine sollicite aujourd'hui l'autorisation d'offrir ledit sujet aux yeux du public. La scène représente M. Carnot sur son lit de mort au pied duquel une femme symbolisant la France est debout, tenant une palme à la main.

D'autre part, je suis informé que d'autres industriels se proposeraient d'exhiber une scène de même nature. J'ai l'honneur de vous prier, monsieur le président du Conseil, de vouloir bien me faire connaître si vous voyez des inconvénients à ce que ces sortes d'exhibition soient tolérées.

Veuillez agréer, monsieur le président du Conseil, l'hommage de mon respect.

Le préfet de police
Lépine

Copie d'une lettre adressée à Caserio, emprisonné à Lyon, 4 août 1894
(AN, f/7/15940/1)

Lettre écrite par « un vengeur » datée de Marseille 4 août 1894 adressée à « Monsieur Caserio Santo, dans la prison de St-Paul, Lyon », France.

Marseille, 4 août 1894

Cher compagnon Caserio,

Tous les compagnons de Marseille t'envoient un hourra à toi, et à l'anarchie. Tu nous as fait comprendre, devant ces barbares, que nous n'avons pas peur de leurs fausses lois, et que la réalité est au-dessus de tout. Je n'ai pas besoin de te dire de te faire du courage, parce qu'à un anarchiste il ne faut pas de ces encouragements, comme tu nous l'as fait voir.

Tu penses bien que nous sommes déjà préparés pour te venger ; la vengeance s'accomplira prochainement et elle sera terrible, parce que la moindre petite goutte de sang anarchiste ou sang humain, vaut 1 000 bourgeois. Le commencement de ma lettre est écrit avec mon sang à moi, pour que tu puisses voir, parmi ces bourreaux de barbares, encore une fois du sang humain, un sang qui crie vengeance à ses compagnons.

Nous en finirons bien vite à présent avec ces canailles, ils ont déjà suffisamment commis des iniquités envers nous, et je te jure sur mon sang que je t'envoie, que je saurai te venger et ne pas avoir peur ; nous ferons vite la place à un autre président, à ses juges et les jurés ; ils y passeront tous ensemble ces pauvres lâches ; je veux m'abreuver de leur sang. Tous les hourras des compagnons.

Tu es un héros des martyrs anarchistes.

Signé : Morplia – un vengeur

Un vrai anarchiste

(En français) Un compagno de plus amis je pleure di rage et je me langui che la venne à moi.

PS : sur le verso de la première page on lit : Vive l'anarchie, mort au tyran.

Note du bureau de la presse du ministère de l'Intérieur, 15 août 1894
(AN, f/7/15940/1)

L'auteur de la lettre, qui en s'adressant à Caserio, signe « votre frère Fernando Blancaflor », s'excuse de ne pouvoir se servir « ni de la langue de Molière ni de celle de Dante », mais d'être obligé d'écrire dans sa langue maternelle qui est l'espagnol, ajoute qu'il a néanmoins beaucoup de peine à « coordonner ses idées ». Aussi se lance-t-il dans des divagations criminelles pour féliciter Caserio d'avoir tué un « tyran de la République française ». Caserio trouvera beaucoup d'imitateurs, « car il vaut mieux mourir que de rester esclave ». « Il n'y a pas de patrie », continue M. Blancaflor, « c'est l'univers tout entier qui nous abrite.

« La République française ressemble à un État despotique. Elle conserve une Église d'État qu'elle paie avec les deniers des citoyens, elle entretient une armée de mercenaires. De plus, elle s'est emparée du Soudan, du Congo, du Tonkin, en un mot elle agit comme les tsars de Russie. La lame qui a frappé le chef d'un pareil état de choses a donc bien agi, nous vous assisterons », dit-il en terminant, « ceux qui meurent ne sont que les précurseurs des missionnaires qui remplissent un grand devoir ».

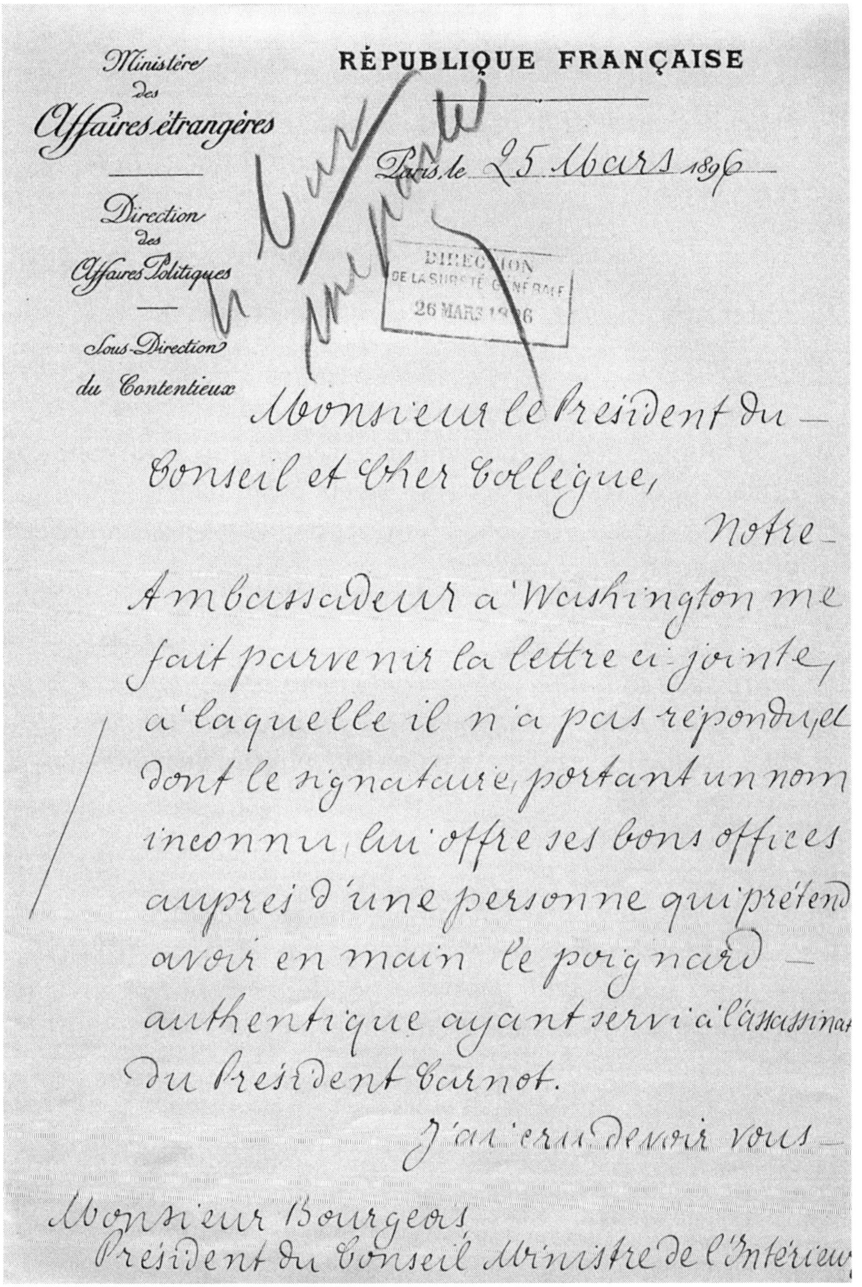

Ministère des Affaires étrangères

Direction des Affaires Politiques

Sous-Direction du Contentieux

RÉPUBLIQUE FRANÇAISE

Paris, le 25 Mars 1896

DIRECTION DE LA SÛRETÉ GÉNÉRALE
26 MARS 1896

Monsieur le Président du Conseil et Cher Collègue,

Notre Ambassadeur à Washington me fait parvenir la lettre ci-jointe, à laquelle il n'a pas répondu, et dont le signataire, portant un nom inconnu, lui offre ses bons offices auprès d'une personne qui prétend avoir en main le poignard authentique ayant servi à l'assassinat du Président Carnot.

J'ai cru devoir vous

Monsieur Bourgeois
Président du Conseil Ministre de l'Intérieur

Lettre du ministre des Affaires étrangères

Datée du 25 mars 1896, elle évoque le poignard de Caserio que détiendrait un collectionneur américain. (AN, f/7/15940/1)

Note du bureau de la presse du ministère de l'Intérieur, traduction d'une lettre adressée à Caserio, 15 août 1894
(AN, f/7/15940/1)

Seravezza, 7 août 1894

à M. Sante Caserio, S. Mani, Lyon, France.

Cher Caserio,

Tu mourras, mais réjouis-toi de ce qu'il te reste encore beaucoup de compagnons pour te venger, reçois un salut de beaucoup de tes compagnons. Adieu.

PS : ton désir était que Humbert ne meure pas tranquille, ce sera fait.

Lettre de la sous-direction du contentieux, direction des Affaires politiques du ministère des Affaires étrangères à M. Bourgeois, président du Conseil, ministre de l'Intérieur, 25 mars 1896
(AN, f/7/15940/1)

Monsieur le président du Conseil et cher collègue,

Notre ambassadeur à Washington me fait parvenir la lettre ci-jointe, à laquelle il n'a pas répondu, et dont le signataire portant un nom inconnu, lui offre ses bons offices auprès d'une personne qui prétend avoir en main le poignard authentique ayant servi à l'assassinat du président Carnot.

J'ai cru devoir vous transmettre à toutes fins utiles la lettre dont il s'agit.

Agréez, monsieur le président du Conseil et cher collègue, les assurances de ma haute considération.

Pour le ministre et par autorisation,
le conseiller d'État directeur
[Signature]

Note du ministère de l'Intérieur, direction de la Sûreté générale, 28 mars 1896
(AN, f/7/15940/1)

Monsieur le garde des sceaux et cher collègue,

L'ambassadeur de la République à Washington vient d'aviser M. le ministre des Affaires étrangères qu'il avait reçu d'un sieur Maring une lettre par laquelle ce dernier lui offrait son concours pour lui faire remettre, s'il le désirait, le poignard avec lequel Caserio a frappé le président Carnot et qui serait actuellement entre les mains d'un individu habitant les États-Unis.

Je vous serais reconnaissant de vouloir bien me faire savoir si le greffe de la cour d'assises du Rhône s'est dessaisi de cette arme et s'il y a quelque vraisemblance qu'elle puisse se trouver en la possession de la personne qui prétend en être le détenteur.

Lettre du garde des Sceaux au ministre de l'Intérieur, 1er avril 1896
(AN, f/7/15940/1)

Monsieur le ministre et cher collègue,

En réponse à la lettre de votre prédécesseur en date du 28 mars, j'ai l'honneur de vous faire connaître que sur les instructions de ma chancellerie, en date du mois d'août 1894, M. le procureur général de Lyon a dû faire remettre à M. Cunisset-Carnot, qui en avait exprimé le désir au nom de la famille, le poignard avec lequel Caserio a frappé le président Carnot.

Les allégations du nommé Maring paraissent donc dénuées de tout fondement.

Agréez, monsieur le ministre et cher collègue, l'assurance de ma haute considération.

Le garde des sceaux, ministre de la justice
Par autorisation : le conseiller d'État,
directeur des affaires criminelles
et des grâces
[Signature]

◆

Contre la licence des rues

Le combat du sénateur Bérenger

Les femmes nues, ras-le-bol : c'est, en substance, le message que veut faire entendre le sénateur Bérenger lorsqu'il fonde, en 1892, la Société centrale de protestation contre la licence des rues. Une ligue de tempérance, sur le modèle britannique, pour endiguer le flux de pornographie qui menace, selon lui, la société française.

Depuis la loi de 1881, la presse est libre de toute censure ; et puis, la France de la Belle Époque aime les formes rondes et les muses dénudées, qui s'étalent jusqu'aux frontons des bâtiments officiels. Sur les kiosques à journaux, les affiches des spectacles, c'est un grouillement de nymphes mutines qui submerge les villes, où la prostitution se donne par ailleurs libre cours. Les spectacles licencieux, les cancans de cabaret, épouvantent par leur immoralité le sénateur Bérenger, tout comme le scandaleux bal des Quat'z'Arts où s'exhibent, dans le simple appareil de leur beauté plastique, les filles délurées qui servent de modèles aux peintres. La photographie, en pleine démocratisation, préoccupe aussi « le Père la Pudeur », quand il ne poursuit pas en justice les romans immoraux de Colette et Willy.

Dans sa quête de décence et de moralité, René Bérenger discerne encore le péril plus grave que constitue la « traite des Blanches » : un odieux trafic de jeunes femmes à destination des maisons closes d'Argentine et de l'Afrique australe. Trente ans avant Albert Londres, le thème ne fait guère recette et Bérenger prêche dans le désert.

Un jour, le grave législateur croit trouver un soutien à gauche, en la personne du député radical Paul Meunier, qui s'intéresse à son combat, mais semble douter qu'il existe réellement un commerce de la lubricité. Pour l'en convaincre, Bérenger « lui remit tout un paquet, une collection rare et curieuse, de livres et de photographies obscènes », écrit un policier dans une note du 4 février 1910. Le député Meunier a dû s'en « pourlécher les babines », ironise la police, puisque, « au lieu de rendre à M. Bérenger ses photographies et livres obscènes, il les a gardés, répondant à toutes les réclamations de M. Bérenger par des prétextes dilatoires »...

Le malheureux sénateur a même saisi du problème l'austère Henri Brisson, alors président de la Chambre : en vain ! « Il parle de faire marcher les huissiers. En attendant, il fait ses confidences aux journalistes qui, demain, conteront au public ce conflit cocasse qui dure depuis trois ans. »

◆

Le dossier

René Bérenger est né le 22 avril 1830 à Bourg-lès-Valence. Représentant de la Drôme à l'Assemblée nationale en 1871 et éphémère ministre des Travaux publics en 1873, il fait partie des soixante-quinze « sénateurs inamovibles » élus à vie en 1875. Issu d'une famille de magistrats et de parlementaires, ce législateur rigoriste publie en 1907 un Manuel pratique pour la lutte contre la pornographie. *Son combat lui vaut le surnom de «Père la Pudeur».*

Lettre d'un «correspondant» au sujet de M. Bérenger, 17 octobre 1898

(AN, f/7/15931/1)

M. le sénateur Bérenger vient d'adresser une lettre personnelle, en son nom et au nom de la Ligue contre la licence des rues, à certains journaux tels que *La Fin de siècle*, *Le Supplément de la Lanterne*, le *Gil Blas*, etc.

Il les prévient que, s'ils n'atténuent pas sans retard le ton de leurs contes, articles et dessins, et s'ils ne cessent pas également la publication de certaines annonces (maisons de rendez-vous, «unions», etc.) il se fait fort de faire saisir tous les numéros contenant lesdits articles, dessins et annonces, et d'en faire interdire la vente dans les kiosques.

Rapport du commissariat central de Cherbourg, 6 janvier 1903

(AN, f/7/15931/1)

Le commissaire central de la ville de Cherbourg a l'honneur de rendre compte à M. le directeur de la Sûreté générale que M. le sénateur Bérenger a fait hier au grand théâtre une conférence qui a attiré un public aussi nombreux que choisi.

Sur la scène toutes les notabilités de Cherbourg faisaient cortège à M. Bérenger.

La conférence a commencé à 4 heures par une très courte allocution de M. Cabart-Danneville, sénateur de

La danseuse Krikri

«Portrait retroussé», par Joseph Canellas : l'art de la photographie érotique prend une ampleur qui scandalise le sénateur Bérenger.

la Manche, qui présente en fort bons termes son collègue au Sénat.

M. Bérenger après avoir remercié, entre dans le développement du sujet choisi : « La traite des Blanches ». Il dit que de même qu'il y avait une traite des nègres au début du siècle dernier, traite qui a disparu à la suite des efforts des nations civilisées, il y a aujourd'hui un autre genre de trafic, la traite des Blanches. Il explique en quoi elle consiste : c'est généralement un commerce honteux de jeunes filles qui sont dupées et s'expatrient dans l'espoir d'occuper à l'étranger des situations avantageuses. Une fois loin de chez elles, elles sont enfermées dans les maisons de débauche d'où elles ne peuvent sortir, personne ne venant à leur secours.

Ce trafic de chair blanche existe depuis longtemps, mais il a pris une plus grande extension, depuis quelques années. Les deux principaux débouchés de ce commerce infâme sont le Transvaal et la République argentine. Ce commerce il faut le combattre, le démasquer. C'est à cet effort qu'a tendu un M. Cout de la Vigilant's Association à Londres auquel on doit l'initiative de la réunion d'un premier congrès. Ce congrès a pris des résolutions, fait entendre les doléances. Les gouvernements se sont émus et, en juillet 1902, la France convoquait en congrès toutes les nations civilisées dans le but d'arriver à une entente internationale pour la répression de la traite des Blanches.

Chacune des nations représentées s'est engagée à soumettre à son Parlement un projet de loi en ce sens. Bientôt donc on sera sérieusement armé contre les trafiquants. Mais il est du devoir de tous les honnêtes gens, des mères de famille surtout d'aider la police dans son œuvre d'assainissement en lui signalant tout ce qui peut sembler suspect. Il faudrait, dans les ports d'embarquement surtout, créer des missions de dames qui assisteraient aux départs de bateau, interrogeraient les jeunes filles en partance, etc.

L'orateur entre alors dans les détails d'une organisation de mission des dames et indique les devoirs qu'elles auront à remplir, on peut les résumer en ces trois mots : 1 – Découvrir les jeunes filles à sauver. 2 – Préserver les jeunes filles des dangers qui les menacent. 3 – Agir et faire agir contre le trafiquant quand il peut être découvert.

M. le sénateur Bérenger termine en faisant appel aux dames pour la formation d'un comité à Cherbourg.

Il dit ensuite quelques mots sur la licence des rues, les expositions d'images licencieuses ou obscènes et indique à l'auditoire un excellent moyen de forcer les magasiniers à se respecter et à respecter la vue des passants, il n'y a qu'à les mettre à l'index, à ne rien acheter chez eux. Ils auront aussitôt fait de s'apercevoir que leurs intérêts sont d'être plus convenables dans leurs exhibitions d'étalages.

À 5 h 20, M. le sénateur Bérenger qui parle depuis plus d'une heure sans avoir vu se démentir l'attention soutenue de son public termine sa conférence en faisant appel à l'auditoire pour la formation d'un comité contre la traite des Blanches à Cherbourg.

M. Cabart-Danneville indique que dès à présent, quelques messieurs vont recevoir les adhésions dans le local du cercle d'escrime. Il remercie et la séance est levée à 5 h 25.

800 personnes environ ont assisté à la conférence. M. Bérenger a été très applaudi. Sentiments les plus respectueux et dévoués.

Le commissaire central
[Signature]

Note, 4 février 1910
(AN, f/7/15931/1)

On raconte qu'au cours d'une conversation privée, M. René Bérenger, sénateur, voulut convaincre de l'existence du commerce des obscénités M. Paul Meunier, député de l'Aube, qui en doutait ou feignait d'en douter. À cet effet, il lui remit tout un paquet, une collection rare et curieuse, de livres et de photographies obscènes. M. Paul Meunier dut s'en « pourlécher les babines », puisque, au lieu de rendre à M. Bérenger ses photographies et livres obscènes, il les a gardés, répondant à toutes les réclamations de M. Bérenger par des prétextes dilatoires.

Le sénateur s'est adressé au Président de la Chambre, le priant d'intervenir, mais en vain. Il parle de faire marcher les huissiers. En attendant, il fait ses confidences aux journalistes qui, demain, conteront au public ce conflit cocasse qui dure depuis trois ans

◆

Fort Chabrol

Les antisémites assiégés en plein Paris

Août 1899 : l'affaire Dreyfus bat son plein. Tandis qu'à Rennes, la justice réexamine le cas du capitaine juif, dont les partisans cherchent à prouver qu'il a été condamné sur des preuves falsifiées, à Paris, on redoute un coup de force des antidreyfusards : royalistes, nationalistes et antisémites entretiennent une agitation constante, dangereuse pour la pérennité du régime.

Un coup de filet neutralise bientôt les chefs de la sédition, à l'exception d'un seul : Jules Guérin. Avec une trentaine de ses militants, il s'est barricadé en son hôtel du 51, rue de Chabrol, dans le Xe arrondissement de Paris. Là siège la Ligue antisémitique, transformée en Grand Occident de France : une parodie d'obédience maçonnique, censée faire pièce au Grand Orient nettement dreyfusard. Assiégé par la police, le « fort Chabrol » va tenir trente-huit jours, ravitaillé par les toits.

Sans scrupules et sans probité

Au nom banal de Guérin, les prénoms impériaux de Jules Napoléon apportent une touche martiale qui traduit toute l'ambition du personnage. Orphelin de père, il a été élevé par sa mère qui, comme lui, affiche volontiers une mine altière. La famille, pourtant, est pauvre, au point que Mme Guérin a dû gagner sa vie comme vendeuse en parfumerie. Grand, fort, soigneux de sa personne, Jules incarne l'espoir d'une vie meilleure quand il se lance dans les affaires. Son premier créneau ? « L'huile minérale », c'est-à-dire le pétrole : un commerce en plein essor, au moment où commencent à trépider les premières « voitures automobiles ».

Mais Guérin, pressé d'arriver, multiplie les indélicatesses : escroqueries, abus de confiance, faillites frauduleuses, tels sont les premiers exploits que retrace son dossier. « La plupart des commerçants avec lesquels il a été en relation d'affaires le représentent comme un homme de mauvaise foi, sans scrupules et sans probité. »

Nationaliste, vraiment, cet homme d'affaires véreux qui ne respecte ni la loi, ni la propriété ? On dit pourtant qu'il a frayé avec les socialistes révolutionnaires de Jean Allemane : c'est là qu'il a appris l'art d'organiser un meeting, de composer une salle pour applaudir ou huer un orateur, de constituer un service d'ordre efficace. Puis il se rapproche des radicaux, qui le rejettent en apprenant ses turpitudes commerciales. Il aura plus de succès auprès des boulangistes.

L'essor de l'antisémitisme donne à Jules Guérin une cause, ainsi qu'une justification de son passé crapuleux. Ses faillites successives ? Dues aux agissements des agioteurs juifs, qui veulent s'assurer le monopole des pétroles ! Il écrit dans

La Libre Parole de Drumont, en même temps qu'il devient le second du marquis de Morès, qui recrute ses hommes de main parmi les bouchers de La Villette. Après la mort du marquis, en 1896, Guérin forme son propre mouvement, la Ligue antisémitique de France.

Quand la France se divise entre dreyfusards et antidreyfusards, Guérin se jette dans la politique : il sera nationaliste, antisémite, et à partir de 1897 n'aura plus d'autre activité. Un rapport résume ainsi son action : « Meetings à organiser à Paris et en province, agitation dans la rue, et coups de canne sur le guet. »

Une forteresse blindée

En avril 1899, il aménage son hôtel particulier. « Il y a installé des bureaux, des salles de billard et de jeux, un vaste hall pour les réunions publiques. Il a meublé pour son usage personnel un bel appartement au 1er étage », note la police, intriguée par cette « forteresse de la rue de Chabrol ». Les portes et les fenêtres sont blindées, tandis que des portes intérieures à barreaux permettent de cloisonner le bâtiment. Comme le remarque avec étonnement le rédacteur d'un rapport, « ces dispositions ressemblent singulièrement à celles d'une maison centrale ».

Les antisémites se protègent-ils ainsi de toute agression extérieure, ou Guérin a-t-il prémédité son coup ? S'agit-il de fortifier un « point insurrectionnel », à partir duquel susciter une émeute nationaliste qui submergerait la capitale ? Ou bien ses motivations sont-elles plus troubles encore ?

« Les bruits les plus divers courent à son sujet actuelle-

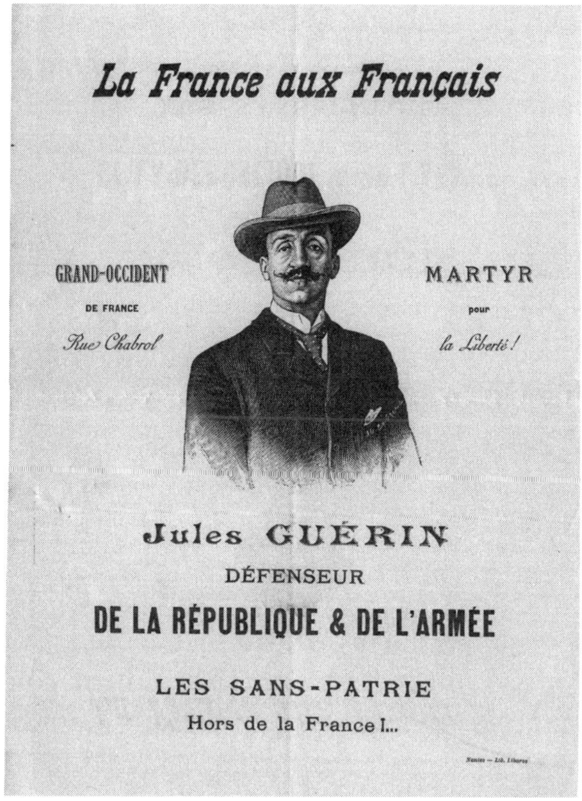

Affiche du Grand Occident de France

Les documents de propagande montrent sous un jour avantageux le leader de la Ligue antisémitique, Jules Guérin, né à Madrid le 14 septembre 1860.
(AN, f/7/15964/2 et 3)

ment dans les milieux nationalistes et antisémites», écrit un informateur après la reddition de Guérin. «On va jusqu'à l'accuser d'avoir agi pour le compte du gouvernement et de s'être prêté à une comédie que le gouvernement avait décidée pour détourner l'attention publique de l'affaire Dreyfus pendant la durée du procès de Rennes.»

Son dossier au ministère de l'Intérieur ne révèle rien de tel, mais un rapport d'informateur laisse penser qu'il a pu agir pour le compte de la préfecture de police. D'autres renseignements établissent que Guérin, qui incarnait dans l'antisémitisme une tendance plébéienne, socialisante et anticléricale, était subventionné en sous-main par le duc d'Orléans et travaillait à une restauration monarchique. Agent royaliste ou provocateur à la solde du préfet de police ? Ni l'un ni l'autre au fond, même si ce grand cynique a pu émarger aux deux guichets en même temps…

Escroquerie posthume

Condamné à dix ans de détention, il passe un an et demi à Clairvaux – une vraie « centrale » celle-là, avec portes de fer et barreaux ; puis, sa peine se trouvant commuée en bannissement, Guérin s'en va en Belgique. Sans doute a-t-il mis à l'abri une partie de ses subsides, car il mène là une vie tranquille, à Wépion, sur les rives de la Meuse. « La pêche est toujours le passe-temps favori », résume un observateur de la police française qui s'amuse de voir le terrible Guérin, avec son ami Lachassaigne, entre deux parties de canot, goûter aux joies de la respectabilité. « Il est très estimé des habitants de la commune. Ne négligeant aucun soin de se rendre populaire ; il distribue quelques secours ; souscrit aux œuvres de bienfaisance. Il joue en un mot au châtelain. »

En 1905, quand il est amnistié, l'ancien leader antisémite tarde à quitter son petit paradis aux allures de guinguette et le policier qui le surveille comprend que « la perspective de se retrouver plongé dans l'enfer parisien ne lui sourit qu'à demi».

Guérin ne revient qu'au mois d'août, dans la plus grande discrétion. Il s'installe dans une banlieue paisible et coquette, à Ablon, en bord de Seine. Pêche et canotage forment de nouveau tout son programme, mais l'eau ne lui portera pas chance. Dans l'hiver 1910, la grande inondation submerge son refuge. Victime d'un refroidissement, Guérin est transporté dans une clinique parisienne, où il s'éteint le 12 février.

Ses derniers partisans annoncent qu'il est tombé malade en portant secours aux sinistrés : une mort héroïque qui rachèterait les erreurs du spadassin. Le préfct de Seine-et-Oise reçoit bientôt une lettre indignée des sauvcteurs d'Ablon selon lesquels Guérin, au contraire, a été secouru par eux : sa maîtresse a obtenu le versement d'une indemnité «pour un mobilier qui n'a pas été perdu, puisqu'il a été transporté aux étages supérieurs, et pour des exploits [...] qui n'ont jamais existé, puisque ce malheureux a été alité pendant tout le temps de l'inondation». Sur ce soupçon d'escroquerie posthume, Jules Guérin trouve une fin en harmonie avec l'ambivalence extrême de son personnage, jusqu'au bout oscillant et douteux.

◆

Le dossier

«Le sieur Guérin n'a jamais eu de fortune, non plus que sa famille, mais il aime à laisser croire le contraire et à se donner de l'importance», note la police. Né à Madrid, ce dandy a grandi à Paris, dans le quartier populaire de Belleville, avant de travailler dans les pétroles, se signalant par une série d'indélica-

tesses. À partir de 1896, il transpose ses méthodes en politique. Quartier général du Grand Occident de France, nouveau label de sa Ligue antisémitique française, l'hôtel particulier du 51, rue de Chabrol a été équipé par Jules Guérin pour soutenir un siège, qui durera trente-huit jours.

Note du 6 mars 1893
(AN, f/7/15964/2 et /3)

Le sieur Guérin, Jules Napoléon, est né à Madrid (Espagne), le 14 septembre 1860, de Pierre, décédé, et de Virginie Symian.

Il est célibataire et demeure avec sa mère et son frère cadet rue de Belleville, 245-247, où ils occupent en totalité une petite maison avec jardin.

Le sieur Guérin a suivi, jusqu'à l'âge de 16 ou 17 ans, en qualité d'élève externe, les cours de l'école municipale Colbert, rue Château-Landon, 28.

Il a été dispensé du service militaire comme fils aîné de veuve.

À sa sortie de l'école Colbert, il entra dans les bureaux de la société des huiles minérales de Colombes, rue Paradis, 20, où il occupa d'abord un modeste emploi. Il avait obtenu ce poste sur la recommandation de M. Mallet, père, fabricant de produits chimiques et en même temps administrateur de ladite société. Ce dernier avait eu le père de Guérin comme contremaître.

Dès son entrée à la société des huiles minérales, Jules Guérin se fit remarquer par son intelligence et son activité au travail. Vers 1883, il était devenu sous-directeur des bureaux, aux appointements de 6000 francs par an.

Le bruit a couru, à cette époque, qu'il dépensait beaucoup plus qu'il ne gagnait et augmentait ses ressources en profitant de sa situation à la compagnie des huiles minérales pour frustrer l'octroi. Mais le fait n'a pas été prouvé.

Au commencement de l'année 1886, bien qu'étant toujours attaché à la Compagnie, le sieur Guérin entreprit une affaire de dépôts de pétroles, en association avec MM. Caen et Verdier, clients de la société des huiles minérales de Colombes. Cette dernière poursuivit Guérin devant le tribunal de commerce pour avoir opéré une baisse sur les pétroles et lui avoir enlevé des clients. Il fut condamné, de ce chef, à 5 000 francs de dommages-intérêts. Le jugement a été confirmé en appel.

L'association Guérin, Caen et Verdier a duré environ deux ans. Ses affaires ont été peu brillantes. M. Caen s'est retiré au bout de quinze mois, après être rentré dans son avoir. M. Verdier, demeurant rue Baudin, 18, est resté avec Guérin et a perdu 145 000 francs. Un liquidateur judiciaire a été nommé ; c'est M. Vasseur, rue Pasquier, 23.

Malgré cette déconfiture, le sieur Guérin lança une autre affaire, en association avec MM. Maurice Demarest, rue Labruyère, 43, et Charles Roudeaux, 22, rue de Laval, pour l'exploitation des pétroles de Libusza (Roumanie). Cette association, qui avait ses bureaux cité Trévise, 3, était commanditée par les personnes suivantes :

M. Alibert, rue de Monceau, 78 ;

M. Demarest, rue Labruyère, 43 ;

M. Lamiessens, boulevard Voltaire, 188 ;

M. Aubry, boulevard Saint-Martin, 29 ;

M. Barthès, rue Vézelay, 5.

Les commanditaires s'engageaient à fournir un capital de 400 000 francs ; mais il n'y a eu que 75 000 francs de versés, et l'association n'a duré que deux mois. Le sieur Guérin, qui était seul en nom, a été déclaré en faillite le 15 octobre 1889.

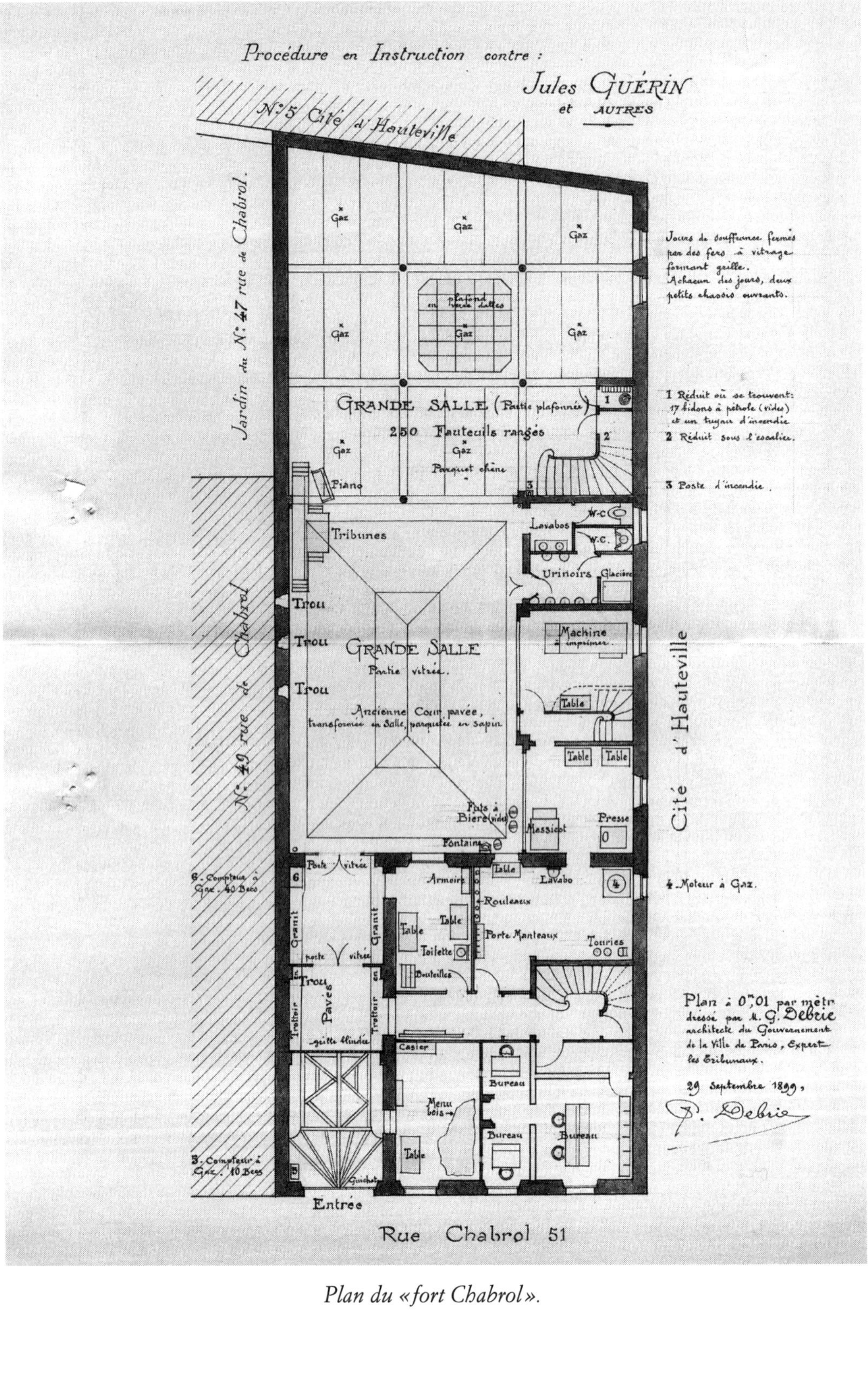

Plan du «fort Chabrol».

Les opérations de cette faillite ont été clôturées, faute d'actif, le 30 novembre 1889, par M. Godmer, syndic, rue Christine, 3.

Ici se place un incident d'une nature assez grave et qui n'a jamais été bien éclairci.

Le 30 décembre 1888, le feu s'est déclaré dans les bureaux occupés par le sieur Guérin, cité Trévise, 3, alors que le lendemain il avait à faire face à une forte échéance.

Le sieur Guérin réclama à sa compagnie d'assurances une indemnité de 2000 francs ; celle-ci fit examiner le local où l'incendie s'était produit et des doutes s'étant élevés, il fut procédé à une expertise.

Le commissaire de police informé de ces faits ouvrit une enquête qui lui fit connaître que les livres de la comptabilité devaient être mis, ce jour-là, dans une pièce où ils ne se trouvaient pas habituellement ; que des livres aux coins de cuivre placés les uns au-dessus des autres ne pouvaient se consumer complètement et devaient laisser quelques traces ; que Guérin et son frère étaient venus plusieurs fois à leur bureau durant la journée, bien que ce fut un dimanche. Le commissaire de police, après avoir interrogé des témoins, mit sous scellés les cendres, les tapis et les lamelles des parquets et envoya le tout au Parquet avec un rapport concluant à un incendie volontaire. Une perquisition fut faite également au domicile de Guérin et on ne trouva pas d'argent dans son coffre-fort. M. Mouquin a déclaré qu'il avait des soupçons très accentués contre les frères Guérin. Ceux-ci furent invités à se tenir à la disposition de la justice. Depuis lors, aucune suite ne paraît avoir été donnée à cette affaire.

Après sa faillite, le sieur Guérin représenta pendant quelque temps des maisons d'Épernay, pour le placement des vins de Champagne.

Ensuite, il reprit le commerce des pétroles. Depuis le 9 mai 1891, il est associé avec son frère et un sieur Roblin, âgé de

25 ans, demeurant chez son père, avenue d'Antin, 21, sous la raison sociale « Guérin frères et Cie ». Ils ont un dépôt de pétroles à Aubervilliers, rue Gardinoux, où ils ont fait élever des constructions assez importantes. Ils achètent aux négociants en gros pour revendre aux détaillants. Ils ne paraissent pas faire beaucoup d'affaires, si l'on en croit certains bruits, le sieur Guérin serait en train d'exploiter le sieur Roblin, dont le père posséderait une assez grande fortune, ainsi qu'il a fait de ses précédents associés.

Guérin frères et Cie ont été condamnés par défaut à 5 francs d'amende, le 3 mars 1892, par le tribunal de simple police de Saint-Denis, pour exploitation illicite d'établissement classé. Ils avaient omis de faire la déclaration prescrite par les règlements en ce qui concerne leur dépôt de pétroles d'Aubervilliers.

La plupart des commerçants avec lesquels il a été en relations d'affaires le représentent comme un homme de mauvaise foi, sans scrupules et sans probité. Il a fait perdre de l'argent à un certain nombre de personnes et notamment MM. Paul Bernhard, négociant, juge au tribunal de commerce, avec qui il a traité des affaires de pétroles et qu'il a dupé pour une trentaine de mille francs. Le frère de celui-ci, M. Charles Bernhard, de la banque Bernhard, Carpentier et Cie, a repris l'affaire pour son compte et a obtenu, il y a 6 mois, un jugement du tribunal de commerce, confirmé en appel, condamnant Guérin à lui restituer 10 000 francs ; mais il n'a pas encore réussi à se faire payer.

Dès son arrivée dans le 19e arrondissement, le sieur Guérin a cherché à se créer des relations parmi les hommes politiques du quartier. Il s'est lié avec M. Moreau, architecte, puis avec M. Boivin, président du « comité électoral radical ». Il fit même partie du dit comité ; mais au commencement de 1892, le bruit s'étant répandu qu'il avait fait faillite et ne jouissait plus de ses droits politiques, M. Boivin ne le convoqua plus au comité. Guérin en conçut un vif ressentiment et manifesta surtout son dépit vis-à-vis de M. Moreau, son ancien ami, qui, paraît-il, avait colporté la nouvelle. Il provoqua même en duel le fils du maire. M. Moreau répondit qu'il ne pouvait se battre avec un failli. Mais un jour Guérin, accompagné de ses deux témoins, dont l'un était l'anarchiste Zévaco, rencontra dans un café près de la mairie du 19e arrondissement M. Moreau et frappa ce dernier au visage. Poursuivi à raison de ce fait, il fut condamné par défaut à 8 jours de prison par la 1re chambre correctionnelle; mais ayant formé opposition, cette peine fut changée en celle de 200 francs d'amende et 1 franc de dommages – intérêts, par jugement de la 9e chambre en date du 1er juillet 1892.

Le sieur Guérin n'a jamais eu de fortune, non plus que sa famille, mais il aime à laisser croire le contraire et à se donner de l'importance. Sa mère aurait le même travers; elle passe pour une femme impérieuse et hautaine. La situation des frères Guérin et de leur mère a été tour à tour florissante et précaire, suivant la réussite ou l'insuccès de leurs entreprises. Vers la fin de 1889, elle était devenue fort difficile, au point que Mme Guérin aurait été pendant quelque temps caissière dans une parfumerie.

Le sieur Guérin est actif, intelligent, mais il aime la vie large; il est hâbleur, autoritaire et de mœurs dissolues.

Au point de vue politique, le sieur Guérin a eu des opinions successives. Il a été tour à tour boulangiste, radical et antisémite. Il s'en tient, quant à présent, à ce dernier avatar et prend une part active à toutes les campagnes menées par le marquis de Morès, dont il est le lieutenant, et par *La Libre parole*, à laquelle il collabore. Il suit les réunions politiques à Paris, entretient de bonnes relations avec les anarchistes qu'il embauche à l'occasion.

Il fait avec le marquis de Morès des tournées de conférences en province. Il a fondé un journal intitulé *Le Réveil du 19e arrondissement*, dans lequel il attaque avec violence la municipalité et le haut commerce du dit arrondissement.

Au physique, c'est un homme grand et fort. Il ne sort jamais sans être muni d'un énorme gourdin.

Il faisait partie de la société nautique de la Marne, mais il en a été exclu après sa faillite.

De même, il a été rayé des listes électorales du 19e arrondissement, en vertu de l'article 15 du décret organique du 2 février 1852.

Note sur Jules Guérin, rédacteur à* La Libre Parole, *7 février 1893
(AN, f/7/15964/2 et /3)

M. Jules Guérin, demeure rue de Belleville, numéro…

Physiquement : figure rasée, peu expressive, un peu somnolente. Tête énorme. C'est un homme de haute taille, le colosse de *La Libre Parole* ; celui qui, dans les réunions publiques, se croise les bras et tient les tapageurs en respect. Sa force physique, son allure d'Hercule, lui valent un grand succès dans le public des meetings. Dans le bataillon antijuif, il est le gros mousquetaire, Porthos, si M. de Morès en est le d'Artagnan. Quand il a un gourdin à la main, il fait plus qu'en imposer ; … il intimide.

Moralement : c'est un des plus convaincus dans le milieu antisémite et M. Drumont l'aime pour sa franche nature. Il veut lutter contre les voleurs, les accapareurs ; les souffrances du peuple ne lui sont pas indifférentes. Il a la haine du juif en général ; et aussi des haines particulières : M. Clemenceau, par exemple qu'il appelle un agent anglais. Il est serviable

À l'intérieur du «fort».

pour ses amis, paie volontiers pour eux dans les cafés. Pas catholique du tout, mais il pardonne à M. Drumont ses pratiques à cause de son zèle dans la campagne antijuive.

Son passé est celui du travailleur avec toutes ses déconvenues. Certains disent qu'il a eu de la fortune et que, se trouvant en face des gros capitalistes juifs, il a sombré. D'autres le représentent comme un employé qui a eu des déboires et s'en souvient.

On ne voit émerger M. Guérin dans la politique que lorsque M. Allemane eut pris pied lui-même dans les clubs. M. Guérin fut de la rédaction du *Parti ouvrier*, trempa dans les combinaisons allemaniste, fut lié à M. John Labusquière, orateur socialiste pyrénéen, bien oublié aujourd'hui.

À cette école, M. Guérin se forma comme organisateur de meetings ce qui est toujours sa spécialité. À *La Libre parole*, on ne peut préparer un meeting sans lui.

Voici les principaux qui furent son œuvre :

– Celui du 19 mai, réunion des bouchers de La Villette, où M. Guérin fut acclamé par des amis très convaincus.

– Celui du 28 mai au gymnase Cœsari où M. Guérin fait la pluie et le beau temps. Il voulut y amener les étudiants antijuifs, combinaison qui ne donna que des demi-résultats.

– Celui du 21 juin, même salle Cœsari.

– Celui du 30 juin, *idem*.

– Celui du 9 juillet où M. Guérin put réunir à ses côtés MM. Lafargue et Guesde, pour montrer que *La Libre Parole* n'était pas... orléaniste, comme on le lui reprochait quelquefois.

– Celui du 6 janvier, à Tivoli-Vaux-Hall, où Guérin résista aux tapageurs anarchistes et se colleta avec la police. Il voulut, cet été, organiser un meeting pour protester contre l'accaparement des pétroles par les maisons juives ; mais il s'abstint devant les objurgations de M. Drumont qu'il écoute très volontiers.

M. Guérin était tenu au courant des préparatifs du lancement de *La Libre Parole*, dès février 1892, et le journal parut en avril avec sa collaboration.

Pourquoi alla-t-il vers M. Drumont ?

Parce qu'il était las des divisions allemanistes broussistes, de l'autoritarisme de M. Guesde, de l'impuissance de la *Revue socialiste*. Et puis, Drumont avait de l'argent. Puisque M. Drumont aiguillait vers le socialisme, pourquoi un socialiste n'aurait-il pas été à lui ?

Guérin s'était lié depuis longtemps avec M. de Morès qu'il connut dans la période des conciliabules si nombreux et si variés d'où sortit l'aventure boulangiste. Depuis, les deux hommes sont restés ensemble, M. Guérin appréciant la science profonde de M. de Morès, ses conceptions ouvrières américaines et oubliant volontairement sa vanité ; et M. de Morès se faisant un plaisir d'avoir le colosse à ses côtés en imposant physiquement comme lui en impose par son allure nerveuse et aristocratique.

Un moment, M. Guérin combattit M. de Morès s'associant au commandant Biot ; il ne voulait pas de bonapartistes dans les rangs. Mais M. de Morès lui démontra que M. Biot amenait un fort contingent de patriotes à *La Libre Parole*.

L'œuvre de M. Guérin porte sur :

– le mouvement ouvrier, les grèves, les congrès, notamment celui de la sellerie militaire, les réclamations des bouchers de La Villette ;

– les vols politiques, concusssions, trafics de mandats, dénonciation première des actes de M. Clemenceau (le traître Clemenceau, dit-il).

– les juifs allemands et le Panama ;

– les misères de la petite industrie en face des capitaux juifs ;

– les révélations sur l'anarchiste Malato payé par les Rothschild ;

– la combinaison d'un crédit national propriété de tous.

M. Guérin est très populaire mais comme il n'a pas la science politique de M. de Morès, ce dernier ne le redoute pas.

M. Guérin est mal avec M. de Boisandré auquel il reproche ses tendances réactionnaires. Il n'est pas du tout content de voir les curés encombrer les bureaux de *La Libre Parole*. Il est encore moins content lorsqu'on le confond… avec Gérin ! ce qui arrive souvent dans les lettres venues de province.

M. Guérin est à *La Libre Parole* trois fois par semaine, de 6 h à 7 h. Il reçoit l'élément ouvrier et est bien avec les blanquistes. Ses jours étant variables il faut lui écrire pour fixer un rendez-vous.

Il est exact.

M. Guérin continuera cette année à *La Libre Parole* son rôle précédent. Il s'intéressera au mouvement électoral du point de vue meetings à organiser à Paris et en province, agitation dans la rue, et coups de canne sur le guet.

Rapport sur les « antécédents judiciaires » de Jules Guérin, septembre 1899

(AN, f/7/15964/2 et /3)

Jules Guérin est né à Madrid le 14 septembre 1860, de Pierre Guérin, décédé et de Virginie Symian.

Il est célibataire. Il a été dispensé du service militaire comme fils aîné de veuve.

Il a fait ses études à l'école Colbert à Paris. En 1881 il entra comme employé à la société des Huiles minérales de Colombes, dont M. Malet, ami de son père, était administrateur.

En 1885 il était chargé de la comptabilité de cet établissement aux appointements de 6 000 francs par an.

En août 1886 il est envoyé à Hambourg. Au lieu d'y servir les intérêts de sa maison, comme il en était chargé, il fonde avec deux Allemands : Messener et Ackermann une association destinée à faire concurrence à la société de Colombes.

À son retour, on le met à la porte. Mais il emporte les pièces comptables.

Poursuivi devant le tribunal de commerce pour concurrence déloyale et soustraction de documents commerciaux, il est condamné par jugement du 5 janvier 1888 à 5 000 francs de dommages-intérêts et restitution d'une somme de 1582 francs qu'il devait à la société.

Il échappe au paiement n'ayant rien.

L'association de Jules Guérin avec les deux Allemands Messener et Ackermann fut de courte durée. Ces derniers y perdirent 200 000 francs.

Au commencement de l'année 1886, Guérin entreprit une affaire de dépôts de pétroles, en association avec MM. Caen et Verdier. Cette association dura deux ans. M. Caen se retira et M. Verdier, demeurant, 18, rue Baudin, perdit 145 000 fr. Un liquidateur judiciaire fut nommé. Ce fut M. Verdier, 23, rue Pasquier.

Malgré cette déconfiture, Guérin lança une autre affaire en association avec MM. Maurice Desmaret, rue Labruyère, 43 et Charles Rondeaux, 25, rue de Laval, pour l'exportation des pétroles de Libusza (Roumanie). Cette association avait son siège cité Trévise, n° 3.

Elle était commanditée par 5 personnes :

MM. Alibert, rue de Monceau, 78 ; Desmaret, rue Labruyère, 43 ; Lamieussens, boulevard Voltaire, 188 ; Aubry, boulevard Saint-Martin, 29 ; Mme Barthes, rue Vézelay.

Sur 400 000 francs promis, 75 000 francs seulement furent versés.

Guérin fut déclaré en faillite le 15 octobre 1889.

Les opérations de cette faillite ont été clôturées faute d'actif par M. Godmer, syndic, rue Christine, 3.

Incendie volontaire

Ici se place un incident.

Le 30 décembre 1888 le feu se déclare dans les bureaux occupés par le sieur Guérin, cité Trévise, 3, alors que le lendemain il avait à faire face à une forte échéance.

Le sieur Guérin réclama à sa compagnie d'assurances «La Commerciale», sise rue de la Bourse, une indemnité de 2000 francs. Celle-ci fit examiner le local où l'incendie s'était produit, et, des doutes s'étant élevés, il fut procédé à une expertise.

Le commissaire de police informé de ces faits ouvrit une enquête qui lui fit connaître que les livres de la comptabilité avaient été placés dans un local particulier et que Jules Guérin et son frère avaient seuls pénétré dans ce local quelques instants avant l'incendie.

Le commissaire, après avoir recueilli les cendres et les tapis, envoya le tout au Parquet en concluant à un incendie volontaire.

Aucune suite judiciaire ne fut donnée à l'affaire. Mais la compagnie d'assurances refusa le paiement de toute indemnité et Guérin ne réclama pas.

Le 19 septembre 1888 Jules Guérin eut également une affaire avec l'administration des Postes. Il réclama le remboursement d'un mandat de 4420 francs qu'il avait envoyé en Autriche à un sieur Sternben, propriétaire à Gerlen et qu'il prétendait n'avoir pas été payé au destinataire.

L'administration des Postes remboursa à Guérin, puis elle apprit que le sieur Sternben avait bien touché le mandat. Guérin, sans argent, est resté débiteur à l'égard de l'administration.

Le 9 mai 1891, Guérin s'est associé avec un sieur Roblin, avenue d'Antin, 21, pour le commerce des pétroles à Aubervilliers, rue Gardinoux.

Guérin ruina Roblin qui avait apporté tout son avoir, 200000 francs. Une plainte en abus de confiance resta sans suite.

Après Roblin ce fut le tour d'un M. Haranchipy auquel il sut tirer 45000 francs qui ne furent jamais remboursés.

Puis vint en association avec Guérin M. Paul Bernhard, juge au tribunal de commerce, qui perdit 30 000 francs.

Une plainte en abus confiance resta sans effet.

Guérin s'est livré à des voies de fait contre tous ses associés.

La ligue antisémite

Guérin, après avoir fait des affaires et avoir échappé à la justice avec un bonheur exceptionnel, a fait de la politique.

Il a mis en action l'idée antisémitique, tout comme Déroulède a mis en action l'idée patriotique.

Les deux ligues sont, peut-on dire, calquées l'une sur l'autre.

Mais Guérin a plus le sens de l'action brutale et immédiate que Déroulède.

Cette action a pris sous sa main deux formes : la forme électorale et la forme politique extérieure.

Guérin, en effet, a créé des sections dans tous les arrondissements de Paris, tout comme Déroulède. Il a des hommes décidés, très dévoués à sa personne, dans tous les quartiers. On en trouvera la liste jointe, non point la liste totale, mais bien celle des individus qui lui sont personnellement acquis.

L'action électorale s'est manifestée en Algérie au moment de l'élection Drumont.

Sa brutalité s'est donnée carrière à Alger et il était condamné à 8 jours d'emprisonnement le 23 avril 1899.

Guérin ne marche d'ailleurs qu'escorté de gardes du corps – une douzaine de bouchers de La Villette – armés de gourdins de forme spéciale, pesant au moins un kilogramme, constitués à l'aide d'une barre de fer dans une gaine de bois.

Le 23 octobre 1898, Guérin et ses acolytes assommèrent le commissaire Leproust sur la place de la Concorde, au grand jour.

Grâce à une dizaine de témoins, tous ses amis, dont plusieurs sont enfermées aujourd'hui avec lui, 51, rue de Chabrol (notamment Chanteloube) il réussit à faire croire aux magistrats de la 8e chambre qu'il était loin du lieu de l'assomade – alors que le commissaire Leproust, après une heure de repos, alla droit à lui et l'arrêta comme étant le premier de ses agresseurs.

Il ne fut condamné qu'à 100 francs d'amende pour port d'arme prohibée.

Le 17 janvier 1899, Jules Guérin est passé aux assises pour complicité de tentative d'assassinat contre Philibert Roger, rédacteur en chef de la *Grande bataille*. Il a été acquitté, en même temps qu'un nommé Rinder, son domestique, qui, à l'instant même de son arrestation, avait avoué avoir cédé aux instigations de Jules Guérin, puis revint sur ses aveux.

Le système de Guérin devant la justice est d'ailleurs très simple et toujours le même. Il ne produit aucun témoin à l'instruction et refuse de répondre ou ne répond que des choses insignifiantes. Puis le jour de l'audience, il verse devant le tribunal ou devant la cour d'assises, un flot de témoins à décharge – qui répètent tous la même chose – (30 témoins au procès Leproust). L'impression est toujours décisive. Il le dit partout, d'ailleurs.

La forteresse de la rue de Chabrol

Au mois d'avril 1899, Jules Guérin a quitté le local de la rue Condorcet où étaient installés les bureaux de *L'Antijuif*. Il a loué un vaste hôtel, 51, rue de Chabrol, moyennant un loyer de 15 000 francs. Il y a installé des bureaux, des salles de billard et de jeux, un vaste hall pour les réunions publiques. Il a meublé pour son usage personnel un bel appartement au 1er étage.

Enfin et c'est la particularité la plus étrange de cette installation, il a blindé avec des plaques d'acier les portes et les fenêtres.

Le portail donnant sur la rue est tout en fer, plaqué d'une simple couche de bois. Il est doublé, à un mètre de distance, par une grille à barreaux serrés et une première antichambre est également formée de barreaux de fer rapprochés. Enfin trois portes à barreaux précèdent le bureau de Guérin.

Ces dispositions ressemblent singulièrement à celles d'une maison centrale.

Quand Guérin a fait faire ces blindages (avril 1899) il a déclaré à maintes reprises à ses amis que ces précautions étaient prises pour soutenir un siège contre la police, pour le cas où on viendrait à vouloir l'arrêter.

Le loyer est au nom d'un M. Porcherot, marchand de produits alimentaires à La Villette.

L'aménagement de la maison du 51 a coûté 75 000 francs. Dans l'entourage de Guérin, on affirme que c'est le comte Boni de Castellane qui en a fait les frais.

Le 22 avril, M. de Castellane a eu une entrevue avec Guérin à cet égard.

Vers la même époque, M. Buffet aurait fait remettre à Guérin 3 000 francs par l'intermédiaire de M. de Plas. Le concours de ces messieurs aurait été précisément affecté à ces dépenses d'installation.

Guérin à Bruxelles. Relations avec les orléanistes

Le 24 janvier 1899, une dépêche du commissaire spécial de la gare du Nord signale au ministre de l'Intérieur le départ de Guérin pour Bruxelles.

Voici les renseignements datant de la même époque que nos correspondants nous envoient et qui sont la reproduction des conversations tenues dans l'entourage de Guérin ou par lui-même :

26 janvier 1899 : « on suppose que Guérin parti pour Bruxelles avant-hier soir (le 24) s'est rendu auprès du duc

d'Orléans lequel lui fournit les fonds qui lui sont nécessaires pour sa campagne antisémite. C'est encore à cette source qu'il puisera les 15 ou 20 000 francs indispensables pour la nouvelle installation de son journal et de sa ligue.

« Son entrevue avec le Prétendant aurait été préparée par le baron d'Alibert et M. Guixou-Pagès, ainsi que par quelques gros bonnets de la *Gazette de France.* »

9 février. « On est en mesure de confirmer aujourd'hui les renseignements qu'on a donnés au sujet du récent voyage de Jules Guérin à Bruxelles.

« Son entrevue avec le duc d'Orléans a eu lieu chez une tierce personne amie du Prétendant. La conversation a duré cinq quarts d'heure.

« On n'a pu connaître le nom de la personne qui a reçu les deux interlocuteurs.

« Ce que l'on sait, c'est que le duc est disposé à mettre à la disposition de Guérin tout l'argent qui lui sera nécessaire et que lui-même, par ses déclarations de plus en plus nettes, arrivera à se lancer dans l'antisémitisme ; mais il ne le fera que quand Guérin aura préparé le terrain. »

31 janvier. « Jules Guérin dans sa campagne antisémitique suit surtout les indications que lui donnent trois de ses amis, conseillers du duc d'Orléans. Ces trois personnages sont MM. de Plas, Guixou-Pagès et d'Alibert, que l'on voit sans cesse à la Ligue antisémitique. »

11 février. « Sur le désir exprimé par le duc d'Orléans à Jules Guérin lors du récent voyage de celui-ci à Bruxelles, le directeur de *L'Antijuif*, pour montrer au Prétendant les hommes dont il pouvait disposer au cas où l'on voudrait tenter un mouvement, a envoyé au prince quelques bouchers de La Villette. Il les a fait accompagner là-bas par M. Roques, directeur du *Clairon de La Villette*, organe de M. de Pontevès de Sabran.

M. Roques a présenté au duc d'Orléans les hommes de Guérin et quelques électeurs de La Villette. Le même a même fait cette réflexion en touchant les biceps d'un nommé Sarrazin : "Je regrette que ma situation m'empêche de lutter avec vous. Sans cela je le ferais avec plaisir." »

21 février. « Jeudi (23, jour de l'enterrement de Félix Faure) Guérin a dit : "Ça chauffera et peut-être aurons-nous, si la manifestation prend des proportions considérables, l'apparition brusque d'un prétendant" ».

« On sait, en effet, qu'il est question en haut lieu de faire venir incognito pour jeudi le duc d'Orléans à Paris. »

21 février. « Jules Guérin s'attend à être arrêté avant jeudi. C'est pourquoi il est très prudent et évite toute manifestation pouvant provoquer cette mesure. »

Le 4 mars. « M. Guérin prononce un discours 85, rue de Richelieu, dans une réunion de la "Ligue antisémite". Il dit qu'il a été perquisitionné mais que la Ligue se reformera sous le nom de "Grand Occident de France" et qu'avant de la dissoudre, il faudra que l'on en fasse autant du "Grand Orient et des loges maçonniques". »

7 mars. « M. Cunéo d'Ornano, dans une conversation privée dit que les royalistes se sont emparés de Guérin et des antisémites. »

22 avril. « Un grand conciliabule a eu lieu jeudi soir, 40, rue Condorcet, entre MM. Guérin, de Plas, baron d'Alibert, Guixou-Pagès et Dumay, boucher de La Villette.

« Il s'agit d'un banquet à offrir aux inculpés des ligues poursuivies, hormis la "Ligue des droits de l'homme". »

14 mars. « Avant-hier M. de Plas est allé porter à Jules Guérin 10 000 francs et lui a dit qu'il pouvait compter sur pareille somme dans quelques jours.

« Ces fonds sont arrivés à point, car Guérin n'avait plus le sou. M. Hayard (146, rue Montmartre) qui lui doit

2500 francs, ne l'a pas encore payé et les 14000 francs de traites qu'il a lancées sur la province reviennent pour la plupart impayées.»

8 mars. «Hier, on devait verser 20000 francs à M. Guérin, mais il paraît qu'on trouve que les dépenses sont trop fortes.

«On a surpris une conversation à ce sujet entre MM. Guérin, de Plas et le baron d'Alibert, qui ont dû faire encore hier une démarche auprès de M. Buffet, mais rien, hier soir, n'était arrivé. Aussi Guérin se montre-t-il d'une humeur massacrante, à cause de ce retard qui l'empêche de déménager et la Ligue et le journal.»

11 mars. «M. de Plas a remis 20 000 fr. à Guérin.»

10 juin. «Guérin s'est rendu, 13, rue d'Hauteville, chez Galand, fabricant d'armes.»

22 juillet. «D'après Guérin, la moitié des membres des comités royalistes sont animés de sentiments antisémites.»

24 mai. «Maintenant que Guérin a tiré sur la caisse du duc d'Orléans autant qu'il a pu, il cherche à se procurer des fonds d'un autre côté. Il a déjà trouvé un commanditaire en la personne de M. Boni de Castellane, lequel se présente deux ou trois fois par semaine à la Ligue antisémitique… Guérin prétend qu'il lui a consenti un emprunt de 10000 francs. Or, ici, le mot emprunt doit être apprécié comme il convient.»

26 mai. «Hier soir M. de Plas est allé porter à Jules Guérin une somme de 15000 francs. Aussi ce dernier a-t-il payé à dîner à quelques-uns de ses collaborateurs.»

30 mai. «Avant-hier M. Boni de Castellane s'est encore rendu à *L'Antijuif* : le jeune député a vu Guérin. Il est décidé à soutenir le journal et la Ligue.

«D'un autre côté, M. le comte de Brissac qui a vu récemment le duc d'Orléans, a été autorisé par celui-ci à se faire inscrire à la Ligue et à s'occuper avec M. Buffet des besoins de la Ligue.

Avant-hier M. de Brissac a eu une entrevue avec M. Buffet et hier il est allé rendre compte à M. Guérin des résultats de cette entrevue.

« M. de Brissac est l'agent de la Ligue auprès de la haute aristocratie. »

Note « au sujet de Jules Guérin », 10 octobre 1898
(AN, f/7/15964/2 et /3)

Au sujet de Jules Guérin de la Ligue antisémitique française.

Paris, le 10 octobre 1898

D'un correspondant :

Un de mes correspondants de Paris me transmet les renseignements suivants :

Un rédacteur des débats, M. Muscadel, que je connais très bien, m'a raconté qu'un jour, à l'époque du procès Zola à Paris, M. Touny chef de la police municipale, causait avec lui devant un groupe de journalistes lorsqu'on vint à lui désigner Guérin lequel venait d'arriver avec quelques amis : « Ça va chauffer, lui dit on les antisémites sont là. » « N'ayez crainte, aurait répondu textuellement M. Touny, du moment que Guérin est là avec sa bande c'est comme si j'y étais moi-même avec mes agents. »

M. Touny a-t-il voulu dire par là que Guérin émargeait à la Préfecture ?

Note « au sujet de Jules Guérin et du duc d'Orléans », 23 septembre 1899
(AN, f/7/15964/2 et /3)

Au sujet de Jules Guérin et du duc d'Orléans.

Paris, le 23 septembre 1899

D'un correspondant :

Les antisémites de Paris se montrent très déçus de la façon dont a fini l'affaire de la rue de Chabrol.

Ils commencent à douter de la sincérité de Guérin.

Les bruits les plus divers courent à son sujet actuellement dans les milieux nationalistes et antisémites. On va jusqu'à l'accuser d'avoir agi pour le compte du gouvernement et de s'être prêté à une comédie que le Gouvernement avait décidée pour détourner l'attention publique de l'affaire Dreyfus pendant la durée du procès de Rennes.

Les amis les plus fidèles de Guérin prétendent simplement que Guérin agissait pour le compte du duc d'Orléans et que s'il s'est rendu, c'est qu'il voyait que l'affaire avait raté, que tous les chefs du parti royaliste étaient sous les verrous et que l'effusion de sang n'aurait servi à rien et n'aurait amené aucun résultat.

On fixe à 300 000 francs l'argent touché par Guérin chez le duc d'Orléans dans le but précis de construire en plein Paris une petite forteresse devant servir de point insurrectionnel autour duquel devaient se grouper tous les royalistes.

Sans l'arrestation en masse des chefs du parti monarchiste, le plan ci-dessus aurait peut-être réussi. Il aurait été en effet facile à MM. Buffet, de Sabran, etc. de créer une agitation aux environs de la rue de Chabrol et d'exalter la foule frondeuse de Paris.

En cas d'une attaque du « fort Chabrol », on aurait crié à la sauvagerie de la police en excitant la population et en entraînant les forces de la jeunesse royaliste dans la rue de Chabrol le jour où l'assaut eût été donné.

Si on ajoute à cela les sympathies qui (surtout au commencement du siège) s'étaient manifestées en faveur de Guérin, de la part de la Garde républicaine, de la troupe et même de la part des gardiens de la paix, on peut se demander comment les choses auraient tourné si les chefs du parti royaliste avaient été en liberté durant le siège du « fort Chabrol ».

Ceux qui accusent Guérin d'avoir agi d'accord avec le Gouvernement font circuler le bruit que d'ici huit jours il sera remis en liberté et répondra devant la Haute-Cour comme prévenu libre.

Note « au sujet des antisémites », 20 septembre 1899

(AN, f/7/15964/2 et /3)

Paris, le 20 septembre 1899

Au sujet des antisémites.

D'un correspondant :

Après la reddition du fort Chabrol, les amis de Guérin l'ont escorté jusqu'à la Préfecture de police.

Puis ils sont revenus au café de l'amiral Courbet, place Lafayette où ils ont déjeuné.

Larquier, un des assiégés, s'est montré vers dix heures, il a raconté que les assiégés avaient beaucoup souffert, surtout de la privation de boisson et de tabac.

Guérin les soutenait de son mieux, aux jours de disette, il demeurait un repas sur deux sans manger, afin que la part des autres fût plus forte. Larquier a déclaré que la détermination de tous les assiégés était de résister jusqu'à la mort.

Guérin était très surexcité contre les agents de la Sûreté, et il a fallu plusieurs fois l'empêcher de tirer sur eux, ou de leur lancer des briques.

Il paraît que Jaboulay avait l'intention de chercher à nouveau à opérer le ravitaillement du fort par le n° 34 de la rue de Chabrol.

Guérin avait en effet fait savoir, par signaux optiques, qu'il n'avait plus à sa disposition que trois kilos de pain.

Des trois personnes qui récemment ont essayé de ravitailler par les toits et qui ont été surpris par les agents de la Sûreté, deux étaient Tardif et Gresset, le troisième, qui a reçu une balle dans la main, est Souverain fils.

Note, 4 septembre 1899

(AN, f/7/15964/2 et /3)

Paris, le 4 septembre 1899

On a pu s'entretenir confidentiellement hier avec Mlle Lyonnet de Longchamp, modiste, la maîtresse de M. Spiard, le secrétaire et le lieutenant de Jules Guérin avec lequel elle demeure habituellement, 58 rue des Martyrs, à Paris.

On a causé longuement des prisonniers volontaires de la rue de Chabrol avec Mlle de Longchamp qui se fait appeler aussi Mme Spiard et voici les renseignements qu'on a pu recueillir.

Les détenus du fort Chabrol recevraient certaines correspondances par l'intermédiaire du frère de Guérin et de Mme Heimett (?) membre de la Ligue antisémitique de France dont le mari est un admirateur de Guérin de la première heure, qui réunit d'ailleurs journellement un certain nombre de ligueurs dans un café situé près de la rue de Chabrol, pour agir au besoin.

Dans une lettre adressée récemment à Mlle Lyonnet de Longchamp, Spiard lui « recommandait de ne pas se tourmenter, que la fin approche, qu'ils seront bientôt libres. »

Il l'engage à ne pas sortir de chez elle, ni surtout de venir près du fort comme elle l'a fait la première semaine, parce qu'on pourrait l'arrêter.

Les vivres commenceraient à manquer, les ligueurs du fort souffrent surtout d'être privés d'eau. Presque dépourvus de conserves, ils boivent des eaux minérales mais craignent sérieusement, paraît-il, de manquer de lumière avant peu.

Guérin doit avoir avec lui 32 ou 35 hommes déterminés à lui obéir ; mais particulièrement Spiard et le nommé Gille qui prennent volontiers la garde sur le toit de l'immeuble assiégé.

Le fils Chanteloube serait très souffrant, phtysique au dernier degré, son état inquiète beaucoup Guérin.

Pour ce qui concerne les provisions de bouche, depuis quelque temps, Guérin en avait fait introduire au Grand Occident en prévision des événements, car ses amis assurent qu'il se savait suspect au Gouvernement et s'attendait à être inquiété.

Si Mme Chanteloube va au Grand Occident pour voir son fils ces jours-ci Mlle de Longchamp lui remettra une lettre pour Spiard.

Enfin Guérin et ses amis du fort Chabrol seraient toujours décidés à ne pas se rendre ; ils comptent sur le peuple au cas où ils viendraient à manquer de vivres et ils espèrent rester ainsi une quinzaine de jours encore, c'est-à-dire jusqu'à la fin du procès de Rennes.

Dans les milieux antisémites, on dit, d'autre part, que la chute du ministère suivrait de près le jugement de Rennes et que des complications gouvernementales plus graves pourraient bien survenir à la même époque, en raison de l'hostilité des militaires en ce qui concerne les pouvoirs civils.

On prétend aussi que Guérin se trouverait dans un état de surexcitation extrême et que ses amis craindraient que

Le fort Chabrol

Siège du Grand Occident de France, nouveau label de la Ligue antisémitique française, l'hôtel particulier du 51, rue de Chabrol a été équipé pour soutenir un siège, qui durera trente-huit jours.

OCCIDENT DE FRANCE

dans un excès de colère, il ne tirât sur les agents de la force publique.

Gyp, paraît-t-il, tiendrait essentiellement à pénétrer au fort de la rue de Chabrol et doit solliciter incessamment une autorisation à cet effet.

Enfin hier soir vers 4 heures bien que Mlle de Longchamp n'ait pas dû sortir d'après ses dires, du moins, Mme Heimett lui remit une lettre et toutes deux sont parties en voiture.

On a entendu Mlle de Longchamp ajouter : passons-nous rue Jean Goujon 25 ou 27 ? On ne saurait préciser.

Or, le n° 25 n'existe pas; et au n° 27 habite le duc de Chartres et le prince Henri d'Orléans.

Note confidentielle « au sujet de Jules Guérin », 10 juillet 1905

(AN, f/7/15964/2 et /3)

Bruxelles, le 10 juillet 1905

Confidentiel.
Au sujet de Jules Guérin.
De notre correspondant.

Jules Guérin et Lachassaigne à Wépion ne paraissent pas se préoccuper beaucoup de l'amnistie. Ils n'ont encore pris aucune disposition pour rentrer en France. On croit même, qu'après quelques apparitions à Paris, ils continueront à résider dans leur villa, tout au moins jusqu'à l'hiver. Ils vivent comme s'ils étaient fixés définitivement ici. Les soins au jardin, à la basse-cour, au pigeonnier sont aussi méticuleux qu'autrefois. Les installations du bord de la Meuse sont entretenues et embellies constamment. Rien, en somme, ne manifeste l'inquiétude d'un prochain départ. La pêche est toujours le passe-temps favori. Quelquefois on fait des parties de canot, mais jamais longues car Jules Guérin est vite las. Sa santé ne s'est pas encore complètement remise. Je ne serais pas autrement surpris s'il continuait à résider à Wépion : il a ici une existence de calme, de considération qu'il ne trouvera pas à Paris. Il est très estimé des habitants de la commune. Ne négligeant aucun soin de se rendre populaire ; il distribue quelques secours ; souscrit aux œuvres de bienfaisance. Il joue en un mot au châtelain. Cela flatte son amour-propre. Respecté parce qu'inconnu, il se complaît dans l'adulation dont il se sent entouré ; et je comprends que la perspective de se retrouver plongé dans l'enfer parisien ne lui sourit qu'à demi.

Nomenclature des lettres reçues et expédiées :

8 juin. Lettre recommandée de Paris pour Lachassaigne. Lettre de Bruxelles pour Mme Guérin.

9 juin. Télégramme de Bruxelles pour Lachassaigne. Lettre de Bordeaux pour Lachassaigne. Expédié lettre recommandée à Daragon 30 rue Duperré, Paris.

10 juin. Lettre de Dethier, camionneur de Namur, pour Guérin. Lettre de Lyon pour Lachassaigne. Télégramme de Bruxelles pour Lachassaigne. Expédié lettre par express à L. Guérin, rue Ramey, 47, Paris.

11 juin. Lettre de Paris pour Mme Guérin. Lettre de Jodoigne pour flore Franck. Télégramme de Bruxelles pour Lachassaigne.

12 juin. Mandat télégraphique de 200 francs de Louis Guérin à Lachassaigne. Expédié lettre recommandée à M. Bouttier rue de Strasbourg, 89, bis, Nancy.

13 juin. Journaux.

14 juin. Lettre recommandée de Paris, initiales de J.L. pour Lachassaigne. Expédié mandat de 12 francs à M. Franck, avoué, rue de Rivoli, 132, Paris. Lettre de Bruxelles pour Mme Guérin.

15 juin. Lettre de Lyon pour Lachassaigne. Quittance de 43,40 francs de Joly-Lhoest, grainier à Namur (payée).

16 juin. Télégramme de Bruxelles pour Lachassaigne. Lettre de Paris, rue Fontaine, pour Guérin. Expédié mandat de 7 francs à *L'Illustration*, rue Saint-Georges 13, Paris.

17 juin. Lettre de Paris pour flore Frank. Lettre de Bordeaux pour Lachassaigne. Lettre de Nancy pour Lachassaigne. Expédié lettre recommandée de M. Berger à Lyon. Lettre recommandée par express à Louis Guérin, Paris.

19 juin. Lettre recommandée de Paris pour Lachassaigne. Lettre de Bruxelles pour Mme Guérin. Lettre de Namur pour Mme Guérin.

20 juin. Reçu mandat télégraphique de 200 francs de L. Guérin pour Lachassaigne. Télégramme de Bruxelles pour Lachassaigne.

Note « au sujet de Jules Guérin », 2 août 1905

(AN, f/7/15964/2 et /3)

Paris, le 2 août 1905

Au sujet de Jules Guérin.
D'un correspondant.

Je recueille de différents côtés l'impression que, quant à présent du moins, Jules Guérin paraît vouloir éviter de se livrer à une action publique quelconque. Sa rentrée a été du reste aussi effacée que possible. Vous savez que la maison de la rue d'Allemagne où il est descendu n'est que l'entrepôt du magasin exploité par son frère qui a un appartement sis dans le bas de la rue Ramey. Le cercle des amis de l'ancien chef du fort Chabrol s'est singulièrement resserré et parmi les très rares visites qu'il a reçues je ne vois guère à vous citer que MM. Raphaël Viau et Radigois, ses anciens employés du fort Chabrol, M. Lacarnoy, le jeune Daniel Proust, et l'un de ses anciens secrétaires de Clairvaux, M. Jaboulay qui, me dit-on, serait depuis peu contrôleur à la Compagnie des tramways Enghien-Trinité. L'impression générale est un peu partout que l'ancien leader antisémite est politiquement fini et que sa rentrée éventuelle en scène offre le caractère le plus problématique.

Note du préfet de Seine-et-Oise au président du Conseil, ministre de l'Intérieur, 15 février 1910
(AN, f/7/15964/2 et /3)

Préfecture de Seine-et-Oise, cabinet du Préfet

Versailles, le 15 février 1910

Le préfet de Seine-et-Oise à Monsieur le président du Conseil, ministre de l'Intérieur. (Direction de la sûreté générale).

J'ai l'honneur de vous transmettre, à toutes fins utiles, la communication anonyme ci-jointe relative à Jules Guérin, condamné de la Haute-Cour, et aux circonstances dans lesquelles il aurait contracté pendant les inondations, à Ablon, la maladie dont il est mort à l'établissement Saint-Jean-de-Dieu, à Paris.

Le préfet de Seine-et-Oise
[Signature]

Un groupe de sauveteurs d'Ablon et de Villeneuve-Saint-Georges protestent énergiquement, et avec indignation, au sujet des comptes rendus des journaux qui ont présenté M. Jules Guérin comme un sauveteur victime de son dévouement. C'est une infamie !

M. Jules Guérin qui est complètement inconnu à Alfortville, habitait depuis quelques années la commune d'Ablon en Seine-et-Oise. Malade depuis quelques jours, au moment de l'inondation, il a eu recours à des sauveteurs de Villeneuve-le-Roi et d'Ablon pour se sauver en même temps que sa famille.

Il avait, au surplus, sauvé tout son mobilier la veille de la grande crue, ce qui fait que ses pertes matérielles sont nulles.

Il s'est rendu à Villeneuve-Saint-Georges avec sa famille, chez le propriétaire du café Calais, rue de Paris à Villeneuve-Saint-Georges. Là, il est tombé malade et a été transporté à Saint-Jean-de-Dieu, rue Oudinot, où il est mort trois jours après.

C'est donc une injustice des journaux de déclarer que M. Jules Guérin a contracté son mal en sauvant des malheureux.

Faites une enquête à Villeneuve-Saint-Georges et à Ablon, et vous serez fixés.

Nous autres sauveteurs qui avons risqué notre vie et notre santé, pour porter secours à nos semblables, nous sommes indignés de voir que la presse raconte des histoires à dormir debout, sans contrôler les choses.

On dit dans le pays, que la maîtresse de Jules Guérin, qui vivait avec lui, et qui se donnait comme sa femme, se vante de toucher du Gouvernement de la République une somme de quinze mille francs pour un mobilier qui n'a pas été perdu, puisqu'il a été transporté aux étages supérieurs, et pour des exploits de Jules Guérin qui n'ont jamais existé, puisque ce malheureux a été alité pendant tout le temps de l'inondation et ne s'est jamais montré, pas plus à Alfortville qu'à Ablon ou à Villeneuve-Saint-Georges.

Il y a là une manœuvre infâme qui atteint les véritables sauveteurs ; nous demandons une enquête.

Le bruit court dans le pays que Madame Jules Guérin qui se donne comme la cousine de M. Symian, sous-secrétaire d'État aux Postes et télégraphes, ne serait pas plus la cousine de M. Symian que la femme légitime de M. Jules

Guérin ; c'est une ancienne femme galante, qui fut la maîtresse du dompteur Juliano, bien connu dans les foires de la banlieue.

Si ces renseignements sont exacts, vous le saurez par votre police, et vous demanderez son acte de mariage à Mme Guérin.

Nous autres pauvres gens qui n'avons pas de protection nous crèverons de faim, et nous ne serons pas récompensés. Nous demandons une enquête, car nous sommes indignés de tout ce qu'on raconte dans ce pays.

Un groupe de sauveteurs de Villeneuve-Saint-Georges, de Villeneuve-le-Roi et d'Ablon (Seine-et-Oise.)

◆

LES MILLIONS DE THÉRÈSE HUMBERT

L'escroquerie au coffre-fort

Ils ont fui en Espagne ! L'opulente Thérèse Humbert, son époux Frédéric, leur fille Ève et toute la belle-famille Daurignac ont franchi les Pyrénées, sans prévenir personne, comme de vulgaires aigrefins. Il s'agit pourtant d'une dynastie bourgeoise, honorablement connue. Le père de Frédéric, Gustave Humbert, ancien représentant de la Haute-Garonne à l'Assemblée nationale et sénateur inamovible, ne fut-il pas garde des Sceaux en 1882, dans le cabinet Freycinet ? En 1890, le président de la République l'a même nommé premier président de la Cour des comptes. Et voici que son nom, sa famille, se trouvent au cœur d'un énorme scandale d'argent, « la plus grande escroquerie du siècle » selon les journaux !

Décédé en 1894, le sénateur Humbert n'y est d'ailleurs pour rien. Son fils, en épousant Thérèse Daurignac, a introduit dans le grand monde une matrone volubile et rusée qui, faute de dot, aura toutes les audaces. Les finances familiales déclinent ? Elle emprunte, sur la foi de l'héritage fabuleux de son oncle Crawford. Celui-ci a fait fortune en Amérique, avant de mourir à Nice. Ses titres sont amassés dans un imposant coffre-fort, malheureusement sous scellés : les cousins

Crawford contestent le testament, il faut donc attendre la fin du contentieux pour liquider l'héritage.

Cent millions de capital

De procédure en procédure, de conciliation ratée en réclamation subsidiaire, l'affaire traîne pendant vingt ans : ces flots de mémoires justificatifs et de papiers timbrés ne font qu'accréditer les cent millions de capital en attente d'héritiers et la solvabilité à terme des Humbert. Les sommes empruntées atteignent le montant faramineux de soixante millions de francs-or, mais, à chaque fois qu'un créancier se présente, il est admis à contempler l'énorme coffre-fort qu'on doit bientôt desceller. Qui oserait contester pareille garantie, apportée par la belle-fille d'un ancien ministre de la Justice ?

Un prêteur soupçonneux finit pourtant par engager une action en recouvrement, prenant pour avocat l'influent Waldeck-Rousseau, futur président du Conseil. Le quotidien populaire *Le Matin* mène une enquête à l'américaine, qui sème le trouble sur l'existence même du milliardaire Crawford. Le 9 mai 1902, en présence du préfet de police Lépine, le coffre est ouvert. À la stupéfaction de l'assistance, il est vide, ou presque : on n'y trouve qu'un vieux journal et un sou italien…

Cette affaire qui touche la haute bourgeoisie met en joie les classes populaires. Elle donne lieu à une abondante production de cartes postales satiriques, mais aussi de caricatures et de chansons : « Viens Thérèse, viens Thérèse, viens ! / À t'entendre parler / Nous allons rigoler ! / Ah ! Viens Thérèse, viens Thérèse, viens ! / Faut qu'ell's fass'nt sensation / Toutes tes révélations ! »

Les Humbert, entre-temps, ont gagné l'Espagne, d'où ils comptent s'embarquer pour l'Amérique latine. C'est sous-estimer la coopération policière franco-espagnole : appréhendés à Madrid, les voici extradés vers la France le 3 janvier 1903, dans un confortable wagon-lit qui sera leur dernier luxe.

À Paris, les époux Humbert seront condamnés à cinq années de détention, Romain Daurignac à trois ans de prison, son frère Émile à deux. Sa peine purgée, Thérèse va s'exiler aux États-Unis, patrie des Crawford et de son pactole imaginaire : la bourgeoise déchue s'éteint à Chicago, capitale du crime, en 1918.

faite en septembre 1900.

44 ans, né à Aussonne le 25 novembre 1857, frè[re]
de Thérèse Humbert et de Émile et Maria Daurignac
~~des deux inculpées ci-dessus désignées~~, fondateu[r]
administrateur de la Société financière *La Ren[te]*
Viagère de Paris, 15 et 17, rue Auber, domicil[ié]
en dernier lieu, 65, avenue de la Grande-Armé[e].

Signalement : Taille 1 m. 62 environ, for[te]
corpulence, cheveux bruns, front découver[t],
moustache brune et barbiche, yeux noirs, figu[re]
ronde, teint mat.

Était, au moment de son départ, vêtu d'[un]
pardessus et d'un costume gris foncé; chape[au]
melon; parapluie manche en argent forme
béquille.

Parle un peu l'espagnol. A habité la Rép[u]-
blique Argentine il y a une vingtaine d'anné[es].

Avis de recherche

Les époux Humbert, leur fille, ainsi que Romain, Émile et Marie Daurignac, frères et sœur de Thérèse, sont en fuite à partir du 7 mai 1902 : « Prière de vouloir bien rechercher très activement et arrêter ces six inculpés, qui paraissent avoir emporté des sommes considérables. [...] Saisir toutes sommes, valeurs, bagages, papiers et documents dont ils seraient possesseurs. »
(AN, f/7/15970/2)

Arrestation d'un agent de l'Allemagne

Baliguet, l'espion démasqué

Le dossier Baliguet se lit comme un roman d'espionnage, avec ses traquenards, ses jeux de miroir et ses rebondissements. Tout commence en mai 1901, par une dénonciation anonyme. Paulin Léon Baliguet fait des confidences étranges à un ancien collègue des Postes, téléphoniste à Paris : « J'ai de l'argent, je les em… tous et si un jour il y avait du chambard, je serais le premier à monter à l'assaut pour leur ficher une raclée, car j'ai opté et j'ai reçu ma commission de commis à Strasbourg… » Propos d'ivrogne, ou amorce d'un recrutement ? Strasbourg, depuis 1871, est territoire allemand. Alors que la France promet de reprendre un jour l'Alsace et la Lorraine, Baliguet se serait-il vendu à l'ennemi ? Le téléphoniste alerte la police parisienne, qui transmet au ministère de l'Intérieur.

Baliguet n'est pas d'une haute moralité. Né dans les Ardennes, à Houldizy, il a reçu l'instruction nécessaire pour devenir postier, mais en 1896, il trempe dans une affaire de dépêches volées qui le fait révoquer. Il épouse une ancienne pensionnaire de maison close, Caroline Schmutz : une

Alsacienne dont la famille est restée du côté allemand. À Paris, puis à Reims où il s'installe, Baliguet occupe diverses places. « Partout, son indélicatesse ou son incapacité l'ont fait congédier », note le préfet de la Marne, dont les services ont mené une enquête de routine : « Baliguet, depuis longtemps sans emploi, mène une existence misérable et fréquente des individus de sa condition. Il ne connaît aucune langue étrangère et son intelligence ne paraît pas assez vive pour motiver son choix comme agent d'espionnage. »

Double jeu

Le préfet se trompe : Baliguet, depuis deux ans, travaille pour la Section de renseignements de l'état-major français ! Le capitaine Mangin, qui dirige le poste SR de Nancy, l'a recruté en 1899, sa belle-famille alsacienne pouvant rendre des services ; en particulier, son beau-frère travaille à l'arsenal de Strasbourg, où il est utile d'avoir des antennes... Le téléphoniste a-t-il mal compris, ou bien Baliguet joue-t-il double jeu ?

Pour le savoir, on adopte la tactique de la « longue corde » : le suspect est laissé libre de ses mouvements, tout en faisant l'objet d'une surveillance régulière. En 1903, il sévit encore, à Nancy cette fois où le capitaine Mangin lui a demandé de s'établir.

Baliguet y voit sans doute une marque de confiance, ce qui le rend imprudent. Client du restaurateur Denis, il s'efforce de le recruter pour le compte de l'Allemagne. Or, Denis travaille déjà pour Mangin... Il fait mine d'accepter et l'infiltré prend bientôt le train pour Strasbourg, avec Baliguet. Les SR allemands veulent piéger « Anatole », un déserteur passé

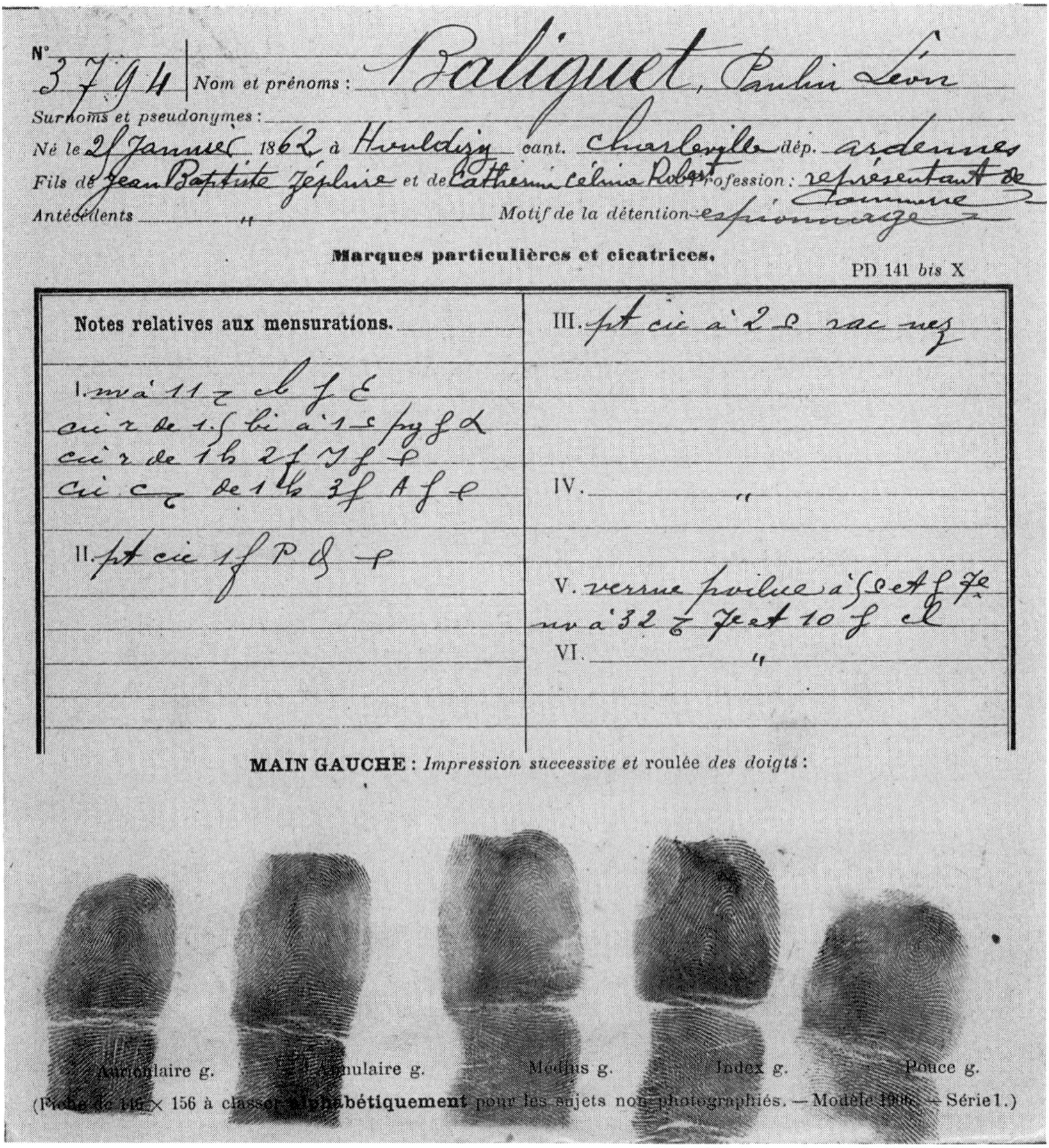

N° 3794 Nom et prénoms : Baliguet, Paulin Léon

Surnoms et pseudonymes :

Né le 2 Janvier 1862 à Houldizy cant. Charleville dép. ardennes

Fils de Jean Baptiste Zéphirin et de Catherine Célina Robert Profession : représentant de commerce

Antécédents " Motif de la détention espionnage

Marques particulières et cicatrices.

PD 141 *bis* X

Notes relatives aux mensurations.

I.

II.

III.

IV. "

V.

VI. "

MAIN GAUCHE : *Impression successive et* roulée *des doigts :*

Auriculaire g. Annulaire g. Médius g. Index g. Pouce g.

(Fiche de 146 × 156 à classer **alphabétiquement** pour les sujets non photographiés. — Modèle 1906. — Série 1.)

Fiche anthropométrique de Paulin Balinguet

Aux mensurations prévues dans le système de fichage mis au point par Alphonse Bertillon s'ajoute à partir de 1902 le relevé des empreintes digitales. (AN, f/7/15929/2)

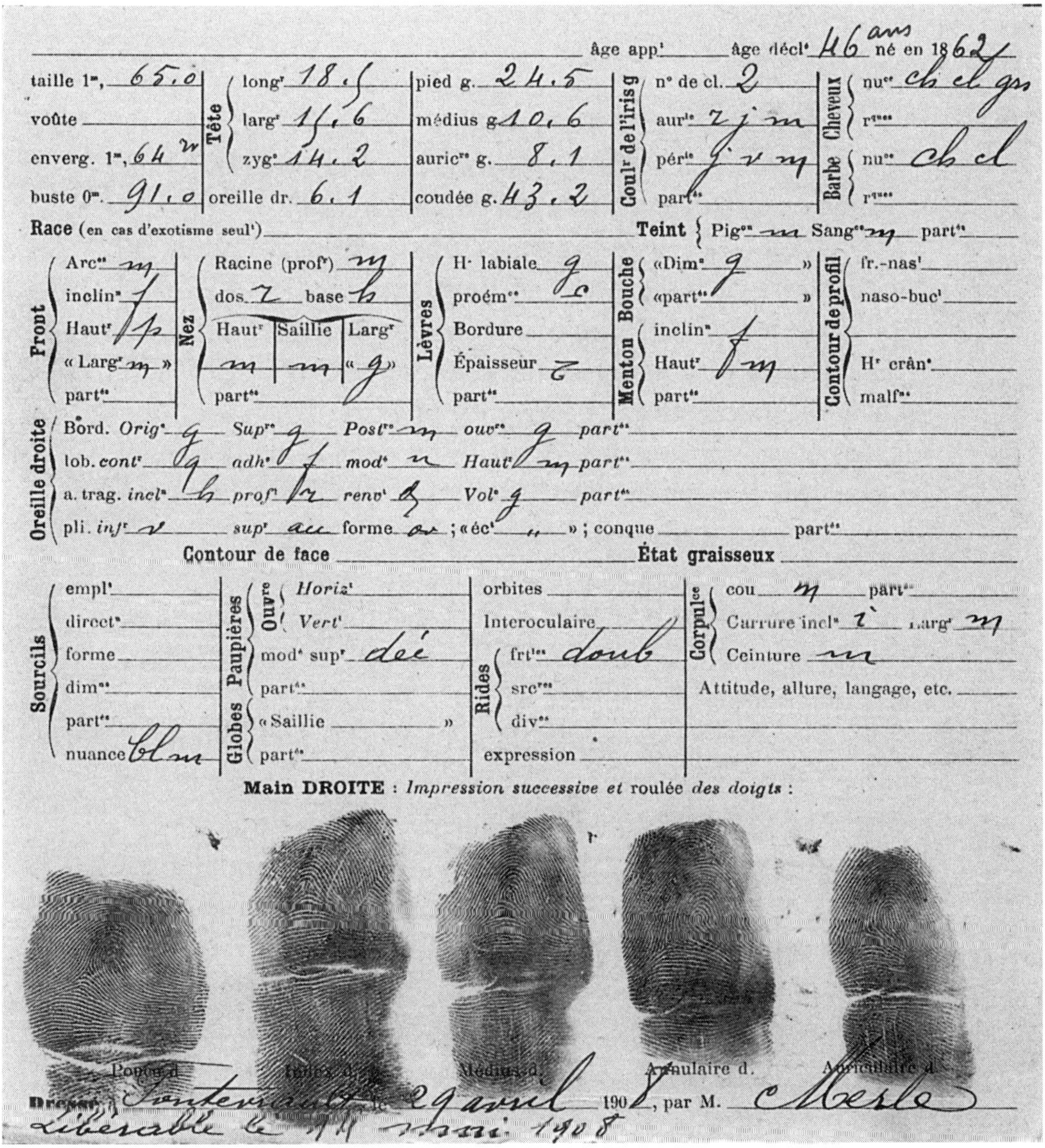

âge app' ______ âge décl' 46 ans né en 1862

taille 1m, 65.0	Tête	long' 18.5	pied g. 24.5	Coul' de l'iris g	n° de cl. 2	Barbe Cheveux	nu'' ch cl gr
voûte		larg' 15.6	médius g. 10.6		aur'' z j m		r''''
enverg. 1m, 64 w		zyg' 14.2	auric'' g. 8.1		pér'' j v m		nu'' ch cl
buste 0m. 91.0		oreille dr. 6.1	coudée g. 43.2		part''		r''''

Race (en cas d'exotisme seul') ______ Teint { Pig'' m Sang'' m part''

Front	Arc'' m	Nez	Racine (prof') m	Lèvres	H' labiale g	Menton Bouche	«Dim' g »	Contour de profil	fr.-nas'
	inclin' f		dos r base h		proém'' pc		«part'' »		naso-buc'
	Haut' f p		Haut' / Saillie / Larg'		Bordure		inclin' f		
	« Larg' m »		m / m / « g »		Épaisseur e		Haut' f m		H' crân'
	part''		part''		part''		part''		malf''

Oreille droite
Bord. Orig' g Sup'' g Post'' m ouv'' g part''
lob. cont' g adh' f mod' n Haut' m part''
a. trag. incl' h prof' r renv' g Vol' g part''
pli. inf' v sup' ac forme ov ; «éc' " » ; conque ______ part''

Contour de face ______ État graisseux ______

Sourcils	empl'	Paupières	Ouv'' (Horiz'		orbites	Corpul''	cou m part''
	direct'		(Vert'		Interoculaire		Carrure incl' i Larg' m
	forme		mod' sup' déé	Rides	frt'' doub		Ceinture m
	dim''		part''		src''		Attitude, allure, langage, etc.
	part''	Globes	« Saillie »		div''		
	nuance blm		part''		expression		

Main DROITE : *Impression successive et roulée des doigts* :

Pouce d. Index d. Médius d. Annulaire d. Auriculaire d.

Dressé à Fontevrault le 29 avril 1908, par M. Merle

Libérable le 11 mai 1908

au service du capitaine Mangin, qui réussit à introduire des pigeons voyageurs en Alsace-Moselle : Denis doit le faire boire et parler, en vue de connaître ses déplacements.

Au retour, c'est l'aveu : « Dans le train, B. plus communicatif que jamais, a dit qu'en effet il travaillait pour les Allemands depuis son renvoi de l'administration des Postes ; que, pour se venger, il avait écrit à Strasbourg pour faire ses offres, et qu'on lui avait immédiatement envoyé un billet de 100 francs pour son voyage. "Vous verrez, disait-il, l'argent roule là-dedans, on gagne de l'or gros comme soi, on ne lésine pas comme en France." » La trahison est donc certaine.

Un nouveau voyage à Strasbourg permet à Denis d'identifier l'officier traitant de Baliguet : le commissaire Bauer, auxiliaire du commandant Zahn. Les déplacements de Mme Baliguet sont également épiés, celle-ci servant d'agent de liaison.

Le 14 mai 1903, enfin, l'espion est arrêté. « Baliguet a commencé par nier tout ; puis mis en contradiction avec lui-même, a adopté le système classique de défense de partager la responsabilité. » Hélas, il tente de charger Denis, qui l'aurait mis en relation avec les Allemands ! Son système s'effondre, d'autant qu'un témoignage prouve que Baliguet a tenté de recruter la fille d'un Mosellan qui a quitté l'Allemagne, dans le seul but de la faire prendre. « C'est peut-être le côté le plus ignoble de son affaire : le piège tendu à cette jeune fille », note le commissaire chargé de son cas.

Récidiviste pendant la Grande Guerre

Avec un tel dossier, Baliguet a beau se dire innocent, crier au complot, puis proposer de trahir les Allemands : le

4 juillet 1903, il est condamné à cinq années de prison et à mille francs d'amende. Il ne sort de Fontevrault que le 14 mai 1908, cinq ans jour pour jour après son arrestation. L'ancien espion est inscrit au « carnet B », le fichier des antimilitaristes et des étrangers suspects. Pendant la Grande Guerre, la surveillance ne se relâche pas. Malgré tout, il récidive ! Traître irrépressible, mais agent maladroit, il se fait prendre... Le 5 mai 1919, le conseil de guerre d'Amiens le condamne à cinq ans de travaux forcés pour intelligence avec l'ennemi : c'est le bagne. Le 1er juin 1921, à cinquante-neuf ans, il part pour la Guyane. Rarement un espion aura laissé autant de traces.

◆

Le dossier

Après l'affaire Dreyfus, l'armée fait appel à la police pour les missions de contre-espionnage : c'est donc le ministère de l'Intérieur qui rassemble les principaux éléments du dossier, avant de procéder à l'arrestation de Baliguet et de sa femme.

Lettre du préfet de police au président du Conseil, ministre de l'Intérieur et des Cultes, 23 mai 1901

(AN, f/7/15929/2)

J'ai l'honneur de vous transmettre à toutes fins utiles les renseignements qui viennent de me parvenir sur un sieur Baliguet, Paulin Léon, né à Houdizy (Ardennes) le 25 janvier 1862, demeurant rue Caqué, 4, à Reims, qui serait suspect au point de vue national.

Le sieur Baliguet, dans le but de se livrer à l'espionnage, paraît-il, apprendrait la langue allemande ; il ferait à Strasbourg et à Nancy de fréquents voyages qui seraient pour lui une source de larges bénéfices.

Cet individu est un ancien employé des postes soupçonné d'être, sinon l'auteur, du moins l'instigateur du vol d'un sac de dépêches commis en novembre 1896, rue d'Allemagne, à Paris, par un individu revêtu de l'uniforme de facteur des postes.

Il demeurait à cette époque rue de Crimée, 136, d'où il est parti en mars 1898, pour se rendre à Reims. Il aurait d'abord habité en cette ville, rue des Élus, 2.

Des renseignements parvenus plus tard à l'administration des postes, il résulte que le nommé Baliguet a été rencontré par un téléphoniste du bureau n° 55, à qui il a tenu les propos suivants :

« Je ne crains plus rien, j'ai de l'argent, je les em… tous et si un jour il y avait du chambard, je serais le premier à monter à l'assaut pour leur ficher une raclée, car j'ai opté et j'ai reçu ma commission de commis à Strasbourg. J'ai passé l'examen, mais j'ai échoué, je suis commissionné quand même comme ancien officier de télégraphie. Je vais passer une semaine à Paris et je retourne à Strasbourg. »

Le nommé Baliguet aurait été sous-officier de chasseurs, mais on ignore dans quel régiment il a servi.

Lettre du préfet de la Marne au président du Conseil, ministre de l'Intérieur et des Cultes, 13 juillet 1901
(AN, f/7/15929/2)

En réponse à votre dépêche du 3 juin dernier, j'ai l'honneur de vous faire connaître que le nommé Baliguet Paulin

René, signalé comme suspect au point de vue national, habite effectivement 4, rue Caqué, à Reims.

Cet individu, âgé de 39 ans, est originaire des Ardennes, il s'est marié en 1890 avec une demoiselle Schmutz Caroline de Strasbourg. Sa correspondance habituelle provient des Ardennes ou de l'Alsace, pays de sa femme.

En quittant le service des Postes, Baliguet a été employé au Grand Bazar de Reims, puis dans une maison de transport de colis postaux et en dernier lieu à la société de Notre-Dame de l'Usine. Partout, son indélicatesse ou son incapacité l'ont fait congédier.

Baliguet, depuis longtemps sans emploi, mène une existence misérable et fréquente des individus de sa condition. Il ne connaît aucune langue étrangère et son intelligence ne paraît pas assez vive pour motiver son choix comme agent d'espionnage.

Quoi qu'il en soit, la correspondance entretenue par Baliguet avec les parents de sa femme pouvant être suspecte, cet individu reste soumis à une surveillance discrète.

J'aurai soin, monsieur le président, de vous adresser, s'il y a lieu, les renseignements complémentaires qui pourraient me parvenir sur les agissements de cet individu.

Le préfet
[Signature]

Note confidentielle, 15 mars 1903
(AN, f/7/15929/2)

Voyage de B[aliguet] et D[enis] à Strasbourg.
(D'après D[enis]).

Un sous-ordre de Zahn les attendait à la descente du train. Il a serré la main à B[aliguet] qui lui a présenté D[enis] puis tous trois sont partis en ville ; après avoir circulé un certain temps en causant de choses et d'autres, ils sont allés visiter la cathédrale et l'horloge, et sont entrés ensuite au restaurant Kammerzell où ils se sont fait servir du vin blanc, dans une salle à part ; c'est alors seulement que l'agent a abordé la question sérieuse. Il a commencé par soumettre D[enis] à un interrogatoire en règle, lui demandant ce qui le déterminait à entrer à leur service, comment il avait su que B[aliguet] travaillait pour eux, et pourquoi, dès qu'il s'en était aperçu, il n'en avait pas informé Anatole (garçon de bureau, domestique, chez le capitaine Mangin), ni le capitaine Mangin, avec qui il est bien ; sa proposition est-elle sérieuse et sincère, et ne serait-il pas même envoyé par le capitaine M[angin] en vue de les tromper, ajoutant que ce ne serait pas la première fois, et qu'ils avaient un vieux compte à régler avec nous. D[enis] a répondu que ses intentions étaient sérieuses, que ses affaires ne marchaient pas très bien, qu'il avait besoin d'argent et qu'en ce qui concerne B[aliguet] c'est celui-ci même qui lui avait laissé entendre ce qu'il faisait, et lui avait, depuis un certain temps, fait des avances. B[aliguet] a confirmé les dires de D[enis] en ajoutant : « Je réponds de D[enis], il est sérieux, c'est l'homme qu'il vous faut ; il n'y en a pas de mieux placé que lui à Nancy pour vous rendre des services, et, à nous deux, nous allons "rouler" à fond le capitaine M[angin] et Anatole. »

D[enis] persistant à affirmer qu'il était bien décidé à marcher, l'agent a dit : « Eh bien, nous allons sortir, M. B[aliguet] et moi nous irons rendre compte au chef ; quant à vous, vous nous attendrez sur le quai Kléber, et nous reviendrons vous prendre là pour aller déjeuner à l'hôtel Terminus. » D[enis] s'est promené seul plus d'une heure, et commençait même à trouver le temps long ; nos deux gaillards sont enfin venus le chercher pour aller déjeuner. L'agent a alors dit à D[enis] :

«C'est une affaire entendue, le chef consent à vous employer; mais allez doucement, soyez prudent; restez bien, comme par le passé, avec Anatole et le capitaine M[angin] et tenez-nous au courant, autant que possible, de leurs déplacements; surveillez les individus qui peuvent être en relations avec eux; si vous arrivez à découvrir un individu venant d'Allemagne, par exemple, ne le perdez pas de vue; pistez-le et signalez-le à B[aliguet]; si celui-ci n'est pas là, suivez vous-même l'individu et accompagnez-le au besoin jusqu'à la frontière allemande, où vous pourrez le montrer au gendarme de service, qui en fera son affaire.» L'agent a ensuite parlé du service des pigeons voyageurs, disant: «Nous savons que le capitaine M[angin] introduit des pigeons chez nous, mais, malgré la surveillance spéciale exercée à ce sujet, nous n'avons rien pu découvrir encore. Nous désirons vivement savoir où il envoie ses pigeons, chez qui, et comment il les introduit; tâchez de faire boire Anat[ole] et de le faire causer, vous serez bien payé.» B[aliguet] a alors interrompu en disant: «On ne peut rien tirer d'Anat[ole], même quand il a bu, c'est un vieux roublard; quant au capitaine M[angin], c'est un brave homme mais il est terriblement méfiant et, lorsqu'on va le voir, il a toujours soin de retourner les papiers ou les lettres qui se trouvent sur sa table, afin qu'on ne puisse pas lire.» B[aliguet] a parlé ensuite du frère de D[enis] gardien de batterie dans un des forts de Verdun, et de la possibilité d'entrer au fort et d'en faire un croquis «semblable, ajoutait-il, à ceux que je vous ai fournis»; mais l'agent a répondu qu'il valait mieux, pour le moment, renoncer à cette idée; que, du reste, ils connaissaient les forts de Verdun.

Enfin, l'agent a remis 50 fr. à D[enis] pour son dérangement, ajoutant que tous ses frais de voyage devaient être réglés par B[aliguet] qui avait reçu 100 fr. pour cela, et que plus tard, on le payerait largement, suivant le travail qu'il fournirait, qu'il pouvait s'en référer à ce sujet à B[aliguet], qui travaille pour eux depuis sept ans. Dans le cours de la conversation, l'agent a demandé incidemment à D[enis] s'il savait combien Anat[ole] avait par mois du capitaine M[angin]. D[enis] ayant répondu qu'il recevait 200 ou 250 fr. l'agent observa que ce n'était pas assez, et que chez eux, on était mieux payé.

L'heure du retour approchant, B[aliguet] et D[enis] ont quitté l'agent, et se sont dirigés immédiatement vers la gare. Dans le train, B[aliguet] plus communicatif que jamais, a dit qu'en effet il travaillait pour les Allemands depuis son renvoi de l'administration des Postes; que, pour se venger, il avait écrit à Strasbourg pour faire ses offres, et qu'on lui avait immédiatement envoyé un billet de 100 francs pour son voyage. « Vous verrez, disait-il, l'argent roule là-dedans, on gagne de l'or gros comme soi, on ne lésine pas comme en France. Ainsi, quand j'ai fait mes 28 jours au camp de Châlons au train des équipages, en qualité de maréchal des logis-chef, j'ai recueilli tout ce que j'ai pu sur la mobilisation de l'escadron, j'ai demandé une permission, j'ai apporté le tout en Allemagne, et on m'a donné 800 fr. »

Signalement de l'agent allemand avec lequel a eu lieu l'entrevue : 40 ans environ; taille 1,75 m, cheveux bruns, moustache brune, porte binocle.

Note, 26 mars 1903

(AN, f/7/15929/2)

Le nommé Baliguet, agent de la Guerre depuis 1899, serait un agent de l'Allemagne depuis 1896, époque à laquelle il fut renvoyé de l'administration des Postes.

Il habitait autrefois Reims, l'année dernière, un peu poussé par le capitaine M[angin] qui l'emploie, il s'établit à Nancy où il a été plus facile de le surveiller.

Baliguet a cherché à recruter pour le service allemand un sieur Denis, de Nancy, bien connu du capitaine M[angin] et sûr. Il a offert à Denis de l'accompagner à Strasbourg. Sur les conseils du capitaine M[angin] Denis se rendit avec Baliguet à Strasbourg et là un agent de Zahn, en rapport avec Baliguet, lui a proposé de servir l'Allemagne et lui a remis 50 fr. On lui a demandé de surveiller le capitaine M[angin] et de renseigner sur les Allemands qui ont des relations avec ce dernier.

De la relation de l'entrevue donnée par Denis, il résulte que Baliguet a fourni quelques croquis, et aussi, lorsqu'il faisait ses 28 jours au camp de Châlons des renseignements sur la mobilisation du train des équipages. Sa femme ferait de temps à autre des voyages, soi-disant pour se rendre à Reims, mais on sait qu'elle vient à Paris. Qu'y vient-elle faire ?

La SR dit que Baliguet lui a fourni des choses très intéressantes, venant du frère de sa femme, qui est employé à l'arsenal de Strasbourg. Par contre, on ne voit pas quels renseignements peut fournir Baliguet aux Allemands, à moins que sa femme ne soit chargée de recueillir les documents et de les porter à Strasbourg. Quant à Baliguet, peut-être joue-t-il le rôle d'agent recruteur.

(Capitaine Lambling)

Le capitaine Mangin sera le 28 à Paris et pourra fournir d'autres indications.

Note confidentielle de Nancy, 5 avril 1903
(AN, f/7/15929/2)

Au sujet d'un nouveau voyage de D[enis] à Strasbourg.

Les affaires B[aliguet]-D[enis] suivent leur cours, le voyage à Strasbourg du 24 mars dernier n'ayant été suivi d'aucune mesure de rigueur ni même d'aucune apparence de suspicion vis-à-vis de B[aliguet]. Celui-ci est persuadé, ainsi que la police de Stras[bourg] que D[enis] est de bonne foi. Ce dernier a été, par l'entremise de B[aliguet] convoqué de nouveau à Str[asbourg] où il est allé seul vendredi 3 avril. Le même commissaire l'attendait à la gare de Str[asbourg] et l'a conduit, cette fois, chez lui, 8 rue Rehgasse, et D[enis] a lu le nom inscrit sur la porte : « Bauer, commissaire de police. »

Ce Bauer n'est que depuis peu de temps à Str[asbourg]. Il était précédemment à Metz. Dans son bureau se trouvent un uniforme de fantassin français et diverses armes. D[enis] a cru comprendre que le bureau du grand chef, comme il dit, se trouve non loin de là.

L'entretien a roulé exclusivement sur la question des pigeons introduits en Alsace-Lorraine. Bauer a insisté pour que D[enis] fasse en sorte qu'Anatole consente à l'emmener dans un de ses voyages au-delà de la frontière, lui promettant une prime sérieuse le jour où on réussirait à prendre soit An[atole] soit la personne à qui il remet les pigeons. Il a en outre demandé à D[enis] de le prévenir la veille, par dépêche, à l'adresse : « Bauer, 8 rue Rehgasse », portant simplement : « Colis partira demain, signé : Charles. »

D[enis] a reçu 50 francs de Bauer pour son voyage, et en rentrant, il s'est plaint à B[aliguet] disant qu'il avait dépensé 30 fr., que, par conséquent, il ne restait que 20 fr. pour lui, et que ce n'était pas suffisant pour faire ce métier-là. B[aliguet] a immédiatement écrit à Str[asbourg] pour demander qu'on paye mieux D[enis].

Lettre de Baliguet au capitaine Mangin, 23 mai 1903
(AN, f/7/15929/2)

Mon capitaine,

D'après ce qui s'est passé il ne me serait guère possible de rester à Nancy à l'avenir ; vous savez que toutes les maisons concurrentes sont toujours à l'affût pour critiquer.

D'un autre côté, où aller !

Je ne vois guère qu'une solution pratique ; m'installer à Strasbourg, et faire ce que M. le lieutenant Pierret m'avait proposé autrefois : recueillir tous les renseignements qui vous intéresseront et surtout continuer les livraisons de mon beau-frère, car il est bien évident que ce dernier désire que les relations continuent, et moi aussi.

Quant aux Allemands, je vous promets de vous livrer leur organisation, et surtout leurs dossiers. Le bureau de Bauer est le 1er à l'entrée du couloir au 1er ; il est toujours absent de 1 h à 4 h du soir, et la clef est toujours sur la porte, probablement pour le cas où on aurait besoin d'un dossier en son absence.

Les dossiers sont derrière son bureau (ou plutôt son pupitre élevé car il travaille debout) dans des casiers non fermés.

Je vous le répète, c'est un grand ami à mon beau-frère Wolff, le coiffeur, même beaucoup d'officiers se font raser chez lui. Quant à vous faire d'autres aveux, mon capitaine, je vous certifie qu'ils ne m'ont jamais demandé aucun renseignement ; ce Bauer savait d'ailleurs que mon beau-frère n'entamait jamais aucune question militaire.

Les renseignements qu'il a demandés à Denis sont une preuve matérielle que je n'ai jamais eu aucun entretien de ce genre avec lui, car il y avait longtemps que je savais où allait Anatole, et encore je l'ai su par la force des choses sans m'en préoccuper aucunement. Tout cet échafaudage de Denis ne provient que de sa jalousie et ne repose sur aucun fondement.

Il va chez eux, et leur dit d'adresser toutes leurs lettres à Baliguet, de sorte que je suis bombardé de lettres, et je ne sais même pas ce qu'elles signifient. Vous savez vous-même, mon capitaine, que je ne suis pas placé pour donner aucun renseignement, même si j'en avais l'intention. Je pense qu'ils sont comme nous, les renseignements fantastiques ne leur sont pas nécessaires. C'est comme pour la pépée ! Anatole me conduit trois fois là-bas et je ne voulais à aucun prix y aller puisque M. Hanne n'avait pu me solder l'épicerie prise par lui l'année dernière. Enfin, je cède à Anatole, nous allons là-bas, la pépée me demande si je lui paie le voyage de Strasbourg ; je lui fais bien remarquer qu'elle ne peut aller là-bas… elle me dit qu'elle ira aussi bien que moi.

Enfin, je lui donne rendez-vous et je lui dis de se trouver à la gare à une heure fixe, afin que nos trois billets servent pour l'enregistrement de la voiture de mon livreur, elle me dit non par téléphone et par lettre. Eh bien, mon capitaine, je ne m'en suis plus occupé depuis, bien qu'elle soit revenue à la charge.

Donc, il ressort clairement que tout ceci n'est qu'une machination ourdie contre moi dans un but qu'il est inutile que je précise.

Je lui avais dit en outre que je la présenterai à mon beau-frère Schmutz, au cas où elle serait allée là-bas, un jour par exemple où je n'aurais pu m'absenter (toujours pour les difficultés que je rencontrais chez moi).

Pour quelle autre raison aurais-je conduit cette pauvre pépée là-bas ? Croyez-vous que les Allemands ne connaissent pas la famille Hanne (je vous en causerai verbalement à ce sujet, et je vous dirai ce que Bauer m'a dit, alors que je ne connaissais pas encore M. Hanne).

Il est bien évident que si, en mettant la pépée en rapport avec mon beau-frère dans le but de la faire prendre (comme m'a dit M. le juge d'instruction), c'était en même temps faire prendre mon beau-frère ; vous voyez, mon capitaine, nous retombons toujours dans l'invraisemblable, en examinant à fond toute accusation portée contre moi.

Je fais donc un dernier appel à votre humanité et à votre bienveillance pour moi, ma pauvre femme et nos familles. Aussi pour l'honneur de ma maison que j'ai eu tant de peine à établir ici et à organiser telle qu'elle est aujourd'hui.

J'ose espérer que vous penserez que je puis encore vous être utile dans une large mesure.

Agréez, mon capitaine, mes salutations respectueuses.

Baliguet

◆

L'ABBÉ COMBES

Rumeurs sur le leader anticlérical

«Oh le saligaud, cochon ! » lui lance une dame du meilleur monde « en montrant le poing », lorsqu'il se promène boulevard Saint-Germain, le 25 février 1904. Quand il se risque au bois de Boulogne, le dimanche 14 juin de la même année, « beaucoup de personnes émettaient leurs opinions et faisaient leurs remarques à haute voix et dans le sens plutôt hostile, ayant trait à la question cléricale ».

Populaire parmi les ouvriers et les employés qui votent radical-socialiste, Émile Combes est ouvertement détesté dans le monde catholique, pour sa politique antireligieuse. Rupture des relations diplomatiques avec le Vatican, expulsion des congrégations non autorisées : sous son ministère, de 1902 à 1905, deux France s'opposent, celle des croyants et celle des libres-penseurs, sans espoir de rémission.

Quand le président du Conseil se rend en Espagne, « il me revient que des cléricaux militants projetteraient de se livrer à des manifestations hostiles au moment du passage du train dans les gares de Bayonne et de Saint-Jean-de-Luz», prévient le préfet des Basses-Pyrénées. Au retour, le 2 octobre 1903, un incident a lieu en gare de Perpignan : un ancien capitaine d'artillerie, «en passant devant le compartiment de monsieur le Président a crié : "Vive la liberté" et est monté aussitôt en wagon. Le public a répliqué par les cris de : "À bas la calotte."»

De telles escarmouches, dans toute la France, menacent de dégénérer en batailles rangées. C'est ainsi qu'à Nantes, le 25 avril 1904, une imposante manifestation a lieu pour empêcher la fermeture d'établissements congréganistes ; quand le commissaire de police en ordonne la dispersion, les coups pleuvent sur les agents, qui arrêtent les plus violents. Parmi eux : le marquis de Dion, député bonapartiste et constructeur automobile. Ce notable est aussi un colosse, qui aime la bagarre et sait boxer ; flanqué du journaliste Reynes, il est arrêté pour rébellion, coups et blessures, outrages à agents, ce qui lui vaut trois jours de prison. «Il est arrivé à l'audience avec Reynes les menottes aux mains, ce qui a produit une certaine émotion. Avec eux sont poursuivis un manœuvre et une prostituée», indique une dépêche du *Petit Parisien* interceptée par la police.

Un ancien séminariste

Dans ce contexte d'affrontement, une rumeur insistante parcourt le pays. Combes l'anticlérical, Combes l'athée, ne serait qu'un curé défroqué ! Un relaps, un apostat, poursuivant l'Église d'une vengeance personnelle, sans rapport avec l'intérêt général…

Dès 1902, la presse allemande a rappelé son passé de séminariste, signalant le sujet de sa thèse : *La Psychologie de saint Thomas d'Aquin*.

Le 8 décembre 1902, *Le Petit Journal* apporte à son large lectorat cette révélation : l'abbé Combes a publié en 1896 une brochure intitulée *Le Grand Coup*, annonçant la fin du monde «avec sa date probable», une «étude sur le secret de La Salette comparé aux prophéties de l'Écriture et autres prophéties authentiques»... Un illuminé aurait-il pris le contrôle du Parti radical, et à travers lui de l'État républicain ? Il importe de démentir au plus tôt.

Chef du gouvernement, Émile Combes est aussi ministre de l'Intérieur et des Cultes. L'enquête ira donc vite et, dès le 10 décembre, le commissaire de police de Vichy signale au président du Conseil «un homonyme de celui-ci, M. l'abbé Émile Combes, qui fut en 1896, aumônier de l'hôpital civil de Vichy». Devenu curé de Diou, ce prêtre s'appelle en réalité «Combe», sans S. La presse gouvernementale se moque du *Petit Journal* qui a publié une fausse information, d'autant qu'à la date supposée de la publication, Émile Combes était déjà sénateur radical de la Charente-Inférieure et ministre de l'Instruction publique !

Les démentis, pourtant, ne suffisent pas, car la rumeur n'est pas totalement infondée : le leader anticlérical, né dans une famille pieuse, a bien fréquenté le petit séminaire de Castres, avant de poursuivre ses études à l'École des Carmes, à Paris. Élève du grand séminaire d'Albi de 1855 à 1856, il a enseigné au collège de l'Assomption, à Nîmes, jusqu'en 1860.

Un apologue

Le président du Conseil, en 1904, choisit de s'expliquer. Le «Petit Père Combes» n'a pas tout oublié du séminaire; avec un sens consommé de l'apologue, il livre sa biographie sous la forme d'une parabole évangélique : «Je suis le fils d'un pauvre artisan dont la seule richesse était ses dix enfants. Mon père eut l'heureuse idée d'ouvrir une auberge, et cela aurait pu l'enrichir si un oncle, qui était curé, ne s'était pas aperçu qu'à l'heure du service divin, les paysans désertaient volontiers l'autel pour la buvette. Il insista pour que l'établissement soit fermé, offrant en échange de payer les frais de mon éducation au séminaire voisin.

«Quand je quittai cet établissement, mon père était mort, laissant mes frères sans ressources. Je trouvai un emploi au collège des Assomptionnistes à Nîmes où je préparai ma thèse pour le doctorat sur saint Thomas d'Aquin.

«Lorsque je fus reçu, je n'étais plus chrétien. Cela, je crois, fut le plus grand miracle qui fût jamais fait par le bon saint Thomas.»

◆

Le dossier

Fils d'un tailleur devenu tisserand, Émile Combes naît dans le Tarn, à Roquecourbe, le 6 septembre 1835. Après ses études de théologie, il quitte définitivement l'habit ecclésiastique en 1862 pour s'établir médecin. Installé à Pons, il est sénateur de la Charente-Inférieure de 1885 à sa mort, en 1921. Sous son gouvernement, de juin 1902 à janvier 1905, l'affrontement entre l'Église et la République rend le Concordat de 1801 inapplicable : après sa chute, le Parlement votera donc la loi de Séparation, promulguée le 9 décembre 1905. Faussement attribuée au président du Conseil, la brochure Le Grand Coup *est l'œuvre d'un homonyme, l'abbé Émile Combe.*

Rapport du commissariat de police de Vichy au directeur de la Sûreté générale, 14 décembre 1902
(AN, f/7/15941/2)

Au sujet de la fausse information du *Petit Journal* du 8 décembre.

Pour faire suite à ma précédente communication sur le même objet, j'ai l'honneur de transmettre à Monsieur le directeur, un article de M. Louis Lasteyras, paru dans *Le Moniteur de l'Allier* de ce jour, relatant la genèse de la fausse information, parue dans *Le Petit Journal* du lundi 8 décembre dernier.

L'abbé Combe est encore curé à Diou, arrondissement de Moulins, (Allier). La brochure a été à l'époque où elle [est] parue 1894 et non 1896, comme je l'ai dit par erreur dans mon précédent rapport, désavouée par le clergé et déférée par l'évêque de Moulins Mgr Lebourg (Auguste), à la congrégation de l'Index à Rome. [...]

Rapport du commissariat de police de Vichy au directeur de la Sûreté générale, 10 décembre 1902
(AN, f/7/15941/2)

Il résulte de renseignements absolument dignes de foi, qui m'ont été communiqués que l'auteur de la brochure *Le Grand*

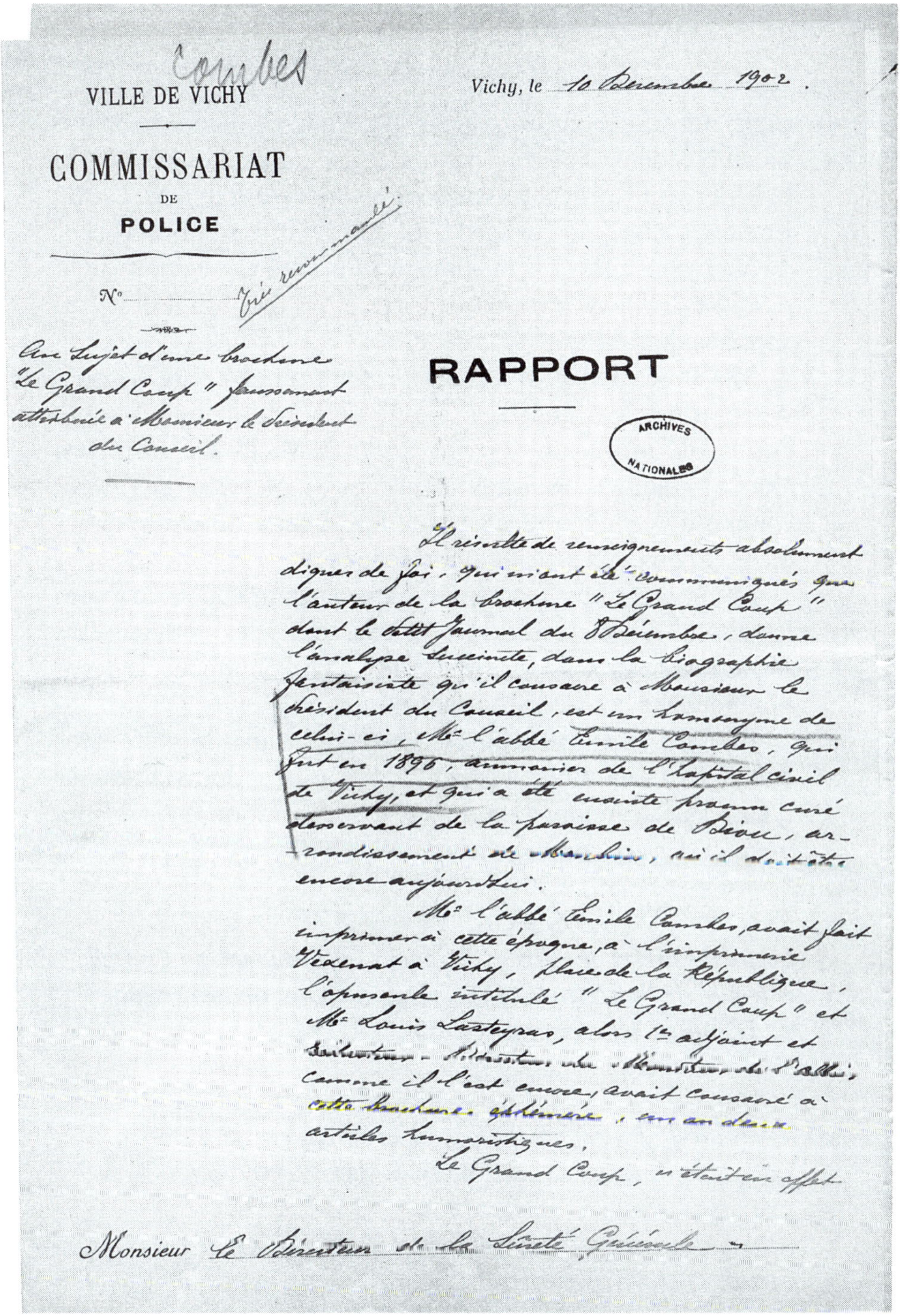

Combes

VILLE DE VICHY

COMMISSARIAT DE POLICE

N° Très recommandé

Au sujet d'une brochure "Le Grand Coup" faussement attribuée à Monsieur le Président du Conseil.

Vichy, le 10 Décembre 1902.

RAPPORT

ARCHIVES NATIONALES

Il résulte de renseignements absolument dignes de foi, qui m'ont été communiqués que l'auteur de la brochure "Le Grand Coup" dont le Petit Journal du 8 Décembre, donne l'analyse succincte, dans la biographie fantaisiste qu'il consacre à Monsieur le Président du Conseil, est un homonyme de celui-ci, Mr l'abbé Émile Combes, qui fut en 1896, aumônier de l'hôpital civil de Vichy, et qui a été ensuite promu curé desservant de la paroisse de Biou, arrondissement de Moulins, où il doit être encore aujourd'hui.

Mr l'abbé Émile Combes, avait fait imprimer à cette époque, à l'imprimerie Vedenat à Vichy, place de la République, l'opuscule intitulé "Le Grand Coup" et Mr Louis Lasteyras, alors 1er adjoint et ~~éditeur~~ Rédacteur du Moniteur de l'Allier, comme il l'est encore, avait consacré à cette brochure éphémère, un ou deux articles humoristiques.

Le Grand Coup, n'était en effet

Monsieur Le Directeur de la Sûreté Générale

Enquête sur la brochure Le Grand Coup

Faussement attribuée au président du Conseil, elle est l'œuvre d'un homonyme, l'abbé Émile Combes, comme le démontre ce rapport de police du 10 décembre 1902.

(AN, f/7/15941/2)

Coup dont *Le Petit Journal* du 8 décembre donne l'analyse succincte, dans la biographie fantaisiste qu'il consacre à M. le président du Conseil, est un homonyme de celui-ci, M. l'abbé Émile Combe, qui fut en 1896, aumônier de l'hôpital civil de Vichy, et qui a été ensuite promu curé desservant de la paroisse de Diou, arrondissement de Moulins, où il doit être encore aujourd'hui.

M. l'abbé Émile Combe avait fait imprimer à cette époque, à l'imprimerie Vexenat à Vichy, place de la République, l'opuscule intitulé *Le Grand Coup* et M. Louis Lasteyras, alors 1er adjoint et rédacteur-directeur du *Moniteur de l'Allier* comme il l'est encore, avait consacré à cette brochure éphémère, un ou deux articles humoristiques.

Le Grand Coup n'était en effet que la compilation de toutes les élucubrations mystiques écloses dans les couvents du Moyen Âge, sur la fin du monde, le tout accommodé à la dévotion nouvelle des vierges miraculeuses.

Il serait assez difficile de retrouver trace de cette brochure, je m'y emploierai cependant, et espère pouvoir donner d'autres indications ; toujours est-il que je donne le renseignement ci-dessus, comme certain.

Lettre du préfet des Basses-Pyrénées au président du Conseil, ministre de l'Intérieur et des Cultes, au sujet de son voyage en Espagne, 18 septembre 1903

(AN, f/7/15941/2)

Je crois devoir vous donner ci-après copie d'un rapport qui m'a été adressé à la date d'hier par M. le commissaire spécial de Biarritz :

« À l'occasion du voyage que M. le président du Conseil ferait prochainement en Espagne, il me revient que des cléricaux militants projetteraient de se livrer à des manifestations hostiles au moment du passage du train dans les gares de Bayonne et de Saint-Jean-de-Luz.

« D'autre part, on ajoute que pendant son séjour dans la péninsule ibérique, des fanatiques chercheraient à attenter à sa vie.

« Ce sont là des bruits, paraissant au premier abord invraisemblables. Néanmoins, étant donné la haine farouche des moines et des fanatiques de tous ordres à l'égard de M. le président du Conseil, il serait très utile, je crois, de faire exercer notamment en Espagne, une surveillance discrète et rigoureuse en vue de prévenir en cette circonstance toute tentative criminelle. »

Pour le préfet, le secrétaire général délégué
[Signature]

Rapport du commissariat central de police de Perpignan, 2 octobre 1903
(AN, f/7/15941/2)

J'ai l'honneur d'informer M. le directeur de la Sûreté générale que 300 personnes environ, notamment M. Morlé, secrétaire général, la Municipalité, plusieurs conseillers municipaux, le Parquet, M. Bourrat, député, les représentants de la presse républicaine etc. s'étaient rendus à la gare à 3 h ¼ pour saluer à son passage M. Combes, président du Conseil des ministres.

M. de Cagoniga, ancien capitaine d'artillerie, qui se trouvait à la gare avec sa femme et sa fille, en passant devant le compartiment de M. le président a crié : « Vive la liberté » et est monté aussitôt en wagon.

Le public a répliqué par les cris de : « À bas la calotte. »

Il y avait également MM. de Jutglart, du *Roussillon*, Bocelet, de *L'Éclair*, organes réactionnaires.

Le commissaire central de police
[Signature]

Rapport de la Sûreté générale, 25 février 1904
(AN, f/7/15941/2)

Hier 24 courant à 5 h 45 du soir, M. le président du Conseil, revenant à pied du Sénat, passait boulevard Saint-Germain à hauteur du n° 169. À cet endroit stationnait une voiture de cercle, une dame et un monsieur allaient y monter lorsque ce dernier fit remarquer à sa compagne que c'était M. Combes qui passait ; cette femme s'écria aussitôt, à haute voix (ce qui fit retourner quelques-uns des nombreux passants sur le boulevard à cette heure-là) et en montrant le poing dans la direction de M. le ministre : « Oh le saligaud, cochon… » Un de nous s'est aussitôt mis à suivre la voiture qui emportait les deux personnes, elles sont descendues n° 7 avenue de La Bourdonnais, après une attente de 45 minutes environ, la femme seule est remontée dans la voiture qui s'est éloignée. Aussitôt après, nous avons aperçu le monsieur (qui avait changé de coiffure) parler au concierge et nous avons entendu cette fin de conversation : « Ce n'est pas que je crains, mais !!… »

Nous avons jugé inutile de nous adresser à l'heure même au concierge pour obtenir des renseignements sur l'identité de ces personnes qui nous paraissaient être le mari et la femme. Signalement : l'homme, 60 ans environ, taille au-dessous de la moyenne, moustache et petite impériale blanches, chapeau haut-de-forme, pardessus et pantalon sombres. La femme : 50 à 55 ans environ, petite de taille, cheveux grisonnants, tous deux paraissent être des gens aisés.

[Signature]

Lettre de Londres « au sujet de M. Combes », 24 avril 1904
(AN, f/7/15941/2)

Un magazine anglais, le *Sunday at home* dit ce qui suit au sujet de M. Combes :

« Les attaques les plus violentes sont faites contre M. Combes, le Premier ministre de France, qui a été le principal adversaire des communautés religieuses, en ce qui concerne la loi contre les associations.

« Apparemment, ces attaques, ont eu peu d'effet sur M. Combes qui, l'autre jour, a donné cette intéressante autobiographie :

« "Je suis le fils d'un pauvre artisan dont la seule richesse était ses dix enfants. Mon père eut l'heureuse idée d'ouvrir une auberge, et cela aurait pu l'enrichir si un oncle, qui était curé, ne s'était pas aperçu qu'à l'heure du service divin, les paysans désertaient volontiers l'autel pour la buvette. Il insista pour que l'établissement soit fermé, offrant en échange de payer les frais de mon éducation au séminaire voisin. Quand je quittai cet établissement, mon père était mort, laissant mes frères sans ressources. Je trouvais un emploi au collège des Assomptionnistes à Nîmes où je préparai ma thèse pour le doctorat sur saint Thomas d'Aquin. Lorsque je fus reçu je n'étais plus chrétien. Cela, je crois, fut le plus grand miracle qui fût jamais fait par le bon saint Thomas." »

Lettre, 24 mai 1904
(AN, f/7/15941/2)

D'un correspondant :

Rochefort a, paraît-il, appris que M. Rouvier, dans une chasse avec le président Loubet, aurait raconté que le président du Conseil se prétendait inspiré et qu'il entendait des voix lui conseillant de marcher toujours plus avant contre les cléricaux. Rochefort se propose de narrer le fait dans un article qu'il intitulerait « Combes le spirite ».

Rapport, 14 juin 1904
(AN, f/7/15941/2)

Dimanche 14 juin.
Sortie 4 h 15. Retour 6 h 15.

Pendant la promenade à pied dans le bois de Boulogne, (45 minutes), M. le président du Conseil a été reconnu et très remarqué par la foule de promeneurs, alors qu'aux mois d'août-septembre derniers il passait inaperçu. Beaucoup de personnes émettaient leurs opinions et faisaient leurs remarques à haute voix et dans le sens plutôt hostile, ayant trait à la question cléricale. Entre autres, une jeune dame d'environ 25 à 30 ans, accompagnée d'un monsieur et d'une dame âgés, est revenue à deux fois sur ses pas pour passer devant le groupe formé par M. le président du Conseil, Mme Combes et mademoiselle en les fixant avec insistance et de façon assez impertinente, ce petit incident a d'ailleurs été remarqué par Mlle Combes.

[Signature]

◆

MUSSOLINI L'ANARCHISTE

La jeunesse d'un agitateur

Le commissaire spécial d'Annemasse, en Haute-Savoie, entretient les meilleures relations avec la police helvétique. C'est ainsi que lui parviennent, le 7 septembre 1903, les informations suivantes : « Le ministère public fédéral signale comme anarchiste aux autorités de police des différents cantons suisses un nommé Mussolini (Benito), fils d'Alexandre et de Maltoni, Rosa, né le 29 juillet 1883 à Predappio, province de Forli (Italie), célibataire, exerçant la profession de maître d'école élémentaire. » L'état civil est juste : Mussolini est né dans la Romagne « rouge ». Son père Alessandro, forgeron, est un socialiste convaincu, emprisonné pour ses idées. C'est lui qui a choisi ce prénom nullement italien de « Benito », en hommage à Benito Juarez, le leader révolutionnaire et anticlérical mexicain.

Maître d'école en effet, Mussolini a littéralement abandonné sa classe, à quelques jours des grandes vacances, pour passer en Suisse. À dix-neuf ans, il vagabonde, après avoir goûté brièvement à la vie exténuante des maçons italiens dans les chantiers. Plusieurs fois arrêté, il fait l'objet d'une surveillance régulière et la Sûreté française en profitera, recevant

Photos anthropométriques de Mussolini à vingt et un ans

Un rapport du 16 janvier 1904 donne ainsi son signalement : « Taille 1 m 66 à 68. Corpulence mince. Front bombé. Cheveux et sourcils châtain foncé.

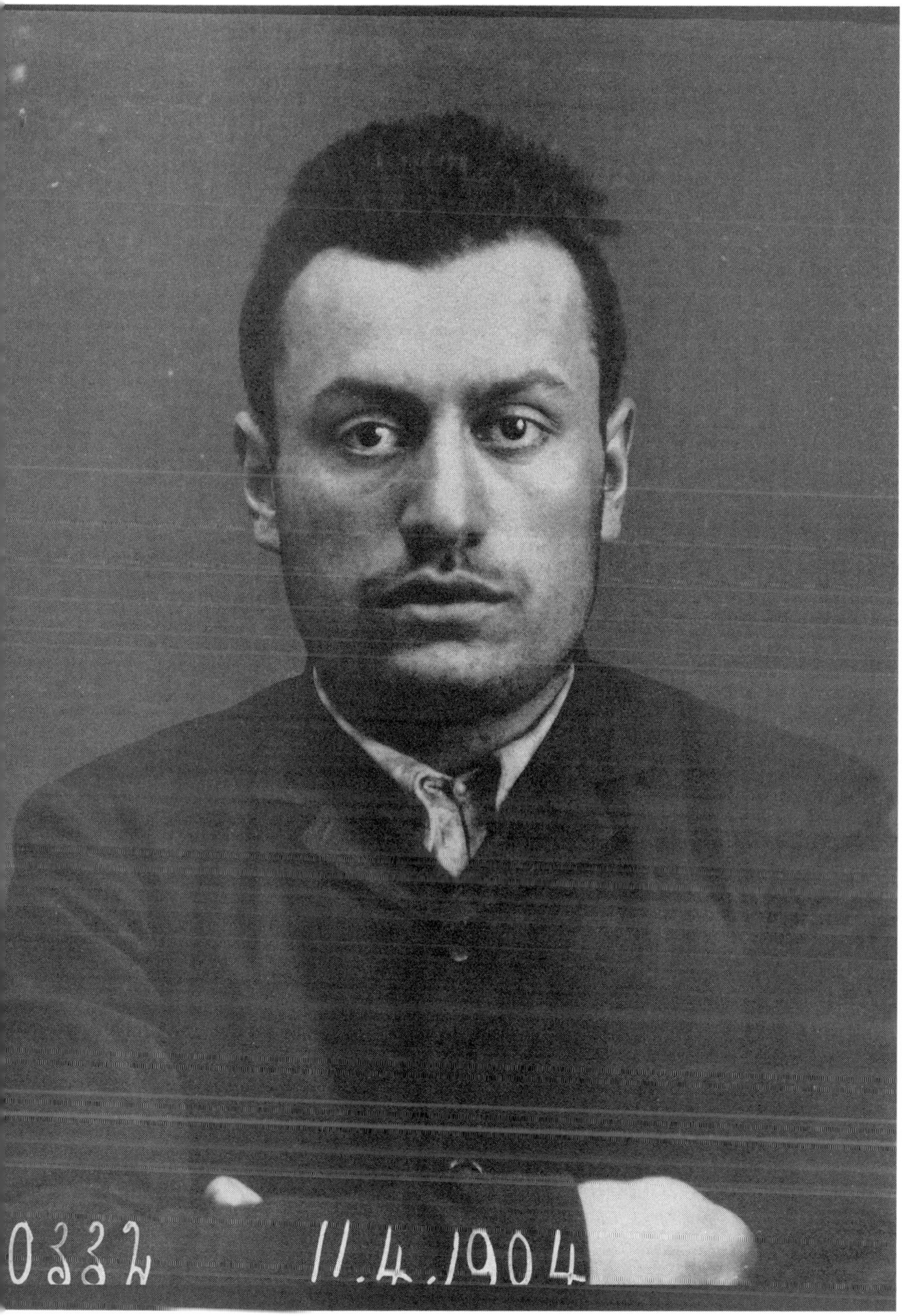

Moustache naissante châtain clair. Yeux gris-bleu. Nez moyen. Bouche grande. Lèvres épaisses. Teint pâle. Parle très peu le français. » (AN, f/7/15986/2)

même les photos anthropométriques du suspect. Un rapport du 16 janvier 1904 donne ainsi son signalement : « Taille 1 m 66 à 68. Corpulence mince. Front bombé. Cheveux et sourcils châtain foncé. Moustache naissante châtain clair. Yeux gris-bleu. Nez moyen. Bouche grande. Lèvres épaisses. Teint pâle. Parle très peu le français. »

« Dieu n'existe pas »

Anarchiste, Mussolini ? C'est un « socialiste révolutionnaire » en tout cas, comme le nuance un rapport du 25 mars 1904. Un autre, en date du 26, signale qu'il a animé une réunion sur le thème : « Dieu n'existe pas. » On sourit en songeant que le même homme, vingt-cinq ans plus tard, signera les accords de Latran avec la papauté, faisant du catholicisme la religion d'État en Italie et garantissant la souveraineté du Vatican… Entre-temps, il y aura eu l'évolution vers un socialisme national et belliciste – largement subventionné par la France en vue d'obtenir l'entrée en guerre de l'Italie contre l'Autriche et l'Allemagne –, puis l'organisation des faisceaux anticommunistes et enfin la marche sur Rome, en 1922. De l'anarchie, Mussolini aura conservé l'étoffe noire, pour les chemises de ses partisans, le goût de l'action violente et de l'illégalité, mais tout cela au service d'un État fort et des possédants… Le dossier Mussolini suit toutes ces étapes : l'anarchiste famélique qu'on épiait en 1903 devient un chef de gouvernement qu'on ménage – le prévenant même des attentats fomentés contre lui par une nouvelle génération de révolutionnaires. La police, par nature, est toujours du côté du pouvoir.

◆

Le dossier

Mussolini est identifié dès 1903 grâce à la coopération policière franco-suisse. Quand elles ne passent pas par les commissaires spéciaux des villes frontalières d'Annemasse (Haute-Savoie) ou de Pontarlier (Doubs), les autorités helvétiques informent directement la Sûreté générale française au sujet des agitateurs révolutionnaires présents sur leur sol.

Rapport du commissariat spécial des Chemins de fer (gare de Pontarlier) au directeur de la Sûreté générale, 27 juin 1903
(AN, f/7/15986/2)

Mussolini Benedeto anarchiste italien

Pontarlier, le 27 juin 1903

Rapport

Je reçois, de Berne, la communication suivante : « La police de Berne a mis, ces jours-ci, en état d'arrestation, un Italien nommé Mussolini Benedetto, instituteur, né le 29 avril 1883, à Predappio, province de Forti (Italie) d'Alexandre et de Rosa Maltoni. Le motif de la détention est libellé comme suit : "Intrigues secrètes politiques."

« Mussolini pendant son séjour à Berne avait des relations fréquentes et suivies avec les anarchistes ou nihilistes réfugiés dans cette ville : ce serait un propagandiste par le fait militant et dangereux. »

Note du commissaire spécial : Je n'ai rien trouvé dans mes archives concernant le nommé Mussolini Benedetto.

Le commissaire spécial
[Signature]

Rapport du commissariat spécial des Chemins de fer (gare de Pontarlier) au directeur de la Sûreté générale, 25 juillet 1903
(AN, f/7/15986/2)

Mussolini Benedetto anarchiste italien

Pontarlier, le 25 juillet 1903.

Rapport

Comme suite à mon rapport du 27 juin dernier, relatif à l'anarchiste italien Mussolini Benedetto, j'adresse, sous ce pli, à l'administration supérieure, la photographie de cet étranger. Mussolini a été expulsé de Berne pour intrigues secrètes politiques. À la suite de son expulsion, il a fait paraître dans le journal anarchiste *Le Réveil* un article que je joins à mon rapport.

Le commissaire spécial, A. Ducassé

Rapport du commissariat spécial des Chemins de fer (gare d'Annemasse) au directeur de la Sûreté générale, 7 septembre 1903
(AN, f/7/15986/2)

Surveillance des anarchistes.
Mussolini (Benito)

Annemasse, le 7 septembre 1903.

Rapport

Le ministère public fédéral signale comme anarchiste aux autorités de police des différents cantons suisses, un nommé Mussolini (Benito), fils d'Alexandre et de Maltoni, Rosa, né le 29 juillet 1883 à Predappio, province de Forli

(Italie), célibataire, exerçant la profession de maître d'école élémentaire.

On ne donne pas le signalement de cet étranger qui est désigné comme étant actuellement domicilié à Bellinzona (Tessin).

Le commissaire spécial
[Signature]

Rapport du commissariat spécial des Chemins de fer (gare d'Annemasse) au directeur de la Sûreté générale, 28 novembre 1903
(AN, f/7/15986/2)

Surveillance des anarchistes.
Mussolini Benito

Annemasse, 28 novembre 1903

Rapport

À toutes fins utiles, et comme suite à mes précédentes communications dont la dernière en date du 22 octobre 1903 concernant l'anarchiste Mussolini (Benito), fils d'Alessandro et de Maltoni Rosa, né le 29 juillet 1883 à Predappio (Italie), j'ai l'honneur de faire connaître à l'administration supérieure que cet étranger a quitté récemment Lausanne, canton de Vaud (Suisse), où il était domicilié, en annonçant l'intention de retourner en Italie.

Le commissaire spécial
[Signature]

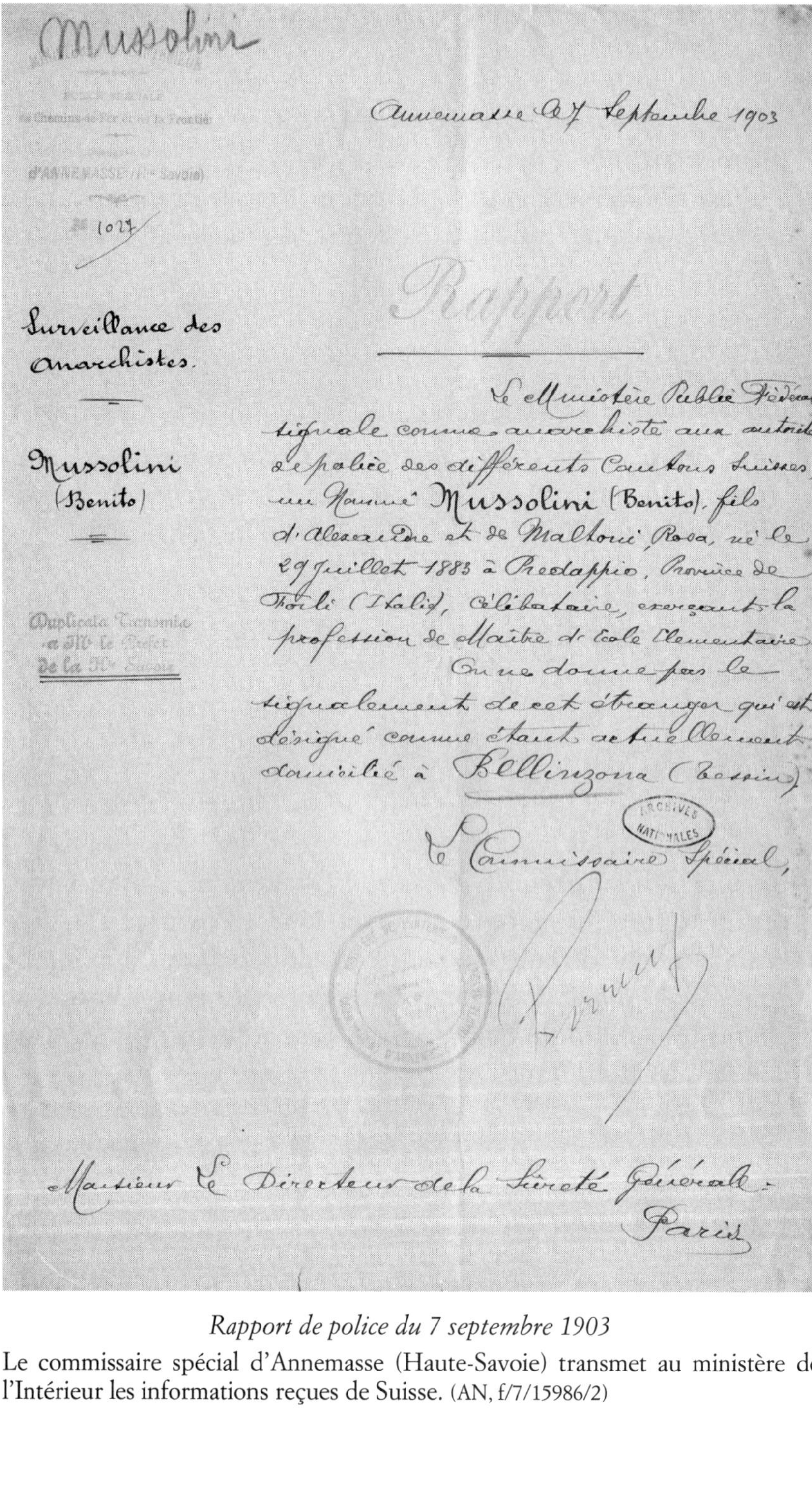
Mussolini

Ministère de l'Intérieur

Police spéciale des Chemins de Fer et de la Frontière

Commissariat d'Annemasse (Hte Savoie)

N° 1027

Surveillance des anarchistes.

Mussolini (Benito)

Duplicata transmis à M. le Préfet de la Hte Savoie

Annemasse le 7 Septembre 1903

Rapport

Le Ministère Public Fédéral signale comme anarchiste aux autorités de police des différents Cantons Suisses, un nommé Mussolini (Benito), fils d'Alexandre et de Maltoni, Rosa, né le 29 juillet 1883 à Predappio, Province de Forli (Italie), célibataire, exerçant la profession de Maître d'école élémentaire.

On ne donne pas le signalement de cet étranger qui est désigné comme étant actuellement domicilié à Bellinzona (Tessin).

Archives Nationales

Le Commissaire Spécial,

Monsieur le Directeur de la Sûreté Générale

Paris

Rapport de police du 7 septembre 1903

Le commissaire spécial d'Annemasse (Haute-Savoie) transmet au ministère de l'Intérieur les informations reçues de Suisse. (AN, f/7/15986/2)

Rapport du commissariat spécial des Chemins de fer (gare de Pontarlier) au directeur de la Sûreté générale, 30 novembre 1903
(AN, f/7/15986/2)

Mussolini, Benito, anarchiste italien.

Pontarlier, le 30 novembre 1903

Rapport

Je reçois, de Lausanne, la communication suivante : « L'anarchiste italien Mussolini, Benito, précédemment expulsé de Berne et qui s'était successivement retiré à Bellinzone (Turin) et à Lausanne, a quitté cette ville, disant se rendre en Italie. »

Note du commissaire spécial : Cet anarchiste a fait l'objet de plusieurs de nos rapports dont le dernier en date du 24 août 1903.

Le commissaire spécial
[Signature]

Rapport du commissariat spécial des Chemins de fer (gare d'Annemasse) au directeur de la Sûreté générale à Paris, 16 janvier 1904
(AN, f/7/15986/2)

Surveillance des anarchistes.
Mussolini Benito

Annemasse, le 16 janvier 1904

Rapport

Pour faire suite à mes précédentes communications concernant l'anarchiste italien Mussolini (Benito), je crois devoir faire connaître que le susnommé se trouve actuellement à Annemasse, où il est arrivé le 30 décembre, disant venir de Lausanne.

Le nommé Mussolini a loué une chambre dans un café-restaurant tenu par un sieur Greffier (Eugène), mais il prend ses repas avec un de ses compatriotes, le nommé Donatini (Salvator), avocat, expulsé de Suisse, et objet de plusieurs communications du service.

Mussolini et Donatini passent leur temps à correspondre avec des journaux de leur parti, et reçoivent à Annemasse la visite de plusieurs de leurs coreligionnaires politiques habitant Genève.

Afin de se mettre en règle avec les autorités françaises, le nommé Mussolini (Benito) a satisfait à la mairie de notre ville, à la formalité de la déclaration prescrite par la loi sur le séjour des étrangers en France.

Pour compléter les renseignements déjà fournis sur cet anarchiste, j'ai l'honneur de transmettre ci-après son signalement : taille 1 m 66 à 68. Corpulence mince. Front bombé. Cheveux et sourcils châtain foncé. Moustache naissante châtain clair. Yeux gris-bleu. Nez moyen. Bouche grande. Lèvres épaisses. Teint pâle.

Parle très peu le français.

Le commissaire spécial
[Signature]

Rapport du commissariat spécial des Chemins de fer (gare d'Annemasse) au directeur de la Sûreté générale à Paris, 25 mars 1904
(AN, f/7/15986/2)

Révolutionnaires italiens en Suisse.
Mussolini Benito

Annemasse, le 25 mars 1904

Rapport

Par différentes communications j'ai transmis des indications sur le nommé Mussolini Benito, révolutionnaire italien, signalé d'abord comme anarchiste, en relation avec l'avocat Donatini (Salvator) habitant à Annemasse.

Ainsi que je l'ai fait connaître le nommé Mussolini a été délégué par la section socialiste révolutionnaire italienne de Genève pour la représenter au congrès des sections italiennes en Suisse, qui doit avoir lieu prochainement à Zurich.

De plus, il se livre dans les milieux ouvriers de Genève à une propagande très active et doit se rendre à Lausanne le 25 courant pour faire une conférence contradictoire sur la religion.

Préoccupé de ces agissements, le département de justice et police de Genève recherche actuellement le moyen d'expulser de son territoire le nommé Mussolini.

Le prétexte sera probablement fourni par certains papiers d'identité déposés par cet étranger et sur lesquels on aurait trouvé trace de ratures et surcharges.

Il est possible que cette mesure soit prise avant que Mussolini (Benito) ait pu remplir son mandat au congrès de Zurich.

Le commissaire spécial
[Signature]

Rapport du commissariat spécial des chemins de fer (gare de Pontarlier) à la préfecture, 26 mars 1904
(AN, f/7/15986/2)

Mussolini, Benito, anarchiste italien.

Pontarlier, le 26 mars 1904

Rapport

Je reçois, de Lausanne, la communication suivante : « L'anarchiste italien Mussolini, Benito a fait hier, à 8 h ½, à la maison du peuple de Lausanne, une conférence ayant pour sujet "Dieu n'existe pas". Il a eu comme contradicteur, un pasteur évangélique de Rome. Aucun incident digne d'être signalé. Mussolini, dont le domicile est à Genève, propose de faire des conférences dans les cantons de la Suisse dont il n'est pas expulsé. »

Note du commissaire spécial : Par mes rapports du 27 juin et 25 juillet 1903, j'ai signalé l'arrestation à Berne et l'expulsion de ce canton, du nommé Mussolini, pour intrigues secrètes politiques et relations avec les anarchistes de cette ville.

Le commissaire spécial
[Signature]

Lettre du procureur général fédéral de Suisse à la direction de la Sûreté générale, 3 mai 1904
(AN, f/7/15986/2)

Ministère public fédéral

Berne, le 3 mai 1904

À la direction de la Sûreté générale, Paris.

Monsieur le directeur,

Nous vous informons que le nommé Mussolini Benito, fils d'Alexandre et de Maltoni Rosa, né le 29 juillet 1883 à Predappio (Forli-Italie), maître d'école élémentaire et manœuvre, mentionné pour la dernière fois dans notre circulaire du 30 avril 1904 n° 6, sous chiffre XXIII se trouve actuellement à Annemasse (Haute-Savoie), où il séjourne en compagnie de son ami Donatini Salvator, docteur en droit, agitateur socialiste, également expulsé du canton de Genève.

Veuillez agréer, monsieur le directeur, l'assurance de notre haute considération.

[Signature]

Rapport du commissariat d'Annemasse, 12 mai 1904

(AN, f/7/15986/2)

Révolutionnaires italiens. Mussolini Benito

Annemasse, le 12 mai 1904

Rapport

Pour faire suite à mes précédentes communications concernant le nommé Mussolini Benito, révolutionnaire italien, expulsé du canton de Genève et résidant à Annemasse, je crois devoir faire connaître à l'administration supérieure que le susnommé s'est rendu à Lausanne, où il paraît vouloir demeurer pendant quelque temps du moins.

Dans sa dernière réunion, la section socialiste révolutionnaire italienne de Genève dont Mussolini faisait partie, a décidé d'organiser une agitation pour protester contre les expulsions politiques en général et notamment contre celle de Mussolini.

Une démarche sera faite pour amener les socialistes révolutionnaires des différents pays à s'associer à cette manifestation.

Le commissaire spécial
[Signature]

Rapport du commissariat d'Annemasse, 10 juin 1905

(AN, f/7/15986/2)

Socialistes révolutionnaires italiens. Mussolini Benito

Annemasse, le 10 juin 1905

Rapport

Dans une communication en date du 28 avril relative au nommé Mussolini Benito, fils d'Alexandre et de Maltoni Rosa, né le 29 juillet 1883 à Predappio (Italie), célibataire, ex-maître d'école élémentaire, socialiste révolutionnaire italien, j'indiquais que cet étranger avait quitté Lausanne, canton de Vaud, vers le milieu de décembre dernier, disant vouloir retourner en Italie.

À toutes fins utiles, je crois devoir faire connaître que cet étranger se trouve actuellement en Italie, où il accomplit son service militaire au 1er régiment de Bersagliers.

Le nommé Mussolini Benito figure sous le n° 207 de l'état rose P des anarchistes étrangers résidant hors de France.

Le commissaire spécial
[Signature]

Note du 4 novembre 1922

(AN, f/7/15986/2)

CGT. À propos de Mussolini.

Benito Mussolini, fervent interventionniste avant l'entrée de l'Italie en guerre, à côté des alliés, était, dit-on, un agent du ministère français à Rome.

Détail curieux, c'est Cachin, chargé de mission spéciale en Italie sous le ministère Briand, qui remit des fonds français à

Mussolini, francophile – aujourd'hui dictateur fasciste, qu'on considère à la CGT comme un « bolchéviste latin ».

Note du 2 novembre 1922
(AN, f/7/15986/2)

D'un correspondant :

C'est en 1914 que Mussolini a fait ses véritables débuts politiques. Il était déjà connu dans le Parti socialiste dont il dirigeait le quotidien *L'Avanti*, poste de confiance s'il en fut.

Mais, en août 1914 et dans les mois qui suivirent, *L'Avanti*, avec le Parti socialiste, fut germanophile, ou, du moins neutraliste ; il s'opposa à l'intervention de l'Italie dans la guerre, à côté des Alliés, contre l'Allemagne.

C'est alors que Mussolini abandonna tapageusement *L'Avanti* et le Parti socialiste pour fonder un autre quotidien le *Popolo d'Italia* dans lequel il réclamait l'entrée en guerre de l'Italie.

Or dans les milieux socialistes informés, à Paris, on racontait que Mussolini avait, pour fonder son journal francophile reçu de la France une somme d'argent (deux millions de francs, disait-on), et que sa conversion et, si l'on peut dire, son acquisition par la France, avaient été l'œuvre d'un ancien député socialiste français, M. Charles Dumas, alors chef de cabinet de Jules Guesde, ministre sans portefeuille dans le cabinet de Défense nationale.

La mission de M. Charles Dumas et de ses millions avait été précédée d'une série de conférences de Marcel Cachin qui était alors jusqu'au-boutiste et s'efforça vainement de gagner les socialistes italiens à la cause de l'intervention.

Un duel politique et mondain

Jaurès contre Déroulède

Mourir pour Jeanne d'Arc ? En ce début de XXe siècle, la question ne semble pas incongrue… La Pucelle a été outragée en Sorbonne par le Pr Thalamas, républicain et libre-penseur dont le cours provoque une manifestation de jeunes patriotes, au pied de la statue, sous la conduite du poète François Coppée. Jean Jaurès soutient le professeur dans le quotidien socialiste *L'Humanité* et termine son article par ces mots : « En attendant l'inévitable télégramme de Paul Déroulède. »

La réplique du leader nationaliste vient en effet sans tarder, dans *Le Gaulois* du 30 septembre 1904 : « Je tiens Jeanne d'Arc pour la plus sublime héroïne de notre héroïque histoire ; François Coppée et ses jeunes protestataires pour des patriotes d'autant plus nécessaires à la patrie que vos disciples et vous lui êtes plus funestes et je vous tiens vous, monsieur Jaurès, pour le plus odieux pervertisseur de consciences qui ait jamais fait, en France, le jeu de l'étranger, sans avoir su, même par là, vous concilier l'estime ni la sympathie de ces frères allemands en faveur desquels vous vous évertuez à nous faire renier nos frères de l'Alsace et de la Lorraine. »

L'affront, cinglant, rend le duel inévitable. Or, Déroulède vit exilé en Espagne : condamné par la Haute Cour pour sa tentative de coup d'État pendant l'affaire Dreyfus, il n'a plus droit de cité en France.

Jaurès veut bien franchir la frontière, mais le gouverneur civil de Saint-Sébastien prie le consul de France « de communiquer officieusement à M. Jaurès une décision du gouvernement espagnol lui interdisant de se battre en duel sur son territoire avec M. Déroulède, en ajoutant que dans le cas où il serait passé outre à cette défense, il se verrait dans l'obligation d'incarcérer les deux adversaires ainsi que les témoins ».

Une question d'honneur

La rencontre doit donc avoir lieu côté français, où le duel est certes interdit depuis Richelieu, mais, entre polémistes et parlementaires, demeure une pratique courante. Il faut obtenir que l'offenseur puisse pénétrer en France. « Insistons de nouveau et très vivement pour que veuillez bien accorder sauf-conduit de vingt-quatre heures à M. Déroulède à destination Hendaye », télégraphient Jaurès et ses témoins au président du Conseil, Émile Combes. Les socialistes, sans avoir de ministres au gouvernement, font partie de la majorité ; mécontenter Jaurès, ce serait fissurer le Bloc des gauches, en pleine querelle laïque… Le sauf-conduit est donc accordé : en toute connaissance de cause, le chef du gouvernement autorise un banni à revenir pour commettre un acte illégal ! Mais il s'agit d'honneur et les hommes de la IIIe ne transigent pas là-dessus.

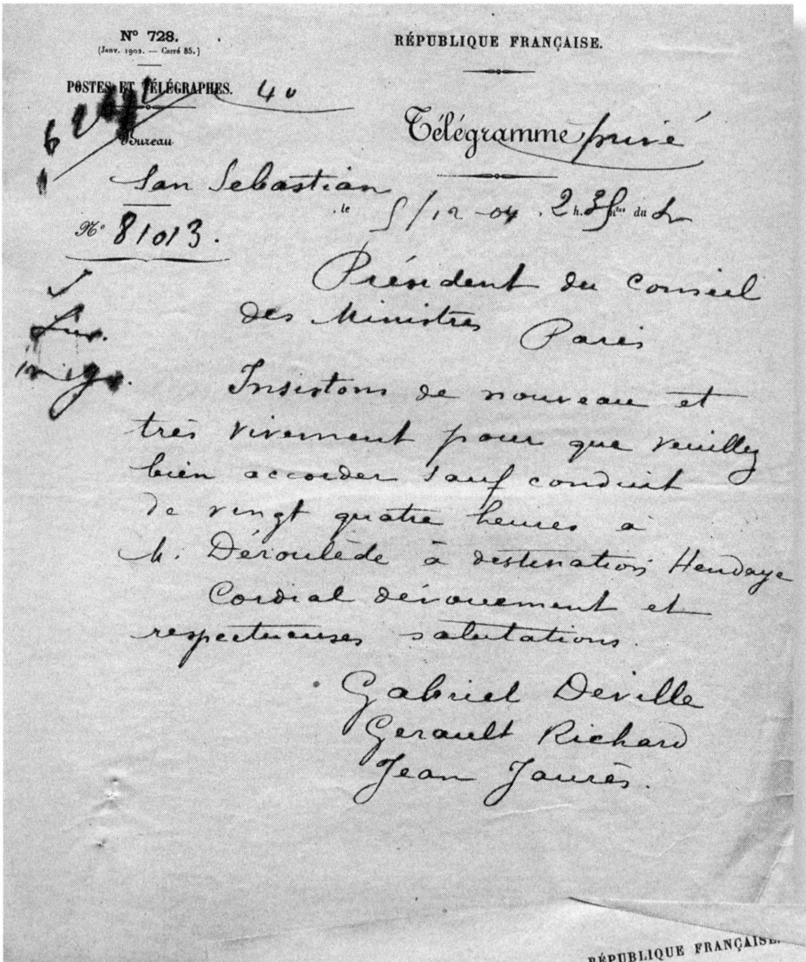

N° 728.
(Janv. 1902. — Carré 85.)

RÉPUBLIQUE FRANÇAISE.

POSTES ET TÉLÉGRAPHES. 40

Télégramme privé

Bureau San Sebastian le 5/12-04 2h.35m du s

N° 81013.

Président du Conseil des Ministres Paris

Insistons de nouveau et très vivement pour que veuillez bien accorder sauf conduit de vingt quatre heures à M. Déroulède à destination Hendaye

Cordial dévouement et respectueuses salutations.

Gabriel Deville
Gerault Richard
Jean Jaurès.

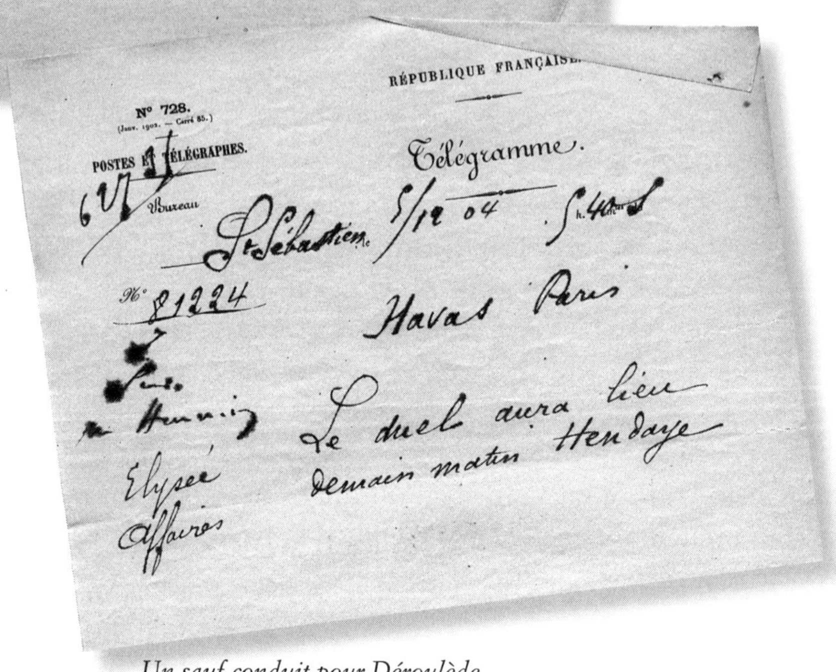

RÉPUBLIQUE FRANÇAISE.

N° 728.
(Janv. 1902. — Carré 85.)

POSTES ET TÉLÉGRAPHES.

Télégramme.

Bureau St Sébastien le 5/12 04 5h.40m du s

N° 81224

Havas Paris

Le duel aura lieu demain matin Hendaye

Elysée
Affaires

Un sauf-conduit pour Déroulède

Une série de télégrammes permet de reconstituer l'organisation du duel. Jaurès et ses témoins demandent au président du Conseil, Émile Combes, d'autoriser Déroulède à pénétrer en France, la rencontre ayant été interdite en Espagne. (AN, f/7/15948/3)

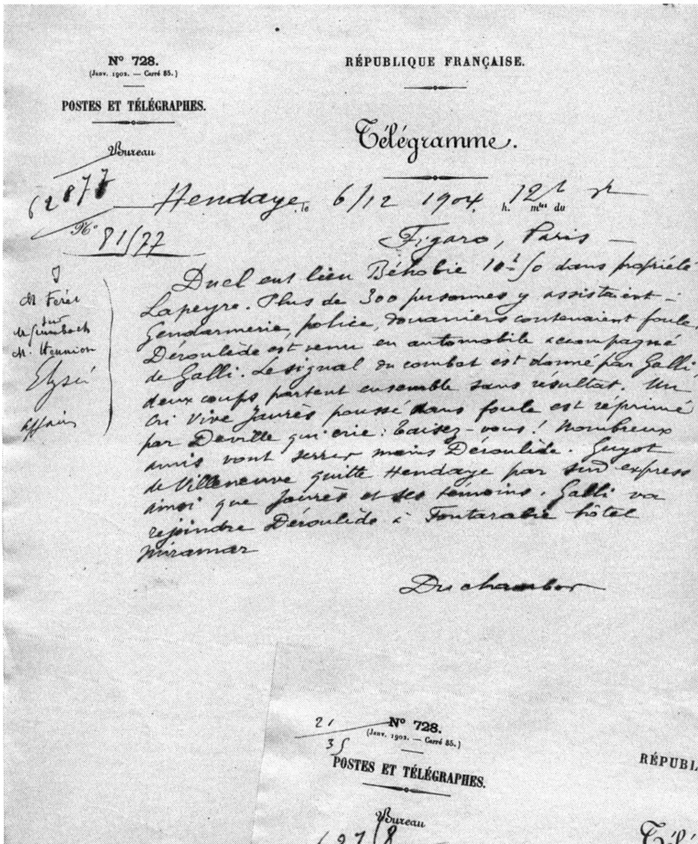

N° 728.
(Janv. 1902. — Carré 85.)

POSTES ET TÉLÉGRAPHES.

RÉPUBLIQUE FRANÇAISE.

Télégramme.

Bureau 62877 — Hendaye le 6/12 1904 12h st h. m. du

N° 81/77

Figaro, Paris —

Duel eut lieu Béhobie 10h50 dans propriété Lapeyre. Plus de 300 personnes y assistaient — Gendarmerie, police, douaniers contenaient foule. Déroulède est venu en automobile accompagné de Galli. Le signal du combat est donné par Galli. Deux coups partent ensemble sans résultat. Un cri Vive Jaurès poussé dans foule est réprimé par Deville qui crie : Taisez-vous ! Nombreux amis vont serrer mains Déroulède. Guyot de Villeneuve quitte Hendaye par sud express ainsi que Jaurès et ses témoins. Galli va rejoindre Déroulède à Fontarabie hôtel Miramar

Duchambon

I
M. Ferié sur M. Grimbach
M. Hennion
Élysée
Affaires

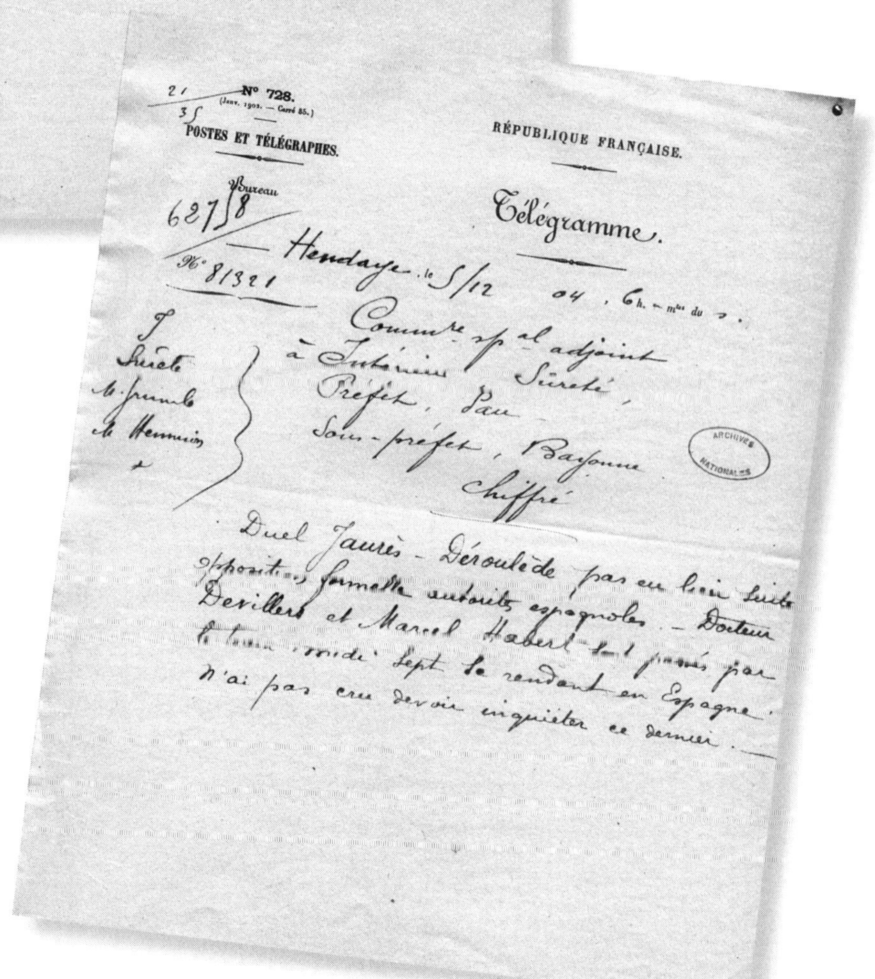

21
35
N° 728.
(Janv. 1902. — Carré 85.)

POSTES ET TÉLÉGRAPHES.

RÉPUBLIQUE FRANÇAISE.

Télégramme.

Bureau 627 58 — Hendaye le 5/12 04, 6h. — m. du s.

N° 81321

Commre spal adjoint
à Intérieur Sûreté,
Préfet, Pau
Sous-préfet, Bayonne
Chiffré

Duel Jaurès-Déroulède pas eu lieu suite opposition formelle autorités espagnoles. — Docteur Devillers et Marcel Habert [illegible] passés par [illegible] midi sept se rendant en Espagne. N'ai pas cru devoir inquiéter ce dernier.

I
Sûreté
M. Grimbach
M. Hennion

ARCHIVES NATIONALES

Événement politique et mondain, le duel a lieu devant plus de trois cents personnes, difficilement contenues par un cordon de policiers, gendarmes et douaniers. Deux coups partent ensemble, sans résultat. « Vive Jaurès ! » s'écrie la foule ; « Taisez-vous ! » lance l'un des témoins, Deville. Les officiels respirent : pas de victime, pas de sang versé...

Dix ans plus tard, ce sera bien la balle d'un nationaliste qui tuera Jaurès – mais tirée dans le dos, à bout portant.

◆

Le dossier

Les 5 et 6 décembre 1904, les télégrammes pour Paris se succèdent de plus en plus rapidement : le duel ne pouvant avoir lieu en Espagne, Jaurès et ses témoins demandent au président du Conseil, Émile Combes, un sauf-conduit pour Déroulède.

Télégramme du ministère des Affaires étrangères, 5 décembre 1904
(AN, f/7/15948/3)

Ministère des affaires étrangères, direction des affaires politiques.

Saint-Sébastien, 5 décembre 1904

Ce matin, le gouverneur civil m'a prié de communiquer officieusement à M. Jaurès une décision du gouvernement espagnol lui interdisant de se battre en duel sur son territoire avec M. Déroulède, en ajoutant que dans le cas où il serait passé outre à cette défense, il se verrait dans l'obligation d'incarcérer les deux adversaires ainsi que les témoins.

J'ai immédiatement communiqué cet ordre à M. Jaurès. Le gouverneur s'est chargé de prévenir M. Déroulède.

de Courteille

Télégramme, 5 décembre 1904
(AN, f/7/15948/3)

Hendaye, 5 décembre 1904, 9h25 du matin.
Havas. Paris.

Saint-Sébastien : Témoins Déroulède sont installés hôtel Continental. Jaurès ainsi que docteur Lande et armurier Gastinne-Renette sont hôtel Londres. Gouverneur civil signifie adversaires et témoins que duel constitue infraction loi sévèrement punissable. Ordre ministre Intérieur dit faire reconduire Jaurès et son témoin frontière si conciliation intervient pas.

Capistou

Note de Saint-Sébastien, 5 décembre 1904
(AN, f/7/15948/3)

D'un correspondant :

Les témoins pour le duel de Déroulède sont arrivés tous les quatre cette nuit par le Sud express : ces messieurs sont tous à l'hôtel Continental. MM. Laffitte et Pedro Soraluces étaient allés attendre à la station MM. Galli et Guyot de Villeneuve qui sont restés jusqu'à deux heures et demie cette nuit chez Déroulède. Toute la police du gouvernement est en mouvement : les témoins sont suivis de près par des agents, le duel étant défendu en Espagne.

Télégramme à Émile Combes, président du Conseil, 5 décembre 1904
(AN, f/7/15948/3)

San Sebastian, 5 décembre 1904, 2h35 du soir.
Président du Conseil des ministres, Paris.

Insistons de nouveau et très vivement pour que veuillez bien accorder sauf-conduit de vingt-quatre heures à M. Déroulède à destination Hendaye. Cordial dévouement et respectueuses salutations.

Gabriel Deville, Gérault-Richard, Jean Jaurès

Télégramme, 5 décembre 1904
(AN, f/7/15948/3)

Saint-Sébastien, 5 décembre 1904, 5h10 du soir.
Petit Journal, Paris.

Sauf-conduit de 24 heures pour Déroulède arrivé tantôt. Derniers détails rencontre arrêtés cours entrevue témoins. Conditions fixées : pistolet tir au commandement deux balles. Rencontre aura lieu demain matin sur territoire français. Adversaires, témoins, docteurs partiront vraisemblablement ce soir pour Hendaye où coucheront.

Castex

Télégramme, 5 décembre 1904
(AN, f/7/15948/3)

Saint-Sébastien, 5 décembre 1904, 5h40 soir.
Havas Paris.

Le duel aura lieu demain matin Hendaye.

Télégramme, 5 décembre 1904
(AN, f/7/15948/3)

Hendaye, 5 décembre 1904, 6h du soir.
Commissaire spécial adjoint à Intérieur, Sûreté, préfet Pau, sous-préfet Bayonne.
Chiffré.

Duel Jaurès-Déroulède pas eu lieu suite opposition formelle autorités espagnoles. Docteur Devillers et Marcel Habert sont passés par le train midi sept se rendant en Espagne. N'ai pas cru devoir inquiéter ce dernier.

Télégramme, 6 décembre 1904
(AN, f/7/15948/3)

Hendaye, 6 décembre 1904, 8h05 du matin.
Havas, Paris.

Saint-Sébastien : Déroulède est parti en automobile pour France accompagné Galli et Habert. Celui-ci demeurera à Irun attendant issue rencontre. Déroulède pénétrera France vers 8 heures par pont de Béhobie où son sauf-conduit sera visé par commissaire spécial. Lieu rencontre pas encore choisi sera désigné dernier moment afin éviter encombrements indiscrets.

Capistou

Télégramme, 6 décembre 1904
(AN, f/7/15948/3)

Hendaye, 6 décembre 1904, 8h55 du matin.
Havas, Paris.

Beaucoup journalistes espagnols sont venus pour assister rencontre qui aura lieu à 10h½ dans voisinage mais que témoins refusent désigner publiquement. Déroulède est arrivé Béhobie accompagné par Galli, son témoin et Gérault-Richard, témoin Jaurès, porteur sauf-conduit délivré par Combes. Jaurès est actuellement hôtel de France avec docteur Lande. Sa voiture est commandée pour 10 heures précises. Guyot Villeneuve et Gabriel Deville sont allés au devant Déroulède pour indiquer endroit où rencontre aura lieu.

Édouard

Télégramme, 6 décembre 1904
(AN, f/7/15948/3)

Hendaye, 6 décembre 1904, 12h [illisible].
Figaro, Paris.

Duel eut lieu Béhobie 10h50 dans propriété Lapeyre. Plus de 300 personnes y assistaient. Gendarmerie, police, douaniers contenaient foule. Déroulède est venu en automobile accompagné de Galli. Le signal du combat est donné par Galli, deux coups partent ensemble sans résultat. Un cri Vive Jaurès poussé dans foule est réprimé par Deville qui crie : Taisez-vous ! Nombreux amis vont serrer mains Déroulède. Guyot de Villeneuve quitte Hendaye par Sud express ainsi que Jaurès et ses témoins. Galli va rejoindre Déroulède à Fontarabie hôtel Miramar.

Duchambot

Télégramme, 6 décembre 1904
(AN, f/7/15948/3)

Hendaye, 6 décembre 1904,12 h [illisible]
Commissaire spécial à Intérieur, Sûreté, préfet Pau, sous-préfet Bayonne.

Aucune manifestation n'a eu lieu à l'occasion rencontre Jaurès Déroulède. Cette rencontre ayant eu lieu sur propriété privée entre Béhobie et Hendaye. Service ordre a été organisé pour éviter envahissement et dégâts. M. Jaurès a remis cent francs pour pauvres commune de Hendaye et M. Déroulède deux cents francs pour pauvres de commune Urrugne. Ce dernier est rentré immédiatement sur territoire espagnol à pied. M. Habert a accompagné M. Déroulède jusqu'au poteau fixant limite entre France et Espagne sur pont international Béhobie. MM. Jaurès, Deville, Gérault-Richard, Guyot de Villeneuve quittent Hendaye par Sud express 11 h 40 matin.

LES « JAUNES »

Un syndicalisme dévoyé

En 1899, une vague de grèves vient agiter l'industrie horlogère du Territoire de Belfort et du Doubs. Le meneur ? Pierre Biétry, vingt-sept ans : « Poursuivi pour outrages et injures à un représentant de la force publique, il a été condamné [...] à un mois de prison. »

Dès janvier 1900, toutefois, le doute s'installe. Biétry, dont le beau-père dirige une usine de réveille-matin à capitaux allemands, a pu avoir intérêt à déstabiliser la concurrence... Et l'industriel Japy, pour faire cesser l'agitation révolutionnaire, lui aurait versé une forte somme.

« Sans instruction solide mais non sans intelligence, incapable d'un travail sérieux et suivi mais remuant et ambitieux », Biétry a fait la découverte qui va changer sa vie : le syndicalisme peut rapporter de l'argent. Au lieu d'une révolution générale, mais incertaine et future, il va œuvrer pour lui-même en monnayant ses talents. S'il sait susciter des grèves, il saura les empêcher, au profit des employeurs.

On le traite de « jaune » ? Biétry revendique l'appellation, créant en 1902 la Fédération nationale des Jaunes de France, ainsi qu'un journal, *Le Jaune*. Plus tard viendra le Parti socialiste national : Biétry se fait l'apôtre du « propriétisme », doctrine qui vise à résoudre la question sociale en faisant de la France un pays de petits propriétaires. Confondant syndicalisme et politique, le leader des « jaunes » se présente aux législatives à Brest, où il attaque les socialistes : « M. Biétry a exposé que ce parti rêve de chimères, que son programme est irréalisable et qu'il serait temps que tous ceux, – et ils sont nombreux, fort heureusement dit-il –, que la folie du socialisme n'a pas encore atteints, s'unissent pour combattre ces gens incapables d'un jugement sain, et qui, si on les laissait faire conduiraient le pays à l'anarchie et à la ruine. »

L'année 1906 marque l'apogée de Biétry : élu député du Finistère, il parle à la tribune de la Chambre, défiant Jaurès. Les belles dames se pressent dans les galeries de l'hémicycle pour admirer ce jeune et fringant tribun qui réalise l'union du capital et du travail. L'une d'elles, Mlle de Velldeg, tombe dans ses bras, non sans subventionner son mouvement.

Bien vite, pourtant, les limites du personnage apparaissent. Ses outrances verbales fatiguent ses collègues, qui votent contre lui la censure avec exclusion temporaire, tandis que sa vénalité indispose ses propres soutiens. Mlle de Velldeg, outrageusement trompée, n'est pas seule à le quitter. Dès 1908, ses alliés catholiques se détournent de lui et, aux législatives de 1910, il doit renoncer à se représenter. Les syndicats « jaunes » se délitent.

Pour Biétry, les jeux sont faits. Le 2 juillet 1912, un rapport de Marseille annonce son départ pour Saïgon, à bord du vapeur *Euphrate* des Messageries maritimes. La retraite à quarante ans : tel est tout le programme du syndicaliste discrédité qui, abandonnant la vie publique, se retire avec son pécule dans la lointaine Indochine, où il s'éteindra le 3 décembre 1918.

◆

Le dossier

En argot syndical, on surnomme «jaune» un travailleur qui trahit sa classe et refuse de faire grève; couleur papale, le jaune permet aussi aux syndicalistes chrétiens de se différencier des «rouges». Celui que les socialistes appellent «le renégat Biétry» va plus loin, en passant du côté de la droite nationaliste.

Lettre de l'Administrateur faisant fonctions de préfet du Territoire de Belfort au président du Conseil, ministre de l'Intérieur et des Cultes, 8 octobre 1900
(AN, f/7/15931/2)

En réponse à votre télégramme du 4 de ce mois, j'ai l'honneur de vous informer, qu'au cours de la grève de Giromagny trois arrestations ont été opérées, celles de MM. Pierre Biétry, Baumgartner, ouvrier gréviste et Muller Louis employé de bureau.

La première a eu lieu le 31 août et les deux autres au cours de la manifestation tumultueuse du 22 septembre.

Mais seul M. Biétry a été maintenu en état d'arrestation. Poursuivi pour outrages et injures à un représentant de la force publique, il a été condamné, ainsi que j'ai déjà eu l'honneur de vous le faire connaître par mes rapports antérieurs, à un mois de prison.

Quant à Baumgartner et à Muller Louis, le premier avait été arrêté pour outrage au maire de Giromagny, le second pour refus de circulation.

Pierre Biétry vous est déjà connu, c'est le promoteur des grèves de la vallée du Doubs et de Beaucourt en 1899 et l'organisateur avec Quilici de l'exode sur Paris des ouvriers d'Audincourt.

Originaire du Territoire de Belfort, il est marié à Badevel (Doubs) où son beau-père ancien employé de la maison Japy a installé une fabrique de réveils matin pour le compte de la maison allemande Werner (du Grand-Duché de Bade).

Engagé volontaire en 1890, condamné en 1891 pour désertion à l'intérieur en temps de paix à deux ans de prison, gracié en 1892, il rentre dans son pays natal en 1895 ; sans instruction solide mais non sans intelligence, incapable d'un travail sérieux et suivi mais remuant et ambitieux, il collabore au journal radical *La Frontière* et se met immédiatement en quête d'une situation politique, mais il échoue dans ses tentatives électorales soit au conseil municipal de Fêche-L'Église sa commune natale, soit au conseil général du canton de Delle.

Froissé de n'avoir pas été soutenu dans cette dernière élection par le parti radical, Biétry s'affilie aux groupes socialistes de Besançon et de Paris et collabore au journal *L'Union socialiste* de Besançon. C'est dans ce journal qu'il publie un article diffamatoire contre la maison Japy, article qui le fait condamner par le tribunal correctionnel de Belfort à trois cents francs d'amende et mille francs de dommages et intérêts. L'affaire eut un grand retentissement dans toute la région et fut pour ainsi dire le prélude de toutes les grèves qui pendant de longs mois ont troublé une partie du Doubs et du Haut Rhin et qui ont eu pour dernier épisode l'aventureuse équipée de l'exode arrêtée aux portes de Belfort.

Biétry continue alors sa carrière d'agitation en fondant avec des fonds avancés, paraît il, par des mains plus réactionnaires que républicaines un journal socialiste intitulé *Le Réveil de l'Est*. Cette feuille mal rédigée sans intérêt et sans lecteurs ne vécut que quelques semaines. Biétry disparut avec elle ; il était allé à Paris chercher une situation qu'il ne trouva pas, car il rentrait bientôt à Fêche-L'Église aussi dénué de ressources qu'au moment de son départ.

Arrivé à Giromagny comme délégué disait-il du comité central socialiste de Paris, il n'a pu à raison de son arrestation survenue lors de la deuxième réunion des grévistes, personnellement exercer aucune influence sur les ouvriers.

Je vous transmets ci-inclus le relevé des condamnations qu'il a subies et de ses états de services militaires ainsi qu'une copie des rapports qui m'ont été adressés au sujet de son arrestation.

L'Administrateur
[Signature]

Rapport confidentiel du commissariat spécial près la préfecture de Marseille, 2 juillet 1912
(AN, f/7/15931/2)

Je crois devoir, à toutes fins utiles, faire connaître que M. Biétry, ancien député, a pris passage dimanche dernier à bord du vapeur *Euphrate* des Messageries maritimes, à destination de Saïgon.

Le commissaire spécial
[Signature]

◆

Les bolcheviks en exil

Le « sieur Lénine » à Paris

Émoi dans les locaux du ministère de l'Intérieur, le 2 août 1908 : « On attend l'arrivée à Paris de Leinine, un des chefs du Parti social-démocrate et un des meilleurs orateurs du Parti », avertit un court message émanant de la préfecture de police. Une note marginale au crayon, encore plus brève, corrige la faute d'orthographe : « Voir Lénine », c'est-à-dire le dossier établi à ce nom, car le révolutionnaire russe n'est pas du tout un inconnu pour la Sûreté, qui le suit depuis quatre ans.

Contre l'Allemagne, la France républicaine s'est alliée depuis 1897 à la Russie tsariste. Outre les échanges d'informations entre les deux polices, les Français ont leurs propres réseaux en Suisse, où de nombreux opposants au tsar vivent en exil. Depuis le poste d'Annemasse, la Police des chemins de fer guette : sous l'objet « Surveillance générale des révolutionnaires russes », le commissaire spécial envoie régulièrement des rapports très politiques au ministère, avec duplicata au préfet. En avril 1905, il n'ignore pas le conflit qui oppose au comité central de son parti « le sieur Lénine », qui « préconise dans les entretiens particuliers, l'emploi des moyens violents pour lutter contre l'autoritarisme russe ».

Après la révolution manquée de 1905, « on croyait que le sieur Lénine, parti de Genève pour prendre part au mouvement révolutionnaire, était du nombre de ceux qui avaient été arrêtés à Moscou et fusillés », mais le commissaire spécial d'Annemasse sait dès le 29 janvier 1906 qu'il n'en est rien : « Une information fait connaître que Lénine a réussi à s'échapper de Moscou au moment de la répression, et qu'il se trouverait actuellement en Finlande. »

Mais il faut attendre le 4 mars 1908 pour savoir que « Lénine » n'est qu'un pseudonyme : « Il résulte d'indications qui me parviennent qu'il y aurait identité entre le sieur Lénine [...] et le sieur W. Oulianoff », gérant depuis 1905 du *Prolétaire*, journal en langue russe imprimé en Suisse.

On retrouve cet Oulianoff à Genève et à Lausanne, où « le comité central à l'étranger, du Parti "social-démocrate", s'est reconstitué et se trouve en pleine activité », rapporte le commissaire spécial le 30 avril 1908 : une information reprise par la direction de la Sûreté générale, d'autant que Lénine s'est entendu avec Plekhanov – le fondateur du Parti, plus proche des mencheviks – en vue de tenir congrès.

En octobre 1908, la rumeur se confirme : « Les membres dirigeants du Parti social-démocrate russe quittent Genève et viennent s'installer à Paris. Ils apportent avec eux les archives et le drapeau du groupe dont le siège unique sera dorénavant en France. » Parmi eux, Lénine, qui va s'installer rue Beaunier, puis dans un modeste appartement du 4, rue Marie-Rose, où il vit avec Nadejda Kroupskaïa, sa femme, ainsi que sa belle-mère. La surveillance est désormais exercée par la police parisienne, qui voit Lénine sillonner la capitale à bicyclette. Il fréquente la Bibliothèque nationale, les bouquinistes, pédale jusqu'à Draveil pour rendre visite au député socialiste Paul

Lénine en 1917

Préparant le coup de force qui va donner le pouvoir aux bolcheviks, il se cache en Finlande, méconnaissable sans sa barbiche.

Lafargue, l'auteur du *Droit à la paresse* et gendre de Marx. Il est encore à Paris quand Paul et Laura Lafargue, refusant de subir les atteintes de la vieillesse, mettent fin à leurs jours. Parmi les orateurs, au Père-Lachaise : Lénine encore, qui n'a cessé de militer et conspirer, créant même une école des cadres dans un atelier discret de Longjumeau.

En 1912, Lénine et sa famille s'en vont à Cracovie, avant de retourner en Suisse. Paris ne reverra que quelques jours, en janvier 1914, le chef des «maximalistes», ainsi que la police désigne les bolcheviks.

Le soutien de l'Allemagne

Pendant la Grande Guerre, la Russie tsariste vacille, tandis que les bolcheviks promettent aux foules «la paix immédiate et la terre aux paysans». C'est sans doute avec inquiétude, le 27 septembre 1917, qu'est accueilli un rapport rédigé à Paris qui signale le retour de Lénine en Russie. «Comme dans son premier voyage, Lénine aurait traversé l'Allemagne pour gagner la Suède; il se serait, dit-on, arrêté à Berlin où il aurait eu un long entretien avec le chancelier Michaelis; il aurait aussi rendu visite à M. von Bethmann-Hollweg», le précédent chancelier. Sans rien affirmer de sûr, le rapport suggère une collusion entre les bolcheviks et le Kaiser. Les subsides de l'Allemagne aux révolutionnaires russes feront couler beaucoup d'encre, mais ce rapport approximatif du 27 septembre 1917 dit l'essentiel : la révolution bolchevik peut commencer.

◆

Le dossier

Depuis le poste frontalier d'Annemasse, en Haute-Savoie, le commissaire spécial de la Police des chemins de fer renseigne le ministère de l'Intérieur sur l'activité des révolutionnaires russes exilés en Suisse. La Sûreté nationale a ainsi un dossier «Lénine» dès 1904 et l'identité de Lénine avec «Wladimir Oulianoff» est établie dans un rapport du 4 mars 1908. «Sa présence a été constatée dans différents meetings auxquels assistait l'élément révolutionnaire russe et dans lequel il a pris la parole», précise le même rapport. Aucun mot de l'exécution de son frère par le régime tsariste, ni de sa déportation en Sibérie, d'où lui vient son surnom de Lénine, «l'homme de la Lena». Mais son retour en Russie n'échappe pas aux policiers.

Rapport du commissariat d'Annemasse, 7 avril 1905

(AN, f/7/15978/1)

Surveillance générale des révolutionnaires russes.
Au sujet du nommé Lénine.

Le sieur Lénine, chef de la fraction dissidente du parti «social-démocrate russe» à l'étranger, et dont il a été question dans de précédentes communications, a réuni à Genève, dans les derniers jours du mois de mars, une trentaine de ses amis politiques résidant à Paris, Londres, Genève, Lausanne, Berne, Zurich, etc. à l'effet de se concerter pour la réunion d'un congrès auquel seraient soumises les divisions qui se sont fait jour dans le Parti social-démocrate.

Cette réunion préparatoire a examiné les conditions dans lesquelles le congrès pourrait être convoqué. Il a été question de le réunir à Paris, mais on croit plutôt qu'il aura lieu en Suisse dans le courant du mois de mai prochain.

Toutefois, le comité central du parti, siégeant en Russie, a fait connaître à Lénine que les résolutions qui pourraient être prises dans cette réunion partielle ne sauraient être considérées comme valables, le comité central ayant seul qualité pour convoquer une assemblée générale du parti.

Le sieur Lénine a été avisé une fois encore que le moment était à l'action, et non plus aux discussions de tactique, et invité à apporter sa participation de son intelligence reconnue et de son activité à l'œuvre commune. Malgré cette invitation pressante, on ne croit pas que Lénine revienne sur sa détermination, autrefois membre du conseil suprême du parti, et du comité de direction du journal *L'Iskra*, organe officiel du parti, publié à Genève, le susnommé ne pardonne pas à ses anciens amis politiques l'obligation dans laquelle il a été mis d'avoir à choisir entre ses conceptions personnelles et la place prépondérante qu'il occupait dans le comité siégeant à l'étranger. Son but serait de faire trancher par le IIIe Congrès la question dans laquelle il est personnellement intéressé. Il mène à ce sujet une campagne très vive dans son journal le *Vperiod* (En Avant) et préconise dans les entretiens particuliers, l'emploi des moyens violents pour lutter contre l'autoritarisme russe.

Le commissaire spécial
[Signature]

Rapport du commissariat d'Annemasse, 29 janvier 1906
(AN, f/7/15978/1)

Dans ma communication du 15 janvier courant, j'indiquais que d'après divers renseignements reçus par des réfugiés russes, résidant en Suisse, on croyait que le sieur Lénine, parti de Genève pour prendre part au mouvement révolutionnaire était du nombre de ceux qui avaient été arrêtés à Moscou et fusillés.

Une information fait connaître que Lénine a réussi à s'échapper de Moscou au moment de la répression, et qu'il se trouverait actuellement en Finlande. En tout cas, il continue à s'occuper de propagande révolutionnaire.

Le commissaire spécial
[Signature]

Rapport du commissariat d'Annemasse, 4 mars 1908
(AN, f/7/15978/1)

Par une communication en date du 7 juin 1905, je transmettais un spécimen du premier numéro du *Prolétaire* ainsi que différentes indications relatives à la tentative de rapprochement décidée au IIIe Congrès de Vienne, entre les deux grandes fractions du Parti social-démocrate russe à l'étranger ; on sait que ces deux fractions subissaient à cette époque l'influence, l'une du sieur Lénine, publiciste russe réfugié en Suisse, l'autre de Pleckanoff (Georges), demeurant Genève, l'une des principales personnalités de ce parti.

J'indiquais à cette occasion que *Le Prolétaire* imprimé en langue russe et tiré rue de Carouge, 93, avait pour gérant un sieur W. Oulianoff, demeurant rue de la Colline, 3, à Genève.

Il résulte d'indications qui me parviennent qu'il y aurait identité entre le sieur Lénine dont il est question plus haut, et le sieur W. Oulianoff, désigné comme gérant de la feuille précitée.

Oulianoff (Wladimir) *alias* Lénine est né le 10 avril 1870 [dans le calendrier julien alors en usage en Russie] à Smibirsk

(Russie). Sa présence a été constatée dans différents meetings auquel assistait l'élément révolutionnaire russe et dans lesquels il a pris la parole. Il a été remarqué également à plusieurs reprises, rue de Carouge 19, où se réunissaient des révolutionnaires russes pour s'occuper de la rédaction de brochures de propagande. Actuellement il demeure rue des Deux-Ponts, 17. On le suppose possesseur d'une imprimerie clandestine.

Le commissaire spécial
[Signature]

Extrait d'un rapport du commissaire spécial d'Annemasse, 30 avril 1908
(AN, f/7/15978/1)

Le comité central à l'étranger, du Parti «social-démocrate», s'est reconstitué et se trouve en pleine activité. Ce comité siège tantôt à Genève, tantôt à Lausanne. Les sieurs Pleckanoff (Georges) et Oulianoff (Wladimir), dit : Lénine, publient chacun de leur côté, deux organes intitulés, *Le Social-démocrate* et *Le Prolétaire*. *Le Social-démocrate* a remplacé *L'Iskra* (Étincelle), organe du comité central, imprimé il y a quelques années à Genève et dirigé par Pleckanoff. Le susnommé que l'on considère comme une des personnalités les plus en vue de ce parti, se trouve actuellement à Nervi (Italie). Il doit revenir à Genève, vers le 15 mai. Quant au *Prolétaire*, organe d'une fraction du Parti social-démocrate, il a remplacé le *Vperiod* (En avant) dirigé par Lénine. *Le Prolétaire* paraît à Genève. L'éditeur responsable est M. Nicollet, député socialiste au grand conseil de Genève, en relations avec mademoiselle Rawitch (Sarah) mêlée à l'affaire de pillage de la trésorerie de Douschet (Caucase-Russie).

Ces manifestations de l'activité nouvelle du parti révolutionnaire russe doivent être examinées et coordonnées dans un congrès organisé par la fraction dite « social-démocrate » et qui doit avoir lieu vraisemblablement en Suisse, à proximité de Genève ou de Lausanne.

Note de la préfecture de police, 2 août 1908

(AN, f/7/15978/1)

On attend l'arrivée à Paris de Leinine *[sic]*, un des chefs du Parti social-démocrate et un des meilleurs orateurs du Parti.

Note de la préfecture de police, 10 octobre 1908

(AN, f/7/15978/1)

Les membres dirigeants du Parti social-démocrate russe quittent Genève et viennent s'installer à Paris. Ils apportent avec eux les archives et le drapeau du groupe dont le siège unique sera dorénavant en France. On peut citer parmi eux : Lénine, Cederbaum, Alexinsky Postresoff.

Rapport sur les déplacements de Lénine, 27 septembre 1917

(AN, f/7/15978/1)

Dans les milieux révolutionnaires russes en Suisse, car tous les maximalistes ne sont pas rentrés en Russie, le bruit court que Lénine aurait quitté la Confédération helvétique, où il s'était réfugié après la révolution de juillet, et qu'il aurait fait sa réapparition en Russie. Il serait à Petrograd où il se cacherait parmi les ouvriers des usines Poutiloff presque tous maximalistes.

Comme dans son premier voyage, Lénine aurait traversé l'Allemagne pour gagner la Suède ; il se serait, dit-on, arrêté à Berlin où il aurait eu un long entretien avec le chancelier Michaëlis ; il aurait aussi rendu visite à M. von Bethmann-Hollweg.

En Suisse, Lénine s'était retiré dans un sanatorium pour tuberculeux, situé près de Genève, tenu par un Allemand ancien conseiller de police à Berlin. Lénine avait pris le nom d'un pasteur protestant hongrois (il y a, en effet, parmi les Slovaques du nord de Hongrie beaucoup de protestants du culte luthérien).

Pendant son séjour dans ce sanatorium, on a remarqué de nombreuses allées et venues des partisans de Lénine, car celui-ci a encore de nombreux amis à Genève qui de là opéreraient en territoire français.

Télégramme de Moscou, 22 janvier 1924
(AN, f/7/15978/1)

Temps. Paris.

Santé Lénine journée hier perdit connaissance cinq heures, s'éteignit sept heures paralysie centres respiratoires.

◆

Maîtres-chanteurs

La revue des frères Ucciani

La Lanterne de Rochefort, « le Prince des polémistes », était au XIXe siècle un journal politique et critique ; son titre évoquait Diogène qui, une lanterne à la main en plein jour, disait : « Je cherche un homme. »

On ne retrouve pas cette hauteur de vues, ni ces références antiques, dans *La Lanterne de Paris et de Montmartre*, qui commence à paraître en 1909. S'adressant aux « mondains et mondaines », aux « jolies empanachées », cet organe plein de gaieté a pris pour emblème la lanterne écarlate qui orne alors l'entrée des maisons closes. De notoriété publique, ses rédacteurs sont deux souteneurs corses – mais leur revue n'a rien d'une entreprise de réinsertion sociale.

Les articles de fond y occupent moins de place que les publicités pour automobiles de luxe, les réclames en faveur des bars à la mode et les petites annonces, d'un genre vaguement scabreux : « massage médical », cours d'anglais « par méthode spéciale », « cours de danse orientale », ou encore cette promesse mystérieuse : « Parfaire la perfection ! D'Herlys, 19, rue des Martyrs, 1er étage au-dessus de l'entresol, tous les jours et dimanches de 10 à 7 heures. »

L'intérêt principal de cette publication réside dans ses «brèves» à clef de la rubrique «Les on-dit rosses». Rosses et roses, tels sont ces bruits, rumeurs, petits riens, par lesquels les deux frères font savoir qu'ils sont détenteurs d'un potin compromettant : «On dit que la jolie et élégante flore Deschamps est, en ce moment l'amie d'un grand financier. On dit que Jane Conratdh, l'ancienne bonne-à-tout-faire serait sur le point d'avoir une poupée vivante. On dit que Lucy Chevallier recherche des sensations inconnues. Elle se livre tous les après-midi à un pèlerinage au Bois qui ne laisse aucun doute sur ses intentions. Petite vicieuse, va ! » Sans oublier «le vieil insexué Jacques M... » dont on connaît «l'actif et surtout le passif dans les édicules des boulevards Haussmann et Malesherbes et qui s'érigent sous le patronymique de l'empereur Vespasien»...

L'homme marié, le bon bourgeois, le chevalier de la Légion d'honneur compromis dans ces turpitudes peut à tout moment interrompre la rumeur, l'empêcher d'enfler, prévenir la parution d'une enquête détaillée : il suffit de payer la rédaction. Les frères Ucciani expérimentent un nouveau journalisme, le seul vraiment rentable : *La Lanterne* vit des informations qu'elle ne publie pas...

Une feuille de chantage

«Cet organe hebdomadaire, qui s'intitule “journal mondain et financier”, n'est en réalité qu'une feuille de chantage», résume un rapport du 28 juin 1910. Dominique, le cadet des frères Ucciani, est bien connu de la police. «Un de ses oncles est conseiller à la cour d'appel de Paris. Ucciani Dominique est instruit, intelligent, mais il a suivi une très mauvaise voie. » À la mort de son père, qui exploitait honnêtement un commerce de tabacs à Ajaccio, il a quitté la Corse pour mener une vie aventureuse, en Algérie, à Marseille et enfin à Paris. L'aîné, François Xavier, « qui est un peu moins taré que son frère » selon un autre rapport, le rejoint dans la capitale. Les Corses, séducteurs et violents, commencent à prendre le contrôle du pavé parisien, chassant les pâles « julots casse-croûte » de la pègre locale. Les frères Ucciani, qui savent écrire, ajoutent une corde à leur arc : bien informés par les filles et les tenanciers de maisons louches, ils font commerce des secrets intimes : « La plupart du temps, les personnes visées, pour éviter le scandale, achètent le silence. » Parfois, c'est une profession entière qui est invitée, par *La Lanterne*, à mettre la main à la poche : « Nous publierons incessamment une étude très documentée sur certains gérants de restaurants de nuit – aux allures de commerçants honorables – qui ne sont au fond que des entremetteurs et des tenanciers de maisons closes. »

Un sommet de goujaterie

Pas question de s'en tirer avec un simple droit de réponse, comme l'apprend à ses dépens la demoiselle Renée Sanders, dite Renée-la-Jolie, 17, rue de Naples. Ses affaires ayant souffert d'un « on-dit rosse » qui la prétendait affligée d'un mal vénérien, elle réplique par un courrier au directeur de *La Lanterne*, opposant un démenti formel à ses échotiers : « Je vous serais très obligée d'aviser ces messieurs que je tiens à leur disposition le certificat qui me fut délivré par un spécialiste attestant que les accidents de ce mal ne m'ont jamais atteinte. Je compte sur votre courtoisie pour publier ce mot et mettre fin une fois pour toutes à ces papotages sur un mal que j'ignore et que j'espère ne jamais connaître. » L'exquise « courtoisie » des frères Ucciani va jusqu'à insérer la lettre, mais non sans affirmer « que s'ils ont attribué à Mlle Sanders un mal terrible c'est qu'ils en ont eu connaissance par une épître écrite du Casino de Nice de la propre (?) main de l'intéressée à sa maman »... Le point d'interrogation entre parenthèses marquant sans doute le sommet de la goujaterie dans l'histoire de la presse française...

Pleins de ressources, les frères Ucciani témoignent d'un sens aigu de l'opportunité, d'une étonnante capacité d'adaptation. Aux beaux jours, leur journal paraît en « édition estivale » sur la Côte d'Azur, à Ostende et dans les villes d'eaux où se réfugie leur lectorat de cocottes et de viveurs : avis est donné que *La Lanterne* « continuera à tenir ses lecteurs au courant des bruits intéressant le demi-monde ». En 1914, *La Lanterne* cesse de paraître, mais elle renaît l'année suivante : en un temps où l'accusation d'espionnage peut conduire au poteau d'exécution, les frères Ucciani se recyclent dans le chantage politique.

Enrichi par ces turpitudes, le plus littéraire des proxénètes atteint dans son milieu à une forme de respectabilité : « Dominique Ucciani est connu à Montmartre comme le juge de paix des apaches et à ce titre il a eu maintes fois l'occasion d'arranger des querelles entre apaches, souteneurs et autres bandits de Montmartre et des environs. »

◆

Le dossier

Six fois condamné pour coups et blessures, voies de fait, outrages à agent, Dominique Ucciani n'a jamais eu à répondre devant les tribunaux de ses deux activités principales : le proxénétisme et le chantage. «Pour toutes communications concernant la rédaction et l'administration, s'adresser tous les jours, aux bureaux du journal, de 5 à 7, le dimanche excepté. Le meilleur accueil est réservé à tous nos visiteurs», avise La Lanterne de Paris et de Montmartre *du 12 juin 1910. Tiré à petit nombre et diffusé dans un milieu restreint, un tel journal ne coûte pas cher à publier; mais les personnalités soucieuses d'étouffer tout scandale doivent souscrire un abonnement à un tarif élevé.*

«Les on dit rosses» : extraits de La Lanterne de Paris et de Montmartre, *12 juin 1910*

(AN, f/7/16025/2)

On dit que l'on remarqua fort, l'autre soir au Maxim's, le célèbre banquier égyptien *César Aghion*, en une bruyante compagnie de dégrafées plus ou moins «faisandées».

On dit que le bassin du water-chute de Luna Park permet à *Stopany-le-Morne* de s'ébattre dans son élément.

On dit que ce «*catalogué*» en mal de «marmite» regrette fort les temps heureux de son collage avec la délicieuse *Chouchou Lefèvre*.

On dit que les princes *Zurlo* et *Troubezkoi* ont rétabli leur quartier général à Luna Park.

de jouer dans un théâtre de Paris à son départ de la maison de Molière.

*

— Après *l'Or du Rhin* et *Le Crépuscule des dieux*, il est question de monter à l'Opéra, le *Parsifal* de Richard Wagner.

*

— Il est question de monter sur un théâtre du boulevard l'*Irrégulière*, la pièce de M. Edmond Sée qui devait être jouée au Gymnase.

*

— Dans le procès intenté par le costumier théâtral anglais Clarkson à MM. Hertz et Coquelin, à qui il demande 50.000 francs de dommages-intérêts pour retrait de commandes par eux faite des costumes de *Chantecler*, le tribunal a remis son jugement à huitaine sur le montant de la caution qui doit être fournie par le demandeur avant de plaider au fond, — M. Clarkson étant sujet anglais.

*

— Mme Judith Gautier donnera, le lundi 13 juin, à la Salle Barbazanges, 109, rue du faubourg-Saint-Honoré, une représentation de : *Une Larme du Diable*, mystère en 8 tableaux, de Théophile Gautier.

LES ON DIT ROSSES

— On dit que l'on remarqua fort, l'autre soir au Maxim's, le célèbre banquier égyptien *César Aghion*, en une bruyante compagnie de dégrafées plus ou moins « faisandées ».

*

— On dit que le bassin du water-chute de Luna-Park permet à *Stopany-le-Morne* de s'ébattre dans son élément.

*

— On dit que ce « *catalogué* » en mal de « marmite » regrette fort les temps heureux de son collage avec la délicieuse *Chouchou Lefèvre*.

*

— On dit que les princes *Zurlo* et *Troubezkoi* ont rétabli leur quartier général à Luna Park.

*

— On dit que la délicieuse *Yvonne d'Osay* travaille avec passion la musique et le chant. Un début qui fera sensation est en perspective.

*

Remarquées au five o'clock d'Armenonville : *Pierrette* dite de *Rotschild* avec un gigolo ; *Suzanne Darthèle* enlaçant son inséparable et mignonne *Léone ; Hélène d'Harmonville* qui n'embellit pas ; *Yvonne d'Osay* toujours charmante ; *Léona* accouplée à l'infect *Maurice*, danseur et fistule professionnelle ; *Léone Aubray*, baisant sur la bouche la grassouillette *Lulu ; Jane Doriane* dont l'élégance pourrait faire sensation à la foire du Trône ; *Suzanne Murat* prenant le « pernod » avec son cocher ; *Chouchou Lefèvre*, méprisant du regard ce qu'elle eut jadis la sottise de trop aimer : *Stopany-le-brochet*, attablé avec quelques aquatiques ; le rabatteur de l'Abbaye : *Jean Guitry* en livrée... etc., etc...

*

— On dit que *Môssieu Lauridan*, qui « fut » gigolo, nous prie de faire assavoir à nos aimables lecteurs et à nos charmantes lectrices qu'il vient de reprendre sa liaison avec *Suzanne Darthèle*.

N.-B. — Il n'est plus rien du gigolo.

*

— On dit que *Jane Doriane*, retiendrait plus facilement ses... amis par sa science voluptueuse que par la façon dont elle s'habille.

*

— On dit que le gros *Pouriac* s'est grièvement blessé au « chatouilleur » de Luna-Park. On dût le transporter d'urgence dans ses appartements de Neuilly-sur-Seine où les soins d'un homme de l'art le rétablirent promptement.

*

— On dit que *Berthe Fontana*, plus connue sous le sobriquet de *la Mochantique*, s'habille en petite fille pour aguicher les vieux messieurs entre la Madeleine et l'Ile d'Amour.

— On dit que *Moch-le-petit-bruit*.... fait du footing entre le bar de la Paix et le Cardinal. C'est ce qu'il appelle « prendre l'apéritif ».

*

— On dit que les cousins de *César Aghion* viennent d'arriver dans nos murs. Ils ne taquinent que la dame de cœur...

*

— On dit que *Bernard Dutilleul* devient un habitué du cirque Médrano.

*

— On dit que *Charlotte Debray* est une fervente du culte de Lesbos et qu'elle essaye en ce moment de faire avec *Chouchou Lefèvre* ce qu'elle a déjà essayé de faire à Nice avec *Aïda*.

*

— On dit que *Chouchou Lefèvre* est trop fine pour s'afficher avec cette « électrocutée » qui n'en veut du reste qu'à sa bourse.

*

— On dit que le ventripotent *Alberti*, avant d'avoir trouvé la poire « trompe-chasseur », avait reçu l'autre soir de nombreux noyaux de cerises sur la tête en se promenant à proximité du restaurant de Luna Park où il pensait dénicher une poire attablée, susceptible de lui offrir une place à sa table.

*

— On dit aussi que ce grotesque quidam a fait tout dernièrement une entrée sensationnelle à la première de l'Apolo. Il s'en fallait de peu qu'on lui fasse refaire le trajet de son fauteuil à la porte assez prestement.

*

— On dit que *Fréhel* aurait trouvé le « fin » client en se faisant installer dans « son » hôtel de la rue Laferrière.

*

— On dit que c'est un spectacle vraiment touchant que de voir *Fréhel* à table d'hôte, entourée d'une bande de gigolos de chez Maxim's ou du Palace, leur passer le plat d'asperges.

— On dit qu'elle choisit toujours les plus grosses, pourquoi? Aurait-elle changé de goût?

*

— On dit que *Fréhel*, accompagnée de son inséparable *R. V. W...* et de *Fifi*, aurait passionnément applaudi à Médrano un numéro de chats savants... Elle se promet de faire travailler le sien afin qu'elle puisse l'exhiber au Music-Hall dans un nouveau numéro de bêtes savantes. Gare aux puces !

*

— On dit que *Germaine Fabiani* se serait enfin séparée de *Zélie*, sa dame de compagnie, somnambule extralucide, spécialités de la clé, tarots espagnols, chandelle, etc., etc. Ouf ! ! !

*

— On dit que *Palmyre* s'est séparée d'un de ses dogues pour la somme de quarante sous afin de payer une dette de jeu.

C'est *Fréhel*, en compagnie de son Américain qui a fait faire le marché.

*

— On dit qu'elle a touché 20 % de commission.

*

— On dit que *Germaine Marthys* serait tout à fait femme d'intérieur. C'est à peine si elle met le nez dehors par la fenêtre...

*

— On dit que *Gaucheron, Edmond* pour les dames, serait redevable à *Blanche Derval* de 25 louis, complément de la somme fixée par elle pour la restitution de ses lettres et photographies.

*

— On dit que le « Cent kilogs » *Hunebelle*, l'ancien rabatteur du bistro Pigall's aurait fait raser sa moustache pour imiter les gigolos et qu'il dit à qui veut l'entendre que dorénavant il ne paiera plus les femmes.

*

— On dit que *Marceau* et la *Gogosse*, bien connus dans les tavernes à Orléans, se seraient trompés à la suite d'une erreur inexplicable d'itinéraire, et que c'est à Berlin au lieu de Londres qu'ils auraient transporté leurs pénates.

*

— On dit que *Machiquita* et l'affreuse *Hélène Delorme*, se sont « crêpé » le chignon mardi matin au Capitole pour une vulgaire question d'argent. Dieu ! quelles femmes communes !

*

— On dit que *Lucienne Cotté* vient de quitter l'hôpital où *il* a subi une opération chirurgicale. — On se doute quelle était la partie malade.

*

— On dit que *Germaine Fabiani* s'est rendue acquéreur d'un charmant hôtel à Neuilly.

*

— On dit que *Lucette Bianca* adore les on-dit rosses, surtout lorsqu'ils la concernent. Très bien *Lucette !*

*

— On dit que *Mathilde Gibson's* essaye d'apitoyer sur son sort une certaine quantité de demi-mondaines.

*

— On dit que tout en ayant l'air de la plaindre, ses petites amies sont obligées de se boucher le nez et rient entre elles des rosseries vraies que lui sert *La Lanterne de Paris et de Montmartre*.

Une revue de chantage

Ces brèves annoncent à mots couverts des liaisons ou scandales que la rédaction pourra développer, sauf versement généreux des personnalités concernées. (AN, f7/16025/2)

On dit que la délicieuse *Yvonne d'Orsay* travaille avec passion la musique et le chant. Un début qui fera sensation est en perspective.

Remarquées au five o'clock d'Armenonville : *Pierrette* dite de *Rothschild* avec un gigolo ; *Suzanne Darthèle* enlaçant son inséparable et mignonne *Léone* ; *Hélène d'Harmonvillle* qui n'embellit pas ; *Yvonne d'Orsay* toujours charmante ; *Léona* accouplée à l'infect *Maurice*, danseur et fistule professionnelle ; *Léone Aubray* baisant sur la bouche la grassouillette *Lulu* ; *Jeanne Doriane* dont l'élégance pourrait faire sensation à la foire du trône ; *Suzanne Murat* prenant le « pernod » avec son cocher ; *chouchou Lefèvre*, méprisant du regard ce qu'elle eut jadis la sottise de trop aimer : *stopany-le-brochet*, attablé avec quelques aquatiques ; le rabatteur de l'abbaye : *Jean Guitry* en livrée… etc., etc.

On dit que *Môssieu Lauridan*, qui « fut » gigolo, nous prie de faire assavoir à nos aimables lecteurs et à nos charmantes lectrices qu'il vient de reprendre sa liaison avec *Suzanne Darthèle*.

NB – il n'est plus rien du gigolo.

On dit que *Jane Doriane*, retiendrait plus facilement ses… amis par sa science voluptueuse que par la façon dont elle s'habille.

On dit que le gros *Pouriac* s'est grièvement blessé au « chatouilleur » de Luna Park. On dût le transporter d'urgence dans ses appartements de Neuilly-sur-Seine où les soins d'un homme de l'art le rétablirent promptement.

On dit que *Berthe Fontana*, plus connue sous le sobriquet de *la Mochantique*, s'habille en petite fille pour aguicher les vieux messieurs entre la Madeleine et l'île d'amour.

On dit que *Moch-le-petit-bruit...* fait du footing entre le bar de la Paix et le cardinal. C'est ce qu'il appelle « prendre l'apéritif ».

On dit que les cousins de *César Aghion* viennent d'arriver dans nos murs. Ils ne taquinent que la dame de cœur...

On dit que *Bernard Dutilleul* devient un habitué du cirque Médrano.

On dit que *Charlotte Debray* est une fervente du culte de Lesbos et qu'elle essaye en ce moment de faire avec *chouchou Lefèvre* ce qu'elle a déjà essayé de faire à Nice avec *Aïda*.

On dit que *chouchou Lefèvre* est trop fine pour s'afficher avec cette « électrocutée » qui n'en veut plus du reste qu'à sa bourse.

On dit que le ventripotent *Alberti*, avant d'avoir trouvé la poire « trompe-chasseur », avait reçu l'autre soir de nombreux noyaux de cerises sur la tête en se promenant à proximité du restaurant de Luna Park où il pensait dénicher une poire attablée, susceptible de lui offrir une place à sa table.

On dit aussi que ce grotesque quidam a fait tout dernièrement une entrée sensationnelle à la première de l'Apolo. Il s'en fallait de peu qu'on lui fasse refaire le trajet de son fauteuil à la porte assez prestement.

On dit que *Fréhel* aurait trouvé le « fin » client en se faisant installer dans « son » hôtel de la rue Laferrière.

On dit que c'est un spectacle vraiment touchant que de voir *Fréhel* à table d'hôte, entourée d'une bande de gigolos de chez Maxim's ou du palace, leur passer le plat d'asperges.

On dit qu'elle choisit toujours les plus grosses, pourquoi ? Aurait-elle changé de goût ?

On dit que *Fréhel*, accompagnée de son inséparable *R. V. W...* et de *Fifi*, aurait passionnément applaudi à Médrano un numéro de chats savants... Elle se promet de faire travailler le sien afin qu'elle puisse l'exhiber au music-hall dans un nouveau numéro de bêtes savantes. Gare aux puces !

On dit que *Germaine Fabiani* se serait enfin séparée de *Zélie*, sa dame de compagnie, somnambule extralucide, spécialités de la clé, tarots espagnols, chandelle etc., etc. Ouf !!!

On dit que *Palmyre* s'est séparée d'un de ses dogues pour la somme de quarante sous afin de payer une dette de jeu.

C'est *Fréhel*, en compagnie de son américain qui a fait faire le marché.

On dit qu'elle a touché 20 % de commission.

On dit que *Germaine Marthys* serait tout à fait femme d'intérieur. C'est à peine si elle met le nez dehors par la fenêtre...

On dit que *Gaucheron, Edmond* pour les dames, serait redevable à *Blanche Derval* de 25 louis, complément de la somme fixée par elle pour la restitution de ses lettres et photographies.

On dit que le «Cent kilogs» *Hunebelle*, l'ancien rabatteur du bistro Pigall's aurait fait raser sa moustache pour imiter les gigolos et qu'il dit à qui veut l'entendre que dorénavant il ne paiera plus les femmes.

On dit que *Marceau* et la *Gogosse*, bien connus dans les tavernes à Orléans, se seraient trompés à la suite d'une erreur inexplicable d'itinéraire, et que c'est à Berlin au lieu de Londres qu'ils auraient transporté leurs pénates.

On dit que *Machiquita* et l'affreuse *Hélène Delorme*, se sont «crêpé» le chignon mardi matin au Capitole pour une vulgaire question d'argent. Dieu ! quelles femmes communes.

On dit que *Lucienne Cotté* vient de quitter l'hôpital où *il* a subi une opération chirurgicale. On se doute quelle était la partie malade.

On dit que *Germaine Fabiani* s'est rendue acquéreur d'un charmant hôtel à Neuilly.

On dit que *Lucette Bianca* adore les on-dit rosses, surtout lorsqu'ils la concernent. Très bien *Lucette !*

On dit que *Mathilde Gibson's* essaye d'apitoyer sur son sort une certaine quantité de demi-mondaines.

On dit que tout en ayant l'air de la plaindre, ses petites amies sont obligées de se boucher le nez et rient entre elles des rosseries vraies que lui sert *La Lanterne de Paris et de Montmartre*.

Note sur La Lanterne de Paris et de Montmartre, *28 juin 1910*
(AN, f/7/16025/2)

La Lanterne de Paris et de Montmartre a été fondée, il y a environ deux ans. Ses bureaux sont situés, 8, rue Louvois.

Cet organe hebdomadaire, qui s'intitule *journal mondain et financier*, n'est en réalité qu'une feuille de chantage. Ses frais généraux sont ceux d'impression, par conséquent très restreints. Le gérant est un nommé Battesti François, sur lequel nous n'avons pu encore recueillir de renseignements. Les directeurs-rédacteurs, les frères Ucciani composent tout le personnel du journal. Leur genre habituel d'opérations est le suivant :

En matière financière, *La Lanterne de Paris et de Montmartre* publie des entrefilets, généralement conçus en ces termes : « Ne confiez pas vos capitaux à la banque X... ou Y..., venez nous voir, nous vous dirons pourquoi », et la note ne cesse de paraître que le jour où la banque attaquée a versé une certaine somme.

D'autre part, sous couleur d'informations mondaines, ce journal annonce que telle personnalité a pour maîtresse telle demi-mondaine connue dans les milieux montmartrois, ajoutant toujours quelque insinuation calomnieuse. La plupart du temps, les personnes visées, pour éviter le scandale, achètent le silence.

Plusieurs perquisitions, la dernière en date du 11 décembre 1909, ont été opérées dans les bureaux de *La Lanterne*.

M. Ucciani François-Xavier dit « Paul Devennes » ; est né le 7 août 1868 ; à Ajaccio (Corse) ; de Pierre et de Marie Silvestrini.

Le 15 février 1902, il a épousé Mme veuve Berthelot. Au mois d'août de la même année, le ménage habitait avec

Mme Ucciani, mère, qui tenait une papeterie, faubourg Saint-Martin, 265. […]

M. Ucciani François-Xavier est ainsi noté aux sommiers judiciaires :

15 jours de prison, 300 francs d'amende pour diffamation, 2 janvier 1897, cour d'Alger.

6 jours de prison, 100 francs d'amende, pour coups et blessures, 2 janvier 1897, Cour d'Alger.

M. Ucciani Dominique, frère du précédent, est né à Ajaccio le 17 décembre. Il habite, 8, rue Louvois. Il figure ainsi aux sommiers judiciaires :

3 mois de prison, 50 francs d'amende (par défaut), pour coups et blessures, 6 octobre 1898 à Bône (Algérie).

3 mois, 500 fr., injures et diffamation 16 mai 1906, Nice.

Idem

Idem

Un mois (par défaut), pour outrages, 7 juin 1906, Nice.

En résumé, les frère Ucciani sont aussi peu recommandables l'un que l'autre. Tous deux ont la réputation de maîtres-chanteurs et de souteneurs.

Notons en terminant que, pendant la dernière campagne électorale, les frères Ucciani se sont fait les propagandistes de la candidature de Me Moro-Giafferi et celui-ci les considérait comme des auxiliaires précieux qui n'hésitaient pas à faire le coup de poing.

Note au commissaire spécial à Nice, 28 juin 1910
(AN, f/7/16025/2)

Ministère de l'Intérieur, direction de la sûreté générale,
service des renseignements généraux de police administrative.

Paris, le 28 juin 1910

Note pour Monsieur le commissaire spécial à Nice.

M. Ucciani (Dominique), objet de la note ci-contre, appartient à une honorable famille d'Ajaccio. Un de ses oncles est conseiller à la cour d'appel de Paris.

Ucciani Dominique est instruit, intelligent, mais il a suivi une très mauvaise voie.

À la mort de son père qui exploitait un commerce de tabacs à Ajaccio, et il a quitté la Corse.

De 1893 à 1898, il a habité Bône où il a encouru les condamnations suivantes :

21 septembre 1893, 100 fr. d'amende pour violences et port d'arme prohibée,

31 décembre 1895, 25 fr. d'amende pour coups et blessures,

25 juin 1896, 100 francs d'amende pour coups et blessures,

6 juillet 1898, 3 mois de prison et 50 fr. d'amende pour coups et blessures.

M. Ucciani Dominique se serait ensuite rendu à Paris où il aurait fondé un journal intitulé *Le Peuple de Paris*.

Pendant l'hiver 1905-06, il est venu à Nice et a vécu avec une femme du nom de René Alice. En 1909 et 1910, il y a fait encore un séjour de deux ou trois mois.

Pendant son premier séjour ici, M. Ucciani a voulu faire chanter MM. de Cuba et de Farconnet, administrateurs du casino municipal et a publié contre eux dans son journal divers articles diffamatoire.

Dans un article intitulé : « Plaie de Nice » et publié dans le n° du 9 mars 1906, il reprochait à MM. de Cuba et de Farconnet d'être la ruine de Nice et de ses habitants ; qu'ils étaient à la tête d'un tripot où l'étranger naïf était dépouillé.

MM. de Cuba et de Farconnet l'assignèrent en police correctionnelle et le 16 mai 1906. Ucciani était condamné à 3 mois de prison et 500 fr. d'amende pour diffamation envers M. de Cuba et à la même peine pour diffamation envers M. de Farconnet.

Le 7 juin suivant, Ucciani était encore poursuivi en police correctionnelle pour un délit d'outrage qu'il avait commis dans les circonstances suivantes :

Le 27 mai 1906, deux agents de la sûreté se présentaient au n° 20 de l'avenue de la gare pour viser le registre des garnis.

Pendant qu'ils causaient avec la bonne, Ucciani s'avança et dit à celle-ci : « Fichez-les à la porte ! » Les agents ayant décliné leur qualité, Ucciani répéta : « Fichez-les à la porte, je vais chercher mon revolver. »

Il fut condamné, par défaut, à un mois de prison.

Quant à son frère, François-Xavier, il est inconnu à Nice et je n'ai pu recueillir sur son compte aucun renseignement.

Nice, le 5 juillet 1910
Le commissaire spécial,
[Signature]

Note, 28 février 1912
(AN, f/7/16025/2)

Les frères Xavier et Dominique Ucciani se trouvent à Nice où ils tentent de faire paraître un journal dans le genre de *La Lanterne de Montmartre*. Ces deux bandits, qui habitent villa des fleurs, rue de la Paix, (quartier général des souteneurs) sont très redoutés des casinos niçois.

Xavier Ucciani est chargé par l'autorité de dénombrer les bonapartistes riches, capables d'être mis sous peu à contribution.

Bien que soutenue par de puissants juifs, *L'Autorité* veut, pour se transformer, avoir l'air de tenir de la générosité de ses partisans les fonds qui lui sont nécessaires. Cette transformation est imminente.

On dit que dans les milieux politiques niçois que le prince Napoléon se tient prêt à toute éventualité. On assure que Rouvier, deux ou trois mois avant sa mort, lui fit une visite et que cet entretien fit connaître au prétendant bonapartiste que la haute finance juive le soutiendrait, le cas échéant.

L'homme le plus renseigné à l'heure présente sur les menées bonapartistes est Chiavisolo, l'ancien secrétaire de Baïhaut. Tout en collaborant au *Temps*, Chiavisolo écrit dans *L'Autorité* et c'est lui qui y signe : Un républicain désabusé. Il est la cause initiale des polémiques engagées entre Maurras et les Cassagnac.

Note, 29 février 1912
(AN, f/7/16023/2)

On confirme très nettement que Xavier Ucciani (villa des fleurs, 16bis, rue de la Paix, à Nice) est chargé secrètement d'une active propagande bonapartiste. C'est l'homme de confiance de Chiavisolo de *L'Autorité*.

Sur la Côte d'Azur, la haute aristocratie s'entretient sans aucun mystère du changement de gouvernement en France qu'elle considère comme inévitable et prochain. Les amis des souverains belges assurent qu'Albert Ier encourage les projets du prince Napoléon en observant à son égard une neutralité plus que bienveillante.

Le roi Guillaume de Wurtemberg, l'archiduc d'Autriche et son épouse, tous les membres de familles régnantes qui séjournent sur la Côte d'Azur disent ouvertement que la république française en est à ses derniers moments. On cite ce mot du grand-duc Otto de Mecklembourg-Schwerin qui habite la villa Fantasia, à Èze-sur-Mer : « Poincaré est un bon médecin spécialisé dans l'art du cataplasme, mais c'est un chirurgien qu'il faut à la France. » Le propos a été tenu devant le grand-duc Michel de Russie et le prince de Bourbon-Bragance. L'infant Louis d'Espagne affecte, lui aussi, d'être bien renseigné sur les affaires de France. Il est vrai que c'est un assidu des soirées du duc de Pomar qui passe à Nice pour l'un des plus convaincus conspirateurs.

Le plus étrange, c'est que les royalistes ont l'air d'être satisfaits du remue-ménage bonapartiste. On dirait presque à les entendre, que cela fait les affaires du duc d'Orléans.

Note, 6 mars 1912

(AN, f/7/16025/2)

Le sieur Ucciani Dominique n'est de retour à Nice qu'il habita à diverses reprises, que depuis un mois environ ; il occupe un appartement meublé villa des fleurs, 16bis rue de la Paix et vit avec une dame Breton.

Il s'occupe vaguement de publicité et sa carte de visite porte le titre « Directeur de *La Lanterne de Paris et de Montmartre.* »

Jusqu'à ce jour, on n'a remarqué rien d'anormal dans ses agissements, il n'a reçu aucune visite intéressante et s'il fait de la propagande bonapartiste, il n'a pas dû s'y livrer encore avec beaucoup de zèle.

En réalité, Ucciani qui est bien connu de la police municipale et spéciale de Nice, est un condottiere, un flibustier de la presse.

Il a pris part, en Algérie, au mouvement antisémite aux côtés de Max Régis ; il fut à Nice vers 1909, gérant du journal *Le Peuple* qui n'eut qu'une durée très éphémère, le temps de pratiquer quelque chantage rémunérateur.

Ucciani Dominique est un cousin des frères Ucciani qui sont employés au comité des fêtes et ne s'occupent pas de politique.

Ci-joint sa fiche qui mentionne certaines condamnations, mais que je crois encore incomplète.

Note, 18 novembre 1915

(AN, f/7/16025/2)

Le journal *La Lanterne de Paris et de Montmartre*, qui avait cessé sa publication au début de la guerre, va reparaître très prochainement.

Cette feuille hebdomadaire, dont la création remonte à 1909, n'a jamais pratiqué que le chantage. Se disant « journal mondain, des snobs et demi-mondaines, primo cartello », *La Lanterne de Paris et de Montmartre* avait entrepris principalement de faire chanter les tenanciers des établissements de nuit de Montmartre, de même que les individus, hommes et femmes de mœurs spéciales ou vivant de la prostitution, qui fréquentaient ce quartier. Pour atteindre son but réel et sous le prétexte d'éclairer les viveurs sur les établissements louches, ladite feuille publiait chaque semaine, sous la rubrique « Les on-dit rosses », ou sous forme d'articles, des renseignements souvent répugnants sur la vie privée et surtout sur la situation intime des gens qu'elle visait.

De plus, cette feuille a fait également du chantage financier, mais dans des conditions plutôt restreintes.

L'individu qui a fondé cette feuille, qui l'a dirigée jusqu'ici et qui va essayer de la faire reparaître, et un nommé Ucciani, Dominique, né le 17 décembre 1872, à Ajaccio, qui fait élection de domicile, 71 rue de la Victoire.

C'est à cette adresse que se trouvent depuis deux ans les bureaux de *La Lanterne de Montmartre*. Ces bureaux étaient antérieurement installés 13 rue St-Lazare et 8 rue Louvois.

Dominique Ucciani a des antécédents déplorables. Maître chanteur et souteneur avéré, il a encouru 5 condamnations pour coups et blessures, injures, diffamation et outrages.

Il a longtemps opéré à Nice et sur la Côte d'Azur où il a été mêlé aux affaires Marquet – Max Régis-Sauvan.

Dominique Ucciani est secondé dans ses entreprises malhonnêtes par son frère, François-Xavier, dit «Paul Devennes», né le 7 août 1868, à Ajaccio, domicilié 27 rue de Clignancourt dont la moralité est aussi douteuse que la sienne. Cependant Xavier Ucciani cherche à sauver les apparences en ce qui le concerne. Il se tient généralement au second plan, laissant à son frère qui, lui, ne recule devant aucun obstacle pour arriver à ses fins, le soin d'agir. Malgré sa prudence, Xavier Ucciani n'en a pas moins été condamné plusieurs fois pour diffamation, injures publiques et pour coups et blessures.

Xavier Ucciani fréquente depuis longtemps les milieux royalistes et il est devenu l'un des familiers de *L'Action française* où d'ailleurs il a fait paraître il y a plusieurs années, quelques articles. Si on considère que *La Lanterne de Paris et de Montmartre* va très vraisemblablement entreprendre le chantage politique, le seul susceptible de donner quelques bénéfices, à l'heure actuelle on peut se demander si les frères Ucciani ne vont pas agir dans une certaine mesure pour le compte des dirigeants de *L'Action française*.

La déclaration de gérance relative à *La Lanterne de Paris et de Montmartre* a été faite par un nommé Demeny, Marcel, Paul, Laurent, né le 5 mars 1890, à Neuilly-sur-Seine, qui fait élection de domicile chez sa mère, 6, rue Berthollet.

Demeny, qui a été réformé du service militaire, est étudiant en pharmacie ; depuis la guerre, il fait des remplacements dans diverses officines.

Il demeure effectivement en meublé, 19 rue Baudin. Sa conduite n'a donné lieu, jusqu'ici à aucune remarque défavorable.

Le susnommé, dont rien dans la manière de vivre ne laisse supposer qu'il a une mentalité analogue à celle des frères Ucciani, paraît s'être fourvoyé dans la compagnie de ceux-ci qui vont peut-être profiter de son jeune âge et de son inexpérience pour masquer leurs agissements coupables.

Demeny n'a pas d'antécédents judiciaires.

La déclaration de gérance concernant *La Lanterne de Paris et de Montmartre* indique que l'impression sera faite au siège du journal, 71, rue de la Victoire. Or, il est certain qu'aucun matériel d'imprimerie ne se trouve à cette adresse.

C'est le fait habituel des maîtres chanteurs de cacher le lieu où leurs feuilles sont éditées.

Note, 11 octobre 1916
(AN, f/7/16025/2)

Dominique Ucciani est connu à Montmartre comme le juge de paix des apaches et à ce titre il a eu maintes fois l'occasion d'arranger des querelles entre apaches, souteneurs et autres bandits de Montmartre et des environs.

◆

ADULTÈRE

Les amours de Marie Curie

Au 5, rue du Banquier, dans le XIIIe arrondissement de Paris, c'est un curieux ménage qui s'installe au cinquième étage, dans le courant de l'année 1910. Lui a trente-neuf ans, sa compagne cinq de plus. Leur présence est intermittente, furtive, illégitime. Officiellement, ce sont M. et Mme Langevin qui résident là, mais le physicien Paul Langevin est déjà marié : la personne qu'il retrouve rue du Banquier n'est autre que Marie Curie, prix Nobel de physique en 1903 avec Henri Becquerel et Pierre Curie. Ce dernier, son époux, est mort bêtement en 1906, renversé par une charrette. Veuve depuis quatre ans, Marie Curie renaît : dans les bras de Paul Langevin, la dame du radium est radieuse. Quittant les paillasses de l'École de physique toute proche, les voici réunis pour des expériences plus intimes.

Affaire privée ? Nullement : l'épouse bafouée, Jeanne Langevin, est jalouse et vindicative. Avec sa sœur, elle menace Marie et va jusqu'à molester Paul ! Sur les conseils de son beau-frère, rédacteur au *Petit Journal*, elle décide de rendre son malheur public. L'adultère est alors un délit et le renom des deux scientifiques donne une dimension spéciale au

Marie Curie et Paul Langevin

Séparés par le scandale en 1911, les deux amants dorment aujourd'hui au Panthéon, avec Pierre Curie.

scandale, d'autant que les Langevin ont quatre enfants. Et nul n'ignore que Marie Curie est née Maria Sklodowska, à Varsovie. Une Polonaise, une étrangère, veuve indigne de surcroît, brise une famille française ! Il y a là de quoi vendre du papier, tout en réglant de vieux comptes.

« Dans les journaux réactionnaires on voit l'affaire comme une pure affaire politique », résume clairement un rapport « confidentiel » du 15 novembre 1911. « Mme Curie c'est la science libre-penseuse et républicaine. Dans son entourage même on place l'affaire sur ce terrain. C'est dans les milieux universitaires un recommencement du "classement" de l'affaire Dreyfus : pour ou contre Mme Curie. Cela va très loin et des manifestations des Camelots du roi sont d'ores et déjà décidées quand elle recommencera ses cours en mai. »

La liaison est d'abord révélée dans *Le Journal*, sous la plume de Fernand Hauser, mais celui-ci publie bientôt une lettre d'excuses : Marie et Paul ont des avocats influents, Raymond Poincaré et Alexandre Millerand, deux futurs présidents de la République. Le sénateur Jean Dupuy, directeur du *Petit Parisien* et président du Syndicat de la presse, « a demandé à tous les directeurs de journaux de ne pas parler de ces poursuites. C'est un fait sans précédent. »

Impossible pourtant de museler l'extrême droite. « Mme Curie restera-t-elle professeur à la Sorbonne ? » demande *La Libre Parole* du 19 novembre 1911. Mme Langevin s'est procuré des lettres compromettantes, transcrites dans l'assignation du procès qu'elle fait à son mari pour « entretien de concubine ».

« Six ou sept journaux possèdent aujourd'hui des copies des lettres de Mme Curie à M. Langevin », signale un informateur le 21 novembre, qui a lui-même vu trois exemplaires remis par Jeanne Langevin. Sa conclusion est nette : « La publication de ces lettres doit être considérée maintenant comme inévitable, c'est une question de jours. »

Elles paraissent en effet dans *L'Œuvre* du polémiste antisémite Gustave Téry. Mais c'est surtout *L'Action française* qui mène le combat, par une série d'articles de Léon Daudet et de Maurice Pujo publiés sous le titre : « Pour une mère ».

« D'une façon générale du reste, les sympathies ne vont pas à Mme Curie, commente un rapport du 24 novembre 1911. La nouvelle de son aventure sentimentale a provoqué un malaise certain dans l'opinion. Le public n'aime pas voir ses idoles se déboulonner elles-mêmes. On juge très sévèrement l'attitude de la “grande veuve” et on ne lui pardonne pas d'avoir traîné un nom illustre à travers les rubriques scandaleuses. »

Un second Nobel

C'est au cœur de l'affaire qu'est décerné à Marie Curie son second prix Nobel, de chimie cette fois. Malgré les suggestions gênées du jury, qui souhaiterait qu'elle ne vienne pas le réclamer, la voici à Stockholm : mais le prestige de ce double Nobel ne fait pas taire les mauvaises langues, qui lui reprochent justement la froideur scientifique avec laquelle a été décomposé le ménage Langevin… En février 1912, c'est la rumeur d'un accouchement clandestin qui court les salles de rédaction, la malheureuse ayant subi une opération rénale dans une clinique parisienne.

Le ministère de l'Intérieur n'intervient pas, se contentant d'observer la portée du scandale. Ses services, au reste, savent à quoi s'en tenir. D'après un rapport de la préfecture de police en date du 25 mai 1909, « les mœurs des gens de *L'Action française* ne sont pas exemptes de critiques. On connaît les aventures extraconjugales de Léon Daudet. Charles Maurras est l'ancien amant de Mme Paul Souday (Souday de *L'Éclair*). Mme de Vasselot passe pour rechercher la compagnie de tout jeunes gens ; c'est l'ancienne maîtresse de Jules Guérin. Des liaisons masculines sont également remarquées : Para et Ebener, d'une part ; Gérault et André Del Sarte, d'autre part. » Mais aucun journal ne publiera ces secrets d'alcôve.

◆

Le dossier

La relation entre Marie Curie et Paul Langevin, ainsi que les intentions vengeresses de Jeanne Langevin, sont connues de la police cinq jours avant le début de la campagne de presse. Les deux amants dorment aujourd'hui au Panthéon, avec Pierre Curie.

Rapport confidentiel sur « l'incident Curie-Langevin », 15 novembre 1911

(AN, f/7/15943/1)

D'un correspondant :

Il est établi que Mme Curie et M. Langevin sont amant et maîtresse. M. Langevin avait loué un second appartement sous son nom. Mme Curie y venant dans la journée se faisait appeler Mme Langevin. Il y a plus de six mois, la véritable Mme Langevin ayant découvert la chose prit les clefs de son mari et se rendit à l'appartement en cause. Ce fut là où elle trouva 15 lettres de Mme Curie, les premières disant « vous », les dernières disant « tu » et des plus précises. Le caractère le plus fâcheux de ces lettres est que Mme Curie y apparaît comme dissociant progressivement le ménage de son amant.

Avant la rupture actuelle il y avait eu des essais de réconciliation, mais les promesses de l'époux durèrent 8 jours.

Mme Langevin, décidée à provoquer le scandale, comptait sur l'action directe du procureur général. L'article du *Journal* arrivant le jour où celui-ci abordait l'affaire l'arrêta.

Depuis l'article du *Journal* un nouvel essai de réconciliation a eu lieu. M. Langevin voulait bien rompre avec Mme Curie, mais il mettait comme condition la restitution des lettres. Mme Langevin déclara que celles-ci seraient déposées dans une banque jusqu'à sa mort, le projet de réconciliation ne lui paraissant être qu'un moyen détourné pour les reprendre. Mme Curie fit savoir que dans ces conditions elle gardait son amant se souciant peu de se voir faire le « coup » de Musset (lettres avec Georges Sand) *[sic]*. Mme Langevin est convaincue qu'elle ne retrouvera pas son mari.

Des démarches très pressantes ont été tentées au ministère de la Justice par des amis de Mme Curie (Appell, Painlevé) pour éviter le scandale.

Mme Langevin, conseillée par son beau-frère Bourgeois, rédacteur au *Petit Journal*, poursuit au civil correctionnellement son mari pour entretien de concubine au domicile conjugal (le 2e appartement loué sous son nom) et Mme Curie comme complice. L'affaire viendra le 8 décembre. Avocats du couple Langevin-Curie : Millerand et Poincaré. Comme les avocats des accusés pouvaient s'opposer à la lecture des lettres volées au mari, celles-ci figurent *in extenso* dans l'assignation dont la lecture ne peut être empêchée.

Des amis de Mme Curie ont agi auprès de M. Jean Dupuy qui, comme président du syndicat de la presse, a demandé à tous les directeurs de journaux de ne pas parler de ces poursuites. C'est un fait sans précédent.

Dans les journaux réactionnaires, on voit l'affaire comme une pure affaire politique. Mme Curie c'est la science libre-penseuse et républicaine. Dans son entourage même on place l'affaire sur ce terrain. C'est dans les milieux universitaires un recommencement du « classement » de l'affaire Dreyfus : pour ou contre Mme Curie. Cela va très loin et des manifestations des Camelots du roi sont d'ores et déjà décidées quand elle recommencera ses cours en mai. Le journal publiera avant l'audience le texte de l'assignation avec les lettres.

Rapport, 21 novembre 1911

(AN, f/7/15943/1)

D'un correspondant :

Six ou sept journaux possèdent aujourd'hui des copies des lettres de Mme Curie à M. Langevin. Ces copies remises par Mme Langevin sont celles des lettres principales contenues dans l'assignation du procès du 8 décembre (j'en ai vu 3 exemplaires).

La publication de ces lettres doit être considérée maintenant comme inévitable, c'est une question de jours.

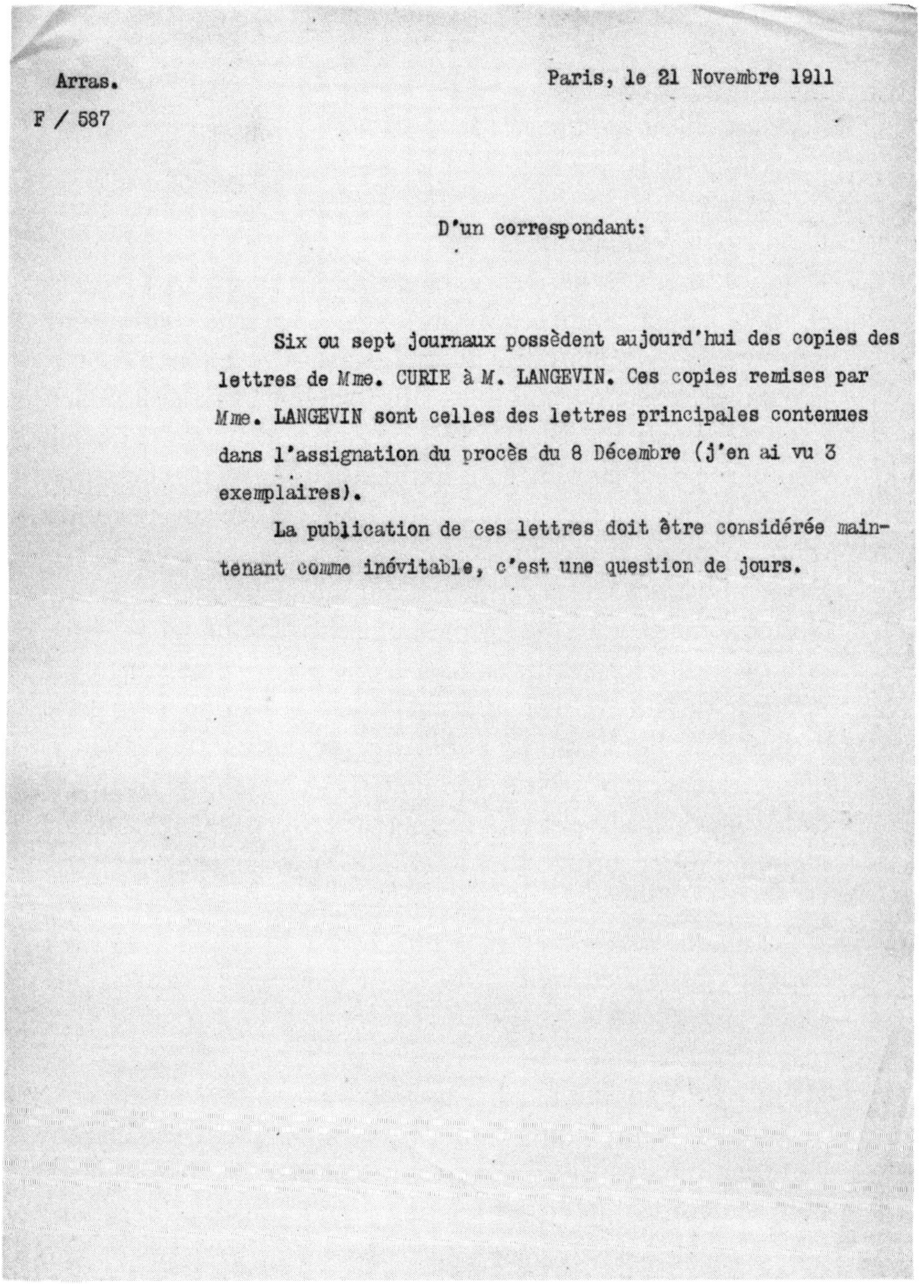

Arras.

F / 587

Paris, le 21 Novembre 1911

D'un correspondant:

Six ou sept journaux possèdent aujourd'hui des copies des lettres de Mme. CURIE à M. LANGEVIN. Ces copies remises par Mme. LANGEVIN sont celles des lettres principales contenues dans l'assignation du procès du 8 Décembre (j'en ai vu 3 exemplaires).

La publication de ces lettres doit être considérée maintenant comme inévitable, c'est une question de jours.

Note du 21 novembre 1911

Un informateur bien introduit dans les salles de rédaction annonce la publication des lettres intimes de Marie Curie dans la presse. (AN, f/7/15943/1)

Rapport, 24 novembre 1911
(AN, f/7/15943/1)

D'un correspondant :

La publication des lettres de Mme Curie dans *L'Œuvre* a été décidée par la direction du *Journal*. C'est *Le Journal* qui tient toutes les ficelles de cette publication. *L'Œuvre* n'est que le paravent destiné à masquer – fort mal – la campagne ouvertement inspirée par M. Letellier. Primitivement, on paraissait résolu, rue de Richelieu, à insérer dans *Le Journal* les fameuses lettres ; mais on a reculé au dernier moment devant les ennuis d'un nouveau scandale, et Téry a été chargé d'allumer la mèche. *Le Journal* fera certainement, si les événements se précipitent, campagne pour Mme Langevin. D'une façon générale du reste, les sympathies ne vont pas à Mme Curie. La nouvelle de son aventure sentimentale a provoqué un malaise certain dans l'opinion. Le public n'aime pas voir ses idoles se déboulonner elles-mêmes. On juge très sévèrement l'attitude de la « grande veuve » et on ne lui pardonne pas d'avoir traîné un nom illustre à travers les rubriques scandaleuses.

Rapport, 21 février 1912
(AN, f/7/15943/1)

D'un correspondant :

Le bruit selon lequel Mme Curie aurait été mère, en janvier, des œuvres de M. Langevin et aurait accouché clandestinement est antérieur à la dépêche publiée par certains journaux étrangers il y a quelques jours.

Il a pris naissance le soir même du jour où *Le Temps* a annoncé qu'atteinte d'une crise subite d'appendicite Mme Curie avait dû être transportée dans une maison de santé. Ce bruit n'était point une simple rumeur, une déduction sans plus, une hypothèse ou une blague de café. Il courut d'abord au *Petit Journal*, or vous savez que le frère de Mme Langevin y est journaliste. La rédaction de *L'Éclair* en eut connaissance 48 heures plus tard, vraisemblablement par cette source. Vous savez que *L'Éclair* est très acharné contre Mme Curie ; au bruit de la grossesse on avait ajouté que l'accouchement était chose faite. On voulut en parler et on dut voir le frère de Mme Langevin. On fut à la mairie de l'arrondissement où était sise la maison de santé, mais on ne put réussir à y avoir par des moyens détournés la liste des naissances. Malgré tout on aurait trouvé un semblant d'authenticité suffisante à la chose pour songer un moment à publier une note anonyme relatant le fait sans nommer ni désigner explicitement Mme Curie. On y renonça, ce qui est dire que ce bruit restait après enquête un simple bruit.

C'est de cette enquête suivie avec trop peu de direction que sortit la vulgarisation de la rumeur calomnieuse. Elle eut deux sources : 1 – des indiscrétions d'un rédacteur de *L'Éclair* dans les couloirs du conseil municipal, elle gagne aussi différents journaux ; 2 – un récit de l'affaire par un second rédacteur de *L'Éclair* au café du Croissant une certaine nuit. S'y trouvaient ce jour-là, comme presque chaque soir, deux correspondants de journaux allemands. Ceux-ci parurent très « allumés » par cette histoire.

Je suppose que c'est de leur côté qu'ont dû naître les notes publiées à l'étranger, non qu'elles fussent forcément de ces deux journalistes, mais ils durent en parler à d'autres correspondants étrangers. Vous savez que ceux-ci sont très liés entre eux et qu'ils se rencontrent quotidiennement.

Je ne crois pas qu'il faille chercher du côté des agences françaises : La Presse nouvelle n'a pour ainsi dire pas de correspondances à l'étranger, sauf 2 ou 3 pour des journaux catholiques en Belgique; l'agence Havas et l'Information sont incapables d'avoir «passé» cela; l'agence Fournier n'a de correspondances qu'en Belgique et en Suisse. Je suis convaincu qu'il faut chercher du côté des correspondants parisiens d'agences étrangères.

Pour pouvoir pousser plus loin cette enquête, il me faudrait savoir les noms des journaux qui ont publié l'information dont vous me parlez. Il m'est possible de savoir vraisemblablement (au moins pour un certain nombre d'entre eux) quels sont leurs moyens d'information parisienne, s'ils sont abonnés à une agence de Paris, s'ils ont un correspondant, etc. Dans une telle matière, pour avoir l'origine d'une note, il faut faire une enquête descendante sur ses origines possibles selon les moyens d'information du journal.

Je dois ajouter pour être complet sur cette enquête que simultanément à la rumeur qui se répandit dans les journaux, l'affirmation d'une maternité clandestine de Mme Curie a couru dans les milieux universitaires et académiques. Il en a été question dans le salon de M. Landouzy avant même que cela ne se fût vulgarisé dans les rédactions et le directeur des *Lectures pour tous* en a parlé à 6 ou 7 personnes chez Hachette.

Je crois difficile de donner la même origine à la vulgarisation du faux bruit ici et là. Celui-ci a dû avoir une autre origine dans les milieux universitaires et médicaux.

◆

La statue du précurseur

Des parlementaires à Poil

Hégésippe Simon, « précurseur de la démocratie », aura bientôt son monument. Quel élu républicain voudrait bouder pareille fête ? Députés et sénateurs sont d'ailleurs démarchés pour la célébration du centenaire, par un comité d'honneur dont les circulaires splendidement imprimées rappellent la pensée du grand homme : « Les ténèbres s'évanouissent quand le soleil se lève. »

La France est alors frappée de « statuomanie ». La République célèbre ses héros comme autant de saints laïcs, dont les effigies de marbre et de bronze viennent orner les places des plus modestes chefs-lieux de canton. Petite commune de la Nièvre, Poil attend donc les officiels. Oui, Hégésippe Simon est « né à Poil », ce qui explique cette merveilleuse réponse du sénateur Le Peletier d'Aunay : « Je vous autorise bien volontiers à m'inscrire parmi les membres du comité du centenaire d'Hégésippe Simon ; mais, à mon vif regret, je prévois qu'il me sera sans doute difficile de me trouver à Poil… »

Publiée dans *L'Éclair* du 21 janvier 1914, pareille lettre soulève l'hilarité générale, d'autant qu'elle s'accompagne d'autres courriers trop vite signés par des élus bien intentionnés. Hélas, le « Précurseur » n'a jamais existé : habile synthèse du peintre Hégésippe Moreau et du républicain Jules Simon, il a été créé par le journaliste Paul Birault, par ailleurs imprimeur à Montmartre, ce qui explique la qualité des documents adressés à ses dupes. Un superbe tableau de chasse : neuf députés, quinze sénateurs et trois conseillers de Paris, dont quelques prises de choix… Outre le sénateur Le Peletier, comte d'Aunay, ancien ambassadeur et descendant de Vauban, la presse cite le sénateur Aimond, polytechnicien, rapporteur général de la commission des Finances, mais aussi un agrégé de l'Université, Eugène Lintilhac, un ancien ministre de l'Instruction publique, Maurice Faure, et même un ancien président du Conseil, Ferdinand Sarrien – notable insipide que Clemenceau appelait : « Ça ? Rien ! »

Feuille de droite, *L'Éclair* n'a visé que les radicaux. Leurs réponses ridicules portent atteinte au crédit même du régime parlementaire : l'humour est un puissant corrosif, de sorte que la police va mener une petite enquête sur le farceur, Paul Birault. « Un très honnête garçon », du genre pince-sans-rire, qui a gagné cinq cents francs avec ce canular. La Belle Époque s'achève sur cet ultime éclat de rire début 1914, avant les éclats d'obus. Les Français oublieront bientôt Poil pour ne plus penser qu'aux poilus.

◆

Le dossier

Après ce canular qui ridiculise le personnel politique radical, la police s'intéresse à Paul Birault. Ancien typographe, il possède une petite imprimerie à Montmartre, mais complète ses revenus par des piges dans divers journaux, dont L'Éclair. *« Courriériste parlementaire » accrédité dans les deux chambres, il connaît de près les élus qu'il a bernés.*

Rapport sur l'affaire Hégésippe Simon, 27 janvier 1914
(AN, f/7/15931/2)

D'un correspondant :

Paul Birault a aujourd'hui 45 ans ; il est marié et père d'un enfant de 8 ans. Ancien typographe, il a débuté très tard dans le journalisme. Il n'avait fait que quelques articles à côté et restait typo quand, en 1911, le secrétaire de rédaction de *La France* qui le connaissait, se l'adjoignit comme second. Birault occupa six mois ce poste qu'il doubla rapidement d'autres [collaborations] à *L'Action* et à *L'Aéro*.

Il devint ensuite secrétaire de rédaction adjoint de *L'Action* où il signa quelques articles, en même temps, il continuait une collaboration intermittente à *La France*. Il donnait aussi de nombreux échos à *L'Opinion*, dont le directeur Colrat, intéressé par les incidents que l'on racontait sur lui demanda à le voir ; il lui plut et Colrat lui confia la direction des *Échos de l'opinion* qu'il garde encore.

Birault quitta alors *L'Action* (fin 1912) pour être plus indépendant.

Il a basé sa [vie] matérielle sur le principe de 3 ou 4 collaborations simultanées lui assurant les 600 fr. dont il a besoin par mois.

À *L'Opinion*, il a signé quelques articles de statistique politique. Il y est, en outre de ses *Échos*, courriériste parlementaire et a des cartes de couloir de la Chambre et du Sénat.

À *La France*, il fait des interviews politiques et économiques et des articles de second ordre. Il a fait des fantaisies à *Fantasio.*

Il donne des articles à *L'Éclair* à la ligne depuis trois mois, et vient d'y être titularisé (le 22 janvier) au mois, après ses articles d'Hégésippe Simon.

Entré en relations avec le syndicat des marchands de La Villette lors de la dernière grève des abattoirs, il a fondé et dirige pour le compte de ceux-ci un bihebdomadaire, *Paris-Bestiaux*, qui lui rapporte 200 fr. par mois.

Birault et sa femme ont conservé une petite imprimerie, 4, rue Tardieu (500 fr. de loyer) ; ils habitent 17, rue Durantin, un appartement de 600 fr.

Imprimerie et domicile étaient ensemble en 1910 dans le couvent de la rue de Douai transformé depuis en lycée. Birault eut à ce moment maintes chicanes avec les Domaines qui lui fournirent les éléments de ses premiers articles. C'est lui qui a fait en 1910 et 1911 presque toute la campagne de presse sur la liquidation de ce couvent.

La spécialité journalistique de Birault est de fouiner et de dénicher les chinoiseries administratives (genre Lebureau). C'est un bon vivant, assez corpulent, à la figure réjouie, volontiers pince-sans-rire, mais avec bonhomie. C'est au demeurant, un très honnête garçon, très sûr, vivant en famille, faisant des économies.

Sa tare est de n'avoir pas de style, on corrige ses articles, mais il a des idées, ce que l'on apprécie. Secrétaire de rédaction, il ne s'affolait jamais : gros mérite. Ses relations parlementaires de *L'Action* et de *La France* l'ont aidé à monter l'affaire Hégésippe Simon.

Il l'a commencée il y a six mois alors qu'il était encore à *L'Action*. Il faisait cela pour *Fantasio* qui a « renâclé » aux frais. Il a continué pour *L'Opinion* qui a, au dernier moment, trouvé l'affaire trop peu sérieuse.

Le 19 janvier, il l'a offert au *Figaro* pour 1 000 fr. Comme on ne lui en donnait que 250, puis 350, il l'a portée à *L'Éclair* pour 500.

◆

II

Les folies du nouveau siècle

(1914-1929)

L'HYPOTHÈSE FOCH

Un généralissime clérical

« Des propos empreints d'un certain scepticisme ont circulé ces jours derniers dans les couloirs de la Chambre », signale un rapport de police du 17 janvier 1915. Cinq mois après l'enthousiasme de l'Union sacrée, ceux qui croyaient en une guerre courte doivent déchanter. Le front s'est stabilisé, mais les pertes, énormes, affolent les parlementaires.

Les lettres qu'ils reçoivent des combattants inquiètent les députés, qui contestent le haut commandement. « On disait aussi que plusieurs généraux sont loin d'approuver la tactique de Joffre ; en revanche, un nom est prononcé avec complaisance dans les milieux parlementaires, c'est celui du général Foch à qui, même les radicaux, ne songent pas à redouter ses attaches congréganistes. » Les notes du ministère de l'Intérieur pendant la Grande Guerre ignorent superbement les questions militaires. Comme au temps du « Petit Père Combes », qui faisait ficher la pratique religieuse des officiers, le propos est strictement politique : un général catholique comme Foch, aussi talentueux soit-il, ne constituera-t-il pas un danger pour la République ? Une note frappée du tampon « Secret » rappelle, le 2 mars 1915, qu'il a un frère jésuite. Une autre, du 17 juillet, rapporte que le père Foch a prêché pour le carême à la frontière pyrénéenne, tandis que le remplacement du franc-maçon Joffre par l'officier clérical est souhaité côté espagnol par les journaux carlistes, c'est-à-dire la réaction catholique et royale… Ces soupçons d'Internationale noire ne peuvent que ralentir la carrière de Foch : Joffre sera remplacé par Nivelle, puis celui-ci par Pétain. C'est pourtant un anticlérical comme Clemenceau qui va miser sur « ce fou » de Foch, nommé généralissime le 26 mars 1918.

Une autre information figure au dossier depuis le 11 octobre 1915 : « On assure que le général Foch est gravement atteint d'une maladie qui le met dans l'impossibilité d'uriner sans le secours de la sonde, et qu'un médecin militaire, nommé André, ne le quitte ni jour ni nuit. » Ce renseignement scabreux parvient à Clemenceau, qui convoque le commandant en chef : « Monsieur le maréchal, je suis aux regrets de vous dire que je ne peux pas laisser le commandement suprême des armées à un homme qui ne peut pas pisser tout seul. » Sans mot dire, Foch se lève, traverse le bureau et, surmontant la douleur, mitraille copieusement la cheminée. Le président du Conseil, sidéré, lui laisse son commandement. Commentaire du Tigre à son ami Jean Martet : « Heureusement que j'avais une cheminée car le bougre aurait aussi bien pu arroser ma bibliothèque… »

F. 670 Paris le 17 janvier 1915

Londres

D'un correspondant.

Des propos empreints d'un certain pessimisme ont circulé ces jours derniers dans les couloirs de la Chambre. L'échec de l'Aisne y a produit une grosse impression. On disait couramment que le communiqué était resté bien en dessous de la vérité et que nous avions perdu en deux jours les gains péniblement réalisés en deux mois.

On ne se gênait pas pour critiquer amèrement le haut commandement qui laisse, disait-on, dans l'inaction des dépôts d'énormes réserves.

Les députés des régions envahies du Nord se faisaient remarquer par la violence de leurs récriminations, certains d'entre eux exprimant sur le généralissime une opinion peu flatteuse.

On disait aussi que plusieurs généraux sont loin d'approuver la tactique de JOFFRE; en revanche, un nom est prononcé avec complaisance dans les milieux parlementaires, c'est celui du général FOCH à qui, même les radicaux, ne songent pas à reprocher ses attaches congréganistes.

A signaler enfin un autre bruit très pénible, d'après lequel un certain découragement se manifesterait dans les tranchées. Des députés disaient avoir reçu des lettres ne laissant aucun doute à ce sujet.

On cherche d'ailleurs à propager le même bruit dans les milieux belges./.

Note de police du 17 janvier 1915

Réunis en session à partir du 22 décembre 1914, les parlementaires entendent maintenir les institutions démocratiques et imposer aux militaires du Grand Quartier Général une conduite civile de la guerre. L'hypothèse Foch est évoquée dès le début de l'année 1915 dans les couloirs de la Chambre des députés . « L'échec de l'Aisne y a produit une grosse impression. […] À signaler enfin un autre bruit très pénible, d'après lequel un certain découragement se manifesterait dans les tranchées. Des députés disaient avoir reçu des lettres ne laissant aucun doute à ce sujet. »
(AN, f/7/15956/2)

Ferdinand Foch

Né le 2 octobre 1851 dans une famille catholique de Tarbes (Hautes-Pyrénées), ancien élève des Jésuites, il ne sera nommé commandant en chef du front occidental que le 26 mars 1918 : depuis l'affaire Dreyfus, les radicaux se méfient des « généraux de jésuitière », mais Clemenceau lui fait confiance.

La Grande Guerre, il est vrai, atténue la fracture cléricale, au point que le 20 novembre 1919, après l'élection de la Chambre « bleu horizon », un rapport envisage que Foch soit élu président de la République par les députés anciens combattants : « Celui-là, ils le connaissent, celui-là, ils l'ont suivi tous les jours pendant cinq ans, ils ont commencé à entendre parler de lui à la Marne, puis chaque jour ils ont continué d'en entendre parler avec un concert d'éloges de plus en plus grand. À des moments critiques, ils ont mis leur espoir en lui et ils n'ont pas eu de déception. Pour eux c'est un grand chef, pour eux c'est grâce à lui que le peu que l'on a obtenu par l'armistice a pu être imposé, et puis ce sont des gens qui ont été envoyés par des froussards par peur du bolchévisme pour maintenir l'ordre, ils le savent, et ils savent qu'ils seraient approuvés s'ils nommaient comme chef de l'État non seulement un homme énergique, mais même un sabre. »

(AN, f/7/15956/2)

À LA CLOCHE DE BOIS

Le déménagement du citoyen Brizon

En conflit avec son propriétaire, Pierre Brizon décide de déménager. En ces temps de restrictions, son appartement n'est plus chauffé depuis novembre 1916 et l'eau ne cesse d'être glacée que le dimanche. Quant à l'ascenseur, il ne fonctionne plus que par intermittence. Pierre Brizon veut partir, mais il doit acquitter pour cela deux mois de loyer qui lui sont réclamés au-delà du terme échu, ce qu'il refuse absolument.

Le 28 janvier 1917, une charrette escortée d'une quarantaine de costauds arrive au bas de son domicile parisien du 8, rue Raffet. Le Syndicat des locataires entre en action : sous la direction de Georges Cochon, le mobilier est enlevé et emporté en si peu de temps que la concierge ne peut ni s'opposer au départ, ni même donner l'alerte. « Un opérateur de cinématographe, installé à proximité, fixait cette scène cependant que les locataires de l'immeuble, tous à leurs fenêtres, échangeaient avec les passants des propos plus ou moins aimables à l'adresse du député de l'Allier, dont la conduite était très sévèrement jugée. » S'ensuit un cortège pittoresque qui se dirige vers un nouveau logement, au 107, boulevard

Georges Cochon

Né le 26 mars à Chartres (Eure-et-Loir), il fonde le Syndicat des locataires, qui organise des actions en faveur des familles mal logées et des déménagements clandestins. Ci-dessus, il rend visite à ses protégés au moyen d'une corde.

Poniatowski : « À midi 35, la voiture était chargée, Cochon donna le signal du départ. Un écriteau posé à l'arrière du véhicule faisait connaître que Brizon, député, expulsé de la Chambre, déménageait à la cloche de bois ; sur une autre pancarte on lisait : "À bas les vautours." Sur les côtés de la voiture, on voyait dessiné à la craie, le profil du député et l'inscription : "Vive Brizon." »

Un révolutionnaire internationaliste

Le citoyen Brizon n'est certes pas un locataire ordinaire. Député socialiste de l'Allier, il siège à l'extrême gauche et ses récentes prises de position pacifistes ont occasionné en décembre 1916 une vraie bagarre dans l'hémicycle : son collègue Bouge a reçu un verre au visage, tandis que lui a été sanctionné.

Brizon, qui déménage en compagnie de sa maîtresse, est aussi accusé par sa femme légitime d'être « l'auteur d'un tract anonyme invitant les paysans de son département à ne pas semer de blé »... Un saboteur, ce Pierre Brizon, un défaitiste au service de l'Allemagne ? Un révolutionnaire internationaliste du moins, qui veut la paix immédiate, comme ces délégués de plusieurs pays qu'il a rencontrés à Kienthal, en Suisse. Il prépare « le grand retour », celui des combattants qui, après leurs épreuves, devront encore affronter le propriétaire, ses termes dus et ses prétentions.

« Je pouvais payer mon loyer », déclare-t-il lors d'une réunion publique le 18 février 1917, « mais je ne l'ai pas fait, justement pour vous prouver à tous que vous n'êtes pas non plus astreints à le payer. » La suite de son discours, pour le moins vigoureuse, est ainsi résumée par le policier présent dans la salle : « Partisan de la démolition immédiate de tous les immeubles insalubres, il déclare que si les canons ne les ont pas détruits, les victimes de la tuberculose peuvent le faire et reconstruire des habitations logeables et saines. »

Le Syndicat des locataires, qui s'était illustré par de semblables coups de main avant guerre, avait suspendu ses actions en 1914. Un moratoire sur les loyers, le front uni des Français contre le péril extérieur, avaient mis en sommeil un mouvement très populaire à Paris : des déménageurs de profession donnaient un peu de leur temps aux familles démunies pour les soustraire aux serres de « M. Vautour », l'éternel type du propriétaire rapace. Avec ces gros bras débonnaires, conduits par un meneur sympathique au nom de Cochon qui s'en dédit, ces scènes devenaient de véritables fêtes : les évacuations se faisaient même en musique, grâce au Raffut de Saint-Polycarpe – une fanfare hétéroclite et bruyante, formée d'instruments de récupération, qui en ameutant tout le quartier, rendait toute arrestation délicate… Ces interventions semblaient appartenir au folklore parisien d'antan, mais voici que Brizon, en réactivant les revendications des locataires, fait savoir aux autorités cette vérité lourde de conséquences : l'Union sacrée touche à sa fin.

« Je vais déserter »

L'opération risque toutefois de faire une victime : Georges Cochon lui-même. Né à Chartres (Eure-et-Loir) le 26 mars 1879, il a fondé le Syndicat des locataires pour agir en faveur des familles mal logées et organiser des déménagements clandestins. Personnage populaire, Cochon a inspiré plusieurs chansons, dont *La Cochonette* ou encore, sur des paroles de Montéhus, *V'là Cochon qui déménage* : « Et toi méchante République / Si tu n'veux pas te ranger / Vers la class' démocratique / Le peupl' va te foutre congé / Et faudra qu'tu déménages / À la cloche / Et faudra qu'tu déménages / À la cloche de bois. » Jusqu'alors mobilisé dans une usine de guerre, le voici dirigé vers un régiment d'infanterie coloniale qui risque d'aller en première ligne. « Je vais déserter », annonce Cochon. « Mais c'est de la folie, s'exclame Brizon. Allez à votre corps. Je tenterai l'impossible pour vous éviter le front. – Je ne veux pas me faire tuer pour donner Constantinople à la Russie. – Ce sont des paroles qu'on dit à la Chambre. – Si elles sont fausses, vous êtes un pitre. Si elles sont vraies comme je le crois, je dois les mettre en pratique et refuser de servir. » Ce dialogue, tel qu'il figure dans un rapport de police, est-il crédible ? Le vouvoiement n'est guère de mise à l'extrême gauche et on peut douter qu'il ait été saisi sur le vif, mais il est vrai que la situation a créé une tension entre les deux hommes, qui n'en évolueront pas moins vers le communisme.

Déserteur en effet, Cochon est arrêté et condamné à trois ans de travaux publics. Il vivra jusqu'en 1959.

◆

Le dossier

Libre-penseur et pacifiste, Pierre Brizon appartient à la fraction des socialistes qui rompt avec l'Union sacrée. En 1914, le Syndicat des locataires avait cessé ses interventions ; elles reprennent en janvier 1917 avec le déménagement du député d'extrême gauche. Optant pour le communisme en 1920, celui-ci sera exclu pour déviationnisme en 1922 et mourra l'année suivante.

Rapport, 29 janvier 1917

(AN, f/7/15936/1)

Hier matin, Cochon, secrétaire du Syndicat des locataires, dont le siège est 16, rue des Martyrs, et une quarantaine d'individus, hommes et femmes, ont procédé au déménagement du mobilier de M. Brizon, député de l'Allier, demeurant 8, rue Raffet.

Brizon et sa maîtresse, Marcelle Capy, qui avaient passé la nuit hors de chez eux, attendaient les déménageurs au café situé à l'angle de l'avenue Mozart et de la rue de la Source.

De leur côté, Cochon et ses amis s'étaient donné rendez-vous à l'établissement Bessavet, à l'angle de la même avenue et de la rue Pierre Guérin d'où ils sont partis vers 10 h ½ se dirigeant vers la rue Raffet, tout en distribuant en cours de route, des tracts de propagande du modèle ci-joint.

La concierge de l'immeuble, qui avait reçu de son propriétaire l'ordre de ne pas s'opposer au déménagement, laissa pénétrer Cochon et les membres du Syndicat des locataires, et pendant qu'une dizaine d'entre eux, déménageurs de métier, descendaient le mobilier, d'ailleurs fort modeste et en mauvais état, les autres continuaient à remettre des tracts aux passants.

Un opérateur de cinématographe, installé à proximité, fixait cette scène cependant que les locataires de l'immeuble, tous à leurs fenêtres, échangeaient avec les passants des propos plus ou moins aimables à l'adresse du député de l'Allier, dont la conduite était très sévèrement jugée.

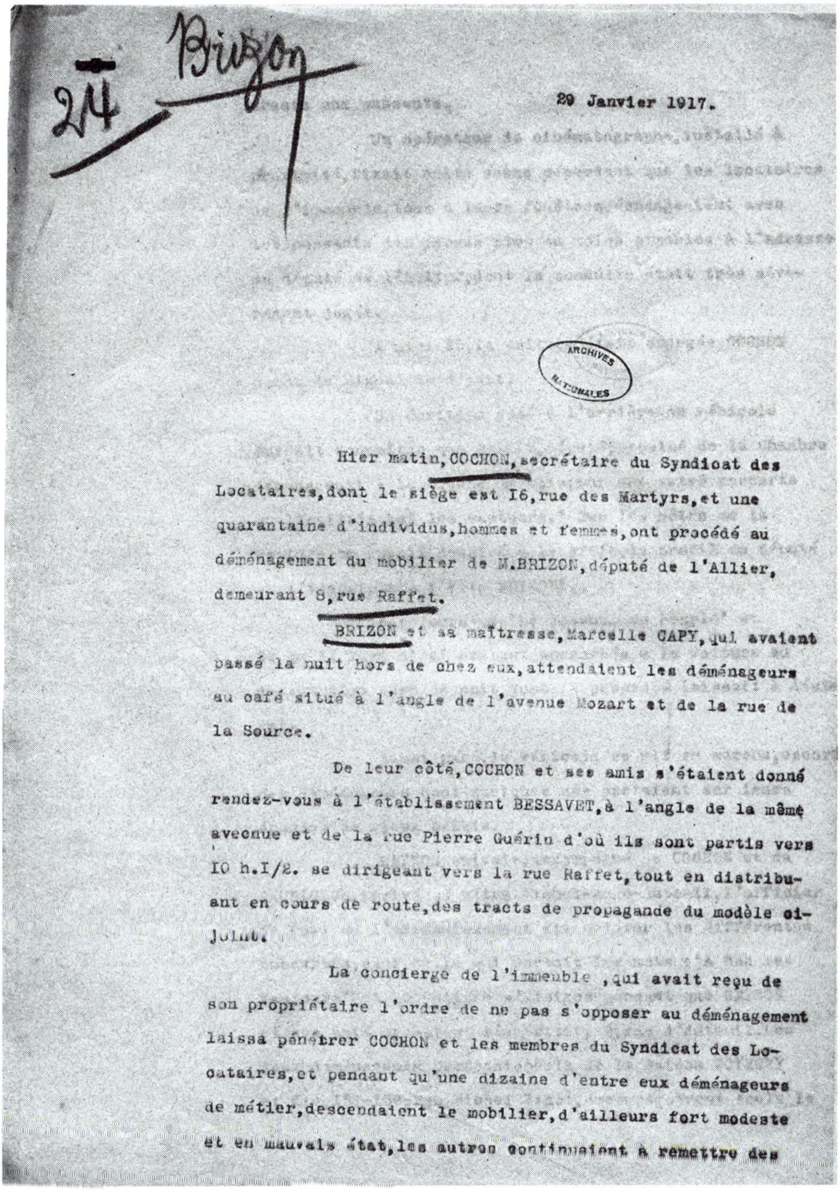

214 Brizon

29 Janvier 1917.

Hier matin, COCHON, secrétaire du Syndicat des Locataires, dont le siège est 16, rue des Martyrs, et une quarantaine d'individus, hommes et femmes, ont procédé au déménagement du mobilier de M. BRIZON, député de l'Allier, demeurant 8, rue Raffet.

BRIZON et sa maîtresse, Marcelle CAPY, qui avaient passé la nuit hors de chez eux, attendaient les déménageurs au café situé à l'angle de l'avenue Mozart et de la rue de la Source.

De leur côté, COCHON et ses amis s'étaient donné rendez-vous à l'établissement BESSAVET, à l'angle de la même avecnue et de la rue Pierre Guérin d'où ils sont partis vers 10 h.1/2. se dirigeant vers la rue Raffet, tout en distribuant en cours de route, des tracts de propagande du modèle ci-joint.

La concierge de l'immeuble, qui avait reçu de son propriétaire l'ordre de ne pas s'opposer au déménagement laissa pénétrer COCHON et les membres du Syndicat des Locataires, et pendant qu'une dizaine d'entre eux déménageurs de métier, descendaient le mobilier, d'ailleurs fort modeste et en mauvais état, les autres continuaient à remettre des

Note du 29 janvier 1917

Elle relate le déménagement « à la cloche de bois » du député Brizon, socialiste et pacifiste qui rompt ainsi l'Union sacrée. Il optera pour le communisme en 1920, sera exclu pour déviationnisme en 1922 et s'éteindra l'année suivante.

(AN, f/7/15936/1)

À midi 35, la voiture était chargée, Cochon donna le signal du départ.

Un écriteau posé à l'arrière du véhicule faisait connaître que Brizon, député, expulsé de la Chambre déménageait à la cloche de bois ; sur une autre pancarte on lisait : « À bas les vautours. » Sur les côtés de la voiture, on voyait dessiné à la craie, le profil du député et l'inscription : « Vive Brizon. »

Les journaux *Le Journal du peuple* et *Ce qu'il faut dire* étaient accrochés à la voiture au-dessus d'un vase de nuit dont la propreté laissait à désirer.

Ainsi paré, le véhicule se mit en marche, escorté des déménageurs dont quelques-uns portaient sur leurs épaules de vieux balais.

Brizon suivait, accompagné de Cochon et de Mauricius. Arrivé au métro Michel-Ange Auteuil, l'officier de paix de l'arrondissement fit enlever les différentes pancartes, sauf celle qui portait les mots : « À bas les vautours » et la voiture s'éloigna pendant que Brizon et ses amis prenaient l'apéritif, 2, rue d'Auteuil. Les deux déménageurs professionnels de la maison Foissey et Cie, 157-159, rue Michel-Bizot, accompagnèrent seuls le mobilier qui arriva, 107, boulevard Poniatowski à 16 heures. En cours de route, une baignoire qui avait été juchée sur la voiture, resta accrochée dans les fils aériens du tramway et fut quelque peu détériorée. Le choc défonça un sommier.

Une nouvelle difficulté se présenta au moment de l'emménagement. La concierge de l'immeuble se refusa à laisser entrer le mobilier, prétextant que M. Brizon n'avait pas signé l'engagement de location, ni payé le terme d'avance.

Vers 7 heures, le député de l'Allier et sa maîtresse vinrent s'entendre avec la concierge qui fit signer l'engagement pendant que Brizon acquittait le montant du loyer.

Toutefois, en raison de l'heure tardive, la voiture fut garée rue Michel-Bizot et l'emménagement aura lieu définitivement ce matin. Quant au propriétaire de la rue Raffet, il aurait l'intention de poursuivre son ex-locataire en justice.

Rapport, 19 février 1917
(AN, f/7/15936/1)

Une réunion organisée par le Syndicat des locataires (syndicat Cochon) a eu lieu, hier matin, au cinéma de la rue de l'Union, à Clichy. 450 personnes environ, dont une quarantaine de femmes y assistaient.

La séance est ouverte à 10 heures 5, sous la présidence de Monmousseau, assisté de Duval comme secrétaire.

Monmousseau fait connaître que Sébastien Faure n'ayant pu assister à cette réunion a promis son concours pour la prochaine. Il annonce ensuite que la réunion sera contradictoire, mais ne devra pas sortir de l'ordre du jour.

Mauricius fait un sombre tableau de la situation actuelle des locataires et invite la classe ouvrière à adhérer au syndicat qui, fait-il remarquer, n'a rien de commun avec l'Union fédérale des locataires.

Parlant de la loi votée à la Chambre et qui, retour du Sénat avec des entorses, revient à nouveau devant la Chambre, il condamne l'attitude des élus socialistes « qui n'ont pas eu le courage de se rappeler la devise de l'Internationale » à l'exception de Brizon.

« Le moment, dit-il, est venu d'agir par "l'action directe". Le proverbe "l'union fait la force" peut recevoir en ce moment son application, car c'est la lutte à cent contre un. » Mauricius préconise le remplacement de la propriété individuelle par la propriété collective, « seul régime valable ressortant des faits même de cette guerre affreuse qui ne sème que deuils, misères et haines entre peuples. »

[...] L'ordre du jour est ensuite adopté à mains levées par une quinzaine de membres du Syndicat des locataires. La séance est levée à midi 15, sans autre incident.

Rapport, 25 février 1917
(AN, f/7/15936/1)

À la suite du déménagement du député Brizon et de l'article publié à ce sujet par *La Liberté*, Cochon fut rayé des contrôles de la main-d'œuvre militaire et reçut l'ordre de rejoindre immédiatement son dépôt. Brizon s'entremit et rendit visite au contrôleur de la main-d'œuvre, à Albert Thomas, puis à Joseph Caillaux, mais rien n'y fit, la décision prise à l'égard de Cochon fut maintenue et celui-ci fut même mis en prison dès son arrivée au corps. Cependant, sur l'intervention de M. Ceccaldi, rapporteur du budget des troupes coloniales, il fut relaxé et une permission de 24 heures lui fut accordée.

Pendant cette permission Cochon eut avec Brizon une entrevue au cours de laquelle le dialogue suivant eut lieu :

Cochon : Je vais déserter.

Brizon : Mais c'est de la folie. Allez à votre corps. Je tenterai l'impossible pour vous éviter le front.

Cochon : Je ne veux pas me faire tuer pour donner Constantinople à la Russie.

Brizon : Ce sont des paroles qu'on dit à la Chambre.

Cochon : Si elles sont fausses, vous êtes un pitre. Si elles sont vraies comme je le crois, je dois les mettre en pratique et refuser de servir.

Brizon fut stupéfait. Il tenta de dissuader Cochon et lui fit de belles promesses. Mais ce dernier fut inébranlable et actuellement il est déserteur, ce que Brizon ignore vraisemblablement.

Cet acte de Cochon donne du piquant aux paroles que Brizon a prononcées le 18 de ce mois, au cours d'une réunion organisée à Clichy, par la section de cette commune du Syndicat des locataires :

« Cochon, a dit le député de l'Allier, est victime des trusts réactionnaires qui dirigent la politique d'Albert Thomas. Celui-ci, pour obéir aux injonctions de la réaction, a envoyé Cochon dans les troupes coloniales, troupes sacrifiées et desquelles on ne revient pas. Et par-dessus Cochon, c'est un peu le député Brizon qu'on visait. Mais, et je ne peux parler clairement à cause du commissaire de police, je crois devoir vous dire que ces basses intrigues ne réussiront pas et que, avec mon aide, notre ami Cochon échappera aux dangers qui le menacent. »

◆

Haute trahison

Le député Turmel à la solde de l'Allemagne

Au début de l'été 1917, les députés français sont soucieux. La guerre s'éternise, les mutineries ont été difficiles à mater et des grèves éclatent dans les industries d'armement. L'arrivée des premiers soldats américains devrait raviver l'espoir, mais l'allié russe donne d'évidents signes de faiblesse. La situation est préoccupante et le gouvernement ne le cache pas, dans les séances confidentielles qui se tiennent en comités secrets.

Les députés, sous la IIIe République, n'ont pas de bureau : ils travaillent dans l'hémicycle ou à la bibliothèque, ne disposant, pour déposer leurs affaires, que de petits casiers qu'ils partagent à deux. C'est dans un tel casier qu'on découvre, le 9 juillet 1917, vingt-cinq mille francs suisses et une lettre adressée à Louis Turmel, le député-maire de Loudéac.

« Il y a lieu de définir le caractère de Turmel : dissimulé au possible, sournois, très madré, sauvage, méfiant, rôdant dans la Chambre, depuis la guerre, avec l'aspect d'un homme douteux guettant une proie », note la police. « On a remarqué que Turmel, le matin, avait transformé la Chambre en une sorte de cabinet d'affaires, où il recevait des individus aux allures très

Le député Turmel
Ses fréquents voyages en Suisse, puis la découverte d'une forte somme d'argent dans son casier du Palais-Bourbon, laissent supposer qu'il a révélé des informations secrètes à l'ennemi.

louches, sorte d'agents d'affaires véreux, bien plutôt que les braves paysans bretons dont il est le représentant. » Dès 1916, ses voyages en Suisse ont été signalés. Turmel, dit-on, sait sténographier : il a donc pu vendre, à un agent de l'Allemagne rencontré en pays neutre, ses comptes rendus des comités secrets. L'affaire est d'abord étouffée, le temps d'exercer une surveillance discrète, mais elle finit par s'ébruiter. L'opinion des parlementaires, dans les couloirs, « était que le gouvernement devait hâter l'arrestation de ce député traître, et qu'il méritait d'être fusillé ». Appréhendé le 14 septembre 1917, alors qu'il se rapproche de la frontière helvétique, Turmel est inculpé d'intelligence avec l'ennemi et incarcéré. Sa femme, elle aussi, est arrêtée.

Éclipsée par l'exécution de Mata Hari, le 15 octobre, puis par les procès de trahison voulus par Clemenceau, l'affaire traîne en longueur durant toute l'année 1918. Le 5 janvier 1919, Louis Turmel est retrouvé sans vie dans sa cellule de Fresnes. Mort naturelle ? Personne n'y croit, même si l'officier instructeur fait procéder à une autopsie et que la Ligue antialcoolique utilise le traître comme repoussoir, victime d'une cirrhose du foie...

Une note du 20 septembre 1917 rapporte un échange troublant : en présence de Paul Deschanel, alors président de la Chambre, Turmel aurait menacé de divulguer « une liste de cinquante députés qui en ont fait autant ». « C'est du chantage ? a dit M. Deschanel. — Prenez-le comme vous voudrez ! Et M. Turmel a remis la liste dans sa poche, en ajoutant qu'elle avait été copiée à plusieurs exemplaires. »

Le député félon bluffait-il ? Pouvait-il diluer sa responsabilité en désignant d'autres coupables ? Sa mort, en éteignant l'action publique, rend service à la République. Pas de procès, pas de scandale. Turmel est inhumé à Loudéac, où son corbillard est sifflé par ses anciens électeurs.

◆

Le dossier

Louis Turmel est né le 19 février 1866 à Trémargat (Côtes-du-Nord, actuelles Côtes-d'Armor). Avocat, maire de Loudéac et conseiller général, ce notable est élu député en 1910 et réélu en 1914. Membre du groupe radical, il a voté en 1913 contre la loi des trois ans qui tendait à allonger d'une année la durée du service militaire. En septembre 1917, il quitte Paris soudaine-

ment, donnant l'impression de vouloir fuir en Suisse. Rattrapé, il revient sous bonne garde dans la capitale.

Note sur « le scandale Turmel », 9 septembre 1917

(AN, f/7/16025/2)

La curiosité des journalistes parlementaires avait été éveillée hier, tout particulièrement, par un article complètement censuré de *L'Action française*, et dont le titre annonçait une « découverte mystérieuse à la Chambre des députés ». *Le Figaro* put en parler plus clairement malgré la censure.

Dans les couloirs de la Chambre, M. Pierre, secrétaire général de la présidence, révéla ce que l'on avait découvert : vingt-cinq mille francs dans les papiers de M. Turmel et une lettre de Suisse.

Les pourparlers de M. Ribot en vue de la formation d'un cabinet ne firent plus l'objet des conversations, et cette affaire prit, de suite, les proportions d'une affaire de haute trahison, M. Turmel étant soupçonné immédiatement d'avoir monnayé les séances du comité secret.

Il faut dire que M. Turmel, depuis la guerre, multipliait, de façon étrange, ses voyages en Suisse.

En effet, à la date du mardi 16 mai 1916 déjà, on faisait savoir, par la note suivante, qu'il en était déjà, depuis la mobilisation, à son quatrième ou cinquième voyage en Suisse française et en Suisse allemande. On croit intéressant, pour mémoire, de redonner le texte même de cette note qui faisait prévoir les événements d'aujourd'hui :

« Mardi 16 mai 1916.

« En Suisse.

« À noter les voyages que font, depuis le début de la guerre, en Suisse, certains parlementaires.

« M. Turmel, ancien avoué, député des Côtes-du-Nord, homme d'affaires rusé, vient d'effectuer son quatrième ou cinquième voyage en Suisse française et en Suisse allemande. Il y était encore la semaine dernière.

« Ledit député est un agioteur, lequel, depuis qu'il est à Paris, a dû monter une officine financière, aux environs de la rue Laffitte ou rue Lafitte même, officine qu'il doit faire tenir par un homme de paille, et qui ferait du prêt et diverses autres opérations.

« Turmel couvre ses voyages du nom de "mission", mais il est très capable de faire des affaires aussi douteuses que celles que fait Antide Boyer.

« Antide Boyer, un des hommes du Panama, – scandale politique qui éclata, curieuse coïncidence, sous M. Ribot, comme éclatent les scandales en cours et non moins retentissants, – faisait, ce même jour 16 mai 1916, l'objet de la note suivante :

« En Italie et en Suisse :

« Antide Boyer est resté un an à Naples, et a beaucoup voyagé depuis la guerre. Il multiplie ses visites au Quai d'Orsay, mais il faut dire qu'il n'a jamais été reçu par M. Briand, qui ne lui accorde aucune valeur et doit s'en méfier.

« Antide Boyer a été encore vu, samedi, au Quai d'Orsay. Il se fait recevoir par l'entourage.

« On le considère comme un homme taré, et capable de tout pour se procurer de l'argent. »

Le scandale Turmel a produit une émotion considérable dans les couloirs de la chambre, où députés et journalistes parlementaires se montraient absolument indignés, et surpris que l'on ait pu garder cette affaire jusqu'à aujourd'hui, sans que M. Turmel ait été inquiété, – la découverte des vingt-cinq mille francs et de la correspondance s'y rattachant eut lieu, paraît-il, le lendemain du dernier comité secret.

Il faut se dire qu'à la suite de cette découverte stupéfiante, on aura voulu, sans doute, surveiller ledit député dans l'accomplissement de la continuation de son forfait.

Or, il faut le noter, M. Turmel a dû retourner encore en Suisse, quelques jours après le dernier comité secret.

En effet, au lendemain de ce comité secret, Turmel essayait de se procurer un document parlementaire ou une documentation parlementaire lui manquant et il s'adressait à Bersonnet, informateur parlementaire de *L'Intransigeant* auquel il dit être très pressé d'avoir cette documentation ou ce document, annonçant qu'il partait en Suisse, le lendemain ou le surlendemain.

Bersonnet donnait ce détail devant un grand nombre de personnes, hier après-midi, dans les couloirs de la Chambre.

Il peut être bon de noter que Turmel, depuis un certain nombre de mois, se targuait de pouvoir disposer, à un moment donné, d'un million, et qu'il ferait un quotidien. En attendant, c'était lui qui alimentait en majeure partie, en fonds, le journal hebdomadaire la *Grimace*. Il est du comité de direction de ce journal avec Peyroux et Ch. Bernard et Léo Poldes, ce dernier ancien collaborateur de Vigo. Ce journal est installé au 7, de la rue Nouvelle, rue très mal fréquentée, et repaire habituel de sociétés véreuses et d'homme tarés.

La *Grimace* a eu parfois des combinaisons de campagnes avec le *Bonnet rouge*, par exemple au sujet de Rochette et des propositions que Ch. Bernard a prétendu lui avoir été faites pour se taire, par un personnage énigmatique et puissant, agissant au nom de Rochette et d'amis de ce dernier.

Comme en dehors des vingt-cinq mille francs trouvés, la correspondance aurait, dit-on, révélé qu'il s'agissait d'une somme globale de deux cents vingt-cinq mille francs, scandale qui eut hier son écho, non seulement au Palais-Bourbon, mais encore au palais de justice, grâce aux nombreux avocats-parlementaires faisant la navette entre les deux palais, – il semble que Turmel ne peut plus échapper à la justice, le crime de haute trahison étant celui dont on l'accuse ouvertement.

Il était, à ce sujet, question des divulgations du comité secret dont l'Allemagne a profité.

On croit que Turmel sait sténographier.

Il était l'ami de Jean Bon et de Jobert et il aurait offert de l'argent à certains de ses collègues.

Il y a lieu de définir le caractère de Turmel : dissimulé au possible, sournois, très madré, sauvage, méfiant, rôdant dans la Chambre, depuis la guerre, avec l'aspect d'un homme douteux guettant une proie.

Questionné, en mai 1916, par un informateur parlementaire, ce qu'il avait pu voir d'intéressant en Suisse, et sur ce point particulier de savoir si la contrebande et le commerce avec l'ennemi étaient suffisamment paralysés par nos services, Turmel prit un air mystérieux, son aspect de paysan sauvage et répondit : « Je ne puis rien dire. J'ai été chargé d'un travail. C'est secret ! Mission ! »

Déjà, Turmel devait avoir commencé son œuvre criminelle, puisqu'il avouait avoir déjà fait quatre ou cinq voyages en Suisse et qu'il en revenait de la semaine précédente.

De ce jour, 16 mai 1916, Turmel était considéré comme un homme dangereux pour la Défense nationale, et il importait de surveiller ses agissements et sa correspondance avec la Suisse.

On doit être fixé par le dernier voyage qu'il a dû effectuer, après le dernier comité secret.

Turmel et sa famille doivent être en ce moment à Loudéac.

À noter que Turmel avouait être très mal avec sa concierge.

Son fils qui est sergent aviateur, et qui doit avoir la croix de guerre, est venu fréquemment à la Chambre, dans les couloirs, depuis la mobilisation.

Turmel a dû, depuis qu'il est à la Chambre, agioter avec des banques, et il est à noter qu'il a dû se servir d'articles qu'il écrivait, pour faire chanter des banques, car, un jour, il fut surpris faisant des démarches du côté d'établissements comme le Crédit mobilier, rue Taitbout et la Banque ottomane, à la suite d'un article écrit par lui, sur l'exportation des capitaux français à l'étranger, article qui nécessitait une suite qu'il ne donna jamais.

Âme de mercanti. Et ce n'est pas cependant, il faut le noter, le fond de l'âme bretonne, le Breton ayant un caractère élevé et un sentiment profondément conservateur au point de vue Patrie, sentiment qui le pousserait plutôt à démasquer les traîtres capables d'être les auxiliaires de l'ennemi, et cela de façon impitoyable.

L'opinion des parlementaires comme Constant, Gironde, et autres, qui commentaient hier, dans les couloirs, cette affaire scandaleuse, avec les journalistes parlementaires, était que le gouvernement devait hâter l'arrestation de ce député traître, et qu'il méritait d'être fusillé.

Note sur « M. Turmel en Suisse et en Italie », 11 septembre 1917

(AN, f/7/16025/2)

M. Turmel n'est pas seulement allé en Suisse, il est aussi allé en Italie, et ce personnage ne payant pas de mine, mais madré au possible, a multiplié son champ d'action autant que ses opérations. Il serait par exemple intéressant de savoir quel rôle Turmel a joué avec certaines personnalités italiennes appartenant au gouvernement, et quelles étaient ses relations à Rome où il est allé cette année, quelles étaient les relations et politiques et financières qu'il avait su s'y ménager.

Il a eu des marchés ou projets de marchés de fournitures de bœufs qui ont été ébauchés, en vue de fournir les armées italiennes. Il a même eu, à ce sujet, un procès qu'il a perdu et qu'il vient de raccrocher en appel, procès roulant sur quelques centaines de milliers de francs, et qui s'est terminé par la perte, par Turmel, de dommages et intérêts.

On croit fortement, à la Chambre, que Turmel a dû être secondé, dans ses multiples opérations de mercantilisme par un ami que l'on soupçonne d'être mêlé de très près à ses affaires. L'on nomme M. Camper, cet ancien abbé qui fit tant parler de lui à l'époque où il se porta aux élections contre le duc de Rohan et qui est aujourd'hui bibliothécaire au ministère de l'Agriculture.

Camper s'est occupé, à un certain moment, de tractations financières, de négociations de titres, et Turmel, très retors en matière de droit, avait songé à monter, en marge de la Bourse pour ainsi dire, un cabinet d'affaires, ou pour mieux dire un «contentieux financier». [...] Le cabinet Turmel se serait employé, Turmel restant dans la coulisse, à provoquer des transactions ou des procès. C'est là un genre d'industrie très florissant pour certains hommes d'affaires qui, parfois même, s'érigent en maîtres-chanteurs.

On a remarqué que Turmel, le matin, avait transformé la Chambre en une sorte de cabinet d'affaires, où il recevait des individus aux allures très louches, sorte d'agents d'affaires véreux, bien plutôt que les braves paysans bretons dont il est le représentant.

Turmel aurait été vu avec Chappedelaine au conseil général des Côtes-du-Nord.

Il avait, à Loudéac, un beau-frère semblant le compléter admirablement, du nom d'Abraham. Il serait bon de voir si ce dernier n'aurait pas été employé par Turmel dans ses entreprises qui le font découvrir sous le jour d'un véritable mercanti international. Il est certain qu'il aura vu, dans la Chambre même, se faire tant d'affaires incompatibles avec le mandat parlementaire mais que couvre le mandat, il aura vu, lui observateur rusé, se dérouler sous ses yeux tant de turpitudes et de trafic honteux, que son âme d'homme d'affaires madré, du procédurier retors, se sera réveillée, et voyant certains de ses collègues faire des affaires avec des Zucco et des Rochette, il se sera lancé lui-même dans les trafics, dans les tractations, pensant ne jamais être découvert.

La Bourse est un marché où se négocient des affaires parfois douteuses, la Chambre est un autre marché où se négocient parfois des affaires autrement honteuses et douteuses, les couloirs eux-mêmes, autant que la salle du public étant devenus le champ d'action d'un tas de rabatteurs, de démarcheurs et d'individus tarés qui sont au service de quelques parlementaires sans scrupules, anciens notaires ou avoués de province ayant échappé au bagne.

Quand on voit pareil spectacle, on ne peut pas être surpris d'avoir vu Michaelis si bien renseigné et d'avoir entendu le général Lyautey jeter une parole de doute à la face de la Chambre.

Note sur « l'affaire Turmel », 12 septembre 1917
(AN, f/7/16025/2)

Cette affaire a considérablement passionné les couloirs hier, au point que l'on avait l'impression que l'on cherchait à l'atténuer, sinon à l'étouffer. Le bruit du suicide de Turmel a couru de bouche en bouche. On le disait annoncé par M. Steeg qui l'aurait tenu de M. Lescouve. Puis, brusquement, le bruit se répandit que Turmel était dans le train pour arriver ce matin. Des parlementaires – on cite à leur tête M. Hennessy – auraient avisé M. Deschanel de leur intention de démissionner en groupe si ce scandale était étouffé. M. Diagne, député des colonies, prend passionnément parti pour Turmel, s'appuyant sur ce fait qu'il serait l'ancien avoué d'un homme ayant de gros intérêts en Suisse, et dont il gérerait la fortune et les biens. On dit en effet d'autre part, que Turmel gérerait les intérêts en Suisse d'un gros électeur de sa circonscription qui, ajoute-t-on, aurait fait la majeure partie des frais de son élection. « Mais, objecte-t-on, pourvu que cela ne soit pas un prétexte, comme San Stefano en était un pour Duval et Cie » ?

Il convient d'enregistrer le bruit suivant qui ferait découvrir qu'il y aurait des complicités. En effet, quelqu'un disait qu'il y avait un intermédiaire entre un journaliste suisse et Turmel, et que cet intermédiaire ne serait autre que l'ancien député Charles Bos, que l'on a déjà vu compromis, il y a quelques années, dans une affaire de « divulgation de document intéressant la Défense nationale » à la suite de la divulgation par lui d'un document du ministère de la Marine dans une revue dont il est rédacteur en chef et qui s'appelle *La Vie maritime*, 28 rue St-Lazare.

[…]

Discutant avec Diagne, lui disait, d'autre part : « Ne savez-vous pas que l'on a surpris une correspondance entre Turmel et Grimm et que, d'après cette correspondance, Turmel avait demandé 250 000 francs à Grimm ? »

Sahutie, syndic de la presse étrangère, posait cette autre question à M. Diagne : « Ne savez-vous pas que Turmel doit au moins une année d'indemnité parlementaire à la buvette de la Chambre, qu'il n'a pas payé de loyer depuis 3 ans et que, malgré cela, il trouve moyen de se faire bâtir, en ce moment, un immeuble à Loudéac ? »

Note « au sujet de M. Turmel », 12 septembre 1917
(AN, f/7/16025/2)

M. Turmel est à Paris : il vient de communiquer une note à la presse pour faire connaître qu'il n'a pas été en Suisse depuis le 10 mai 1917.

En tout cas, il se défend d'avoir jamais donné les comptes rendus des séances du comité secret à des agents de l'Allemagne.

Télégramme, 14 septembre 1917
(AN, f/7/16025/2)

Bellegarde, le 14 septembre 1917, 23 h 5
Commissaire spécial à Intérieur, Sûreté, Paris (Recherches commissaire spécial gare de Lyon et criminel). Chiffré.

Suite à précédent télégramme. Vous informe que député Turmel est parti pour Paris par train 22 h 30, arrivera gare de Lyon Paris demain 9 h 10 est accompagné par 2 inspecteurs et commissaire adjoint.

Note au sujet de « l'affaire Turmel », 20 septembre 1917
(AN, f/7/16025/2)

On raconte, dans les couloirs de la Chambre, que M. Turmel, interrogé par M. Deschanel, lui a déclaré ceci : « Ah ! on veut faire lever à mon encontre l'immunité parlementaire ? Eh bien ! voici une liste ; ce n'est pas une liste de 104, mais une liste de 50 députés qui en ont fait autant que moi.

« C'est du chantage ? a dit M. Deschanel.

– Prenez-le comme vous voudrez ! »

Et M. Turmel a remis la liste dans sa poche, en ajoutant qu'elle avait été copiée à plusieurs exemplaires.

◆

Les disparus de Gambais

À la recherche des victimes de Landru

On a tout dit, tout écrit sur Landru. Ses annonces matrimoniales, ses flambées et ses bons mots appartiennent au patrimoine commun des anecdotes croustillantes. La garçonnière qu'il louait à Gambais ne s'appelait-elle pas gaillardement «la villa Tric», du nom de son propriétaire ? Elle fut pendant des années une véritable attraction touristique, convertie même en restaurant, sorte de guinguette macabre à l'enseigne narquoise : *Le Grillon du foyer...* Les visiteurs pouvaient en acheter des cartes postales, certaines enjolivées de ce charmant madrigal : «Pour prouver que l'Amour est un feu qui dévore / À son foyer un jour, Landru les invita / Ardentes et joyeuses, avides d'aimer encore ! / Puis l'étincelle jaillit ! et le poêle ronfla... / Moralité : Il en cuit de fréquenter les hommes à poêle ! »

Ces femmes enflammées de vice, qui se consumèrent pour un amant diabolique, n'ont-elles pas été punies par là où elles avaient péché ? Et ce barbu égrillard qui s'active aux fourneaux n'a-t-il pas vengé la gent masculine, menacée par ces dames qui ont pris leurs aises à l'arrière ? Le poêle a vengé le poilu, dépouillé de son pouvoir par les années de guerre et qui retrouve, la paix revenue, un pays en désordre où le jupon est roi. La France des années 1920 va aimer Landru, s'en amuser, s'en divertir, trouvant en ce héros cynique une sorte d'exorciste, capable de conjurer le feu par le feu, le féminisme par la cuisinière... Les grandes inconnues de l'affaire Landru, ce sont ses victimes, que seule la police a bien voulu prendre au sérieux.

Un séducteur

Landru lui-même est longtemps tenu pour quantité négligeable : un petit escroc récidiviste, qui se cache sous plusieurs identités : Dupont, Natier, Frémyet, Diard, Guillet... Le déclenchement de la Grande Guerre arrange miraculeusement ses affaires. Non seulement le conflit désorganise la police, dont les effectifs réduits se consacrent plutôt à la chasse aux espions, mais bientôt l'invasion allemande, puis les destructions et incendies de mairie, lui permettent de se dire natif des régions dévastées, où les registres d'état civil ne peuvent plus être consultés. Ce statut de faux réfugié lui assure aussi la compassion des âmes sensibles, car Landru est un séducteur, lâché dans une capitale que la mobilisation générale a fort opportunément vidée de ses jeunes hommes.

Des femmes amoureuses qui disparaissent, quoi de plus naturel ? Quand il s'agit de veuves d'âge mûr, c'est même d'un petit sourire qu'on accueille la nouvelle. Mlle Lacoste en fait l'amère expérience : sa sœur Célestine, veuve Buisson, ne donne plus de nouvelles depuis des mois – depuis qu'elle fréquente cet étrange M. Frémyet, qui l'a invitée dans sa maison de Gambais. Elle alerte la préfecture de police, écrit au maire de Gambais, sans que rien ne bouge. Finalement, la mairie lui répond en janvier 1919 qu'une autre disparition lui a été signalée, celle de la veuve Collomb, que son vieux père n'a plus vue depuis la noël 1916. Coïncidence troublante.

Marie Lacoste, simple domestique, prend l'initiative d'écrire au procureur de la République ; c'est enfin l'inspecteur de police mobile Belin, saisi du dossier, qui a l'intuition d'une affaire grave.

Une semaine d'enquête

Après cinq années d'impunité, il suffira d'une semaine d'enquête pour mettre l'assassin hors d'état de nuire. Belin, reçu fraîchement par Mlle Lacoste, lui a tout de même laissé sa carte de visite, avec un numéro de téléphone. Et voici que la sœur de Célestine aperçoit le don Juan, avec une autre femme, dans un magasin de vaisselle de la rue de Rivoli, Aux Lions de faïence. Au nom de Guillet, l'individu a laissé une adresse pour la livraison de ses achats : 76, rue Rochechouart, dans le IXe arrondissement. Après plusieurs jours d'absence, il vient y passer la nuit, en compagnie d'une actrice. Le 12 avril 1919 au petit jour, après une glaciale nuit de planque, Belin tient enfin son homme.

Interpellé, le suspect « le prenait de très haut, refusant de répondre ». Quand on lui donne lecture du mandat d'arrêt, l'individu, « sans se départir de son assurance, se contentait de dire sur un ton dédaigneux : "M'inculper d'assassinats, c'est bien gros, M. le commissaire, car il s'agit de la tête d'un homme, je ne parlerai qu'en présence d'un avocat." »

À la recherche des corps

Landru est accusé de onze assassinats mais, malgré tous les efforts des enquêteurs, aucun cadavre ne sera jamais retrouvé.

Guillet croit encore pouvoir brouiller les pistes. Quand ses mensurations, transmises à l'Identité judiciaire, permettent d'établir qu'il ne fait qu'un avec Landru, il trouve encore là un moyen de se disculper : « Vous voyez maintenant qui je suis, vous savez pourquoi je dissimulais mon identité, je suis un escroc, c'est entendu, mais prouvez-moi que je suis un assassin. Un ami quitte sa maîtresse ; on se brouille ; cela se voit tous les jours ; mais il n'est pas un assassin pour cela ; je n'ai rien à vous dire. »

Dix femmes ont disparu, plus le jeune fils de l'une d'elles, mais les perquisitions aux différents domiciles de Landru « n'ont [...] donné aucun résultat appréciable, sauf dans la villa de Gambais où l'on a retrouvé les cadavres de trois chiens ayant appartenu à Mme Marchadier et celui d'un chat ayant appartenu à Mme Pascal, animaux que Landru reconnaît avoir étranglés sur la demande de ses amies qui voulaient s'en débarrasser a-t-il dit ».

Les proches des disparues auront beau rappeler qu'elles adoraient leurs bêtes, ces corps d'animaux domestiques constituent une preuve bien fragile. C'est pourquoi les recherches conduites par les fonctionnaires de l'Intérieur joueront un rôle si déterminant. Des villes portuaires et frontalières, lettres et télégrammes se succèdent pour confirmer que nul n'a vu ni enregistré les onze disparus.

Juridiquement, une disparition de quatre ou cinq ans ne suffit pas à prouver le décès. « Alors, au nom des lois qui nous régissent, ne nous accusez plus d'avoir tué des femmes qui ne sont pas mortes ! » lance au procès Me de Moro-Giafferi, le talentueux défenseur de Landru. L'accusé, inébranlable, clame son innocence, mais les jurés le savent, les investigations ont été poussées : il n'est pas croyable que ces onze personnes se soient volatilisées. Des meubles, des objets appartenant aux disparues ont été trouvés dans les réserves de Landru, dont l'unique mobile semble avoir été d'ordre matériel : cupide et sordide, il a encaissé l'argent et les valeurs, brocanté le mobilier, notant même ses entrées et sorties d'argent dans un carnet. Cette noire comptabilité fait aussi apparaître des billets de train pour Gambais, allers-retours pour lui, allers simples pour ses invitées…

Le 30 novembre 1921, la peine de mort est prononcée. Le matin de l'exécution, rongé par le doute, Me de Moro-Giafferi supplie son client de lui dire la vérité : « Maître, j'emporte mon secret avec moi. Ce sera mon bagage ! » persifle Landru, sardonique. La légende s'empare du « Barbe-Bleue de Gambais », guillotiné publiquement à Versailles le 25 février 1922, dont on assure qu'il a demandé au coiffeur de la prison chargé de lui dégager la nuque : « Faites-moi une coupe à la mode. Il faut que je plaise encore à ces dames ! »

◆

Le dossier

Le dossier Landru s'ouvre par une série de mandats d'amener et d'avis de cessation de recherches : poursuivi dès 1903, ce petit escroc a fait trois ans de prison pour abus de confiance. Le 20 juillet 1914, introuvable, il est jugé par défaut et lourdement condamné : quatre ans de prison, mille francs d'amende et, comme récidiviste, relégation au bagne de la Guyane. C'est pourquoi il vit sous des noms d'emprunt.

Malgré le scepticisme de sa hiérarchie, le commissaire de police mobile Belin est convaincu qu'un assassin séduit des Parisiennes pour les dépouiller. Aperçu par la sœur d'une de ses

victimes, le suspect est arrêté le 12 avril 1919, après avoir passé la nuit avec Fernande Segret, sa maîtresse de vingt-cinq ans. Landru est par ailleurs marié et père de quatre enfants.
Les photos et signalements des personnes disparues sont largement diffusés, sans résultat. L'absence de cadavre fragilise l'accusation.

Rapport au sujet de Landru, 29 décembre 1915

(AN, f/7/15977/1)

Ministère de l'intérieur, direction de la sûreté générale, contrôle général des services de recherches judiciaires, 11, rue des Saussaies.
Au sujet du nommé Landru Henri Désiré, dit Dupont, mandat d'amener.

Paris, le 29 décembre 1915.

L'inspecteur de police mobile Pelvé, à Monsieur le contrôleur général des recherches judiciaires.

J'ai l'honneur de vous rendre compte que le nommé Landru Henri Désiré, né le 12 avril 1869 à Paris XIXe de Julien Alexandre Silvain et de Flore Henriquel, mécanicien ayant demeuré 12 rue de Châtillon à Malakoff faisant l'objet d'un mandat d'amener en date du 30 novembre 1915 pour abus de confiance de Monsieur Saumandre juge d'instruction de la Seine a été vainement recherché jusqu'à ce jour.

Le susnommé qui fait l'objet d'un jugement par défaut en date du 20 juillet 1914, 10e chambre correctionnelle, le condamnant à 4 ans de prison, 1000 fr. et relégué, est recherché, et mis en observation par le service de la sûreté.

L'inspecteur,
Pelvé

Rapport au sujet de l'arrestation de Landru, 12 avril 1919
(AN, f/7/15977/1)

Paris, 12 avril 1919

Au sujet de l'arrestation d'un nommé Frémyet, dit Dupont.

L'inspecteur de police mobile Belin, à Monsieur le commissaire divisionnaire, chef de la première brigade régionale.

J'ai l'honneur de vous rendre compte que, conformément à vos instructions, et à la demande de M. le procureur de la République à Mantes, suivant note en date du 5 avril 1919, j'ai procédé à des recherches relatives aux dossiers ci-joints (n° 5059 et 5062, parquet de la Seine, 1re section), concernant deux disparitions mystérieuses de femmes, les dames Collomb et Buisson, disparitions survenues dans les circonstances suivantes :

Je dois dire tout d'abord que, pour la clarté du présent, je vais résumer ci-dessous les déclarations des principaux témoins.

La demoiselle Lacoste Marie, âgée de 32 ans, domestique chez M. Mouilbeau, 10, rue du Plâtre à Paris :

« J'ai une sœur, Lavie Célestine, veuve Buisson, née en 1871 à Guiches (Basses-Pyrénées), qui demeurait, en 1916, 42, rue du Banquier à Paris. Cette personne, qui a un fils unique, lequel habite actuellement dans le département des Basses-Pyrénées, devait posséder environ 15 000 francs d'économies et elle était nantie d'un assez confortable mobilier et de quelques bijoux.

« Au début de l'année 1917, ma sœur m'a confié qu'elle avait fait la connaissance d'un nommé Frémyet Georges, âgé d'une cinquantaine d'années, et se disant ingénieur, lequel lui avait promis le mariage. Vers le mois d'avril 1917, ma sœur quittait son logement rue du Banquier pour aller habiter avec Frémyet, 113, boulevard Ney à Paris ; ce dernier loyer était au nom de Mme Buisson.

« Je me rendis plusieurs fois à cette dernière adresse et j'accompagnai même à la campagne ma sœur et Frémyet dans une propriété que celui-ci possédait à Gambais (Seine-et-Oise), mais là, sous le nom de Dupont.

« Nous sommes restés tous trois 8 jours à Gambais au mois d'août 1917. Pendant ce séjour, j'ai cru comprendre que Frémyet avait obtenu de ma sœur qu'elle négocia ses valeurs afin que lui, Frémyet, pût en disposer pour un placement, disait-il.

« Ces 8 jours écoulés, j'ai repris mes occupations et, de ce jour, je n'ai jamais revu ma sœur. Je me suis bien rendue, 113, boulevard Ney, mais là, j'ai appris par la concierge que Frémyet avait disposé des meubles de Mme Buisson, qu'il avait donné congé de l'appartement et qu'il était parti sans laisser d'adresse.

« Au sujet de ce silence inexplicable, j'ai cru tout d'abord que ma sœur me gardait rancune, car je dois vous dire que Frémyet ne m'inspirait aucune confiance, en raison de ses différents noms, et que j'avais fait part de mes sentiments à Mme Buisson. Mais, voyant que les mois s'écoulaient sans aucune nouvelle, et d'autre part mon neveu ne recevant de son côté aucun signe de vie de sa mère, j'ai écrit, il y a quelques mois, au maire de Gambais lui demandant si ma sœur ne serait pas décédée dans sa commune. Ce magistrat, par lettre en date du 16 janvier 1919, m'a fait connaître qu'il n'existait aucun acte de décès, sur les registres de la mairie, au nom de la veuve Buisson. Il ajoutait qu'il avait été l'objet d'une même demande concernant une veuve Collomb, demande émanant de la famille de cette dernière, demeurant 145, boulevard

Voltaire à Paris, laquelle dame Collomb venait fréquemment à Gambais avec ledit Frémyet.

« Devant ces faits, le 2 février dernier, j'ai pris la détermination d'écrire à M. le procureur de la République à Paris, demandant à ce que des recherches soient faites pour découvrir ma sœur et ajoutant que cette dernière et Mme Collomb pouvaient bien avoir été les malheureuses victimes de Frémyet, dit Dupont.

« Je dois vous dire pour terminer que je n'ai jamais eu la moindre explication sur ce que pouvaient être devenus les économies, bijoux et meubles de ma sœur, puisque je n'ai plus revu Frémyet. »

M. Moreau Eugène, âgé de 75 ans, employé de commerce, demeurant, 6, avenue de Rigny à Bry-sur-Marne (Seine), m'a fait la déclaration suivante :

« Ma fille, Moreau Anna, née le 24 février 1871 à Paris (5e), veuve depuis 12 ans d'un sieur Collomb, sans enfant, était domiciliée, en 1915, rue Rodier, 15, à Paris, et travaillait alors dans une banque de la rue Lafayette.

« Dans le début de l'année 1916, elle a fait connaissance d'un sieur Frémyet, lequel, nous a-t-elle dit, lui avait promis le mariage. Par la suite, Mme Collomb a déménagé pour aller habiter avec Frémyet, 22, rue de Châteaudun à Paris. Ma femme et moi n'avons jamais vu cet individu ; seule, ma seconde fille, Mme Pellat, qui demeure, 159, boulevard Voltaire à Paris, l'a connu.

« Ma fille Anna adorait ses parents et il ne s'écoulait pas une semaine sans qu'elle vînt nous rendre visite. Nous l'avons vue pour la dernière fois le 25 décembre 1916, où elle se rendit chez nous, 145, boulevard Voltaire où nous habitions alors. Elle nous quitta, ce jour, en nous affirmant qu'elle viendrait dans quelques jours pour nous présenter ses souhaits de bonne année et elle ajouta qu'elle se rendait, le lendemain 26, par le premier train du matin, à Gambais où Frémyet l'attendait. Depuis ces faits, nous n'avons plus eu aucune nouvelle de ma fille, laquelle devait posséder, à notre connaissance, outre son mobilier et des bijoux, des valeurs pour une somme de 9 000 francs environ. Actuellement, nous sommes dans l'ignorance la plus complète au sujet de son avoir.

« J'ai bien écrit au maire de Gambais à ce sujet, lequel n'a pu me donner aucun renseignement utile. De mon côté, au cours de ces dernières années, j'ai bien effectué personnellement des investigations en vue d'éclaircir ce mystère, de même que des amis de la famille, et toutes ces recherches sont toujours restées infructueuses, Frémyet n'ayant jamais pu être découvert. Les choses étaient restées là quand j'ai appris qu'une dame Buisson était également disparue alors qu'elle habitait avec Frémyet. Faisant un rapprochement entre ces deux affaires, j'ai écrit, le 3 février 1919, à M. le procureur de la République à Paris, demandant à ce que des recherches soient faites sur la mystérieuse disparition de ma fille Anna.

« Pour terminer, je dois vous dire que dans le courant de janvier 1917, environ un mois après la dernière visite que nous avait faite ma fille, un jeune homme s'est présenté à la maison porteur d'une gerbe de fleurs sur laquelle était épinglée la carte de visite de Mme Collomb. Ce jeune homme, qui n'a pas donné son nom, était déjà parti avant que j'aie eu le temps de lui demander des explications sur cet envoi. »

Des deux déclarations ci-dessus, il résulte donc que qu'une dame Collomb est disparue le 26 décembre 1916, alors qu'elle habitait avec un sieur Frémyet et qu'une dame Buisson est également disparue en septembre 1917, pendant qu'elle demeurait avec le même individu. Ces deux disparitions sont d'autant plus troublantes que ces deux femmes, qui n'avaient jamais manifesté l'intention de quitter Paris, étaient en relations suivies avec leurs parents et qu'elles n'ont jamais donné signe de vie depuis les dates indiquées plus haut. Les renseignements recueillis sur les dames Buisson et Collomb sont des plus favorables ; il ne saurait donc être question d'une fugue.

À la suite des plaintes Moreau et Lacoste une enquête fut effectuée par le service de la police judiciaire, à la demande du parquet de la Seine, et les recherches entreprises par l'inspecteur Adam ne donnèrent aucun résultat, Frémyet n'ayant pu être découvert. Des rapports, en date des 11 et 13 mars 1919, furent établis par cet inspecteur, dans lesquels il concluait qu'il serait nécessaire que Frémyet fût recherché à Gambais où il possédait une propriété.

À la suite des dits rapports, les dossiers Collomb et Buisson furent transmis par le parquet de la Seine à M. le procureur de la République à Mantes, avec prière de continuer les recherches à Gambais. Ce magistrat priait alors la brigade mobile de continuer l'enquête et conformément à vos instructions je procédais à toutes investigations utiles.

C'est ainsi que je me suis rendu à Gambais où j'ai appris qu'un sieur Dupont, tel est le nom donné par cet individu, avait loué à M. Tric Auguste, demeurant 6 rue de l'Hôtel-de-Ville à Melun, une villa, au début de 1916, villa sise à l'extrémité de Gambais et éloignée de plusieurs centaines de mètres de toute habitation. Des renseignements recueillis dans la localité il résulte que Dupont ne fait que de rares apparitions à Gambais où il vient presque toujours accompagné de femmes différentes. Très peu communicatif, il ne s'est lié avec aucune personne de la localité et pas la moindre indication utile n'a donc pu être recueillie permettant d'identifier et de découvrir le locataire de la villa Tric.

Pourtant, des habitants du village m'ont confié que la propriété louée par Dupont semblait renfermer un mystère. C'est ainsi que cette villa, entourée d'un terrain de 3 000 mètres

Landru conduit au palais de justice de Versailles
Arrêté le 12 avril 1919, il est condamné à mort le 30 novembre 1921 et exécuté le 25 février 1922.

environ, avait toujours ses portes et fenêtres closes même pendant la présence de Dupont. De plus, des fumées suspectes auraient été remarquées sortant de cette villa alors que les habitants du pays avaient la conviction profonde que la propriété était momentanément inhabitée.

En ce qui concerne les femmes amenées par Dupont, il m'a été dit que ces dernières étaient nombreuses, qu'elles ne sortaient jamais dans le village, et que certaines d'entre elles, n'avaient pas été vues reprendre le train à Houdan, station qui dessert Gambais. C'est ainsi que, d'après le conducteur de la voiture, qui fait le service entre Houdan et Gambais, une jeune femme serait venue en janvier dernier avec Dupont. Cette personne, qui avait avec elle trois petits chiens, n'aurait plus été vue depuis son arrivée à la villa, tandis que Dupont aurait repris le train pour Paris, seul, le même soir.

Les recherches entreprises à Gambais n'ayant donné aucun résultat j'ai donc continué mes investigations à Paris et après de nombreuses et difficiles recherches, vu la vie multiple et mystérieuse de l'intéressé, j'ai pu arriver à découvrir la trace du nommé Frémyet, dit « Dupont », aux adresses suivantes :

Tout d'abord, je le trouve à Levallois-Perret, où il habitait, fin 1915, sous le nom de Frémyet Georges, 57 rue Vallier. Là, il se donne comme réfugié de Lille et dit être constructeur mécanicien. Il reçoit plusieurs femmes chez lui, toutes inconnues, et quitte Levallois au début de janvier 1916, pour aller demeurer à Paris, 22 rue de Châteaudun, au 6e étage dans un petit logement d'un loyer annuel de 550 francs.

À cette dernière adresse, il est encore connu sous le nom de Frémyet. De nombreuses femmes viennent lui rendre visite, comme partout où il passe, d'ailleurs. Dans le courant de la même année, il fait la connaissance de la veuve Collomb qui habitait alors 15 rue Rodier. Cette dernière déménage et vient habiter avec Frémyet, 22 rue de Châteaudun.

Fin décembre 1916, il part à la campagne, dans le Midi dit-il, avec la veuve Collomb. Il revient quelques jours après, seul, et déclare à la concierge, qu'il donne congé de l'appartement et il déménage. Au sujet de l'absence de Mme Collomb il ajoute qu'il l'a laissée à la campagne et qu'il va retourner la rejoindre.

Trois mois après son départ de la rue de Châteaudun, où il n'est plus revu, il se présente 15 rue Rodier, à l'ancien domicile de Mme Collomb, où il est inconnu de la concierge. Pourtant, il demande à celle-ci des nouvelles de son ancienne locataire. On lui dit alors que la famille Moreau est en pleurs et qu'elle est déjà venue plusieurs fois s'enquérir des motifs de l'absence de Mme Collomb. À cela, il présente une photographie de cette dernière et dit : « Vous demandez Mme Collomb ? Regardez là » et disant cela il présente une photographie de cette dernière, ajoutant : « Elle se porte bien. Elle est avec moi la campagne où elle est heureuse. Si on vous demande si elle est en vie, vous pourrez dire que oui ». À son départ, il remet 10 francs à la concierge pour qu'elle observe bien le « secret professionnel », dit-il.

De fin décembre 1916 à avril 1917, je perds complètement la trace de Frémyet. À cette dernière date il vient habiter, 113 boulevard Ney à Paris, avec une dame Buisson ; le loyer est au nom de cette dernière. En septembre suivant, Frémyet et sa maîtresse partent à la campagne. Peu de jours après le couple fait une courte apparition, 113 boulevard Ney, et repart le soir même. D'après la concierge de l'immeuble, ces locataires ont fait ce déplacement pour prendre les valeurs qu'ils avaient dans leur appartement. Dans les premiers jours de novembre suivant Frémyet revient seul boulevard Ney. Il dit à la concierge que la dame Buisson est restée à la campagne. Il donne congé de l'appartement mais, comme ce dernier est au nom de Mme Buisson, il remet à la concierge une procuration signée d'elle, dit-il. Il vend une partie des meubles qui appartenaient à sa maîtresse et emmène le reste pour une destination inconnue. Interrogé il déclare que Mme Buisson est en province où elle tient une cantine pour les Américains, qu'elle est heureuse et qu'il va aller la rejoindre. Pendant qu'il effectuait ce déménagement, il remet même à la concierge un sac de pommes, de la part de Mme Buisson, laquelle, pourtant, n'a pas été vue depuis plus de six semaines.

Le signalement fourni sur Frémyet Georges, dit « Dupont », par les familles Moreau et Lacoste, est identique à celui recueilli auprès des nombreuses personnes qui l'ont aperçu à ses différents domiciles connus à Paris et à Gambais. Il est âgé d'une cinquantaine d'années, taille petite, brun avec barbe noire, chauve, sourcils noirs et épais. Il est toujours vêtu correctement et s'exprime avec élégance. À certains il s'est donné comme ingénieur et réfugié de Lille, à d'autres il disait être évacué de Rocroy et prétendait être constructeur mécanicien. Au sujet de cette dernière profession, il dirigerait, paraît-il, un garage dans la banlieue nord-ouest de Paris, à Clichy ou à Saint-Ouen, garage que je n'ai pu découvrir.

À son départ du 113 boulevard Ney, la trace est complètement perdue, et malgré toute la meilleure volonté possible je n'avais pu le découvrir, lorsqu'un incident des plus fortuit permis d'arriver jusqu'à lui :

Hier, 11 avril, Mlle Lacoste m'informait téléphoniquement que Frémyet venait d'être aperçu achetant un service de table dans un magasin rue de Rivoli à Paris. Je me rendis immédiatement dans ce magasin, où j'ai appris qu'un individu correspondant exactement au signalement de Frémyet avait fait différents achats pour la somme de 300 francs, sur laquelle il avait versé 100 francs comptant, et avait demandé que sa commande fût livrée à domicile. À cet effet, il avait déposé une carte de visite au nom de : « Lucien Guillet, ingénieur, 76 rue de Rochechouart à Paris. »

À cette dernière adresse, j'ai recueilli les renseignements suivants :

Un nommé Lucien Guillet vint louer, en octobre 1917, un petit appartement, sis au 1er étage, d'un loyer annuel de 900 francs. Dans les premiers temps, il habitait seul, mais depuis quelques mois, une jeune femme âgée de 25 ans environ demeure avec lui. Le signalement caractéristique de Frémyet est exactement le même que celui dudit Guillet Lucien et ces deux noms sont certainement applicables à la même et unique personne.

Conformément à vos instructions, j'ai donc ce jour, à 11 heures du matin, assisté de mon collègue Brandenburger, interpellé le sieur Guillet Lucien, *alias* Frémyet, dit Dupont. Il s'est obstinément refusé à me répondre et n'a pas voulu me décliner son état civil, disant qu'il ne parlerait que devant son avocat.

Conduit au siège de la brigade, 3 rue Greffulhes, je lui ai notifié et exhibé un mandat d'arrêt, en date du 10 avril 1919, décerné contre X, dit Frémyet, dit Dupont, inculpé d'assassinats par M. Gerbé de Thoré, juge d'instruction à Mantes, pièce de justice délivrée à la suite de l'information ouverte au sujet des disparitions des dames Collomb et Buisson.

L'inspecteur de police mobile,
J. Belin

Vu et transmis à Monsieur le procureur de la République à Mantes, avec retour des deux dossiers communiqués, concernant les disparitions des dames Buisson et Lacoste.

Paris le 12 avril 1919
Le commissaire divisionnaire

Note au sujet de Landru, 28 avril 1919
(AN, f/7/15977/1)

Ministère de l'Intérieur, direction de la Sûreté générale,
police judiciaire, brigade de police mobile.
Affaire contre Landru, Henri, Désiré, inculpé d'assassinats.

Paris, le 28 avril 1919

Le commissaire divisionnaire chef de la 1re brigade de police mobile, à Monsieur le contrôleur général des services de recherches judiciaires à Paris.

J'ai l'honneur de vous rendre compte que par l'exposé ci-dessous du résultat actuel de l'enquête à laquelle mon service a procédé dans l'affaire contre Landru, Henri, Désiré, né le 12 avril 1869 Paris (XIXe), s'étant dit « Dupont, Émile », « Natier », « Dujardin », « Frémyet », « Cuchet », « Diard », « Guillet Lucien », inculpé d'assassinats par M. le juge d'instruction de Mantes.

À la date du 5 courant, M. le procureur de la République de Mantes, me transmettait pour continuation d'enquête, un dossier du parquet de la Seine relatif à une veuve Buisson, disparue depuis septembre 1917, alors qu'elle habitait 113 boulevard Ney, Paris, ainsi qu'à une dame veuve Collomb, disparue depuis fin décembre 1916, alors qu'elle habitait 22 rue de Châteaudun, Paris ; ces disparitions avaient été signalées au parquet de la Seine en février 1919, l'une Mlle Lacoste, demeurant 6 rue du Plâtre à Paris, sœur de la veuve Buisson, l'autre par M. Moreau, demeurant 10 rue de Rigny à Bry-sur-Marne, père de Mme veuve Collomb.

L'inspecteur Adam de la police judiciaire avait procédé à des recherches restées infructueuses et ses rapports, en dates des 11 et 13 mars 1919, joints au dossier, concluaient à ce que les investigations fusent continuées à Gambais (arrondissement de Mantes) localité où ces deux disparues auraient pu se rendre en compagnie d'un individu connu sous le nom de Frémyet.

La gendarmerie de Houdan, saisie à son tour par le parquet de Mantes, avait fait connaître dans des procès-verbaux joints au dossier, que ledit « Frémyet, Dupont », avait loué à Gambais, en 1916, une villa dans laquelle on l'avait vu venir de temps à autre, avec des femmes inconnues, femmes dont on avait constaté l'arrivée, mais jamais le départ : les visiteuses accompagnant Frémyet, Dupont, paraissant venir de Paris ou de la banlieue, la gendarmerie de Houdan estimait que les recherches devaient être continuées dans la Seine ou la banlieue parisienne Frémyet, ainsi que je l'ai dit, ne venant que par intermittence à Gambais qu'il avait quitté quelques jours auparavant ; c'est donc dans ces conditions que j'avais été saisi par le parquet de Mantes.

Sur mes instructions, l'inspecteur Belin de la 1re brigade, chargé de suivre l'affaire, se rendait tout d'abord auprès de Mlle Lacoste et de M. Moreau afin d'obtenir tous renseignements pouvant lui permettre de rechercher et d'identifier le locataire mystérieux de Gambais.

Après quelques jours de recherches infructueuses, M. Belin me faisait connaître un renseignement intéressant à lui fourni par Mlle Lacoste, renseignement lui ayant permis de découvrir le domicile de Frémyet, Dupont, lequel habitait 76 rue Rochechouart à Paris, où sous le nom de « Guillet, Lucien » il se disait ingénieur.

Une surveillance exercée les 10 et 11 avril permettait d'appréhender le dit « Guillet », à la date du 12 avril vers onze heures du matin et les inspecteurs Belin et Brandenburger l'amenaient aussitôt à la brigade où il disait se nommer « Guillet, Lucien, né le 15 septembre 1874 à Rocroi, ingénieur ».

Interpellé aussitôt, en ma présence, par M. Dautel, commissaire de police et par moi, Guillet le prenait de très haut, refusant de répondre et alors qu'il lui était donné lecture de la commission rogatoire de M. le juge d'instruction de Mantes ainsi que du mandat d'arrêt du même magistrat, en date du 11 avril, pièces de justice l'inculpant d'assassinats, Guillet sans se départir de son assurance, se contentait de dire sur un ton dédaigneux : « M'inculper d'assassinats, c'est bien gros, M. le commissaire, car il s'agit de la tête d'un homme, je ne parlerai qu'en présence d'un avocat. »

Au moment de sa fouille à la brigade, Guillet avait été trouvé porteur d'un carnet de poche, carnet portant diverses annotations, comptes, horaires de chemins de fer et dans une page, au milieu de ce carnet, figurait dans l'ordre suivant, une série de onze noms inscrits à l'encre de haut en bas : « A. Cuchet », « J. Cuchet », « Brésil », « Crozatier », « Havre », « C. L. Buisson », « A. Collomb », « André Babelay », « M. Louis Jaume », « A. Pascal », « Ther. Marchadier ».

M. Dautel ainsi que moi-même, surpris de retrouver dans cette liste les noms de « Buisson et Collomb », noms similaires à ceux des femmes dans les disparitions motivaient notre enquête, nous en faisions aussitôt la remarque à « Guillet » qui prétendait ne rien savoir et conservait sur ce point le plus grand mutisme.

Agissant en vertu de la commission rogatoire de Mantes, subdéléguée à la Seine, d'après mes instructions, M. Dautel faisait conduire aussitôt le dit « Guillet », 113 boulevard Ney et 22 rue de Châteaudun dernier domicile connu des femmes Buisson et Collomb et le nommé Guillet était formellement reconnu par les concierges de ces immeubles.

Pendant que s'opéraient ces vérifications, je faisais mander d'urgence à la brigade, Mlle Lacoste et Mme Pelat, sœurs des disparues, lesquelles à leur tour, reconnaissaient aussi le dit Guillet qui devant ces témoignages accablants, déclarait avoir connu et fréquenté Mmes Buisson et Collomb, mais se refusait à nouveau de fournir des explications, se contentant de répondre qu'il ne parlerait que devant un avocat.

Parcourant avec l'inspecteur Brandenburger, les collections du bulletin de police criminelle, nous retrouvions aux bulletins n° 352/33 444, 356/33 831, 430/37 127, les photographies du soi-disant Guillet, en réalité Landru, Désiré, Henri, né le 12 avril 1869 à Paris (XIXe), recherché en vertu de mandats d'arrêt et d'amener en date des 4 juin 1914, 30 juin 1914 et 30 novembre 1915, de MM. Genty et Saumandre, juges d'instruction à la Seine (escroqueries et abus de confiance).

Quelque peu confondu par cette découverte dont nous l'avisions aussitôt, Landru répondait : « Vous voyez maintenant qui je suis, vous savez pourquoi je dissimulais mon identité, je suis un escroc, c'est entendu, mais prouvez-moi que je suis un assassin. Un ami quitte sa maîtresse ; on se brouille ; cela se voit tous les jours, mais il n'est pas un assassin pour cela ; je n'ai rien à vous dire. »

Une perquisition faite aussitôt au domicile de Landru 76 rue Rochechouart, Paris, y faisait découvrir une volumineuse correspondance échelonnée sur les années de 1914 à 1919, pour la plupart lettres de femmes dans lesquelles on lui demandait le mariage à la suite d'annonces parues dans les journaux ; on découvrit aussi des bijoux de femmes, montre en or, deux paires de boucles d'oreilles, l'une avec brillants, l'autre avec perles, quantité de photographies de femmes (la montre et les boucles d'oreille ont appartenu aux femmes Buisson et Cuchet) et enfin rangés dans une malle

(photo)

Lavik Célestine, Veuve Buisson, née le
11 à Guiche (Basses Pyrénées) taille 1m 65
atain moyen, légèrement frisés, corpulence
gue maigre, teint pâle, portait une natte
tiche frontale dite pouf, de faux cheveux
atain moyen. devait ~~porter~~ avoir de fausses dents.
parue de son domicile 113 boulevard Ney
i Août 1917.

(photo)

Barthelemy Louise Léopoldine, Veuve
née le 30 juillet 1879 à Nîmes, taille
veux et sourcils chatain clair passés à
ée, visage ovale plein, teint frais,
nt haut bombé, yeux gris bleu verdâtre,
onstivité, nez fort, légèrement vexe,
ut pointu, machoire légèrement
es dents plombés, mauvaise dentition,
de son domicile 23 rue des Lianes
embre 1917.

(photo)

ocal Anne Marie divorcée de Gabriel
1880 à Beaucaire (Gard) taille 1m.70
igre, cheveux chatain foncé, forte
chatain clair à la nuque, ~~[illegible]~~
foncé, teint mat, visage poudré.
ncé enfoncés et bistrés, nez légère-
fort, bouche légèrement grande,
lèvres épaisses, cou long et maigre, dentition mauvaise

5, dents longues, portant un appareil dentaire avec crochets en or contenant quatre ou cinq dents à la supérieure, et un autre appareil à la inférieure contenant une ou deux dents.
e opération au sein gauche qui est légè... puté et porte une ~~large~~ cicatrice en ...s et une en dessous en forme de croissant.
Disparue de son domicile 2 Villa Stendhal ...n Avril 1918

(photo)

11° Marchadier Marie Thérèse, née ...tobre 1881 à Bordeaux – taille 1m.53, ...ce moyenne ; pas de poitrine, très forte ...in, fortement membrée, figure allongée, ...très bruns naturels, yeux noirs très vifs, ...l et pincé, teint mat, dents petites et ... type méridional
disparue de son domicile 330 rue St. Jacques à Paris le 13 janvier 1919.

(photo)

...n Thérèse née à Chascomus Pcodua & ...veuve Laborde Line le 12 Aout 1868
...ans Taille 1m.50 environ corpulence maigre ...ux crépés front ordinaire yeux châtains ...rement épaté, menton proéminent visage ...ale teint bruni ; dentition mauvaise râtelier ...à supérieure forte trace de brulure à ...
... mollet
Disparue de son domicile 95 rue de Patay fin Juin 1919

Les victimes
Chacune fait l'objet d'un signalement largement diffusé, sans résultat. (AN, f/7/15977/1)

cantine, plusieurs dossiers portant sur une chemise les noms correspondant à ceux inscrits sur le carnet de poche saisi sur Landru ; ces dossiers renfermaient des papiers d'état civil, des lettres et photographies aux mêmes noms.

C'est donc avec l'aide de ce carnet et de ces documents que l'enquête, continuée par la suite, a permis d'identifier ces personnes et d'établir en outre par des témoignages irréfutables que les dites personnes avaient été en relations avec Landru sous les divers noms par lui empruntés et qu'enfin ces personnes avaient disparu par la suite.

Ces personnes sont les suivantes :

1 – Cuchet, André, Georges, né le 3 juin 1897 à Paris, employé de commerce, demeurant 67 faubourg St-Denis, Paris, avec sa mère ;

2 – Veuve Cuchet, née Jamart, Jeanne, née le 11 mai 1875 à Fresnes (Aisne), entrepreneuse de lingerie, tous deux disparus du domicile ci-dessus le 4 août 1914 et en août 1915 du 47 rue de Mantes à Vernouillet où ils étaient vus avec « Frémyet » ;

3 – Veuve Guillin, née Pelletier, Marie, Angélique, Désirée, née le 15 avril 1863 à Bellavilliers (Orne), ancienne domestique, disparue en octobre 1915 alors qu'elle habitait 33 rue Crozatier, Paris, (le nom de Crozatier figurant au carnet doit désigner la veuve Guillin) ;

4 – Veuve Héon, née Henry, Berthe, Anne, née le 4 octobre 1860 au Havre, ménagère, disparue fin décembre 1915, alors qu'elle habitait 165 rue de Rennes à Paris (le nom Havre inscrit au carnet doit désigner la veuve Héon) ;

5 – Veuve Collomb, née Moreau, Anne, née le 24 février 1871 à Paris, comptable, disparue fin décembre 1916 alors qu'elle habitait 22 rue de Châteaudun, Paris ;

6 – Veuve Buisson, née Lavie, Célestine, née le 6 avril 1871 à Guiche (Basses-Pyrénées) ancienne cuisinière, disparue en septembre 1917 alors qu'elle habitait 113 boulevard Ney à Paris.

7 – Babelay, Andrée, Anne, née le 10 juillet 1897 à Paris (VIe), domestique, disparue le 13 mars 1917 alors qu'elle était en place chez une dame Vidal, cartomancienne, 12 rue de Belleville à Paris ; Mme Babelay mère habitait à cette époque 91 rue de Noisy, aux Lilas et actuellement 101 rue de Paris, à Herblay.

8 – Veuve Jaume, née Barthélemy, Louise, Léopoldine, née le 30 juillet 1879 à Nîmes, couturière, disparue fin 1917 ou début 1918, alors qu'elle habitait 23 rue des Lyanes à Paris.

9 – Pascal, Anne, Marie, née le 5 novembre 1880 à Beaucaire, couturière, disparue en avril 1918, alors qu'elle habitait 2 villa Stendhal, Paris.

10 – Marchadier, Marie, Thérèse, née le 27 octobre 1881 à Bordeaux, sans profession déterminée, de mœurs faciles, disparue par le 15 janvier 1919, alors qu'elle habitait 330 rue St-Jacques, Paris.

À l'heure actuelle, parmi les noms inscrits au carnet de Landru, seul le nom de « Brésil » n'a pu être identifié ; les services de la police judiciaire, aujourd'hui saisis, seront sans doute plus heureux que nous sur ce point.

L'enquête fait connaître que Landru, sous le nom de « Diard », avait habité La Chaussée, près Chantilly (Oise), d'avril à septembre 1914, dans un petit pavillon plutôt sommairement meublé et que là, on avait constaté la présence de la veuve Cuchet et de son fils André.

En 1915, on les retrouve tous trois, sous le nom de Cuchet, dans une villa « The Lodge » à Vernouillet (Seine-et-Oise) ; c'est de cette villa que seraient disparus Mme Cuchet et son fils ; dans cette villa, Landru aurait reçu également la visite d'autres femmes qui n'ont pas été identifiées et que l'on présume disparues ; enfin, on retrouve Landru, sous le nom de « Dupont, Frémyet », dans la villa de Gambais, louée par lui sous le nom de « Dupont », dans le courant de 1916.

De même qu'à La Chaussée et à Vernouillet, l'installation de la villa de Gambais était des plus rudimentaire ; dans cette villa y seraient aussi venues plusieurs femmes, notamment la femme Marchadier qui paraît clore la liste des disparues.

Les perquisitions faites dans ces divers lieux n'ont jusqu'à présent donné aucun résultat appréciable, sauf dans la villa de Gambais où l'on a retrouvé les cadavres de trois chiens ayant appartenu Mme Marchadier et celui d'un chat ayant appartenu Mme Pascal, animaux que Landru reconnaît avoir étranglés sur la demande de ses amies qui voulaient s'en débarrasser a-t-il dit.

Diverses perquisitions ont été effectuées d'abord dans un garage 2 rue du Château à Neuilly-sur-Seine où Landru avait déposé du mobilier, linge et autres objets ayant appartenu à Mme veuve Cuchet ; ensuite dans un atelier, sis 28 rue Morice à Clichy, atelier loué par Landru et dans lequel il a été saisi sur place une automobile voiturette, des papiers divers, une bâche et une corde portant des taches suspectes pouvant être du sang ; une partie du mobilier de Mme Buisson a été retrouvé dans ce garage : d'autre part, Landru avait fait transporter à son domicile, 76 rue Rochechouart, le mobilier de Madame Marchadier.

À cette adresse où il habitait depuis octobre 1917, Landru vivait avec une demoiselle Segret, Fernande, née le 22 décembre 1892 à Paris (V^e^), célibataire, ex-employée de commerce, domiciliée 7 rue Custine, Paris ; cette dernière paraît ignorer les agissements de Landru et à l'heure actuelle l'enquête n'a établi aucune charge contre elle.

Dans son garage rue Morice à Clichy, Landru paraissait s'occuper de vente, location d'automobiles et accessoires et de réparations ; son second fils Landru, Charles, Eugène, né le 1er avril 1900 à Paris (XVe) se faisant appeler « Frémyet, Charles », travaillait sous les ordres de son père qu'il a même aidé à transporter les meubles des dames Cuchet, Buisson et Marchadier, situation signalée au parquet de Mantes.

Landru est marié, père de 4 enfants, sa femme habite 6 rue de Paris à Clichy; il allait la voir de temps en temps et lui remettait quelques subsides; il se prétend ingénieur, licencié ès lettres et ès sciences et il a encouru les condamnations suivantes :

2 ans, 50 frs, Paris (cour) 21/7/04, escroquerie et abus de confiance;

13 mois, 50 frs, (XIe chambre) 28/5/06 abus de confiance et escroquerie, confusion avec peine de 2 ans et 50 frs (X[e] chambre) 19/6/06 mêmes faits;

2 ans, 50 frs (X[e] chambre) 4/1/10, mêmes motifs;

3 ans, 100 frs, Paris (cour) 28/5/1910;

3 ans, 100 frs, Lille, 5/8/1910 mêmes motifs, confusion, libéré de Loos le 18/10/1912;

4 ans, 100 frs, relégué, 10e chambre 20/7/1914 escroquerie, défaut.

À la date du 13 avril Landru a été écroué à la maison d'arrêt de Mantes, en vertu d'un mandat décerné contre lui par M. le juge d'instruction de ce siège.

J'annexe au présent une copie du rapport de l'inspecteur Belin qui a procédé aux premières recherches dans cette affaire.

À l'heure actuelle aucun cadavre n'ayant été retrouvé, cette affaire semble des plus mystérieuses, toutefois il est difficile d'admettre que Landru ait pu se livrer à la traite des Blanches, la plupart des disparues étant déjà d'un certain âge et en outre la disparition du fils Cuchet semblant devoir faire écarter cette hypothèse; de plus, en raison des formalités pour obtenir des passeports, Landru eût pu difficilement faire passer ces femmes à l'étranger.

Si l'on envisage la question pécuniaire, on doit constater que les disparues étaient d'une situation très modeste et par conséquent ne devaient avoir que peu d'économies ; toutefois Landru professionnel de l'escroquerie et de l'abus de confiance (son passé judiciaire le prouve) Landru pouvait en être réduit à recourir même au crime pour se procurer de l'argent.

Ainsi que je vous l'ai signalé en son temps, sur instructions de M. le procureur général à Paris, le parquet de Mantes est dessaisi de cette affaire au profit de celui de la Seine et c'est M. Bonin, juge d'instruction à Paris, qui est chargé de l'enquête ; ce magistrat m'a donné ses instructions et il a été entendu avec lui que la police judiciaire enquêterait désormais dans le département de la Seine et mon service dans le ressort de ma juridiction, sauf la Seine.

Je me conformerai ainsi que mon personnel à ces instructions, mais je ne vous dissimulerai pas que cette décision a quelque peu froissé mon amour-propre ainsi que celui de tout mon personnel.

À toutes fins utiles je vous informe qu'un transport de justice aura lieu à la villa de Gambais le mardi 29 courant, à 10 heures du matin ; je m'y rendrai avec M. Dautel et les inspecteurs qui ont suivi cette affaire.

Je vous adresse la notice individuelle de Landru, ainsi que sa fiche de voie publique et des photographies.

Le commissaire divisionnaire,
[Signature]

◆

Une bolchevik à Tours

La voilette de Clara Zetkin

Le 21 décembre 1920, les Français ne songent plus qu'aux préparatifs du réveillon, dans un monde qui semble renouer avec la paix. Deux catégories de citoyens, toutefois, n'ont pas cette insouciance : les socialistes et les policiers.

Les socialistes, en congrès à Tours, doivent se déterminer sur leur adhésion à la IIIe Internationale, celle de Lénine, c'est-à-dire accepter ou non de suivre la voie du bolchévisme. La vieille SFIO, dont les tendances s'affrontent, menace d'éclater. Quant aux policiers de la Sûreté, un rapport confidentiel compromet leurs congés de fin d'année. «Le bruit court dans les milieux communistes suisses que pour mieux impressionner l'opinion publique et afin d'affirmer par un coup d'éclat la prédominance mondiale du Comité de la IIIe Internationale, Zinovieff, président de ce comité, se proposerait de se présenter tout à coup au Congrès socialiste de Tours.

«Par ce coup d'audace, non seulement il influerait fortement et dans un sens révolutionnaire sur les décisions du Congrès, mais encore il nourrirait l'espoir que son arrestation par les autorités françaises devienne l'occasion de troubles et de désordres graves. » Le même rapport prévoit une intrusion semblable de la communiste allemande Clara Eissner dite Zetkin : le gouvernement lui ayant refusé un passeport, elle « doit essayer de passer par la Suisse ou par la frontière d'Alsace-Lorraine dans la dernière semaine du mois en cours ». Or, la police française ne dispose que d'une mauvaise photo de la militante socialiste et féministe allemande. Née dans une famille juive de Wiederau (Saxe), le 5 juillet 1857, fille d'un maître d'école, elle a vécu en exil en Suisse, puis en France : après la mort de son compagnon, le révolutionnaire Ossip Zetkin, originaire d'Odessa, elle a conservé son nom. Membre fondatrice du Parti communiste allemand (KPD), elle vient d'être élue députée au Reichstag en 1920.

On déchiffre, dans la marge, les instructions du ministre relativement à ces éventuels émissaires du bolchevisme : « Les appréhender le cas échéant, et les reconduire aussitôt à la frontière. » Les points d'entrée du territoire sont donc placés sous haute surveillance, tout comme la gare de Tours. Et voici que, le 29 décembre, l'impossible se produit : « C'est au chant de *L'Internationale* que Clara Zetkin a fait son entrée dans la salle où elle a monté sur la tribune, après s'être débarrassée de son manteau et d'une épaisse voilette qui couvrait son visage. » Une bolchevik s'est infiltrée à Tours, et la police n'en a rien su. « Elle a déclaré que malgré que le gouvernement français lui ait refusé, sans raison, l'autorisation d'entrer en France, elle avait réussi à passer sous le nez de la police et venir jusqu'au Congrès y apporter le salut des délégués allemands, qui l'ont chargée de dire aux congressistes d'adhérer sans aucune condition à la IIIe Internationale de Moscou. » Les informateurs présents au congrès ne peuvent même pas donner l'alerte, car les organisateurs prennent la précaution d'enfermer tout le monde jusqu'au départ de l'oratrice. Après avoir lancé que « le gouvernement français est le plus impérialiste du monde entier », la révolutionnaire remet sa voilette et se volatilise. Outre l'humiliation de la police, qui n'aura su ni la repérer, ni la retenir, cet épisode révèle un fait nouveau : la France est perméable au communisme.

◆

Le dossier

Selon l'infatigable poste d'Annemasse, œil ouvert sur toutes les menaces venant de l'Est, des émissaires des Soviets pourraient entrer clandestinement en France à l'occasion du congrès de Tours. Si Zinoviev s'est contenté d'adresser un télégramme aux congressistes, Clara Zetkin est parvenue sur place : la députée allemande, qui a traversé le Rhin en barque, a été transportée en auto jusqu'à Paris, d'où elle a pris le train pour Orléans. Une autre voiture, dans la plus grande discrétion, l'a ensuite acheminée à Tours.

Une large majorité des délégués accepte les conditions de Lénine et fonde la Section française de l'Internationale communiste (SFIC), qui deviendra le PC. L'irruption de Clara Zetkin, mais aussi son travail en coulisses, ont contribué à ce résultat.

Annexe à la lettre du **Combat de France** *à Stuttgart, 22 novembre 1894*

(AN, f/7/16028/2)

Extrait de la lettre du ministère des Affaires étrangères de Stuttgart en date du 20 novembre 1894.

Mme Clara Zetkin (Clara, Joséphine Eissner) rédacteur du journal *Die Gleichheit* et correspondante de la *Bourse du travail* de Paris demeure à Stuttgart, Rothebühlstrasse n° 147. Elle est la fille de feu Gottfried Eissner, maître d'école, et de Joséphine Franciska Elisabeth Vitale, veuve Richter, elle est née le 5 juillet 1857 à Wiederan, district de Rochlitz, royaume de Saxe.

Après un court séjour en Autriche et en Suisse, elle se rendit à Paris en 1882 et y resta jusqu'en juillet 1890. Là elle vécut maritalement avec un sieur Joseph Zetkin, originaire d'Odessa, maître de langues, mort à Paris en 1889 et duquel elle eut deux enfants, tous deux nés à Paris et actuellement âgés de onze et de neuf ans. Depuis le 24 janvier 1891, elle habite Stuttgart à l'adresse indiquée plus haut. Mme Eissner, en sa qualité de sujette saxonne, est en possession d'un certificat d'origine (Heimath-Schem) qui lui a été délivré par l'autorité de Leipzig le 9 juillet 1891 pour une durée de cinq ans, elle n'a jusqu'à présent subi aucune condamnation.

Le publiciste Zetkin était athée et socialiste ; il passait également pour nihiliste. Quant à Mme Eissner, elle est maintenant en relations intimes avec les époux Israël Helphand ainsi qu'avec un étudiant agronome russe nommé Chaim Rogovin, de Vilma, qui demeure ici chez ces derniers, Rothebühlstrasse 150. Le sieur Helphand est originaire de Beresin, il exerce la profession de publiciste, il a été expulsé du territoire prussien par arrêté du Président de police de Berlin en date du 18 février 1893 pour motifs politiques. Le sieur Rogovin est également expulsé de Prusse.

Mme Eissner se défend d'être anarchiste et nihiliste, mais il n'est pas sûr qu'elle ne serve pas de couverture à Helphand et à ses amis politiques pour la réception de leurs correspondances et qu'elle ne coopère pas à leurs menées. Dans tous les cas, c'est une adhérente avérée au socialisme, elle rédige le journal bi-mensuel *Die Gleichheit*, organe des intérêts des ouvrières, publié à Stuttgart par J.H.W. Dietz, libraire éditeur, député socialiste au Reichstag.

Depuis longtemps déjà elle prend une part très active à l'agitation socialiste ; elle assiste aux réunions publiques et a siégé dernièrement au Congrès socialiste de Francfort comme déléguée du 1er district électoral de Stuttgart. Elle signe ses écrits du nom de Zetkin, nom sous lequel elle est désignée par ses coreligionnaires politiques et par la presse. Elle n'est connue sous son véritable nom de Eissner que par les autorités.

Rapport confidentiel du commissariat d'Annemasse, 21 décembre 1920

(AN, f/7/16028/2)

Ministère de l'Intérieur, Police spéciale des chemins de fer
et de la frontière, commissariat d'Annemasse (Haute-Savoie).

Annemasse, le 21 décembre 1920

Confidentiel

Rapport

Mouvement révolutionnaire.
Au sujet de la présence éventuelle de Zinovieff et de Clara Zetkin au Congrès socialiste de Tours.

Transmis à : contrôle administratif préfet Annecy

Par rapport en date de ce jour je vous fais connaître quels espoirs le Gouvernement de Moscou fonde sur les résultats du Congrès socialiste français de Tours.

Le bruit court dans les milieux communistes suisses que pour mieux impressionner l'opinion publique et afin d'affirmer par un coup d'éclat la prédominance mondiale du Comité de la IIIe Internationale, Zinovieff, président de ce comité, se proposerait de se présenter tout à coup au Congrès socialiste de Tours. Par ce coup d'audace, non seulement il influerait fortement et dans un sens révolutionnaire sur les décisions du Congrès, mais encore il nourrirait l'espoir que son arrestation par les autorités françaises devienne l'occasion de troubles et de désordres graves.

Zinovieff naturellement franchirait la frontière en fraude, venant d'Italie où il aurait préalablement participé au Congrès du Parti socialiste italien. Il passerait probablement par Vintimille avec l'aide de certains communistes de Nice et peut-être celle du Dr Girard de cette ville.

De même, la communiste allemande Clara Zetkin de Berlin, à laquelle on aurait refusé un passeport pour se rendre en France au congrès socialiste, doit essayer de passer par la Suisse ou par la frontière d'Alsace-Lorraine dans la dernière semaine du mois en cours.

Je vous donne cette information sous toutes réserves en vous faisant connaître toutefois qu'elle provient d'une source généralement bien informée.

Le commissaire spécial,
[Signature]

23-12-1920
Instructions du ministre.

Les appréhender le cas échéant, et les reconduire aussitôt à la frontière.

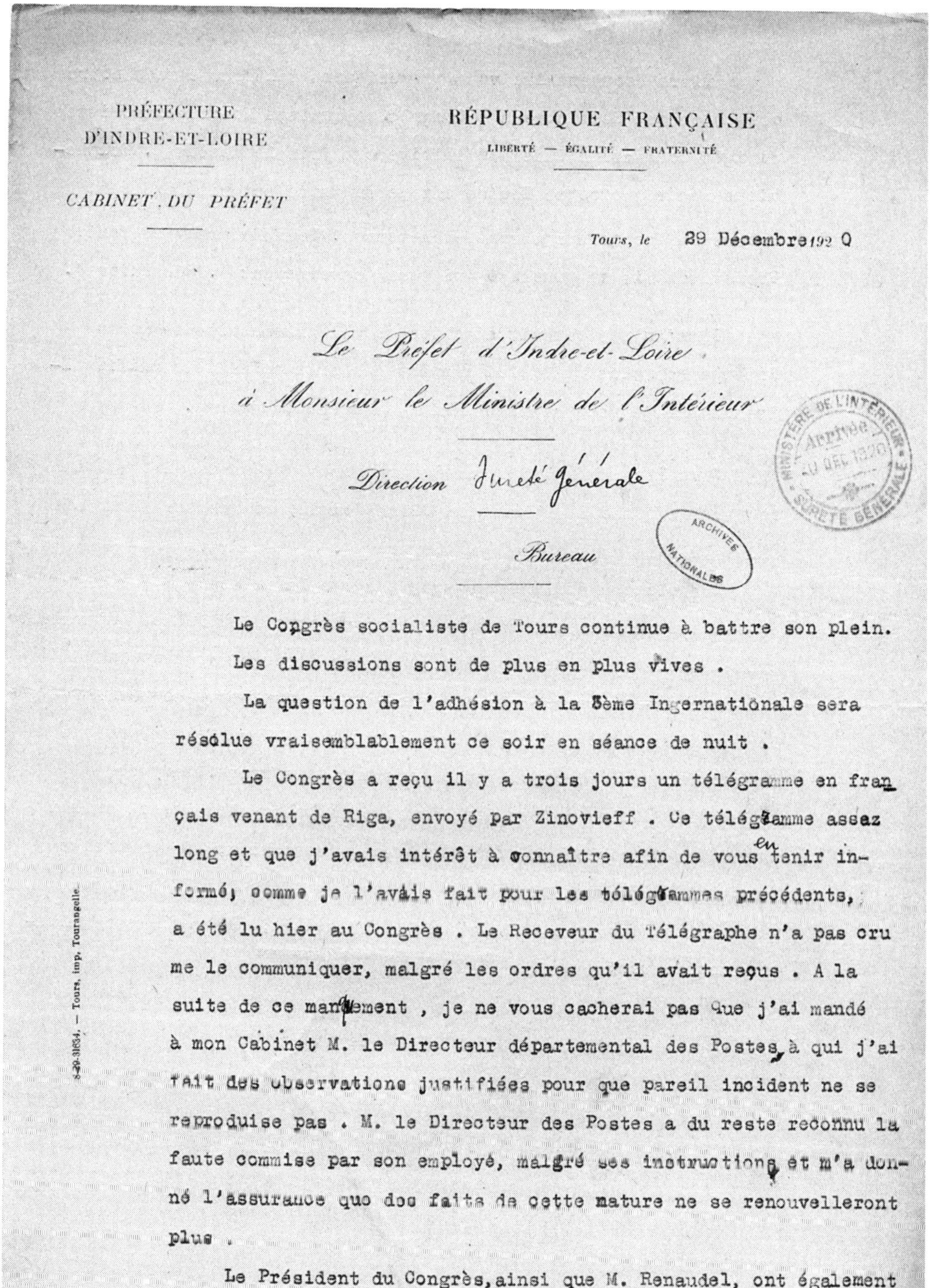
PRÉFECTURE
D'INDRE-ET-LOIRE

CABINET DU PRÉFET

RÉPUBLIQUE FRANÇAISE
LIBERTÉ — ÉGALITÉ — FRATERNITÉ

Tours, le 29 Décembre 1920

Le Préfet d'Indre-et-Loire
à Monsieur le Ministre de l'Intérieur

Direction Sûreté Générale

Bureau

MINISTÈRE DE L'INTÉRIEUR
Arrivée
30 DEC 1920
SÛRETÉ GÉNÉRALE

ARCHIVES NATIONALES

Le Congrès socialiste de Tours continue à battre son plein. Les discussions sont de plus en plus vives .

La question de l'adhésion à la 3ème Internationale sera résolue vraisemblablement ce soir en séance de nuit .

Le Congrès a reçu il y a trois jours un télégramme en français venant de Riga, envoyé par Zinovieff . Ce télégramme assez long et que j'avais intérêt à connaître afin de vous en tenir informé, comme je l'avais fait pour les télégrammes précédents, a été lu hier au Congrès . Le Receveur du Télégraphe n'a pas cru me le communiquer, malgré les ordres qu'il avait reçus . A la suite de ce manquement , je ne vous cacherai pas que j'ai mandé à mon Cabinet M. le Directeur départemental des Postes, à qui j'ai fait des observations justifiées pour que pareil incident ne se reproduise pas . M. le Directeur des Postes a du reste reconnu la faute commise par son employé, malgré ses instructions, et m'a donné l'assurance que des faits de cette nature ne se renouvelleront plus .

Le Président du Congrès, ainsi que M. Renaudel, ont également

8-20-31634. — Tours, imp. Tourangelle.

Rapport du 29 décembre 1920

Si Zinoviev s'est contenté d'adresser un télégramme aux congressistes, Clara Zetkin est parvenue à Tours, défiant la police française. (AN, f/7/16028/2)

Rapport du préfet d'Indre-et-Loire au ministre de l'Intérieur, 29 décembre 1920
(AN, f/7/16028/2)

Préfecture d'Indre-et-Loire, Cabinet du Préfet.

Tours, le 29 décembre 1920

Le Préfet d'Indre-et-Loire à Monsieur le ministre de l'Intérieur.
Direction Sûreté générale.

Le Congrès socialiste de Tours continue à battre son plein.

Les discussions sont de plus en plus vives.

La question de l'adhésion à la IIIe Internationale sera résolue vraisemblablement ce soir en séance de nuit.

Le Congrès a reçu il y a trois jours un télégramme en français venant de Riga, envoyé par Zinovieff. Ce télégramme assez long et que j'avais intérêt à connaître afin de vous en tenir informé, comme je l'avais fait pour les télégrammes précédents, a été lu hier au Congrès. Le receveur du télégraphe n'a pas cru [devoir] me le communiquer, malgré les ordres qu'il avait reçus. À la suite de ce manquement, je ne vous cacherai pas que j'ai mandé à mon Cabinet M. le Directeur départemental des Postes, à qui j'ai fait des observations justifiées pour que pareil incident ne se reproduise pas. M. le Directeur des Postes a du reste reconnu la faute commise par son employé, malgré ses instructions, et m'a donné l'assurance que des faits de cette nature ne se renouvelleront plus.

Le Président du Congrès, ainsi que M. Renaudel, ont également reçu ce matin de Paris le télégramme suivant :

« Titre documentaire vous communiquons télégramme reçu notre correspondant Helsingfors. Congrès communiste Moscou, extrémistes dirigés Boukharine, Radek définitivement pris le dessus. Bolcheviks modérés, excepté Lénine, ont perdu toute autorité, exercent aucune influence sur marche événements. Lounatcharsky et Bontch Brouevitch mis en minorité quittent Gouvernement. Russunion. »

Je n'ai pas connaissance que ce télégramme ait été lu au Congrès, pas plus que celui émanant du Parti communiste unifié allemand, que je vous ai signalé il y a quelques jours.

Vous êtes au courant, par les rapports du commissaire spécial et par la presse, de l'incident Clara Zetkin, communiste allemande qui a pris la parole hier au Congrès.

La police a été informée trop tard de la présence à Tours de cette étrangère, en raison des précautions minutieuses qu'avaient pris les congressistes au courant de son arrivée, précautions qui ont consisté en ce que les portes de la salle, où se réunit le Congrès, ont été fermées dès l'entrée de Clara Zetkin, et dès son départ, pour empêcher toute personne de sortir. Étant donnés enfin les faibles moyens dont dispose la police locale, il ne lui était pas possible de procéder à son arrestation, ainsi qu'elle y avait été conviée par vous. Dans le cas où Clara Zetkin se cacherait encore à Tours, ce qui est possible, des recherches actives continuent.

Le préfet,
[Signature]

Rapport du commissariat spécial de Tours au Directeur de la Sûreté générale, 29 décembre 1920
(AN, f/7/16028/2)

Ministère de l'Intérieur.
Sûreté générale.
Commissariat spécial de Tours.

Au sujet de Clara Zetkin.

Tours, le 29 décembre 1920, 0 h 25 du matin

Le commissaire spécial Delgay à Monsieur le Directeur de la Sûreté générale, contrôle général des services de police administrative, Paris.

J'ai été avisé hier soir à 18 heures que la nommée Clara Zetkin, propagandiste du communisme allemand, est entrée ce soir à 17 heures dans la salle du congrès socialiste, accompagnée d'un Allemand.

Immédiatement les portes du congrès ont été fermées avec défense à quiconque d'en sortir.

C'est au chant de *L'Internationale* que Clara Zetkin a fait son entrée dans la salle où elle a monté sur la tribune, après s'être débarrassée de son manteau et d'une épaisse voilette qui couvrait son visage.

Elle a déclaré que malgré que le gouvernement français lui ait refusé, sans raison, l'autorisation d'entrer en France, elle avait réussi à passer sous le nez de la police et venir jusqu'au congrès y apporter le salut des délégués allemands, qui l'ont chargée de dire aux congressistes d'adhérer sans aucune condition à la IIIe Internationale de Moscou.

Au cours de sa péroraison, qui a duré près de trois quarts d'heure, elle a dit que le gouvernement français était le plus impérialiste du monde entier, etc.

C'est au chant de *L'Internationale* qu'elle a quitté la salle, toujours accompagnée de l'individu avec lequel elle était entrée.

Eux seuls sont sortis de la salle et pendant plus de quinze minutes la porte du congrès est restée fermée, de façon d'empêcher quiconque d'en sortir et lui donner le temps de se mettre hors de toutes recherches.

Immédiatement averti, j'ai organisé à la gare, une surveillance active de tous les trains en partance.

J'ai également prévenu mon collègue, M. le commissaire central, auquel j'avais adressé copie du télégramme chiffré, concernant cette étrangère, dès sa réception.

D'après les renseignements qui m'ont été donnés, Clara Zetkin, dont je ne possédais pas le signalement, devait être arrivée lundi à Tours, où elle devait être cachée en attendant de pouvoir entrer dans la salle du congrès et de prendre, à ce sujet, toutes les précautions nécessaires.

Voici son signalement :

Âgée de 60 ans environ – cheveux blancs, collés sur les tempes – corpulence maigre – coiffée d'un chapeau mou (genre homme) couleur foncée – porte une voilette très épaisse – vêtue d'un manteau noir et d'une robe grise foncée, forme plate avec ceinture noire, haute, garnie de petits boutons soutachés.

L'individu qui l'accompagnait était vêtu d'un manteau foncé, coiffé d'un chapeau mou fendu – cheveux blonds assez longs.

J'ai vu il y a deux à trois jours, qu'un bateau battant pavillon allemand, venant de Hambourg, était entré pour la première fois depuis la guerre, dans un port français qui, autant que je me rappelle, serait Le Havre.

Clara Zetkin n'avait-elle pas débarqué en France grâce à l'entrée de ce bateau ?

Je me permets de vous donner cette opinion qui paraît vraisemblable.

Delgay

Ci-joint coupure du journal *La Dépêche* paru hier soir à 22 heures.

Extrait du registre de permanence de nuit du commissariat spécial de Tours, 29 décembre 1920
(AN, f/7/16028/2)

Ministère de l'Intérieur, direction de la Sûreté générale, police judiciaire, contrôle général des services de recherches judiciaires, 11, rue des Saussaies.

Paris, le 29 décembre 1920

Extrait du registre de permanence de nuit.
Nuit du 28 au 29 décembre 1920 :
1 heure 45 – communication du commissaire spécial de Tours :

« La nommée Clara Zetkin, allemande, à laquelle le gouvernement avait refusé passeport pour se rendre au congrès de Tours est entrée dans la salle hier soir à 17 heures, pendant que toute la salle chantait *L'Internationale*. Les portes ont été fermées aussitôt, pour empêcher la sortie de quiconque. La nommée Clara, après s'être débarrassée de son manteau et de sa voilette très épaisse, est montée à la tribune et a parlé pendant près de ¾ d'heure. Ensuite est sortie de la salle avec un individu que l'on dit allemand. Derrière elle, personne n'a pu quitter la salle de façon que la police soit prévenue.

« J'adresse immédiatement par rapport qui partira cette nuit, le signalement de cette femme et prend toutes mesures nécessaires en cas de découverte. »

Signé : Tissier

Rapport du commissariat d'Annemasse, 8 janvier 1921
(AN, f/7/16028/2)

Ministère de l'Intérieur, police spéciale des chemins de fer et de la frontière, commissariat d'Annemasse (Haute-Savoie).

Annemasse, le 8 janvier 1921

Agents bolchévistes.
Au sujet de Clara Zetkin et de Zinovieff.
Transmis à : contrôle administratif, Préfet Annecy.

Par rapport n° 3 218, en date du 21 décembre écoulé, je faisais connaître que l'agitateur bolchéviste Zinovieff et la communiste allemande Clara Zetkin devaient pénétrer en France clandestinement pour aller défendre devant le congrès socialiste de Tours la cause de l'Internationale communiste.

L'exactitude de cette information en ce qui concerne Clara Zetkin a été démontrée par les faits. Quant à Zinovieff, je n'ai pu encore savoir pour quelles raisons – d'ordre matériel ou psychologique – il avait dû abandonner son projet. Toutefois, et jusqu'à plus ample informé, j'estime que l'abstention du représentant des soviets peut être logiquement attribuée à son désir d'assister au congrès socialiste italien ; en effet, cette importante mission eût pu être compromise, sinon empêchée, par les mesures qu'auraient certainement prises les autorités françaises et italiennes à la suite de son voyage en France.

La presse a donné sur la façon dont Clara Zetkin avait pu pénétrer en France et se rendre à Tours sans être inquiétée, différentes versions. Je suis avisé par l'informateur qui m'avait fourni les éléments de mon rapport du 21 décembre dernier, qu'un communiste de Bâle aurait obtenu de camarades alsaciens au sujet de l'équipée de l'agitatrice allemande, les renseignements suivants, que je crois devoir vous transmettre sous toutes réserves.

«… Clara Zetkin franchit la frontière française en traversant le Rhin en barque près de Schlessdtatt-Lahr, aidée des communistes de Colmar. Elle put se cacher dans cette ville pendant deux jours, alla ensuite à Strasbourg, où Amédée Dunois, secrétaire général de *L'Humanité* l'attendait. Elle fit le voyage de Strasbourg à Paris en compagnie de Dunois, en automobile ; ensuite elle se rendit de Paris à Orléans en chemin de fer et de cette dernière ville à Tours en auto, toujours accompagné de Dunois. »

Mon informateur ajoute que Dunois qui séjourna pendant quelques semaines à Évian-les-Bains pendant la saison dernière (j'eus d'ailleurs l'occasion d'attirer l'attention sur lui à cette époque) et connaît assez bien toute la région frontière franco-suisse, avait en outre organisé un autre itinéraire prévoyant le passage de l'émissaire bolchéviste par le pays de Gex, mais en raison de la surveillance exercée en Suisse et à la frontière française dans les environs de Genève, il aurait jugé ne pas devoir faire suivre cet itinéraire à Clara Zetkin.

Le commissaire spécial,
[Signature]

◆

« Traître à la France »

La politique de paix d'Aristide Briand

Avocat des antimilitaristes, puis rapporteur de la loi de séparation des Églises et de l'État, Aristide Briand ne peut qu'être détesté des royalistes. Ses origines populaires, sa moustache en guidon de vélo le désignent aux moqueries, sans parler de sa réputation sulfureuse. Son père, à Saint-Nazaire, ne tenait-il pas un café-concert fréquenté par les marins, « un lupanar » d'après Léon Daudet ? Et le jeune homme, en 1891, n'a-t-il pas été surpris par le garde-champêtre dans le pré de Toutes-Aides avec Jeanne Nouteau-Giraudeau, épouse d'un banquier local ?

Contre Briand « le souteneur », tous les coups sont permis. En 1909 déjà, une conversation entre deux journalistes de droite laisse craindre à la police que les Camelots du roi célèbrent le 1er avril aux dépens du ministre : « Ils savent que souvent, soit seul, soit avec un ami personnel, M. Briand va dîner dans les cafés de la rue Royale. Or ils le surveilleront au nombre d'une vingtaine, et quand il sortira, ils s'approcheront de lui sans mot dire, et lui tirant les bras derrière le dos lui passeront les menottes. En même temps, on lui fera tomber son chapeau et on le remplacera par une casquette de soie noire. En outre s'ils le peuvent, les malandrins lui couperont un côté de la moustache. »

Fausse alerte… La haine, toutefois, ne fait que grandir à mesure que Briand s'élève. À partir de 1921, celui-ci incarne une politique de paix fondée sur le rapprochement franco-allemand. C'est ainsi que se tient salle Wagram, le 16 janvier 1922, une réunion au titre éloquent : « Briand en Haute Cour ». Après de nouvelles concessions à la conférence de Cannes, le cabinet Briand a dû démissionner. « Traître à la France et vendu aux juifs », l'ex-président du Conseil est accusé par le colonel de Vésins « d'avoir abandonné les principaux avantages que nous avait consentis le traité de paix ». Mais le héros de la soirée est Léon Daudet, élu député de Paris en 1919 : « Vint alors une longue suite d'épithètes malsonnantes : "Souteneur, pouilleux, mal lavé, bandit, traître, etc." qui eurent le don de mettre la salle en gaieté. »

Comme le souligne avec finesse un rapport au ministre de l'Intérieur, c'est surtout le pragmatisme et le modérantisme de Briand qui gênent l'Action française, dont l'audience serait plus large avec des républicains intransigeants : « Partisan et artisan d'une politique d'apaisement, M. Briand enlevait à l'Action française sa raison d'être. » Même le trépas du ministre n'apaisera pas ses ennemis. Le 10 mars 1932, en guise d'oraison funèbre, Maurras fustigera « cet ennemi de son pays, […] victime d'une injuste mort naturelle »…

◆

Le dossier

Député de la Loire de 1902 à 1919, député de la Loire-Inférieure (actuelle Loire-Atlantique) de 1919 à 1932, vingt-cinq fois ministre, onze fois président du Conseil, Aristide Briand a évolué du socialisme au centre droit. Président du Conseil de 1915 à 1917, pendant la bataille de Verdun, il apparaît d'abord comme le tenant d'une politique de fermeté et parle en 1921 de « mettre la main au collet de l'Allemagne » pour l'obliger à payer les réparations de guerre. Il change toutefois de ligne, recherchant l'apaisement sous l'égide de la Société des Nations et le rapprochement franco-allemand, recevant ainsi le prix Nobel de la paix en 1926. Avec le secrétaire d'État américain Kellog, il signe en 1928 le célèbre pacte déclarant la guerre hors la loi.
Pour l'Action française, il présente tous les caractères du traître et constitue une cible pour ses jeunes activistes, les Camelots du Roi, qui pratiquent aussi bien la dérision de l'humour potache que la violence de rue.

Rapport, 22 mars 1909

(AN, f/7/15935/2)

Un rédacteur de *L'Autorité*, Bibert, a raconté à un de ses amis de *La Libre Parole*, qui l'a répété, le fait suivant : les Camelots du roi veulent mettre les menottes à M. Briand. Il paraît qu'un certain nombre d'entre eux veulent passer des projets aux actes, et les lui mettre effectivement. Ils savent que souvent, soit seul, soit avec un ami personnel, M. Briand va dîner dans les cafés de la rue Royale. Or ils le surveilleront au nombre d'une vingtaine, et quand il sortira, ils s'approcheront de lui sans mot dire, et lui tirant les bras derrière le dos lui passeront les menottes. En même temps, on lui fera tomber son chapeau et on le remplacera par une casquette de soie noire. En outre s'ils le peuvent, les malandrins lui couperont un côté de la moustache. Pendant les instants où M. Briand sera ainsi accoutré, les Camelots du roi le photographieraient.

Voilà le fait. Comme en définitive les jeunes royalistes de l'Action française sont bien capables de l'accomplir, on le signale, bien qu'à première vue cela paraisse une plaisanterie.

Rapport sur « les Camelots du roi et M. Briand », 26 mars 1909
(AN, f/7/15935/2)

D'un correspondant :

Je ne connais pas de coup de main qui soit préparé contre M. Briand par les Camelots du roi.

Il peut cependant y en avoir un d'organisé que je ne connaisse pas, car il devient, à moi comme à tout le monde, de plus en plus difficile pour ne pas dire impossible de rien savoir sur les intentions de l'Action française. La façon dont ont été découverts et arrêtés les auteurs de la dégradation de Zola à Suresnes et de Scheurer-Kestner au Luxembourg rend les camelots très méfiants jusque vis-à-vis des leurs. Ils voient maintenant des espions partout.

Tout ce que je crois c'est qu'il avait été question à propos du 1er avril de faire « en poisson » quelque chose contre M. Briand, mais non point, avais-je cru comprendre sur sa personne.

Ce devait être plutôt quelque chose comme une mascarade analogue à celle de la mi-carême, ou mieux un poisson genre

maquereau pour le corps, avec la tête du ministre de la Justice et une inscription, quelque chose comme « tirez la barbichette » que l'on enverrait à des adresses ou vendrait sur les boulevards, je ne sais au juste.

C'est la seule chose dont j'ai entendu parler, et encore seulement à mots couverts : sans être sûr que cette idée qu'on a eue à l'Action française sera réalisée.

Mais tout est possible de la part de l'Action française contre le ministre de la Justice. Vous n'ignorez pas que M. Briand est pour l'Action française sa tête de turc de prédilection, le ministre en la personne de qui ils préfèrent et espèrent arriver surtout à déconsidérer la République.

Rapport sur « M. Briand et les partis de droite », 6 juillet 1910
(AN, f/7/15935/2)

D'un correspondant.

Je vous ai indiqué à la suite de quels événements M. Briand a acquis de nombreuses sympathies dans les cercles conservateurs.

Plus le président du Conseil soulevait d'hostilités et de méfiances à gauche, plus les réactionnaires lui accordaient leur confiance. À l'heure actuelle M. Briand est donné, dans certains milieux, comme le sauveur de la société et on s'apprête à faire le plus large crédit à son apparente sincérité.

Mais si la masse des conservateurs se livre ainsi sans arrière-pensée, il n'en est pas de même des militants réactionnaires et des dirigeants de la politique cléricale. Dans ces deux camps, on ne veut sous aucun prétexte déposer les armes, et le bloc – même enfariné de paroles conciliantes – n'inspire aucune confiance.

M. Briand est représenté au Vatican, par les assomptionnistes et les conseillers du pape, comme un homme dangereux, menteur et fourbe. C'est pour cette raison que l'on a accueilli, avec la fraîcheur que vous savez, les bruits tendancieux qui ont circulé au sujet d'un nouveau statut légal. Même si le président du Conseil était sincère, on se méfierait de lui et une entente dans ces conditions est absolument impossible.

C'est à ce propos que circule « l'impression suivante » : on dit que le gouvernement, fort embarrassé de la loi de Séparation, voudrait frapper un coup définitif en entraînant les évêques vers un nouveau *modus vivendi* qui ne serait qu'un grossier panneau. Les bruits relatifs au statut légal auraient été répandus, comme autant de ballons d'essai, par le ministère de l'Intérieur. M. Briand, renseigné sur les dispositions hostiles de l'entourage de Pie X à son égard, et voyant les négociations impossibles en face d'une telle méfiance, aurait décidé de refuser en répandant dans le pays les paroles de paix et de concorde qui lui ont rallié déjà tant de conservateurs. La maçonnerie serait derrière ce plan machiavélique et ce serait elle qui inspirerait à la fois MM. Fallières, Briand et Millerand qui, tous, dans des circonstances différentes viennent de tenir le même langage. Le but ainsi visé serait d'endormir la réaction et l'Église, de donner quelques gages de sincérité, de faire tomber les préventions de Rome et de frapper ensuite d'autant plus sûrement que l'on se méfiera moins.

Ces bruits qui courent sous le manteau dans les comités militants et dans les salles de rédaction royalistes perceront bientôt dans des articles de journaux.

Je vous les signale avant qu'ils ne soient répandus dans le public. Ils vous montreront que dans le camp adverse, on ne songe pas le moins du monde à désarmer. Les meneurs réactionnaires, désorientés par la nouvelle attitude des gouvernants, en cherchent une explication quelconque. Ils sont convaincus qu'on les attire dans un piège et manœuvreront en conséquence.

Rapport sur l'Action française, 18 octobre 1910

(AN, f/7/15935/2)

D'un correspondant

À l'Action française, on semble fort occupé à surveiller le cabinet et les militants occultes du parti bonapartiste. Une fable circule dans les cercles catholiques qui veut que M. Briand soit secrètement vendu au prétendant bonapartiste ! On l'accuse encore de penser sérieusement à un coup de force avec une dictature sur laquelle on ne met pas de noms.

Les propos les plus formidables circulent à ce sujet sous le manteau et on pense qu'une telle combinaison aurait pour résultat immédiat la mise en accusation des meneurs de la CGT. En ce cas, l'Action française n'hésiterait pas à défendre la CGT. On est d'ailleurs tout heureux à l'Action française de l'allusion faite par le président du Conseil, dans son récent discours, aux exploits des Camelots du roi. On considère ce fait comme une reconnaissance officielle de leur organisation et on s'en sert pour réchauffer le zèle attiédi des Camelots.

Rapport, 30 janvier 1917
(AN, f/7/15935/2)

D'un correspondant :

On s'étonne en général dans les milieux politiques que, tout en ayant contre lui les grandes commissions parlementaires et comptant parmi ses adversaires les députés et les sénateurs les plus influents, M. Briand ait pu conserver une aussi forte majorité.

En réalité, le président du Conseil « tient » quantité de parlementaires, les uns s'étant employés à faire obtenir à des électeurs influents ou à des parents soumis à la mobilisation, des affectations de tout repos, d'autres s'étant compromis soit comme intermédiaires, soit comme participants dans des affaires de fournitures pour l'armée leur ayant procuré de gros bénéfices. Quelques-uns de ceux-ci craignent que le gouvernement possède sur leur compte des dossiers dont la divulgation ne serait pas sans danger pour eux.

Rapport sur « les griefs et les rancunes de l'Action française contre M. Briand », 4 avril 1921
(AN, f/7/15935/2)

D'un correspondant :

Les griefs de l'Action française contre M. Briand sont à la fois d'ordre politique et d'ordre personnel ; mais les griefs personnels ne sont venus qu'après les griefs politiques. On peut résumer assez exactement en ces termes le développement de la haine de l'Action française contre M. Briand :

Partisan et artisan d'une politique d'apaisement, M. Briand enlevait à l'Action française sa raison d'être. L'Action française, en effet, ne recrutait les adhérents qu'en persuadant aux cléricaux, aux nationalistes (et elle tenta, à ses débuts, un effort analogue pour gagner le même raisonnement les syndicalistes), que la République ne pourrait leur offrir que la guerre : persécutions religieuses, guerres intestines faisant obstacle à l'union nationale, lutte contre les groupes ouvriers. La politique de M. Briand et les résultats obtenus par cette politique constituaient un démenti éclatant infligé aux affirmations essentielles de l'Action française. La politique de M. Combes, au contraire, permettait à l'Action française de présenter la République comme foncièrement hostile au catholicisme. (Il suffirait d'établir, ce qui est un jeu, une confusion entre catholicisme et cléricalisme.) De même, l'existence même d'une Action française, c'est-à-dire d'un groupe de royalistes intransigeants et de cléricaux sectaires et agressifs, donnant, par son agitation, l'illusion de l'activité et pouvant passer pour exerçant quelque influence, servait la politique de M. Combes, dont elle justifiait la politique combative de défense républicaine, politique qui aurait été plus difficilement acceptée si la République n'avait pas été aussi ouvertement attaquée. C'est ce qui fait dire à un catholique libéral, rallié à la République, le comte Boni de Castellane, quand on lui parlait du tapage fait par l'Action française qui se posait en rivale de l'Action libérale dont, çà et là, elle devait faire battre par des radicaux deux ou trois candidats : « Comme M. Combes a l'esprit inventif ! » Le comte Boni de Castellane voulait insinuer que c'était grâce au concours du ministère Combes, ou de ses amis, que l'Action française, groupe obscur d'intellectuels sans renom et sans influence, avait pu subitement devenir une ligue bruyante et tapageuse, multiplier les affiches et les réunions, bref, prendre figure de vrai parti.

Ayant constaté cet antagonisme fondamental entre la politique d'apaisement de M. Briand et ses intérêts à elle, Action française, intérêts qui exigeaient au gouvernement de la République des sectaires agressifs et intransigeants, l'Action française, dans toutes ses entreprises comme dans toutes ses aventures, retrouva ou crut retrouver M. Briand en face d'elle. C'est toute son histoire qu'il faudrait retracer. N'en retenons que quelques épisodes essentiels.

L'Action française dut d'abord recruter un premier lot d'adhérents. Elle travailla le parti royaliste, les éléments nationalistes et le monde catholique. Dans sa conquête du monde catholique, elle fut considérablement gênée par M. Briand dont le projet conciliateur de Séparation et le projet de cultuelles fortifia la position et l'argumentation des catholiques libéraux qui, contrairement à l'Action française, intransigeante et batailleuse, préconisaient le rétablissement de la paix entre la République et l'Église. M. Briand eut pour ainsi dire automatiquement pour partisans, amis et, disait-on même, conseillers intimes et collaborateurs secrets, tous les catholiques, clercs ou laïcs, dont l'influence s'exerçait aux dépens de l'Action française : les catholiques libéraux de l'Académie, de l'Institut, de la *Revue des deux mondes*, les démocrates du *Sillon* et du *Bulletin de la semaine*, les évêques républicains dont la liaison avec M. Briand était assurée par feu Julien de Narfon, chroniqueur religieux du *Figaro* et par certains hôtes du salon et des dîners de Mme Waldeck-Rousseau, éminente catholique libérale, les catholiques sociaux amis du comte Albert de Mun et les catholiques «électoraux» de l'Action libérale, de *L'Éclair* et de *La Libre Parole*.

M. Briand se trouvait ainsi, peut-être à son insu, mêlé étroitement, à la grande querelle qui, dans toute l'Europe, dressait la moitié des catholiques contre l'autre moitié, les libéraux italiens dans les journaux du trust contre Mgr Benigni, son chef Merry del Val et son organe *La Correspondance de Rome*, la tendance démocratique de Cologne et son chef Bachem contre la tendance de Trêves et son chef, le comte Oppensdof, les démocrates espagnols contre les intégralistes de Séville, etc.

Non seulement l'Action française, mais ses alliés de la presse religieuse spéciale de tous les pays enchaînaient M. Briand à une foule de gens qu'il ne connaissait peut-être pas, simplement parce qu'un rédacteur de *La Croix* qui collaborait aussi à des journaux catholiques libéraux de Belgique et d'Allemagne, avait écrit qu'il valait mieux un ministère Briand qu'un cabinet Combes.

Dans sa conquête du monde conservateur, l'Action française se heurta aux bonapartistes et elle croyait, elle croit encore, que M. Briand s'était engagé à laisser rétablir, sinon l'Empire, du moins le Consulat.

Quand elle voulut conquérir son propre parti, le parti royaliste, c'est encore à M. Briand que l'Action française attribue la résistance qu'elle éprouva de la part de royalistes authentiques qui, par éducation, par tradition, ou pour toute autre raison, considéraient son intransigeance, son antisémitisme, son antiparlementarisme, les grossièretés de sa polémique, etc. comme des maladresses, ou des fautes, ou des erreurs. Ainsi, l'Action française déclara agents de M. Briand des gens qui, comme M. Magne, sont maintenant députés inscrits du groupe de Daudet.

M. Parsons, dans sa jeunesse, ne prévoyant peut-être pas qu'il deviendrait dans l'orbite de M. Loucheur, une manière de financier rêvait de laisser à la postérité le nom d'un théoricien politique ; M. Parsons fonda, dans cette pensée, diverses publications destinées à défendre la République dans le domaine des idées, de la doctrine ; de constituer une philosophie politique et sociale républicaine que l'on aurait pu opposer à la philosophie de Maurras. Comme M. Parsons passait pour l'ami, le confident et le lieutenant de M. Briand, l'Action française décida que l'idée fixe de M. Briand était de détruire l'Action française, de la combattre et contre-battre sur tous les terrains.

M. Maurras imagina mieux encore : il imagina que M. Briand avait décidé de le supprimer, lui, Maurras, de le faire assassiner par Jacques Landau. Quand il commença, sans raison apparente, sa violente campagne de son « Je dis tout » contre Maurras et Daudet, Jacques Landau raconta à divers « amis » du boulevard et de la presse que c'était le ministère qui l'avait « mobilisé », le ministère c'est-à-dire M. Briand. Et comme il amena M. Maurras sur le terrain, Maurras en conclut que c'était pour le tuer. Il n'en mourut pas. Mais sa peur fut telle qu'il ne l'a pas encore pardonnée à M. Briand, et que ce grief d'ordre personnel s'ajoute aux griefs d'ordre politique, lesquels peuvent se résumer trivialement en ces mots : M. Briand, par sa politique d'apaisement religieux et social, a retiré le pain de la bouche de Maurras et compagnie, lesquels ne peuvent vivre et se développer que dans une atmosphère de guerre civile.

Compte rendu de la réunion de la section d'Action française du XVIIIe arrondissement, 10 avril 1921
(AN, f/7/15935/2)

74 rue du Mont-Cenis, 9 avril

Séance ouverte à 21 h 15, 40 personnes y assistaient.

Le conférencier M. de La Motte, a traité le sujet suivant : « On reconnaît l'arbre aux fruits qu'il porte ou "La vie de M. Briand". »

Tout jeune, Briand reçut une éducation qui devait influer pour toujours sur ses mœurs. Étant à Saint-Nazaire, il allait recruter des marins pour les conduire dans une maison hospitalière et recevait en échange un peu d'argent.

Plus tard collégien et étudiant en droit, M. Briand ne fut qu'un élève médiocre.

Dès qu'il fut avocat il se fit inscrire au barreau de Saint-Nazaire dont il fut rayé quelque temps après pour avoir encouru une condamnation pour outrage aux mœurs.

Sur appel, le jugement fut renvoyé devant la Cour de cassation aux fins de révision, pour vice de forme. Il fut ensuite acquitté, mais le jugement contenait des « considérants » très favorables pour lui.

Il quitta alors Saint-Nazaire et voulut se faire inscrire au barreau de Paris, qui s'y refusa ; il fut en définitive accepté par le barreau de Pontoise.

Intelligent et surtout ambitieux, il voulait arriver, il fit donc du journalisme et de la politique. Il débuta à *La Lanterne* où il épousa les idées de flachon. Puis il se fit le défenseur des travailleurs, prit souvent la parole dans les réunions et réussit à s'imposer grâce aux mesures violentes qu'il voulait inculquer à ses auditeurs. M. Briand fit alors campagne en faveur des idées révolutionnaires et de l'antimilitarisme.

C'est lui qui défendit celui qui avait osé planter le drapeau dans le fumier [le polémiste Gustave Hervé], en disant au jury de ne pas faire de distinction entre le client qu'il défendait et lui-même. À partir de cette époque, il fut notoire dans la presse et surtout dans les milieux politiques.

Tour à tour ministre et président du Conseil, M. Briand changea d'attitude chaque fois qu'il détint une parcelle du pouvoir. Lui qui avait prêché la révolution et l'antimilitarisme, emprisonna, fusilla même ceux qui suivaient trop à la lettre ses prescriptions et ses formules.

Aussi le Parti socialiste le considère-t-il comme un « renégat ».

Pendant la guerre, il a été la dupe sinon le complice d'Almereyda et de Caillaux et l'on peut dire que sa politique intérieure a été toujours néfaste. Sa politique extérieure n'a pas été plus brillante – c'est à lui, en effet, qu'on doit d'avoir perdu la Palestine, qu'il a cédée aux juifs. Actuellement sous de fausses apparences, il suit simplement les traces de ses devanciers et, comme eux, il est aux ordres du Premier ministre anglais.

L'orateur conclut en disant que cet homme qui a toujours été néfaste à la France, devrait, selon une phrase de Daudet « retourner à *La Lanterne* d'où il est venu ». Séance terminée à 23 heures sans incidents.

Rapport sur l'attitude de l'Action française vis-à-vis de M. Briand, 25 octobre 1921

(AN, f/7/15935/2)

D'un correspondant :

Il se confirme que des gens de l'Action française mettent en pratique la diffusion de nouvelles tendancieuses communiquées individuellement et sous le sceau du secret, à de nombreuses personnes, sachant bien qu'elles parviendront le plus souvent grossies aux oreilles du gouvernement.

D'après l'une des dernières révélations, Daudet, le jour même de l'arrivée du président du Conseil à Washington, publierait en français, et en anglais, un article résumant les diffamations que prodigue l'Action française à l'encontre de M. Briand. Des amis distribueront cet article à Washington et surtout à New York.

Il est évident que ce projet ne sera pas réalisé, mais on cherche à intimider la mission. Mais ce qui paraît plus sérieux, c'est l'intention de répandre le tract : « Un singulier président du Conseil » à bord même du navire où M. Briand prendra passage.

Pujo est absolument convaincu que l'entourage du président du Conseil est dans une colère folle, et il le dit à tout le monde.

Rapport sur « l'Action française et M. Briand », 17 janvier 1922
(AN, f/7/15935/2)

D'un correspondant :

Hier s'est tenue à la salle Wagram une réunion organisée par l'Action française, annoncée depuis quelques jours dans le journal et par affiches sous ce titre : « Briand en Haute Cour ». 4 000 auditeurs environ y assistaient et il semble bien que les partisans de l'Action française n'y étaient pas en majorité.

Sur l'estrade, à côté du colonel Bernard de Vésins, qui présidait, avaient pris place : la marquise de Mac Mahon, Charles Maurras, Léon Daudet, Paul Robain, Georges Valois et quelques autres notabilités de la ligue royaliste.

En ouvrant la séance, Bernard de Vésins dit que cette réunion était la première d'une nombreuse série dont les suivantes auraient lieu tant à Paris qu'en province, dans le but d'obtenir le renvoi devant la Haute Cour de justice de Briand « traître à la France et vendu aux juifs ». Il ajouta que ce meeting avait été décidé depuis une quinzaine de jours et que la chute du cabinet Briand ne lui enlevait pas son intérêt d'actualité.

Il accusa ensuite l'ex-président du Conseil d'avoir abandonné les principaux avantages que nous avait consentis le traité de paix, lui reprocha l'immunité accordée aux Allemands assassins des soldats français en Haute-Silésie, et surtout la réconciliation avec les Soviets, que la France devrait encore payer d'un nouveau prêt de 20 milliards. Il conclut que tous ces crimes méritaient un châtiment et que Briand devait passer en Haute Cour comme ses devanciers dans l'abjection, Caillaux et Malvy, et l'orateur termina enfin en appelant, dans une péroraison enflammée, le retour du roi de France, justicier et sauveur.

Le même thème fut ensuite développé par Paul Robain, Georges Valois, et enfin Léon Daudet.

L'apparition à la tribune du député de Paris fut longuement acclamée, car la salle avait été admirablement composée et des équipes de Camelots du roi avaient été savamment réparties en divers points de l'auditoire.

M. Léon Daudet se félicita tout d'abord de l'immense besogne accomplie par lui avec l'aide des 20 députés royalistes de la Chambre « les seuls qui sachent ce qu'ils veulent dans une assemblée de gens bien intentionnés mais indécis ».

Il rappela le succès de sa dernière motion qui groupa, dit-il, avec près de 250 voix, et fut, en quelque sorte, la cause de la chute de Briand.

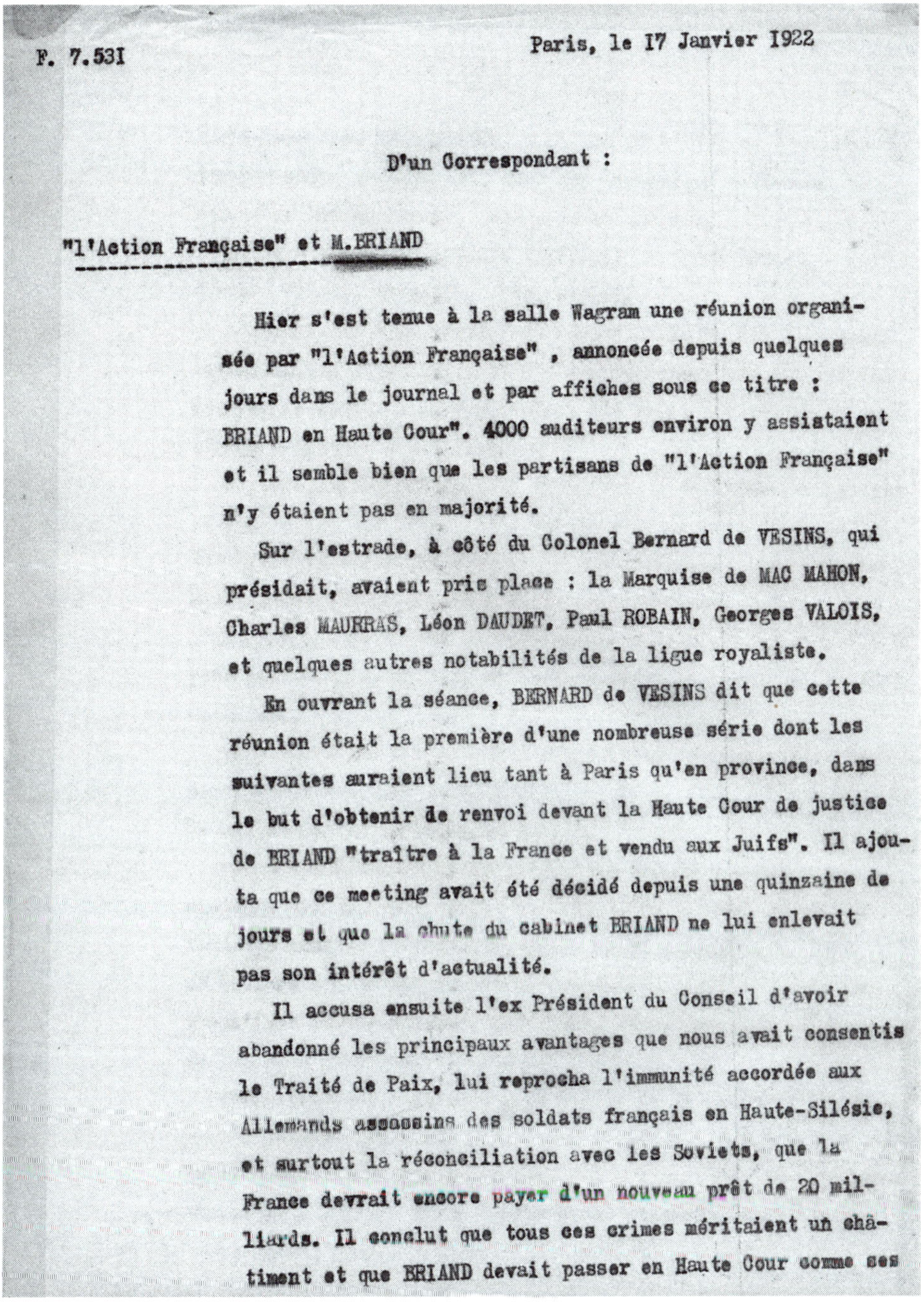

F. 7.531 Paris, le 17 Janvier 1922

D'un Correspondant :

"l'Action Française" et M.BRIAND

Hier s'est tenue à la salle Wagram une réunion organisée par "l'Action Française" , annoncée depuis quelques jours dans le journal et par affiches sous ce titre : BRIAND en Haute Cour". 4000 auditeurs environ y assistaient et il semble bien que les partisans de "l'Action Française" n'y étaient pas en majorité.

Sur l'estrade, à côté du Colonel Bernard de VESINS, qui présidait, avaient pris place : la Marquise de MAC MAHON, Charles MAURRAS, Léon DAUDET, Paul ROBAIN, Georges VALOIS, et quelques autres notabilités de la ligue royaliste.

En ouvrant la séance, BERNARD de VESINS dit que cette réunion était la première d'une nombreuse série dont les suivantes auraient lieu tant à Paris qu'en province, dans le but d'obtenir de renvoi devant la Haute Cour de justice de BRIAND "traître à la France et vendu aux Juifs". Il ajouta que ce meeting avait été décidé depuis une quinzaine de jours et que la chute du cabinet BRIAND ne lui enlevait pas son intérêt d'actualité.

Il accusa ensuite l'ex Président du Conseil d'avoir abandonné les principaux avantages que nous avait consentis le Traité de Paix, lui reprocha l'immunité accordée aux Allemands assassins des soldats français en Haute-Silésie, et surtout la réconciliation avec les Soviets, que la France devrait encore payer d'un nouveau prêt de 20 milliards. Il conclut que tous ces crimes méritaient un châtiment et que BRIAND devait passer en Haute Cour comme ses

Rapport du 17 janvier 1922

Œuvre «d'un correspondant» présent la veille salle Wagram, ce texte rend compte de la réunion organisée par l'Action française «dans le but d'obtenir le renvoi devant la Haute Cour de justice de Briand, "traître à la France et vendu aux juifs".» (AN, f/7/15935/2)

Vint alors une longue suite d'épithètes malsonnantes : « Souteneur, pouilleux, mal lavé, bandit, traître, etc. » qui eurent le don de mettre la salle en gaieté.

Comme les orateurs précédents, Léon Daudet termina son discours par un appel au roi de France. Le colonel de Vésins remercia ensuite l'auditoire, parla de religion, du pape, et déclara que le roi de France reprendrait intégralement les traditions des Capétiens, ses aïeux, et notamment le titre de roi très chrétien.

Aucun incident à signaler.

La police de la salle était faite par de nombreux Camelots, porteurs de cannes d'apparence massive, dévisageant les auditeurs ne semblant pas partager leur enthousiasme et évitèrent ainsi toute notes discordantes.

◆

Un poète en crise

Le voyage de noces d'Isadora Duncan

Montmartre ou Montparnasse ? Tel est le dilemme quotidien des fêtards, au cours des Années folles. À Montparnasse, peintres et écrivains refont le monde, au nom de Dada et du surréalisme. Mais à Montmartre, on s'amuse, on danse et le champagne coule à flots. Au 54, rue Pigalle, le Caveau caucasien ne désemplit pas, malgré les prix élevés des boissons. La police a un œil sur ce cabaret chic et cosmopolite, au cœur du Paris canaille : « Les clients qui viennent dans cet établissement sont très nombreux, ils y font de fortes dépenses, presque tous y viennent en autos qui attendent aux abords immédiats de la maison. On y remarque un certain nombre de Russes et presque tous les consommateurs sont d'origine étrangère. » Parmi ceux-ci, la célèbre danseuse Isadora Duncan, flanquée de son jeune époux, Serge Essenine, le poète imaginiste.

Le 21 avril 1923, le couple vient s'étourdir au milieu des lanceurs de couteaux et des violons, mais la soirée tourne mal. Pris à partie, le poète est « fortement malmené par les anciens officiers de cavalerie russes Soumtsov et Ouzembekov », qui le cognent. Russes blancs contre intellectuel rouge ? Car Essenine soutient la révolution bolchevik, tout comme Isadora : la danseuse, qui arbore toujours une écharpe écarlate, s'est prise de passion pour la Russie des Soviets. Américaine, c'est en tournée à Moscou qu'elle a rencontré Serge Essenine, de dix-huit ans plus jeune qu'elle. Mariés en 1922, le poète et la danseuse parcourent le monde sans cacher leurs convictions révolutionnaires. À Paris, où tant d'ex-officiers du tsar ont trouvé refuge, n'auraient-ils pas rencontré la contre-révolution ?

Rien de tel, pourtant : selon une note de police du 22 avril 1923, l'incident de la veille « aurait été provoqué par Essenine, qui était, selon son habitude, en état d'ivresse. L'incident n'a eu aucun caractère politique. »

C'est là toute l'ironie du dossier Essenine : au plan politique, la surveillance de ce couple de bolcheviks mondains ne donne rien, mais au plan privé, les rapports témoignent du désarroi profond du poète qui, en ces années de fête, voit s'ouvrir sous ses pas un abîme. La révolution ? Elle l'a déçu et même égaré, d'autant que ce séjour en Occident lui donne à voir une liberté, une opulence, dont ses compatriotes n'ont pas idée. Quant aux réalisations du régime soviétique, l'électrification, l'industrialisation à marche forcée, elles détruisent la Russie ancestrale et sa nature grandiose que ce lyrique aime avec ferveur. Le poète est en crise. Il boit, titube, enrage, casse les meubles et, en proie à d'effrayantes hallucinations, tend vers le gouffre.

Un couple d'artistes
Née à San Francisco en 1877, Isadora Duncan a révolutionné l'art de la danse et s'est enthousiasmée pour l'expérience bolchevik. En 1922, elle épouse à Moscou le poète Serge Essenine, de dix-huit ans son cadet.

La séparation

Arrivé en France en septembre 1922, le couple s'est disputé en mars 1923, au point que Serge s'enfuit en Allemagne. Un télégramme d'Isadora, intercepté par la police, le rappelle à Paris : « Suis très triste, très malade, pourquoi es-tu parti ? » Serge revient, mais les deux artistes semblent à court d'argent et de courage. Ils se séparent bientôt. Essenine, de retour en URSS, sera retrouvé pendu le 28 décembre 1925, laissant un dernier poème, écrit avec son sang.

Le 14 septembre 1927, sur la Côte d'Azur, Isadora se rompra le cou auprès d'un nouvel amant : son ample écharpe rouge s'est prise dans la roue arrière du bolide qui l'emportait sur les routes de corniche.

UN INDUSTRIEL ATYPIQUE

Les méthodes d'André Citroën

Sous l'intitulé vague de « Nouvelles diverses », un informateur signale, le 5 octobre 1928, le fait suivant : « On dit que M. André Citroën a, au cours de sa villégiature à Deauville, réalisé au jeu le gain considérable de neuf millions. » La police est là dans ses repères habituels. Certes, André Citroën a la passion du jeu, mais sa fortune le lui permet, une fortune rapide qu'il a constituée aussi par une série de coups de poker industriels : de cela, les rapports ne rendent guère compte. Approximatifs, lacunaires, ils ne révèlent au fond que la mince formation économique de leurs rédacteurs.

Le Ford français

Fils d'un diamantaire juif d'origine néerlandaise, André Citroën, à six ans, a vu son père se suicider après une spéculation malheureuse. Lui se fondera sur les réalités, techniques ou humaines. Polytechnicien, il n'invente rien, mais a le génie de l'organisation et de la promotion. Des parents de sa mère conçoivent-ils, en Pologne, un nouveau système d'engrenages à chevrons ? Il en achète le brevet, en commercialise une version perfectionnée, en même temps qu'il tire des chevrons le sobre et efficace emblème de sa marque. Après avoir relevé les automobiles Mors, au bord de la faillite, et gagné beaucoup d'argent en produisant des munitions pendant la Grande Guerre, il bâtit un empire qui porte son nom.

Son secret ? Les rapports n'en disent rien et, dans son dossier, seule une coupure de *L'Humanité* donne le fin mot de l'histoire : Citroën est « le Ford français », dont le quotidien communiste dénonce le « bluff cynique ». Il a voyagé aux États-Unis, visité les usines de Detroit, compris et appliqué les principes du fordisme. Quand l'industrie de guerre ne fait plus recette, il investit dans une usine de construction automobile qui lui permet de produire en série : sa Citroën Type A, en 1919, est deux fois moins chère que les autos de la concurrence.

« Les "Bons Citroën" avec participations dans les bénéfices de la société sont actuellement en cours de placement. Mais, à l'encontre des procédés employés jusqu'ici pour l'absorption du papier, M. Citroën fait lui-même sa publicité. Il a traité directement avec les quotidiens, évitant ainsi les intermédiaires et les commissions onéreuses », indique une note du ministère de l'Intérieur. Datée du 29 mai 1926, elle n'a rien de fracassant : depuis 1925, tous les Parisiens connaissent le goût pour la publicité d'André Citroën, dont le nom scintille sur la tour Eiffel, par la puissance de deux cent cinquante mille ampoules.

Le premier en France, Citroën a su impressionner l'opinion par des initiatives qui valorisent sa marque. Pionnier de la communication, il finance des expéditions qui font rêver les jeunes : la Croisière noire, en Afrique ; la Croisière jaune, qui

Finition des carrosseries en 1931

Construits pour produire en série sur le modèle du fordisme, les légendaires ateliers Citroën sont installés à Paris, quai de Javel, aujourd'hui rebaptisé « quai André-Citroën ».

traverse l'Asie; la Croisière blanche enfin, à travers l'Alaska. Quant aux modèles de ville, affiches et insertions dans la presse en assurent la popularité : leurs lignes sont magnifiées par des dessinateurs de talent qui confèrent, à des véhicules de série destinés à la classe moyenne, la grâce majestueuse des anciennes voitures de maître.

Un endettement élevé

Sur les capitaux de l'entreprise Citroën, la police est tout à fait perdue : une note du 13 décembre 1927 cite la banque Lazard « qui en assume effectivement la direction », mais le 2 décembre 1930, une nouvelle note annonce que M. Citroën « vient de réussir à évincer de ses affaires la banque Lazard », trouvant de nouveaux appuis financiers. C'est pourtant là que le bât blesse : la dynamique de l'innovation repose sur un endettement élevé, mais là encore, les policiers ne voient rien venir. Ce sera la Banque de France qui coupera les crédits au joueur. Malgré le succès de ses Tractions, le « seigneur du quai de Javel » périclite. Fin 1934, son entreprise passe sous le contrôle de Michelin, avec la bénédiction du gouvernement. André Citroën s'éteint l'année suivante, sans que l'opinion s'en émeuve : les Français n'ont guère de sympathie pour le capitalisme moderne.

◆

Le dossier

Élitiste avant la Grande Guerre, le marché de l'automobile se démocratise dans les Années folles, également marquées par l'apparition de nombreuses conductrices. Voitures à bon marché, produites en série sur le modèle du fordisme, les automobiles Citroën n'en cultivent pas moins un certain chic, destiné à séduire les acheteurs de la classe moyenne. Leur promotion s'appuie moins sur des données techniques que sur l'esthétique et le rêve. André Citroën a compris très tôt l'intérêt de la publicité, ne lésinant pas sur les dépenses. Sa logique d'innovation constante pousse le « Napoléon de l'automobile » à rechercher de nouveaux capitaux, mais le surendettement de sa société va la faire passer sous le contrôle de Michelin en 1934.

Rapport sur « les bons Citroën », 29 mai 1926

(AN, f/7/15940/2)

D'un correspondant.

Les « bons Citroën » avec participations dans les bénéfices de la société sont actuellement en cours de placement. Mais, à l'encontre des procédés employés jusqu'ici pour l'absorption du papier, M. Citroën fait lui-même sa publicité. Il a traité directement avec les quotidiens, évitant ainsi les intermédiaires et les commissions onéreuses.

Cette nouvelle méthode du grand industriel du quai de Javel devient ainsi un précédent qui pourrait avoir des lendemains.

Rapport « au sujet de la société André Citroën », 13 décembre 1927

(AN, f/7/15940/2)

La « société André Citroën », au capital de 300 millions, a été, on le sait, réorganisée par la banque « Lazard » qui en assume effectivement la direction. Bien que M. Citroën porte le titre de président du Conseil d'administration, il n'est plus le véritable dirigeant de l'affaire.

C'est M. Raymond Philippe, co-associé de la banque « Lazard », qui assume tous les pouvoirs.

M. Citroën recevrait une mensualité de 200 000 francs comme dédommagement.

La banque « Lazard » aurait trouvé les capitaux nécessaires au renflouement de la société aux États-Unis, en Angleterre et en France.

Au surplus, les actions et parts introduites récemment au parquet sont actuellement assez discutées en bourse.

Rapport « Nouvelles diverses », 5 octobre 1928

(AN, f/7/15940/2)

D'un correspondant.

On dit que M. André Citroën a, au cours de sa villégiature à Deauville, réalisé au jeu le gain considérable de neuf millions.

Par contre, la fréquentation du casino de Juan les Pins aurait été beaucoup moins favorable à M. Henri Lillaz, de l'*Avenir*, qui y aurait perdu environ 1 500 000 francs.

Rapport « au sujet du désaccord entre M. Citroën et son conseil d'administration », 26 novembre 1930
(AN, f/7/15940/2)

Le différend qui a surgi au conseil de la « société André Citroën » a été très commenté dans les hautes sphères bancaires. Ce désaccord ne porte ni sur la structure financière ni sur aucune question se rattachant au point de vue financier. Il concerne simplement l'organisation de la société et les attributions de ses dirigeants. De graves dissentiments s'étaient produits récemment d'une part, dans les rapports existant entre le directeur-général et M. Citroën en tant qu'administrateur-délégué et, d'autre part, au sein du conseil même.

M. André Citroën n'ayant pu rallier la majorité au sujet de ses vues sur l'organisation générale a décidé de poser la question devant une assemblée générale extraordinaire convoquée pour le 4 décembre prochain par les commissaires aux comptes sur la requête de M. Citroën, agissant comme actionnaire.

Grâce aux actions à vote plural qu'il détient, M. Citroën est sûr de sa majorité et a le pouvoir de réunir autour de lui d'autres administrateurs en révoquant le conseil actuel.

Aussi la maison Lazard frères se considérait d'ores et déjà comme n'étant plus en fait le banquier de la société.

Dans certains milieux, on a parlé de la maison Rothschild pour remplacer la banque Lazard mais M. Citroën a laissé entendre que cette question ne le préoccupait pas, n'ayant, dit-il, nul besoin, pour longtemps, de concours financiers.

Note, 19 avril 1932
(AN, f/7/15940/2)

À la suite de la création par la maison Citroën de la société «Les Assurances Citroën», ayant pour objet d'assurer les propriétaires des voitures Citroën contre les accidents, les firmes Renault et Peugeot ont, pour parer à cette concurrence, engagé des pourparlers avec les grandes compagnies d'assurances en vue d'obtenir un abaissement des tarifs pratiqués jusqu'ici.

On apprend que devant l'intransigeance du consortium des compagnies d'assurances, les maisons Renault et Peugeot envisagent à leur tour la création de compagnies similaires à celles de la maison Citroën.

D'autre part, Ford se serait adressé à une compagnie anglaise.

◆

Dettes de jeu

La déchéance d'un ministre

L'année 1929 commence mal pour le commissaire spécial de Biarritz : en ce 2 janvier, la plainte qu'il vient d'enregistrer vise un parlementaire et un ancien ministre… De sorte qu'il en avise par courrier le patron de la Sûreté générale : «J'ai l'honneur de vous rendre compte que la Direction des Casinos de Biarritz a porté plainte contre Monsieur Klotz, ancien ministre, pour émission de chèques sans provision.»

Louis-Lucien Klotz n'est pas le premier venu. Député radical de la Somme de 1898 à 1925, puis sénateur, maire d'Ayencourt-le-Monchel et président du conseil général de la Somme, cet ancien avocat a été ministre de l'Intérieur en 1913 et cinq fois ministre des Finances. Il l'était encore sous Clemenceau, jusqu'en 1920, et son nom figure parmi les signataires du traité de Versailles. «L'Allemagne paiera», c'est lui qui l'a dit, au sujet des fameuses «réparations de guerre». Mais qui paiera ses dettes, à lui Klotz, rongé par le démon du jeu ?

Des sommes folles

Dès le mois de décembre 1928, la nouvelle s'était répandue dans toutes les salles de rédaction : l'ancien ministre de Clemenceau, décavé, doit des sommes folles. Les cent soixante mille francs qui motivent la plainte de Biarritz ? Une goutte d'eau dans les huit millions partis sous le râteau des croupiers ou dans les poches des bookmakers. Après avoir englouti sa fortune personnelle, l'ex-trésorier de la République a émis des chèques sans provision et commis de fausses traites pour couvrir ses échéances.

« Où est-il le beau temps où, sur tous les champs de courses, on se montrait avec admiration le plus illustre des turfistes, M. L.-L. Klotz, négociateur financier du traité de Versailles et ministre des Finances ? » ironise *Paris Soir*. « Car c'est autour des pistes qu'on trouvait le plus facilement le grand argentier de France. Toujours mis avec une élégance extrême, coiffé d'un chapeau melon impeccable, accompagné habituellement de deux jeunes et jolies femmes, M. Klotz suivait les courses en passionné. » Coquet, frivole, « n'avait-il pas même fini, pour se faire une figure plus sportive, plus américaine, par sacrifier ses moustaches célèbres ? » s'indigne le journaliste, qui n'hésite pas à tirer l'affaire du côté politique : « On rappelle à ce propos qu'un jour, un grand débat financier devant s'ouvrir à la Chambre, le ministre, à trois heures de l'après-midi, n'était pas encore arrivé au Palais-Bourbon : au moment où allait peut-être se jouer, avec celui du ministre, le sort du pays, il suivait de la lorgnette un jeu riche pour lui de plus d'émotions… Chaque soir, d'ailleurs, au banc du gouvernement, un huissier venait lui apporter un journal hippique et, dans le bruit des interpellations, le ministre faisait son jeu du lendemain. »

Klotz, qui doit démissionner de tous ses mandats, songe à s'embarquer pour l'Amérique. Les paquebots en partance pour New York et Buenos Aires font l'objet d'une surveillance étroite et un télégramme codé porte cette mention claire : « Intérieur consulté. Réponse : arrêter. » L'ancien ministre est bientôt sous bonne garde dans une maison de repos de Suresnes, puis à l'infirmerie de la prison de Fresnes, jusqu'à son procès, les 11 et 12 juillet 1929.

Déchéance cruelle

« Je me lève le cœur serré pour défendre mon confrère et ami », commence Me Torrès, son défenseur. Un informateur assiste à l'audience, pour fournir le jour même une synthèse de la plaidoirie : « Il a montré que M. Klotz, assumant les devoirs d'une charge écrasante, chercha un dérivatif dans la passion du jeu, et qu'il ne sut trouver, en raison de sa nature, aucun ami pour le détourner du gouffre vers lequel il glissait. Enfin il a souligné que si l'homme privé eut quelques défaillances, l'homme public fut du moins intact et ne trempa jamais dans une combinaison politico-financière.

« En terminant, Me Torrès a fait appel au cœur et à l'indulgence des juges en faveur de M. Klotz dont la déchéance fut cruelle, afin de lui permettre de se relever. »

« La justice doit être égale pour tous », a déclaré Clemenceau à la presse. « Pour des crimes qui auraient conduit tout autre en cour d'assises, il est condamné en correctionnelle à deux ans de prison et cinquante francs d'amende », tonne

L'Humanité. Klotz, en outre, bénéficie d'une libération conditionnelle deux mois plus tard, mais il ne survivra pas une année à son déshonneur et s'éteindra le 15 juin 1930, à soixante-deux ans.

Au ministère des Finances, il avait créé la direction du Budget, mais Clemenceau regrettera d'avoir nommé « le seul juif qui n'entende rien aux questions d'argent ».

Lettre du commissaire spécial de Biarritz du 2 janvier 1929

Adressée au directeur de la Sûreté générale, elle signale une plainte des Casinos de Biarritz contre l'ancien ministre Klotz, pour l'émission de trois chèques sans provisions d'un montant total de deux cent soixante mille francs.
(AN, f/7/15974/2)

LE SECRET DES DIEUX

Les spéculations risquées de Marthe Hanau

Les documents importants ne sont pas toujours les plus beaux. Fripée, déchirée, une pauvre pelure en date du 1er décembre 1928 ne retiendrait guère l'attention, sans ces mentions apportées au crayon : « Signalé », en rouge, indiquant que l'affaire est remontée au plus haut niveau, et le nom de « Hanau » en bleu, complété par souci de clarté d'un « Mme » entre parenthèses. Il s'agit d'une femme en effet, dans un monde où elles sont si rares, celui de la finance et de la Bourse.

La Présidente

Ses amis, ses obligés, l'appellent « la Présidente » : Marthe Hanau, fille de petits commerçants juifs, est devenue grâce à son journal, *La Gazette du franc*, une personnalité influente. Démocratiser la spéculation, divulguer « le secret des dieux », tel est son programme, en apparence généreux. Depuis 1925, elle est l'idole des petits épargnants qui se sentent floués par les grandes banques. Ne leur sert-elle pas jusqu'à 8 % d'inté-

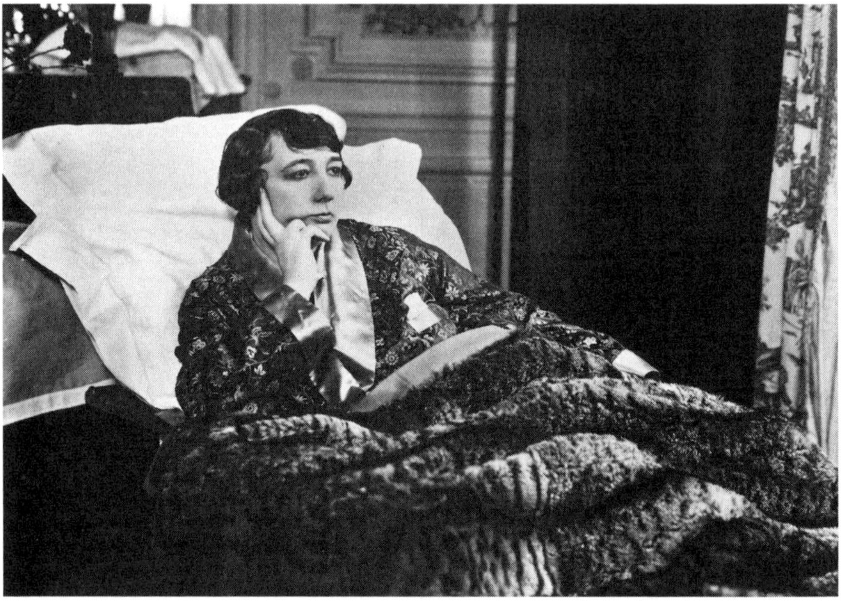

Marthe Hanau

Née le 1er janvier 1886 dans une famille de petits commerçants juifs de Paris, elle s'impose à partir de 1925 dans le monde de la finance, mais les 8 % d'intérêts qu'elle sert aux épargnants ne procèdent que de l'afflux de nouveaux entrants dans son système spéculatif, qui s'effondre en décembre 1928.

rêts ? Optimiste et audacieuse, la France des Années folles n'en demande pas plus à la banquière, qui vit sur un pied royal : hôtel particulier à Boulogne, palaces à Genève et en Italie, casino de Deauville, rien n'est trop beau pour Marthe Hanau et ses amants des deux sexes.

Le franc-or institué par Napoléon, d'une remarquable stabilité, n'a pu survivre longtemps à la Grande Guerre, qui a fait fondre l'encaisse métallique de la République. Les Français entrent dans l'ère de l'inflation, de l'incertain. Poincaré stabilise la monnaie en 1926, mais c'est un « franc de quatre sous», dévalué de 80 %, et rien ne dit que la France ne connaîtra pas un jour un épisode d'hyperinflation, comme l'Allemagne. C'est pourquoi les boursicoteurs recherchent les oracles de *La Gazette du franc*.

Un génie de la finance, Marthe Hanau ? Ou une illusionniste ? Son journal, en orchestrant la promotion de ses propres titres, ou bien en dénigrant ceux qu'elle convoite, suscite des fluctuations très artificielles dont la Présidente sait tirer profit. Proche de Briand, dont elle soutient la diplomatie de paix, elle joue aussi sur les amitiés politiques pour cautionner ses affaires : un cocktail détonant. Et voici que cette humble note du 1er décembre 1928 annonce des retraits massifs : «Dans l'entourage de Mme Hanau on s'est montré très inquiet de l'abondance des lettres qui parvenaient depuis quelques jours aux services financiers de *La Gazette du franc* dans lesquelles les clients demandaient la liquidation de leur compte.»

Le krach

C'est le krach, alors que les sociétés de Marthe Hanau «ont réussi à capitaliser jusqu'ici tant à Paris qu'en province plus de 400 millions». La Société générale et le Crédit lyonnais ne sont pas étrangers à ce retournement, «par mesure de représailles», la Présidente ayant pour technique de leur enlever «à prix d'or des collaborateurs précieux» et avec eux «une partie de la clientèle». La note oublie Horace Finaly, patron de la Banque de Paris et des Pays-Bas, que Marthe Hanau a eu le tort de concurrencer sur le placement des titres de la soie artificielle italienne. Avec l'appui de Raymond

Poincaré, le président du Conseil, et les basses œuvres de maîtres-chanteurs professionnels, l'empire Hanau s'effondre. «J'ai patronné, je patronnais, j'allais patronner des affaires diverses, industrielles, minières, foncières, spécialement, sur lesquelles je réalisais, pour ma clientèle, des bénéfices réguliers et normaux, quand on m'a brutalement arrêtée en pleine action», assure la banqueroutière dans une lettre ouverte à Poincaré, le 12 mars 1929. «Aucune expertise ne saurait établir que j'ai effectué des placements suspects, que j'ai joué à la Bourse, et que j'ai engagé des opérations hasardeuses.»

Marthe Hanau va se défendre avec énergie, jusqu'à son suicide, en 1935. Intelligente et acharnée, la «banquière des Années folles» renaîtra au cinéma sous les traits de Romy Schneider; on voudra faire d'elle une pionnière des Sicav et de l'épargne populaire. Mais sa pyramide de Ponzi a ruiné des milliers de familles.

◆

Le dossier

Née le 1er janvier 1886 dans une famille de petits commerçants juifs de Paris, Marthe Hanau s'impose à partir de 1925 dans le monde de la finance : avec sa Gazette du franc, *elle parvient à faire fluctuer certaines valeurs en Bourse, à la hausse ou à la baisse en fonction des opérations qu'elle médite, mais les 8 % d'intérêts qu'elle sert aux épargnants ne procèdent que de l'afflux de nouveaux entrants dans son système spéculatif, qui s'effondre en décembre 1928. Jugée, bientôt emprisonnée, «la Présidente» organise pour se défendre une tournée de conférences : devant des centaines d'auditeurs, elle explique sa chute par l'action du gouvernement et des grandes banques.*

Note, 1er décembre 1928
(AN, f/7/15966/1)

Dans l'entourage de Mme Hanau on s'est montré très inquiet de l'abondance des lettres qui parvenaient depuis quelques jours aux services financiers de *La Gazette du franc* dans lesquelles les clients demandaient la liquidation de leur compte.

Le conseil d'administration a décidé de rembourser à guichet ouvert à tous les clients qui en manifesteraient le désir même si leur contrat ne leur permettait d'exiger un remboursement que dans le courant du trimestre prochain.

Dans les milieux financiers on prétend que différentes affaires de Mme Hanau : groupement technique de gérance financière, syndicats et services financiers, etc. ont réussi à capitaliser jusqu'ici tant à Paris qu'en province plus de 400 millions.

Un journaliste financier très au courant de la marche de ces affaires prétendait que si un krach venait à se produire dans la maison ses conséquences sur l'épargne française seraient de beaucoup plus désastreuses que celles des affaires Rochette.

La Société générale et le Crédit lyonnais ne se font pas faute par mesure de représailles de desservir à l'occasion les entreprises de *La Gazette du franc*. Celles-ci, en effet, dans certaines régions de France, ont porté grand préjudice en leur enlevant, à prix d'or des collaborateurs précieux et ceux-ci entraînaient avec eux une partie de la clientèle.

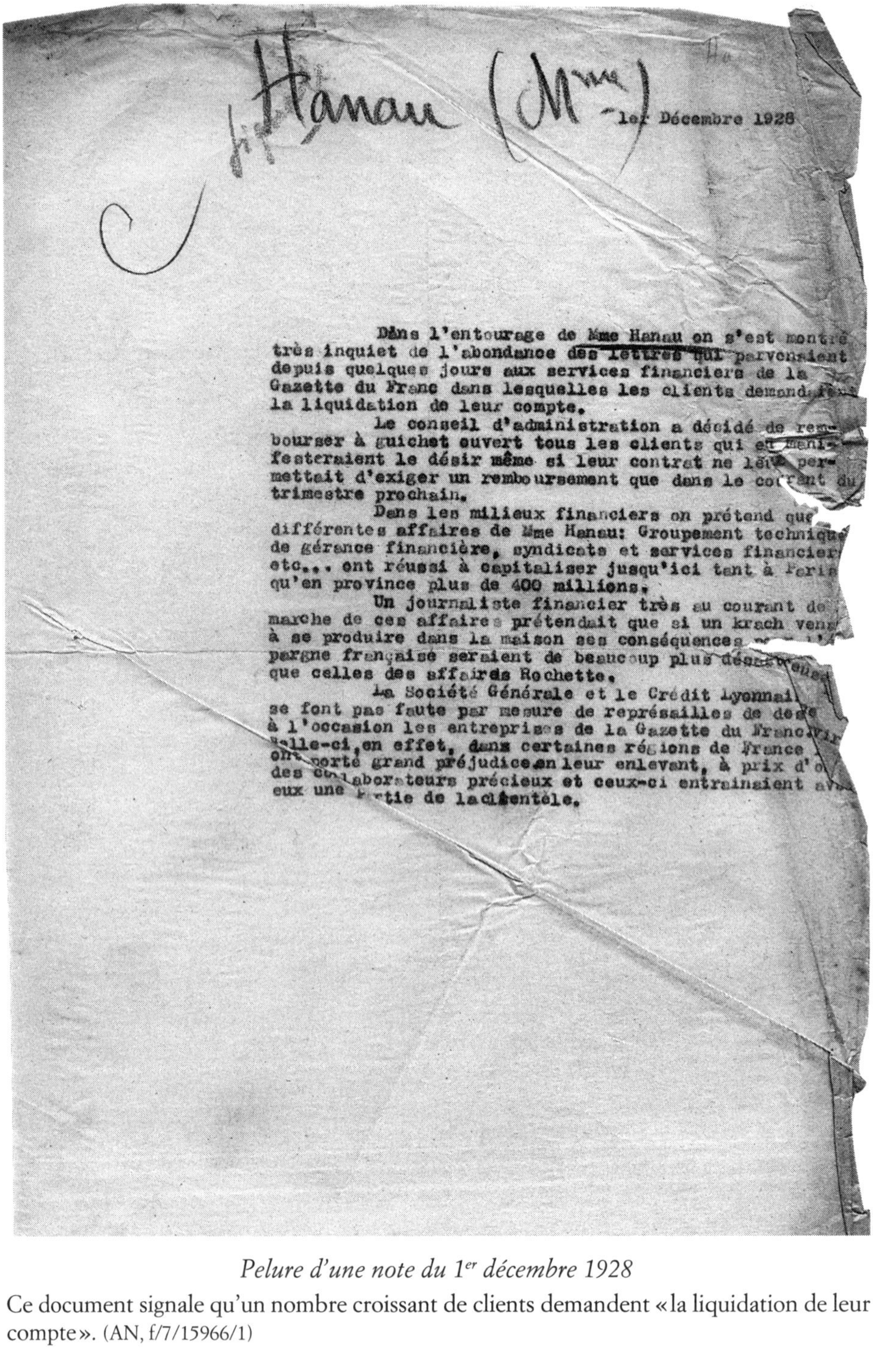

Hanau (Mme)

1er Décembre 1928

Dans l'entourage de Mme Hanau on s'est montré très inquiet de l'abondance des lettres qui parvenaient depuis quelques jours aux services financiers de la Gazette du Franc dans lesquelles les clients demandaient la liquidation de leur compte.

Le conseil d'administration a décidé de rembourser à guichet ouvert tous les clients qui en manifesteraient le désir même si leur contrat ne leur permettait d'exiger un remboursement que dans le courant du trimestre prochain.

Dans les milieux financiers on prétend que différentes affaires de Mme Hanau: Groupement technique de gérance financière, syndicats et services financiers etc... ont réussi à capitaliser jusqu'ici tant à Paris qu'en province plus de 400 millions.

Un journaliste financier très au courant de marche de ces affaires prétendait que si un krach venait à se produire dans la maison ses conséquences [illegible] l'épargne française seraient de beaucoup plus désastreuses que celles des affaires Rochette.

La Société Générale et le Crédit Lyonnais ne se font pas faute par mesure de représailles de desservir à l'occasion les entreprises de la Gazette du Franc. Celle-ci, en effet, dans certaines régions de France leur ont porté grand préjudice en leur enlevant, à prix d'or, des collaborateurs précieux et ceux-ci entraînaient avec eux une partie de la clientèle.

Pelure d'une note du 1er décembre 1928

Ce document signale qu'un nombre croissant de clients demandent «la liquidation de leur compte». (AN, f/7/15966/1)

Note sur « la bourse et La Gazette du franc _»,_
7 décembre 1928
(AN, f/7/15966/1)

En bourse, l'affaire de *La Gazette du franc* continue à faire l'objet des conversations. On annonçait comme probable l'arrestation de Mme Joseph Pollack, ex-associée de Mme Hanau et l'on envisageait également celle de M. de Courville, administrateur de la plupart des affaires créées par *La Gazette.*

Parmi les maisons susceptibles d'être atteintes par ce krach, on citait les banques Oustric, Sacazan, Hollando-Américaine ainsi que la Banque française d'Outre-mer 43, avenue de l'Opéra, cette dernière commanditée par la société Saint Frères, dont les actions étaient recommandées par *La Gazette.*

Note, 22 décembre 1928
(AN, f/7/15966/1)

Avant de prendre la direction de *La Gazette du franc et des nations*, Pierre Audibert éditait une revue hebdomadaire intitulée *L'Observateur européen* dont le premier numéro a été publié le 12 février 1927.

Cette revue donnait des études sur les grandes questions économiques d'actualité, sur les événements essentiels de la vie internationale et de la vie politique française et de petites chroniques théâtrales, artistiques et juridiques.

Elle a compté au nombre de ses collaborateurs André Fribourg, député de l'Ain, qui a passé un article sur la réforme électorale, Alfred Margaine, député de la Marne qui a fait une série d'études sur le monopole des pétroles et Pierre Descaves,

Robert Gillot, Georges Bourdon qui étaient encore récemment les collaborateurs de Pierre Audibert à *La Gazette du franc.*

L'Observateur européen préconisait une entente franco-allemande, défendait l'action et les méthodes de la Société des nations et critiquait fréquemment l'attitude de la Petite Entente qui constituait, à son point de vue, un danger pour l'Europe (c'est cette même ligne politique qui a été suivie depuis par *La Gazette des nations*).

Le dernier numéro de *L'Observateur européen* a été publié fin décembre 1927 ; il avait été tiré à 5 000 exemplaires à l'Imprimerie universelle, 48 rue Claude Vellefaux. Peu de temps après, Pierre Audibert prenait la direction du journal de *La Gazette du franc.*

Dans certains milieux politiques, on affirme que l'industriel allemand Arnold Reichberg avait commandité *L'Observateur européen* et qu'il avait eu une longue conversation avec Pierre Audibert dans le courant de novembre 1927 à la suite de laquelle ce dernier avait décidé de suspendre la publication de *L'Observateur européen* pour se consacrer entièrement à l'hebdomadaire de Mme Hanau.

Des renseignements recueillis il résulte que Arnold Reichberg n'est pas venu à Paris en 1927 et en 1928. Dans ces conditions, il n'est pas vraisemblable qu'il se soit rencontré dans la capitale avec le directeur de *L'Observateur européen.* Par contre Pierre Audibert s'est déplacé notamment pour aller à Genève en mars 1928 pour assister à la session de la Société des nations et, dans certains milieux de presse, on affirme que c'est au cours de ce voyage qu'il aurait eu en Suisse une entrevue avec Reichberg.

Lettre du commissaire spécial adjoint au commissaire divisionnaire, chef du contrôle des courses et des jeux, 4 décembre 1928
(AN, f/7/15966/1)

Ministère de l'Intérieur, commissariat spécial.

Paris, le 4 décembre 1928

Le commissaire spécial adjoint Combes à Monsieur le commissaire divisionnaire, chef du contrôle des courses et des jeux.

À toutes fins utiles, j'ai l'honneur de vous signaler que Mme Marthe Hanau, directrice de *La Gazette du franc* faisant actuellement l'objet d'une information judiciaire, est depuis plusieurs années la cliente assidue des salles de jeux de Deauville. Au cours de la dernière saison, elle a exposé au jeu des sommes importantes et a tiré sur le casino de nombreux chèques de 100 000 fr.

Le commissaire spécial adjoint,
Combes

Rapport au sujet de la « conférence de Mme Hanau au théâtre des Variétés de Nice », 13 avril 1931
(AN, f/7/15966/1)

Ministère de l'Intérieur, direction de la Sûreté générale, commissariat spécial de Nice.
Conférence de Mme Hanau au théâtre des Variétés de Nice.

Nice, le 13 avril 1931

Mme Marthe Hanau a donné hier 12 courant salle du théâtre des Variétés une conférence sur le scandale de *La Gazette du franc* qui a duré de 10h30 à midi.

Plus de mille auditeurs y assistaient.

La conférencière a d'abord fait l'historique de *La Gazette du franc*, créée en 1925 dans un but d'intérêt national, puis des autres organismes financiers qui s'y rattachèrent. Mais c'est surtout sur l'instruction de son procès, qui s'est d'après [elle] déroulée dans la plus complète des illégalités, que Mme Hanau s'est étendue. Elle a mis en cause véhémentement, policiers et magistrats les accusant d'accomplir leurs charges sous les ordres de financiers, ses concurrents, desquels ils étaient à la solde. Elle cite aussi des noms des parlementaires, de ministres, et même celui de M. Poincaré. Ceux-ci seraient commandés par le banquier Finaly de la Banque des Pays-Bas. Elle parle ensuite de son séjour en prison, et de la faillite de *La Gazette du franc*, causée par la fermeture des guichets par la police, et non par cessation de payements faute d'avoir des fonds en caisse.

Mme Hanau fait retomber cette faillite exclusivement sur les méthodes honteuses, et les procédés des policiers et des magistrats conduits par un gouvernement pour qui elle a le plus profond mépris.

Les divers scandales financiers de ces temps derniers, affaires Oustric et Bouilloux-Laffont, sont passés en revue par la conférencière, en incriminant toujours les agissements du Gouvernement de M. flandin dans l'Aéropostale, et de M. Dumont, tous deux ministres, dans les banques de province.

Mme Hanau s'est présentée tout au long de sa conférence en persécutée. Elle n'a pas parlé du fond de l'affaire de *La Gazette du franc*. Elle a toujours, et surtout accusé la police et la justice, en termes très violents et outrageants.

Sa conférence a obtenu un vif succès, et a été très applaudie. Pas d'incident.

Le commissaire divisionnaire,
[Signature]

Note « au sujet d'une réunion au Club Faubourg et de Marthe Hanau », 25 mars 1931

(AN, f/7/15966/1)

Une réunion organisée par le Club du Faubourg sous la direction de son animateur, Léo Poldès, pour traiter de l'affaire de *La Gazette du franc*, s'est tenue hier soir 24 courant, salle Wagram.

La séance s'est ouverte à 21 heures 30 en présence de 3 000 personnes environ parmi lesquelles on pouvait reconnaître tous les habitués du Club du Faubourg.

Mme Hanau, très applaudie, prend la parole pour rendre hommage à l'activité de Léo Poldès dont les échos lui sont parvenus au fond de sa prison dès le début de son procès, et dit qu'avant sa condamnation qui doit être prononcée dans deux jours elle a tenu à remercier le peuple parisien de l'avoir soutenue dans les moments difficiles qu'elle avait traversés. Je serai condamnée, le jugement est réglé d'avance, dit-elle, mais peu m'importe la sentence qui sera rendue, ce à quoi je tiens le plus, c'est à votre estime.

Marthe Hanau reprend ensuite toute son affaire dès le début et elle reconnaît cependant qu'il est possible que l'organisation bancaire de ses entreprises ait présenté quelques défauts juridiques, mais elle rejette toute la responsabilité de sa faillite ainsi que des cinq suicides qui ont suivi, sur M. Poincaré.

Au cours d'un conseil de Cabinet tenu le 11 novembre 1928, M. Poincaré aurait dit à M. Barthou, garde des Sceaux, qui lui faisait remarquer qu'il n'y avait pas de plaignant contre *La Gazette du franc* ; « s'il n'y a pas de plaignant, moi je suis plaignant. »

D'ailleurs conclut Mme Hanau, Poincaré n'est pas plus indépendant que les autres.

Elle attaque ensuite la Banque de Paris et des Pays-Bas et son directeur Finaly, ainsi que l'Agence Havas qui déforme toutes les informations, et le journal *Le Journal* et son animateur feu M. Mouthon, qui ont pris une large part dans sa chute.

MM. Émile Laffon, distributeur de publicité du ministère des Finances, Grignon, chef de Cabinet de M. Poincaré, Donat-Guigue, Pressard, Glard et Guyennrau, sont tour à tour pris à partie.

Les experts sont aussi l'objet de violentes attaques. L'un d'eux, M. Mulquin, est accusé d'avoir «mutilé» un document. Les trois experts commis ont coûté 373 000 frs de frais d'instruction et un autre M. Caziot, chargé de l'évaluation du domaine de la Côte d'Azur, a reçu 80 000 frs.

Marthe Hanau parle ensuite de Chardin, qui a détourné 1 million de la faillite. Voici les auxiliaires de la justice, dit-elle, et tous ceux que j'ai connus ne valent pas beaucoup mieux. La justice doit être vomie et honnie par le peuple.

Elle s'élève également contre l'arrestation de Geissmann et elle termine sa causerie en évoquant le calvaire de sa détention suivie de sa grève de la faim qui, de l'avis des docteurs, pouvait entraîner à 24 heures des désordres graves et à 48 heures des accidents mortels.

Très applaudie, Marthe Hanau répondra plus tard aux interpellations de plusieurs assistants, notamment : de Me Roselard, notaire à Paris, qui flétrit les paroles de l'oratrice contre M. Poincaré, Mimonn-Amar, qui ne peut se faire entendre, un sieur Kammacher, etc.

René Laffon remercie l'assistance de l'accueil fait à sa grande amie Marthe Hanau et reprend les attaques de cette dernière contre M. Poincaré, la justice et la police.

Enfin, Marthe Hanau termine cette séance en attaquant à nouveau M. Poincaré, qui a soutenu Anquetil en lui commandant 50 000 exemplaires du livre *Satan conduit le bal* payés par les contribuables.

Elle n'oublie pas de recommander à ses auditeurs la Banque d'Union Publique en voie de formation.

La réunion se termine à minuit sans incident.

Lettre du préfet du département de l'Isère au président du Conseil, ministre de l'Intérieur, 3 mars 1931
(AN, f/7/15966/1)

Préfecture de l'Isère, Cabinet du Préfet

Grenoble, le 3 mars 1931

Le Préfet du département de l'Isère à Monsieur le président du Conseil, ministre de l'Intérieur, Cabinet.

J'ai l'honneur de vous faire connaître qu'une conférence publique, organisée par le comité de défense des créanciers de *La Gazette du franc*, a eu lieu dimanche 1er courant, à 14 h 30, à Grenoble, salle des Concerts, passage de l'Hôtel de Ville.

Cette réunion était présidée par M. Laffon, délégué du groupe de défense des créanciers et vice-président de ce groupe. Il avait à ses côtés Mme Hanau et M. Lazare Bloch.

M. Laffon, après avoir présenté Mme Hanau et M. Bloch, fait l'historique des événements qui se sont déroulés depuis décembre 1928, époque du désastre de *La Gazette*.

L'orateur traite la genèse de l'affaire et rappelle les multiples interventions judiciaires qui ont été à l'origine de la faillite de Mme Hanau ; il dit que ces interventions ont empêché la Présidente de faire face aux exigences de quelques créanciers qui demandaient le remboursement de leurs valeurs.

Après cet exposé qui a été écouté par une nombreuse assistance, M. Laffon a donné la parole à Mme Hanau.

Cette dernière, qui a tenu son auditoire pendant près de deux heures et demie, s'est tout d'abord présentée devant ses créanciers comme étant victime d'une machination longuement préméditée, qui devait fatalement amener sa ruine. Elle a dit que malgré tous les complots tramés contre elle, elle ne s'est pas laissée abattre sans protester et que grâce aux nombreux appuis qu'elle avait trouvés auprès des créanciers, elle surmonterait les difficultés et parviendrait, dans un délai relativement court, à désintéresser toutes ses soi-disant victimes.

Mme Hanau déclare avoir confiance en l'avenir et elle invite tous ses créanciers à lui conserver leur confiance, de façon à lui permettre de former un nouveau groupement intitulé : « comité de défense du Concordat » dont feraient partie tous les créanciers sans exception. Elle leur donne l'assurance que tous seront intégralement remboursés s'ils voulaient la seconder dans ses nouveaux projets. Elle a fait en même temps distribuer dans la salle un appel au public français, ainsi qu'un journal intitulé : *Le flambeau financier*.

Au cours de sa conférence, qui a été écoutée dans le plus grand silence, un seul interpellateur a posé une question à Mme Hanau qui lui a répondu aussitôt. L'interpellateur s'étant déclaré satisfait, Mme Hanau a continué son exposé. Elle a fait plusieurs fois, en termes sévères, le procès de la police, des experts, du juge d'instruction, du procureur de la République, ainsi que des personnalités politiques qui étaient au pouvoir au moment de sa déconfiture. Elle a été particulièrement acerbe en que qui concerne MM. Benoist et Pachot. Elle reproche à ce dernier la façon désinvolte avec laquelle il a envahi les locaux de *La Gazette* avec ses inspecteurs qu'elle accuse d'avoir pris au cours de leur perquisition des machines à écrire, des stylos, etc.

Elle a terminé sa conférence à 17 h 30 en demandant à l'assistance de voter l'ordre du jour de confiance et l'adhésion aux nouveaux statuts, sur la proposition de M. Laffon.

Six cents personnes environ assistaient à cette conférence.

Il n'y a pas eu d'incident.

Le préfet,
[Signature]

Note confidentielle, 19 décembre 1931
(AN, f/7/15966/1)

On sait que lorsqu'éclata, au mois de décembre 1928, le scandale de *La Gazette du franc*, le directeur de ce journal, Pierre Audibert, fut arrêté. Gravement malade, il fut soigné plusieurs mois durant à l'infirmerie de la prison de Fresnes et mourut quelques temps après avoir été remis en liberté.

Pierre Audibert, qui fut un journaliste de talent, s'est toujours défendu d'avoir participé d'une manière quelconque aux opérations financières de Mme Hanau en lesquelles, d'ailleurs, il n'a jamais voulu reconnaître d'escroqueries.

Dans le but de se défendre des accusations portées contre lui, il avait écrit un livre pour expliquer les motifs de sa collaboration à *La Gazette du franc* et en quoi consistait cette collaboration.

Ce livre, écrit de janvier à juin 1930, n'a pas encore été publié. Il a été néanmoins possible d'en avoir connaissance et l'on trouvera, ci-après, un bref résumé de cet ouvrage :

Pierre Audibert commence par un exposé rapide de ce qu'il appelle « son crime » : celui d'avoir cru à la possibilité de créer et de diriger un journal indépendant qui défendrait sincèrement une politique de paix, celle qui est approuvée par le Parlement et par le pays. Il représente l'affaire de *La Gazette* comme une machination de la «Grande presse» qui n'a pas voulu permettre à ce journal libre de prospérer.

Après ce bref préambule, l'auteur, dont le souci constant est d'établir qu'il fut tout au long de sa carrière, et uniquement, un journaliste, retrace les diverses étapes de cette carrière. Ses débuts au *Petit parisien* en 1905, la fondation du journal *La Défense maritime* et les campagnes de presse qui aboutirent à la création en 1913 du sous-secrétariat d'État de la Marine marchande.

Avec M. de Monzie, premier titulaire de ce nouveau portefeuille, il fait son entrée dans la politique.

Puis, vient la guerre, où il fait campagne comme capitaine et dont il revient en 1917, réformé et officier de la Légion d'honneur.

Il prend alors le poste de rédacteur en chef de *L'Information* qu'il quitte en 1918, pour aller diriger à Marseille, le grand quotidien régional *Le Radical.*

En 1924, Pierre Audibert revient à Paris et, en qualité de chef de cabinet, il accompagne M. de Monzie, successivement aux Finances, à l'Instruction publique, à la Justice et aux Travaux publics.

Il commence alors à s'intéresser aux questions de politique internationale et à la société des nations et, jugeant que ces problèmes sont mal connus du grand public, il fonde, pour les exposer et les divulguer, un journal : *L'Observateur européen.*

En novembre 1927, Pierre Audibert qui est très répandu dans les milieux s'occupant de politique internationale, est invité à prendre la parole sur la Société des nations, à la conférence organisée à Lille en novembre 1927 par Madame Hanau. C'est là qu'il fait la connaissance de la célèbre «Présidente» qu'il représente comme une femme de grande volonté et de cerveau lucide et parfaitement au courant de toutes les questions financières.

Mme Hanau lui fait part de son intention de mettre au service de la paix un journal largement diffusé et puissamment soutenu.

L'auteur expose ensuite les idées de Mme Hanau sur les finances, la politique et la presse. D'après elle, ce sont les grands financiers qui dirigent les journaux et la politique. Elle veut démocratiser la finance en faisant participer les petits épargnants au bénéfice de la Bourse et démocratiser la presse.

Revenant ensuite à son dessein initial, qui est de se disculper de toute accusation de complicité avec Madame Hanau dans ses escroqueries – si escroqueries il y a – ce qu'il nie, Pierre Audibert énumère toutes les démarches qu'il fit pour se renseigner sur la fondatrice de *La Gazette du franc*.

Il cite les personnalités qui se sont portées garantes de la « Présidente » et de la conformité de vues entre celle-ci et le Quai d'Orsay. Entre autres, il énumère les divers entretiens qu'il eut avec MM. Peycelon, Léger, et Berthelot. Il rappelle également la rivalité latente qui existait entre M. Poincaré et son ministre des Affaires étrangères et l'importance que celle-ci attachait à la création d'un hebdomadaire qui défendrait ses idées sur la paix.

Il se complaît également à donner les noms des personnages officiels qui ont assisté aux trois conférences de *La Gazette*, organisée en 1928, à Metz, Strasbourg et Marseille et au banquet de la presse étrangère qui eut lieu à l'hôtel Ritz au mois de février de la même année.

Il parle ensuite de toutes les personnalités officielles qui ont donné à *La Gazette des nations* – en quoi il n'a jamais vu qu'un organe où il pouvait exprimer librement sa pensée – des témoignages publics de leur approbation : MM. Briand, Paul-Boncour, Loucheur, Herriot, M. Poincaré, enfin, qui lui accorde une audience en février 1928 et lui envoie en avril une déclaration sur la paix.

Pierre Audibert, après toutes ces cautions politiques de Mme Hanau, en vient à citer M. Moureau, agent de change qui, lui, est une garantie de la correction des opérations de bourse de *La Gazette.*

Il ne comprend pas que, lui, directeur d'un journal parfaitement distinct des services financiers, ait été poursuivi, alors que M. Moureau qui était devenu le collaborateur principal de la « Présidente » ne l'a pas été.

Il fait ensuite le procès de la grande presse qui, elle aussi, fait de la publicité financière comme *La Gazette*, à cette différence près que les titres recommandés par le journal ne sont pas « vendus dans la même boutique ». Il attaque également les grands agents de publicité, distributeurs de « budgets de silence et d'enthousiasme. »

Il reproche, en passant à M. Hennessy, qui fut le promoteur de la création d'« Interpresse » d'avoir abandonné Mme Hanau et Henry Dumay.

Il retrace ensuite les dernières heures de *La Gazette du franc*, l'extension des services et la qualité des nouveaux collaborateurs, tous bien placés pour être renseignés sur la valeur de « l'affaire. »

Puis la campagne de *l'ami du peuple* et l'article de F.I. Mouthon dans *Le Journal*; la visite officieuse de MM. Benoist et Pachot, et malgré les assurances formelles qu'il avait reçues lui-même, l'arrestation de Mme Hanau et la sienne.

Pour terminer, Pierre Audibert attaque vivement M. Poincaré, alors président du Conseil, qu'il tient pour responsable de la débâcle de *La Gazette* et auquel il reproche d'avoir été l'instrument des banques et de la grande presse.

Dans ce livre, qui ne devait être que la « préface » d'ouvrages plus importants, Pierre Audibert tient surtout à défendre son honneur de journaliste.

Sa principale préoccupation est de démontrer qu'il n'a jamais participé aux opérations financières et que son rôle a été purement journalistique.

Il s'attache, enfin, à démontrer sa bonne foi, en signalant, et c'est le point sur lequel il revient avec acharnement, la qualité des personnages qui se sont portés garants auprès de lui de l'honorabilité de Madame Hanau.

C'est beaucoup plus une œuvre de justification personnelle qu'une polémique ou une attaque.

Note, 16 mars 1932

(AN, f/7/15966/1)

Mme Hanau cherche en ce moment à recruter une nouvelle clientèle parmi les petits commerçants auxquels elle adresse gratuitement des spécimens de *Forces*.

Par ailleurs, elle voudrait pouvoir donner de l'extension à son bulletin « le secret des dieux » expédié uniquement aux abonnés spéciaux, et dans ce but, elle vient de déposer au petit parquet, les déclarations de gérance ci-après : « tous les secrets », « le secret de la bourse », « le secret du temple », « le secret boursier », « les secrets financiers ».

Note, 12 avril 1932

(AN, f/7/15966/1)

Après l'arrestation de Mme Hanau, on a raconté, dans les salles de rédaction du *Populaire*, que la mesure prise contre « la Présidente » visait surtout à gêner les socialistes, pendant la campagne électorale.

On prétend, en effet, que les amis de M. Blum comptaient beaucoup sur les campagnes de Mme Hanau pour aider leur propagande contre le gouvernement, en particulier, et les régimes capitalistes, en général.

Note sur « la bourse et Mme Hanau », 5 avril 1932

(AN, f/7/15966/1)

La baisse de la cote aujourd'hui en bourse était attribuée en partie à certaines manœuvres suspectes de Mme Hanau.

Cette dernière aurait envoyé avant-hier et hier deux circulaires à ses abonnés et correspondants, dans lesquelles elle présenterait la situation boursière sous un jour très défavorable et conseillerait à sa clientèle de vendre à tout prix. On assurait que ces circulaires avaient produit un gros effet en province. Dans la première circulaire notamment Mme Hanau prétendrait que la position de place fournie par le syndic des agents de change à l'occasion de la dernière liquidation serait fausse, la position vendeur étant beaucoup plus considérable que celle annoncée officiellement ; que le Crédit lyonnais subirait des pertes de l'ordre de 500 millions dans l'affaire Kreuger, que l'Anaconda (puissant trust américain du cuivre) serait à la veille de sauter, etc.

L'opinion générale était en bourse nettement hostile à Mme Hanau et l'on espérait que si le délit de coalition pouvait lui être imputé, de nouvelles poursuites judiciaires seraient intentées contre elle.

Lettre du commissaire spécial au contrôleur général des services de police administrative, 14 avril 1932
(AN, f/7/15966/1)

Le commissaire spécial à la section financière à Monsieur les contrôleur général des services de police administrative.

(Référence à la note n° 4.206 F du 7 courant adressée par Monsieur le procureur de la République à Paris à Monsieur le directeur de la Sûreté générale concernant l'envoi à sa clientèle par le service du «secret des Dieux» du journal *Forces* de télégramme et lettres susceptibles d'amener un trouble sur le marché des valeurs).

Lc journal *Forces* que dirige Mme Hanau a créé au début de janvier dernier un service «le secret des Dieux» qui, par circulaires quotidiennes adressées confidentiellement aux abonnés (au nombre d'environ 600), donne à ceux-ci la physionomie générale des opérations effectuées à la Bourse du jour et les conseils sur la position à prendre.

Dans ces circulaires, la situation est considérée du point de vue tout spécial où se place Mme Hanau. Celle-ci, qui dit être au courant des opérations effectuées secrètement ou ouvertement par les animateurs de la finance internationale (les dieux) indique à ses lecteurs la position qui en découle et dont, à son avis, il est avantageux de tirer parti.

Logiquement, les indications fournies par ces circulaires doivent créer parmi les lecteurs un courant qui peut contribuer à influer sur les cours des valeurs attaquées ou défendues.

Il n'y aurait là rien de répréhensible si les nouvelles données par ces circulaires n'avaient été quelquefois tendancieuses et, pour répondre à la demande de M. le procureur de la République en ce qui concerne l'annonce faite dans le «secret des Dieux» au sujet de l'imminence d'un krach à

New-York, on relève ci-dessous certains passages caractéristiques ayant trait à la possibilité de ce krach :

Circulaire n° 13 du 18 janvier 1932 :

« À plusieurs reprises je vous ai signalé la grave menace qui pesait sur le marché américain. Voici cette fois une précision complète. L'édifice bancaire américain est ébranlé jusque dans ses assises (phrase soulignée). La National City Bank et l'Anaconda, en conjugaison, sont en danger à [la] suite de combinaisons personnelles de leurs dirigeants. Le krach, qui, il faut l'espérer ne se produira pas, serait de l'ordre de 1 milliard de dollars (souligné). »

74e circulaire du 2 avril courant :

« En Amérique, l'Anaconda est à l'agonie. Des mesures sont prises actuellement en vue de parer à l'éventualité du plus grand krach *"in the world"*... La loi du plus fort va donc jouer. Après la Royal Dutch, l'Anaconda et la National City en seront les victimes. »

Des faits, qui se sont avérés faux depuis, ont été annoncés dans d'autres circulaire comme des faits patents, indubitables. C'est ainsi que la disparition, l'absence inexplicable, la fugue de l'animateur de la Royal Dutch, sir Deterding devait naturellement amener un effondrement des cours de la valeur, laissait-on entendre (circulaires 73, 74, 75, 76, 77 et 78 du 1er au 7 avril).

Les attaques contre les grandes banques se sont répétées dans nombre de circulaires. Il n'y a là naturellement aucun délit, mais on relève cependant dans un des numéros du « secret des Dieux » (55e du 7 mars 1932) une assertion qui, jusqu'à plus ample informé, semble également fausse :

« Associés dans l'UCINA nos grandes banques y ont enregistré des pertes cuisantes. Ces pertes, le Comptoir (Comptoir national d'escompte) les a ignorés. Il a par conséquent publié un faux bilan ce qui n'est ni surprenant ni nouveau.»

À la vérité, l'examen des passages plus haut cités, ne révèle pas nettement l'existence d'éléments caractéristiques consécutifs de délit. Aucun fait indiscutablement faux n'est affirmé vrai d'une façon formelle et les termes sont tels qu'on peut au besoin rejeter la responsabilité de ces informations sur un service de presse déficient ou mal renseigné. Ces nouvelles sont plutôt tendancieuses que fausses et l'intention délictueuse apparaîtrait peut-être plus nettement s'il était possible de connaître les opérations boursières que Mme Hanau effectuait pour son propre compte, directement ou indirectement. Seule, l'enquête judiciaire avec tous les pouvoirs de vérification qu'elle comporte pourrait établir si Marthe Hanau a créé un mouvement d'opinion sur certaines valeurs pour accompagner des positions prises antérieurement par elle ou pour elle ou si elle a simplement profité de l'ambiance défavorable qu'elle contribuait à créer.

Dans ses dernières circulaires (1er au 8 avril) elle incite nettement ses lecteurs à prendre position à la baisse :

«N'oubliez pas que c'est la baisse qui se prépare (circ. 73). Il faut préparer la nouvelle série d'opérations à la baisse dont la hausse présente n'est que l'amorce (circ. 75). Encore une fois, ne faites plus aucun achat (circ. 75)... Si la reprise de la Bourse s'accentue, ce sera une reprise technique, ce sera une hausse truquée qu'il faudra mettre à profit pour vendre en prévision de la baisse fatale qui va survenir (circ. 75).»

Dans son service de télégramme, créé au début de juillet 1931, (300 clients environ) Mme Hanau résume pour chacun des abonnés les tendances générales des différents marchés boursiers et indique les positions qui résultent des opérations effectuées sur les principales valeurs. Les télégrammes contiennent en somme en raccourci la substance des circulaires du jour dont l'exemplaire n'arrivera que beaucoup plus tard, trop tard quelquefois, en province surtout, pour profiter d'un mouvement spéculatif inattendu.

On donne ci-dessous, à titre documentaire le texte déchiffré d'un télégramme adressé à près de trois cents abonnés le 7 mars dernier, vers 19 heures par le journal *Forces* :

« Aux environs des cours du jour en passant des ordres échelonnés en baisse, on achète ferme. On achète à nouveau au Comptoir d'escompte, General Mining, West-Rand, Canadian Eagle, Mexican Eagle, Canadian Pacific, Moulins du Maghreb, Tubize, Huanchaca. On supprime tous ordres de vente. On dénoue position vendeur par rachats sur toutes valeurs de caoutchouc, toutes valeurs de charbonnages, toutes valeurs d'électricité. On améliore position vendeur en vendant au cours du jour toutes valeurs de cuivre. »

Le texte des télégrammes expédiés dans la première semaine d'avril n'est pas connu : on ne trouve pas dans le contenu des dépêches expédiées antérieurement à cette époque, l'annonce de nouvelles fausses ou tendancieuses, les télégrammes se bornant à donner non pas des nouvelles, mais seulement l'orientation boursière.

En ce qui concerne l'effet produit dans la clientèle tant à Paris qu'en province par les circulaires ou les dépêches du « secret des Dieux » il est à peu près certain que les abonnés ont suivi assez fidèlement les indications reçues.

Les nouvelles tendancieuses publiées ont-elles eu pour effet d'amener les abonnés à prendre la position qui en découlait ? Il est difficile de l'établir. Mentionnons cependant à toutes fins utiles que, par rapport du 11 avril (dont ci-joint copie), M. le commissaire spécial de Lyon signalait sous toutes réserves que le 5 courant le marché de Lyon avait débuté ferme, mais que vers 13 h 30, on aurait annoncé de Paris par téléphone une baisse très forte que l'on attribuait à l'envoi par Marthe Hanau de circulaires et de dépêches à sa clientèle pour l'inviter à vendre à découvert « Royal Dutch », « Crédit lyonnais » et « Banque de Paris », indiquant en outre qu'il fallait s'attendre à un krach formidable dans une affaire qu'elle ne pouvait nommer. Ces nouvelles tendancieuses auraient eu des répercussions en bourse de Lyon.

Des précisions au sujet de l'effet réellement produit dans la clientèle par ces circulaires, ne sauraient être obtenus sans des pouvoirs d'enquête délégués par un juge d'instruction. De même en ce qui concerne les recherches à effectuer pour savoir si les auteurs de bruits tendancieux ne les exploitaient pas à leur profit sur le marché.

Néanmoins, en dépouillant le texte des circulaires, des dépêches, des articles du journal *Forces*, on retrouve constamment des incitations à la vente de plusieurs valeurs directrices du marché de Paris, notamment les titres de grandes banques, de la Royal Dutch, de Rio, des entreprises d'électricité. Or, on sait que la baisse de ces valeurs entraîne toujours par ambiance une baisse de toute la cote et il n'est pas douteux, tout au moins en bourse de Paris, que les nouvelles tendancieuses lancées ces derniers temps par Mme Hanau, tant dans ses circulaires que dans son journal, ont contribué à créer sur le marché un état d'esprit nettement défavorable.

Note, 5 juillet 1933

(AN, f/7/15966/1)

Au sujet de la campagne contre M. Tannery et la Caisse des dépôts et consignations.

On sait que Mme Hanau mène depuis quelque temps dans *Forces* une campagne des plus violentes contre le directeur général de la Caisse des dépôts et consignations M. Tannery qu'elle accuse d'avoir retiré des bénéfices personnels à l'occasion des opérations immobilières effectuées par la Caisse dans des conditions jugées par elle défavorables pour cet organisme.

Or, dans certains milieux financiers, on prétend qu'un conflit aurait éclaté entre le ministère des Finances et M. Tannery en raison de ce que ce dernier ne voudrait ou ne pourrait apporter le soutien indispensable de la Caisse au marché des rentes.

À cet égard, on craindrait dans les mêmes milieux que ce qu'on désigne depuis plusieurs mois sous le terme de « scandale de la Caisse » éclate prochainement et que les opérations financières réalisées par cette Administration, notamment les placements en valeurs plus ou moins dépréciées telles que Wagons-lits, St-Gobain, etc. soient dévoilées.

Note, 18 janvier 1934
(AN, f/7/15966/1)

On laisse entendre que Mme Hanau serait aux abois.

Ce qui donne créance à ce bruit, c'est la nouvelle présentation de son journal *Forces* dont la lecture permet de constater en effet une recrudescence de publicité, tant pour ses divers abonnements dont elle diminue les prix, que pour les valeurs dont elle conseille l'achat.

On fait remarquer que cet hebdomadaire n'est plus qu'un journal de publicité.

◆

III

Les crises des années noires

(1929-1945)

UNE ANNEXION PAR LE FROMAGE

Rectification de frontière

Vigies de la frontière franco-italienne, les commissaires spéciaux de Nice et de Menton ne manquent pas d'ouvrage, depuis que Mussolini a pris le pouvoir à Rome. Il faut avoir l'œil à tout, même à ces affiches publicitaires pour le fromage Bel Paese qui fleurissent sur les murs des Alpes-Maritimes en juin 1930.

« Sur celles-ci, qui représentent une carte géographique de l'Italie, on remarque que la Corse, la région de Nice et celle de Modane y figurent en même teinte que le reste de la péninsule. Ce qui peut prêter à confusion et laisser croire que ces territoires français font partie de l'Italie », signale un rapport. Plus grave : « Les noms des villes de la région de Nice et de Modane sont écrits en italien. La carte de la Corse est muette. »

Ville natale de Garibaldi, Nice n'est devenue définitivement française qu'en 1860, tout comme la Savoie. La Corse quant à elle, achetée par Louis XV à la république de Gênes, est encore convoitée par les nationalistes italiens.

Une protestation officielle

Une enquête sur l'importateur, Guido Bertolini, est rondement menée. Commerçant à Nice, cet Italien n'est pas connu des services comme agent fasciste ; mais il a reçu cinq cents affiches de la firme Galbani et le fromage ne peut continuer d'être commercialisé sous des étiquettes qui portent atteinte à l'intégrité du territoire national. Bel Paese signifiant « Beau Pays », la volonté de propagande est évidente. L'affaire remonte donc au plus haut niveau : le 15 juillet 1930, le ministre de l'Intérieur et président du Conseil André Tardieu écrit à son ministre des Affaires étrangères, Aristide Briand, lequel mande à l'ambassadeur de France à Rome d'élever une protestation.

Dans le même temps, la Sûreté rencontre le représentant parisien de la firme Galbani et une note du 13 octobre 1930 indique que celui-ci « a obtenu que Nice disparaisse de sur les cartes et papiers enveloppant les fromages. En outre, la frontière est désormais très nettement marquée et la Corse est mentionnée en français ». L'irrédentisme italien recule, du moins provisoirement.

En décembre 1930, l'agitation étant retombée, Guido Bertolini utilise tout de même ses affiches. « Il y a lieu cependant de remarquer que le mot "Nizza" a été recouvert au moyen d'un trait de couleur jaune et que, selon les instructions reçues de la société, l'afficheur à Nice a été invité à recouvrir du timbre fiscal le dessin représentant la Corse », relativise le directeur local de la police d'État.

En 1940, Mussolini déclare la guerre à la France, aux côtés de l'Allemagne. Les Italiens occupent la Savoie, Nice et la

Corse, dont la France ne reprendra le contrôle qu'à la Libération, recevant en outre les communes de Tende et La Brigue en 1946.

Succès mondial, le fromage Bel Paese est vendu de nos jours sous une étiquette stylisée : les frontières de l'Italie n'y sont pas tracées, un bandeau recouvre la Corse.

Les deux versions

Avant et après l'intervention du gouvernement français, les étiquettes du fromage *Bel Paese* changent, mais seulement pour l'exportation.

(AN, f/7/15931/1)

« Oh ! Sainte Russie ! »

Gorguloff assassine le président Doumer

Une large rature témoigne de l'urgence dans laquelle a été tapé ce rapport : non, ce n'est pas à une exposition «d'art russe» que s'est rendu le Président Doumer, en ce 6 mai 1932, mais au Salon des écrivains combattants, organisé à l'hôtel Salomon de Rothschild, 11, rue Berryer, à Paris. Là n'est pas la question : alors que le président de la République saluait Claude Farrère, «un individu a tiré sur lui plusieurs balles de revolver. Deux d'entre elles ont atteint le chef de l'État : l'une au-dessus de l'œil droit, l'autre à l'abdomen.» Transporté à l'hôpital Beaujon, Paul Doumer y expire le lendemain matin.

L'agresseur, immédiatement arrêté, est russe, d'où la confusion. Il porte sur lui un carnet en tête duquel on lit : «Docteur Paul Gorguloff, chef président de la partie politique des fascistes russes qui a tué le président de la République française.» La préméditation est donc indiscutable, d'autant que l'assassin serre aussi dans son portefeuille une coupure de presse sur le récent déplacement de Paul Doumer à Rouen.

L'enquête se révélera des plus simples, car Gorguloff est son vrai nom et la police parisienne connaît l'individu : non pour motifs politiques toutefois, mais pour exercice illégal de la médecine !

Celui qui signe « Docteur Paul Gorguloff » est en effet médecin. Né dans l'ancienne Russie tsariste, en 1895, ce Caucasien déteste la révolution bolchevik qui a ruiné sa famille. Après avoir combattu dans les armées blanches, il obtient son diplôme de médecin à Prague et pense pouvoir rompre avec son existence de misère et d'exil. Depuis la Suisse, il est entré en France avec un passeport de transit, en 1930. Dans l'impossibilité de faire reconnaître son diplôme, il exerce clandestinement à Billancourt, jusqu'à ce qu'une plainte l'oblige à quitter le territoire, en décembre 1931.

Avec sa jeune femme Anna, une gouvernante originaire de Suisse, il se replie à Monaco, sans parvenir davantage à ouvrir un cabinet. « Paranoïa », diagnostique un confrère russe à qui il vient demander conseil. Gorguloff en veut à cette République française qui a lâché la Russie blanche pour pactiser avec les bolcheviks et l'empêche même de gagner sa vie. « Il regrettait quelquefois d'avoir lutté pour la France pendant la guerre et de constater maintenant qu'il ne pouvait pas y trouver de situation », raconte sa femme, interrogée par la Sûreté publique monégasque. « C'était un taciturne, triste et aigri de ne pas trouver de situation, mais ne manifestant pas autrement son mécontentement », assure-t-elle. Le 4 mai, il part, une valise à la main. Anna lui demande ce qu'il va faire. « Tu le sauras bientôt, je reviendrai sous peu. » Il prend le train pour Paris, bien résolu à se venger. Quant à son « Parti vert », celui des « fascistes russes », pures fantaisies : Gorguloff n'est pas lié aux organisations connues de Russes blancs, ce qui rend son geste encore plus énigmatique.

Rumeurs de complot

« J'ai l'honneur de rendre compte que la nouvelle de l'assassinat de M. le président de la République a causé dans la colonie russe, et surtout parmi les réfugiés, un sentiment de profonde stupeur et de vive indignation », rapporte dès le 9 mai le commissaire d'Antibes, bien introduit chez les nombreux nostalgiques du tsarisme qui vivent sur la Côte d'Azur. « Ce crime fait l'objet de toutes leurs conversations, et l'opinion unanime des émigrés est que ce crime a été commis à l'instigation des Soviets qui [...] auraient projeté d'amener le gouvernement français à prendre des mesures contre l'ensemble des Russes blancs réfugiés sur leur territoire et disloquer ainsi leurs groupements. »

Une provocation, diligentée en sous-main par le Guépéou de Staline ? La police française ne néglige pas cette piste, d'autant que le commissaire spécial d'Annemasse, dans un rapport « confidentiel » du 26 mai, signale des mouvements suspects chez les diplomates et agents soviétiques présents en Suisse : « Dès que l'attentat a été connu à Genève, M. Langovoy, représentant militaire de l'URSS, qui était alors la personnalité la plus élevée de la délégation soviétique présente à la SDN, au sein d'une commission, a reçu un coup de téléphone plus ou moins mystérieux à la suite duquel il a quitté subitement la salle... » Plus grave, on souligne « la fréquence des voyages effectués en territoire français, antérieurement à l'attentat », de la part de délégués qui préfèrent aux automobiles officielles portant les lettres CD « une voiture de marque allemande ne portant aucun signe officiel extérieur susceptible de les faire identifier »...

«Gorguloff est bien un Russe blanc», proteste dans un tract le Comité national des amis de l'URSS, proche du PC. Au reste, aucun élément de l'enquête ne permet d'établir l'intervention de complices, mais les rumeurs de complot circulent, chez les «blancs» comme chez les «rouges». Une messe à la mémoire de Paul Doumer est célébrée en la cathédrale orthodoxe de la rue Daru. Le président assassiné, de tendance radicale, était notoirement franc-maçon, mais les réfugiés russes de Paris veulent montrer qu'ils désapprouvent l'acte de Gorguloff. Dans le même but, l'ouvrage philosophique de Paul Doumer *Le Livre de mes fils*, publié pour la première fois en 1906, est traduit en russe en 1932.

Les parlementaires proposeront de faire entrer au Panthéon le président assassiné, comme Sadi Carnot, mais sa veuve préférera qu'il repose au caveau familial du cimetière de Vaugirard, auprès de ses quatre fils morts pour la France pendant la Grande Guerre.

«C'est par ici la Justice»

«Pour sa défense, l'intéressé laisse entendre que son geste a été dicté par sa haine des bolcheviks. Il a voulu, dit-il, se dresser contre l'attitude de la France qui prête de l'argent aux Soviets», résume un rapport du 6 mai 1932, complété le lendemain par une note d'enquêteur : «Peu communicatif, maniaque et sournois, il a laissé l'impression d'une personne anormale.» Son comportement, la nature chaotique de ses écrits, tout indique la folie chez Gorguloff, mais la cour d'assises de la Seine ne le considère pas moins comme responsable de ses actes et le condamne à la peine capitale.

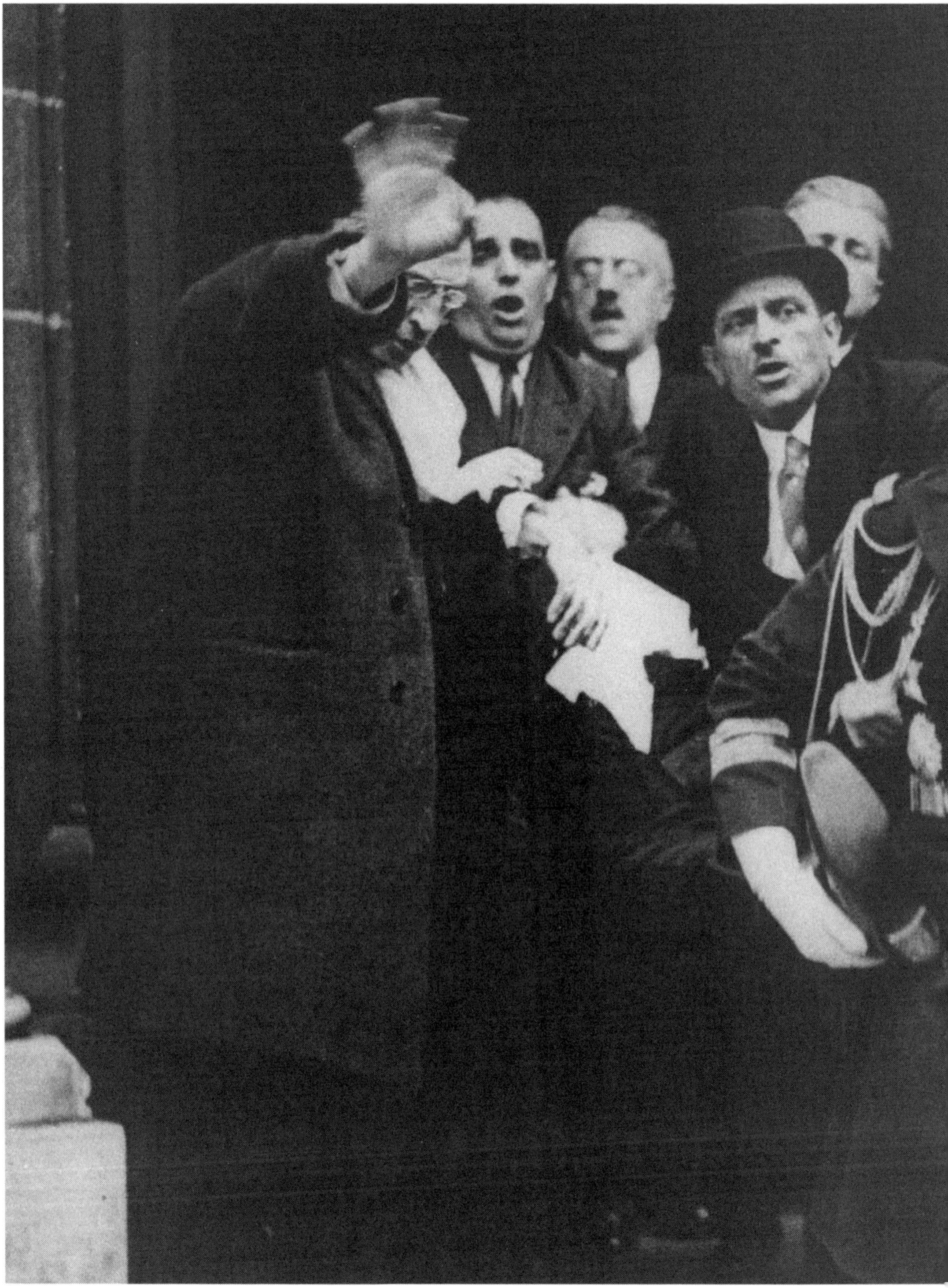

L'assassinat

Le 6 mai 1932, venu sans protection particulière, le président Doumer est blessé mortellement de deux balles par Paul Gorguloff au Salon des écrivains combattants. Un rapport est rédigé le jour même. (AN, f7/15960/2)

Aujourd'hui vers quinze heures, alors que M.
le Président de la République entrait à l'exposition
d'art russe organisée à l'Hôtel Rotschild ,rue Berryer,
un individu a tiré sur lui plusieurs balles de révolver.
Deux d'entre elles ont atteint le Chef de L'
Etat : l'une au dessus de l'oeil droit,l'autre à l'abdo-
men.

Le 14 septembre 1932, son pourvoi en cassation ayant été rejeté, le chef autoproclamé des fascistes russes est réveillé à 5 h 35 dans sa cellule de la Santé. Il se laisse conduire à l'exécuteur Deibler et à ses aides, qui l'habillent de la traditionnelle chemise sans col. « Gorguloff a déclaré qu'il n'était pas bolchevik mais démocrate, qu'il avait tué parce que les nations avaient aidé la "monarchie rouge" de Russie », indique le compte rendu de l'exécution. Remerciant le pope venu l'assister, le condamné déclare : « Je n'ai pas peur de la mort, mais malheureusement il y a cent millions de paysans russes qui souffrent. Mon idée politique est nationale et non pas communiste. Je demande pardon et désire que mon enfant soit élevé comme un bon patriote et non comme communiste. »

Dans un fourgon cellulaire, il est transporté à l'extérieur de la prison, où la guillotine se dresse devant une foule de trois mille personnes. « Alors qu'il descendait de la voiture, au moment d'être exécuté, il a répété : "Je demande pardon", puis, devant la machine, il a dit : "C'est par ici la Justice." À 5 h 57, justice était faite. » La presse quant à elle préférera retenir une autre phrase du décapité, fictive sans doute, mais pleine de sens : « Oh ! Sainte Russie ! »

◆

Le dossier

Venu sans protection particulière, le Président Doumer est atteint par deux balles au Salon des écrivains combattants : un rapport est rédigé le jour même. Grièvement blessé, le Président Doumer est transporté à l'hôpital Beaujon tout proche,

où il décédera le 7 mai, au petit matin. Gorguloff, arrêté sur-le-champ, est sérieusement molesté. Tandis qu'une enquête criminelle a lieu à Monaco, des rumeurs circulent. Comme l'indique le commissaire spécial d'Annemasse le 26 mai 1932, « dans certains milieux suisses on se demande si le criminel n'aurait pas été l'instrument des bolchevistes ». Les Russes blancs réfugiés en France pensent de même à une manipulation, ce que réfutent vigoureusement les communistes.
Malgré des signes clairs de déséquilibre mental, Paul Gorguloff est considéré comme responsable de ses actes par la cour d'assises de la Seine, qui le condamne à mort le 27 juillet 1932. La sentence sera exécutée le 14 septembre.

Dépêche chiffrée très urgente, 6 mai 1932
(AN, f/7/15960/2)

Paris, le 6 mai 1932

Dépêche chiffrée, très urgent.

Intérieur Sûreté à Spécial Beausoleil
en communication à Préfet Alpes-Maritimes.

Vous prie m'adresser toute urgence au plus tard cette nuit tous renseignements concernant Gorguloff, Paul né 29 juin 1895 à Labinskoye (Caucase) ayant résidé Monaco avec famille 46 boulevard Observatoire villa Horizon. Intéressé vient attenter vie M. le président de la République. Vous prie me renseigner sur état mental Gorguloff.

Le directeur de la Sûreté générale,
[Signature]

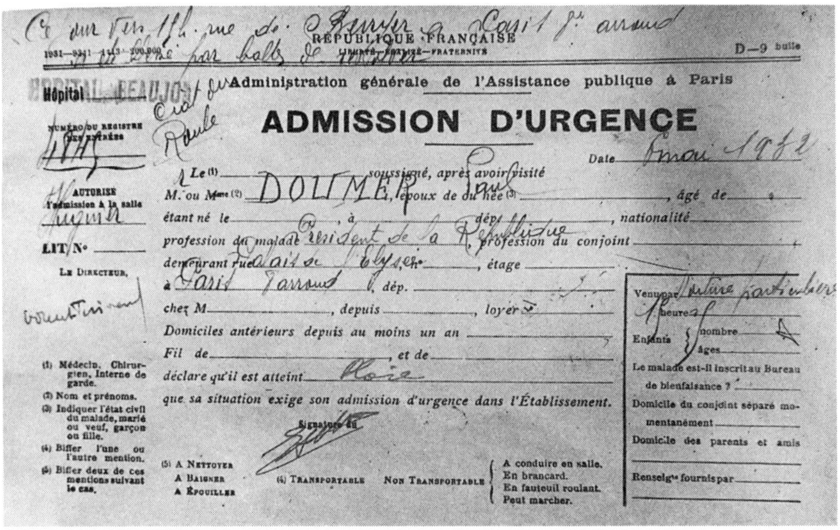

RÉPUBLIQUE FRANÇAISE
LIBERTÉ—ÉGALITÉ—FRATERNITÉ

D—9 bulle

Hôpital BEAUJON

Administration générale de l'Assistance publique à Paris

ADMISSION D'URGENCE

Date 6 mai 1932

NUMÉRO DU REGISTRE DES ENTRÉES

AUTORISE l'admission à la salle

LIT N°

LE DIRECTEUR,

Le (1) soussigné, après avoir visité
M. ou Mme (2) DOUMER Paul, époux de ou née (3) , âgé de
étant né le , à , dép. , nationalité
profession du malade Président de la République, profession du conjoint
demeurant rue Palais de l'Élysée, étage
à Paris , dép.
chez M. , depuis , loyer
Domiciles antérieurs depuis au moins un an
Fil de , et de
déclare qu'il est atteint
que sa situation exige son admission d'urgence dans l'Établissement.

Signature du

(1) Médecin, Chirurgien, Interne de garde.
(2) Nom et prénoms.
(3) Indiquer l'état civil du malade, marié ou veuf, garçon ou fille.
(4) Biffer l'une ou l'autre mention.
(5) Biffer deux de ces mentions suivant le cas.

(5) A NETTOYER
A BAIGNER
A ÉPOUILLER

(4) TRANSPORTABLE NON TRANSPORTABLE

A conduire en salle.
En brancard.
En fauteuil roulant.
Peut marcher.

Venu par voiture particulière
heure
Enfants { nombre
âges
Le malade est-il inscrit au Bureau de bienfaisance ?
Domicile du conjoint séparé momentanément
Domicile des parents et amis
Renseignts fournis par

Hospitalisation d'urgence

Le président est transporté à l'hôpital Beaujon, tout proche, où il s'éteint le 7 mai 1932 au petit matin.

Note au sujet de l'attentat contre le président de la République française, 6 mai 1932

(AN, f/7/15960/2)

Au sujet de l'attentat contre le président de la République française.
Gorguloff, Paul.

Paris, le 6 mai 1932.

Aujourd'hui vers quinze heures, alors que M. le président de la République entrait à l'exposition [d'art russe organisée à l'hôtel Rothschild, rue Berryer], un individu a tiré sur lui plusieurs balles de revolver.

Deux d'entre elles ont atteint le chef de l'État : l'une au-dessus de l'œil droit, l'autre à l'abdomen.

M. le président de la république a été immédiatement transporté à l'hôpital Beaujon où il a reçu les premiers soins.

Aussitôt après l'attentat l'agresseur a été arrêté.

Il s'agit d'un sujet russe, le nommé Gorguloff Paul, né le 29 juin 1895 à Labinskoye (Caucase). Celui-ci qui résidait depuis quatre mois à Monaco en compagnie de sa famille, 46 boulevard de l'Observatoire, villa « L'Horizon » serait arrivé à Paris hier matin et aurait couché à l'hôtel de la Sorbonne, 6, rue Victor Cousin.

Gorguloff a été trouvé porteur au moment de son arrestation d'un carnet en tête duquel il avait écrit : « Docteur Paul Gorguloff chef président de la partie politique des fascistes russes qui a tué le président de la République française. »

D'autre part, Gorguloff possédait dans son portefeuille une coupure de journal portant la date « 4 mai Rouen » et dont le titre est le suivant : « M. Doumer présidera à Rouen l'assemblée générale du congrès des mutualités maternelles départementales. »

Les deux pièces susmentionnées indiquent suffisamment que Gorguloff avait prémédité son acte.

Pour sa défense, l'intéressé laisse entendre que son geste a été dicté par sa haine des bolcheviks. Il a voulu, dit-il, se dresser contre l'attitude de la France qui prête de l'argent aux Soviets.

Il convient de signaler que Gorguloff, Paul a fait l'objet d'une mesure de refoulement en décembre 1931 pour exercice illégal de la médecine.

Principauté de Monaco, interrogatoire de Mme Gorguloff, 6 mai 1932
(AN, f/7/15960/2)

Principauté de Monaco, commissariat de police.

Interrogatoire de la dame Gorguloff, née Geng Anna-Maria.

L'an mil neuf cent trente deux, le six mai.

Nous, Paul Michel, directeur de la Sûreté publique, officier de police judiciaire, auxiliaire de Monsieur le procureur général ;

Interpellée, la dame Gorguloff nous fait les déclarations suivantes :

« Mon mari est parti avant-hier mercredi 4 mai vers 13 heures emportant une valise.

D[emande] – Vous a-t-il dit où il allait, comment est-t-il parti ?

R[éponse] – Il est parti avec l'autobus sans rien me dire.

D – Le voyant partir avec une valise, vous lui avez bien demandé où il allait et ce qu'il comptait faire ?

R – Je lui ai demandé en effet, il m'a répondu : "Tu le sauras bientôt, je reviendrai sous peu."

D – Ce départ ne peut tout de même pas avoir été décidé si brusquement. Il vous en avait parlé ?

R – J'ignore ce qu'il comptait faire, où il voulait aller, je l'ignore absolument.

D – Vous vivez ensemble, ne vous faisait-il jamais de confidences ?

R – C'était un homme sérieux, qui travaillait, qui ne sortait pas. C'était un homme calme, rangé.

D – Il est tout de même invraisemblable que, vivant en bons termes avec votre mari, vous n'ayez pu savoir la raison d'un départ si brusque.

R – C'est pourtant ainsi. J'ai essayé de savoir, il n'a pas voulu me répondre. Il était d'ailleurs énervé et je n'ai pas insisté.

D – L'avez-vous du moins accompagné jusqu'à la porte ?

R – Non. J'étais dans la cuisine, assise sur une chaise, me demandant les raisons de ce départ, ne les trouvant pas. Énervée et mécontente je ne suis pas descendue avec lui.

D – A-t-il emporté une arme ?

R – Je l'ignore. Je sais qu'il en avait une chez nous, mais j'ignore ce que c'est. C'est quelque chose comme un pistolet renfermé dans un étui. Je dois dire qu'il ne l'avait jamais sur lui. Peut-être le pistolet est-il encore à la maison dans une valise.

D – Votre mari était-il en bonne santé ?

R – Oui. Je ne me suis jamais aperçue qu'il fut malade physiquement ou intellectuellement.

D – Depuis quand le connaissez-vous et quelle a été votre vie avec lui ?

R – Nous nous sommes connus à Paris vers la fin de l'année 1930. J'étais alors gouvernante bénévole chez Mme David Meissonnier à Paris (j'ignore le numéro). Je l'ai rencontré dans un café nous avons lié conversation. Quelque temps après nous nous sommes parlés à Boulogne-Billancourt. Nous avons habité Paris, 12 rue Solférino, puis rue du Commerce sans que je puisse préciser le numéro. J'ajoute que je n'ai pas habité avec mon mari rue du Commerce. Durant qu'il y était, j'étais allée faire un tour en Suisse où j'ai mes parents dans la ville de Winthertur, Walkestrasse n° 29. J'étais en correspondance avec mon mari qui m'a donné rendez-vous directement à Monaco.

D – Pour quelles raisons a-t-il quitté Paris pour Monaco ?

R – C'est dans l'espoir de s'y créer une situation. Il était docteur en médecine et ne pouvait pas exercer à Paris. Il avait indûment donné quelques consultations médicales, mais un docteur voisin (le Dr Pader) a porté plainte contre lui à la préfecture de police. Il a dû cesser tout de suite ses consultations.

D – Pourquoi a-t-il choisi Monaco ?

R – Parce que étant médecin étranger il a cru pouvoir s'y établir plus aisément.

D – A-t-il fait des démarches dans ce sens depuis votre arrivée ici ?

R – Non. Je ne crois pas. Mais il a fait part de son projet au docteur Mickaïloff qui lui a promis de s'intéresser à lui. Je sais même qu'il a été question d'un contrat mais Mickaïloff voulait qu'on lui verse de l'argent à lui directement sans passer par un notaire, et mon mari s'est refusé à ces tractations.

D – Quels sont vos ressources et comment avez-vous vécu depuis votre mariage ?

R – N'ayant pas de travail, ne gagnant rien mon mari était obligé de vivre sur ma dot qui était de 40 000 fr. Il n'en reste plus guère et le peu qui reste est entre les mains de mon mari. »

Signé : A. Gorguloff

Suite de l'interrogatoire de la dame Gorguloff, née Geng Anna-Maria.

Il me reste encore quelque chose à la maison et je puis, du reste, en cas de besoin, m'adresser à mes parents qui demeurent à Winterthur.

D – Quel était l'état d'esprit de votre mari depuis que vous êtes à Monaco ?

R – Il a tout essayé pour exercer sa profession. Par exemple il a écrit au consulat de Belgique à Paris pour demander à être engagé au Congo belge. Il n'a pu se faire engager.

D – Manifestait-il quelquefois son mécontentement de ne pouvoir travailler ?

R – Oui. Il regrettait quelquefois d'avoir lutté pour la France pendant la guerre et de constater maintenant qu'il ne pouvait pas y trouver de situation.

D – A-t-il par paroles, manifesté quelquefois sa colère ?

R – Non mais d'ailleurs il ne se mettait jamais en colère. C'était un taciturne, triste et aigri de ne pas trouver de situation, mais ne manifestant pas autrement son mécontentement.

D – Avait-il des crises nerveuses ?

R – Non, il était presque toujours calme, quelquefois énervé comme un homme dans sa situation.

D – Buvait-il ?

R – Non, je ne l'ai jamais vu ivre ni boire régulièrement de l'alcool.

D – Parlait-il politique ?

R – Non, je crois qu'il ne faisait pas de politique. Encore une fois, il déplorait d'être dans la situation incertaine et précaire des réfugiés russes.

Il ne pouvait pas être bolchéviste puisque les bolchévistes avaient ruiné sa famille. Il se bornait à souhaiter que le gouvernement bolchéviste disparaisse un jour.

D – Quelles étaient ses relations. Écrivait-il, que faisait-il ?

R – Je ne sais pas ce qu'il recevait comme lettres, elles étaient d'ailleurs très rares. En dehors de la Belgique il a tenté d'obtenir un visa pour se rendre en Bulgarie toujours afin d'y chercher une situation.

D – L'avez-vous entendu quelquefois proférer des menaces contre quelqu'un, notamment contre un chef d'État ?

R – Non, au grand jamais, je vous répète que c'était un homme calme, pondéré, un peu taciturne et aigri.

Et signe après lecture.
Signé : A. Gorguloff
Le directeur de la Sûreté publique

Communication téléphonique du commissaire spécial de Beausoleil, 7 mai 1932

La police de Monaco a effectué ce matin une perquisition au domicile de Gorguloff, perquisition à laquelle a assisté le commissaire spécial de Beausoleil. On a trouvé de nombreux journaux russes et correspondances en langues étrangères et principalement russe et bulgare. L'intéressé a quitté Monaco mercredi dernier par le train de 13 heures. Sa femme déclare ignorer tout des actes de son mari. Elle parait sincère jusqu'à preuve du contraire. Pour éviter formalités d'extradition, elle va être amenée à Paris par mesures administratives. Au domicile de Gorguloff se trouvaient quatre malles bouclées ; dans l'une on a découvert un testament de l'intéressé daté du 3 mai 1932. Gorguloff laissait tout à sa femme, notamment deux romans écrits sous le pseudonyme « Paul Brède » écrivain et journaliste. Il y avait aussi des cartes de visite à ce nom.

Gorguloff avait écrit en Bulgarie, à Monaco, au Congo belge ainsi qu'à Paris, pour obtenir une place de médecin. Il se plaignait que l'on n'eut voulu de lui nulle part. Au moment de son départ, il a paru aigri et sombre. Il fréquentait le casino de Monte-Carlo et jouait très peu.

Gorguloff n'a fait l'objet d'aucune observation au point de vue anarchiste et communiste. Il se disait ennemi du bolchévisme. Il se dit docteur, mais n'a pu obtenir l'autorisation de pratiquer à Monaco, aussi avait-il cherché à soigner les locataires de sa maison. À l'heure actuelle, on interroge encore sa femme.

Note sur Gorguloff, 7 mai 1932

(AN, f/7/15960/2)

Gorguloff, Paul, né le 29 juin 1895, à Labinskaia (Russie), de Thimoté et de Barbara, Astechoff, a résidé à Billancourt (Seine), hôtel des nations, 41, rue de Saint-Cloud, du 1er décembre 1930 au 31 mars 1931.

Se disant docteur en médecine, l'intéressé qui avait une nombreuse clientèle parmi ses compatriotes, s'était spécialisé plus particulièrement dans le traitement, à l'aide de piqûres, des maladies vénériennes.

Peu communicatif, maniaque et sournois, il a laissé l'impression d'une personne anormale.

Pour donner un exemple de sa manie, il détruisait tous objets à moitié usagés (chaussettes, mouchoirs, bretelles, etc.) à seule fin que personne ne puisse en profiter.

Vivant très modestement, bien souvent il ne déjeunait que d'un morceau de pain et d'un cornichon.

Toutefois, au cours de conversations, Gorguloff a toujours combattu le régime soviétique dont il rendait la France responsable par sa non-intervention.

En arrivant à l'hôtel précité il déclarait à la logeuse venir de Meudon 51, rue Gambetta. Après vérification cette adresse a été reconnue fausse.

Principauté de Monaco, audition de Serge Mikhaïloff, docteur en médecine, 7 mai 1932

(AN, f/7/15960/2)

L'an mil neuf cent trente deux, le sept mai.

Nous, Paul Michel, directeur de la Sûreté publique, officier de la police judiciaire, auxiliaire de Monsieur le procureur général ;

Entendons Monsieur Mikhaïloff Serge, 47 ans, docteur en médecine, 21 boulevard des Moulins, à Monte-Carlo, qui déclare :

« J'ai connu Gorguloff dans des conditions assez étranges. Je suis entré en relation avec lui par une lettre qu'il m'a écrite de Paris, le 1er septembre 1931.

« Après avoir dit que mon existence lui avait été révélée par une annonce parue dans un journal russe *Les Dernières nouvelles* au sujet de mon livre *Les Phénomènes mystérieux du monde et des hommes*, il m'a demandé si je ne suis pas le même docteur Mikhaïloff qu'il a connu pendant la guerre sur le front turc en 1917 et pendant la révolution bolchéviste à Armavir (Caucase) en 1919. Puis enfin, il me demande de lui répondre et qu'il sera heureux de faire ma connaissance, même si je ne suis pas le docteur Mikhaïloff qu'il recherche. Il termine en me demandant si j'exerce légalement la profession de médecin à Monaco.

« Cette lettre en raison de certaines expressions m'a paru émaner d'un homme qui ne possède pas toutes ses facultés mentales et dans tous les cas, je l'ai trouvée assez étrange à tel point que je n'ai pu m'empêcher de la lire à un de mes amis.

« Néanmoins, j'ai répondu à Gorguloff que je n'étais pas le même docteur Mikhaïloff, objet de ses recherches, que j'exerce la médecine légalement dans la principauté depuis une douzaine d'années.

« Environ quinze jours après ma réponse, j'ai eu la surprise de voir arriver Gorguloff accompagné de sa femme.

« Je croyais tout d'abord qu'il venait me consulter, mais il n'en était rien. Il me demanda s'il y avait possibilité pour lui de demander de s'installer comme médecin dans la principauté.

« Il possédait, me dit-il, la dot de sa femme, soit 40 ou 50 000 francs et il me présenta le reçu de dépôt de cette somme dans une banque parisienne. Il ajouta toutefois qu'il savait qu'il ne pourrait trouver dans la principauté un cabinet médical à ce prix ; mais que ses beaux-parents sont fortunés et qu'ils pourraient avancer l'argent nécessaire jusqu'à concurrence de 80 000 francs.

« Je lui promis de m'intéresser à lui et, effectivement, je fis des démarches auprès des confrères qui pouvaient éventuellement céder leur charge, mais le prix qu'ils demandaient était bien supérieur à la somme dont Gorguloff pouvait disposer.

« D – Voulez-vous nous faire part des remarques que vous avez faites sur Gorguloff au point de vue de son état mental et de ses opinions politiques ? Paraissait-il aigri ou exalté pour des motifs qu'il aurait pu vous communiquer ?

« R – Ainsi que je l'ai remarqué lors de sa première lettre, et aussi au cours de notre conversation, cet homme m'a paru au moins étrange. J'aurais pu diagnostiquer chez lui une maladie mentale naissante dans sa période de commencement.

« Je suis spécialiste des maladies nerveuses et mentales et c'est pourquoi, machinalement, je faisais ce diagnostic dans mon esprit : "paranoïa" (folie primaire avec délire systématisé). Bien entendu, un diagnostic semblable ne peut être valable que s'il est basé sur une observation clinique de plusieurs semaines. Mais je vous ai donné mon impression professionnelle du début.

« Je n'ai pu juger de ses opinions politiques parce qu'il n'a pas dit un mot sur la politique.

« Il n'a pas montré non plus d'exaltation ni de mécontentement pour un sujet quel qu'il soit. Il a seulement manifesté le souci de pouvoir s'installer et gagner convenablement sa vie, chose que, a-t-il dit, il n'avait pu faire jusqu'à présent.

« Au cours d'une seconde visite de Gorguloff accompagné de sa femme, je lui ai fait connaître le résultat négatif de mes recherches au sujet d'un cabinet médical pour lui et il m'a dit que dans ces conditions il devait retourner à Paris où il avait toujours un appartement en location, 12 rue Solférino.

« Cette dernière visite remonte à la fin septembre et je ne l'ai plus revu depuis, mais j'ai reçu une lettre de Paris, qu'il m'adressait à la date du 3 octobre.

« Dans cette lettre il se rappelle à mon souvenir, me demande de continuer mes recherches et spécifie bien que sa femme doit être étrangère à l'autorisation d'exercer qui peut lui être délivrée à Monaco, et que l'argent qu'il donnera est sa propriété à lui. Ce sont là des contradictions étranges de la part d'un homme qui a fait des études comme lui.

« Au surplus, je vous remets pour être jointes à ma déclaration les deux lettres de Gorguloff que j'ai citées et qui sont écrites en russe.

« J'ajoute que je suis moi-même nationalité russe.

« Je ne sais pas autre chose. »

Et signe après lecture.

Signé : Dr S. Mikhaïloff,
Le directeur de la Sûreté publique

Nous annexons au présent, après les avoir paraphées les lettres que nous remet le docteur Mikhaïloff aux termes de ses déclarations.

Rapport du commissariat de police d'Antibes sur « l'impression produite dans la colonie russe par le meurtre du Président Doumer », 9 mai 1932
(AN, f/7/15960/2)

J'ai l'honneur de rendre compte que la nouvelle de l'assassinat de Monsieur le président de la République a causé dans la colonie russe, et surtout parmi les réfugiés, un sentiment de

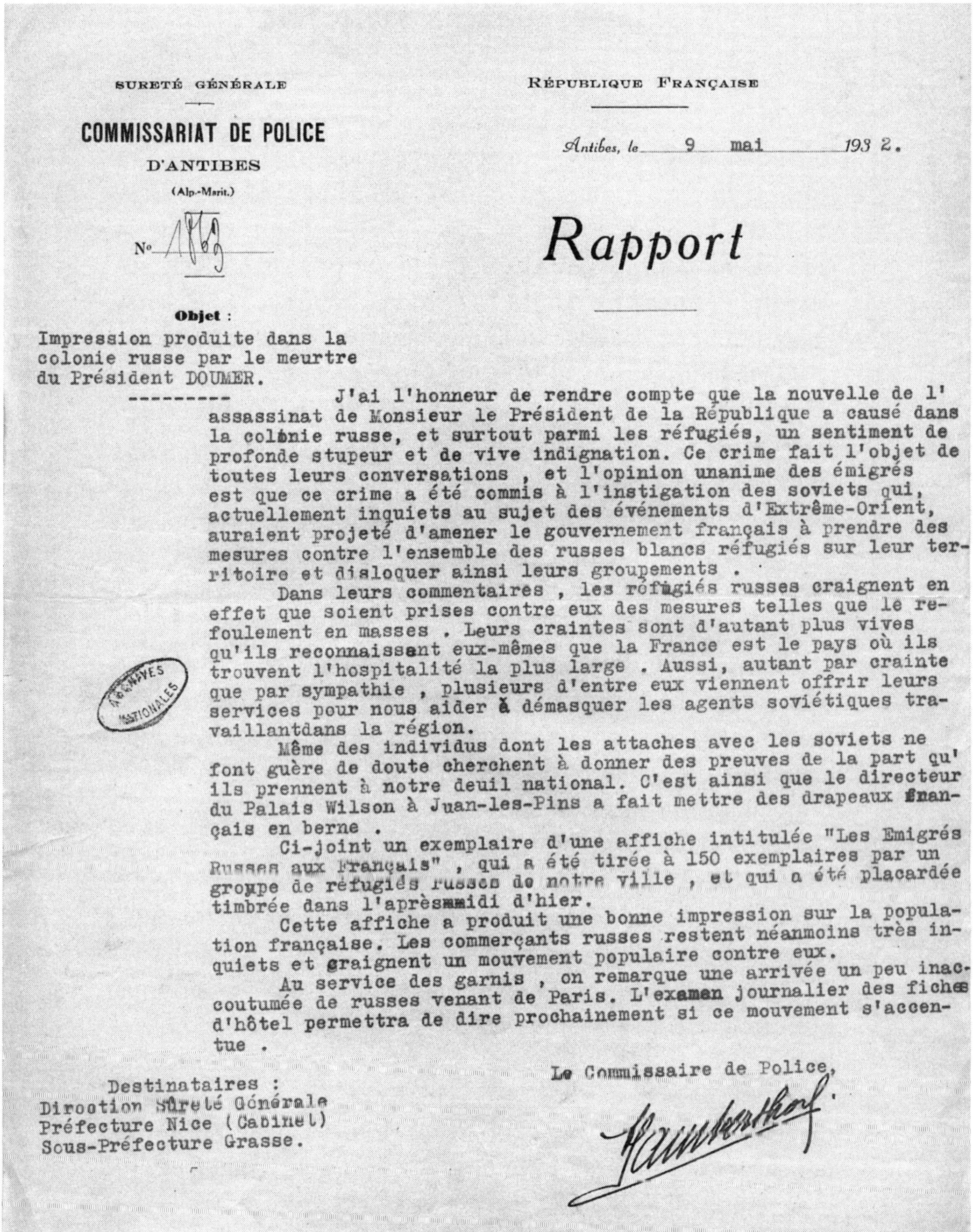

SURETÉ GÉNÉRALE

RÉPUBLIQUE FRANÇAISE

COMMISSARIAT DE POLICE
D'ANTIBES
(Alp.-Marit.)

Antibes, le 9 mai 1932.

N° 1863

Rapport

Objet :
Impression produite dans la colonie russe par le meurtre du Président DOUMER.

J'ai l'honneur de rendre compte que la nouvelle de l'assassinat de Monsieur le Président de la République a causé dans la colonie russe, et surtout parmi les réfugiés, un sentiment de profonde stupeur et de vive indignation. Ce crime fait l'objet de toutes leurs conversations , et l'opinion unanime des émigrés est que ce crime a été commis à l'instigation des soviets qui, actuellement inquiets au sujet des événements d'Extrême-Orient, auraient projeté d'amener le gouvernement français à prendre des mesures contre l'ensemble des russes blancs réfugiés sur leur territoire et disloquer ainsi leurs groupements .

Dans leurs commentaires , les réfugiés russes craignent en effet que soient prises contre eux des mesures telles que le refoulement en masses . Leurs craintes sont d'autant plus vives qu'ils reconnaissent eux-mêmes que la France est le pays où ils trouvent l'hospitalité la plus large . Aussi, autant par crainte que par sympathie , plusieurs d'entre eux viennent offrir leurs services pour nous aider à démasquer les agents soviétiques travaillantdans la région.

Même des individus dont les attaches avec les soviets ne font guère de doute cherchent à donner des preuves de la part qu'ils prennent à notre deuil national. C'est ainsi que le directeur du Palais Wilson à Juan-les-Pins a fait mettre des drapeaux français en berne .

Ci-joint un exemplaire d'une affiche intitulée "Les Emigrés Russes aux Français" , qui a été tirée à 150 exemplaires par un groupe de réfugiés russes de notre ville , et qui a été placardée timbrée dans l'aprèsmidi d'hier.

Cette affiche a produit une bonne impression sur la population française. Les commerçants russes restent néanmoins très inquiets et craignent un mouvement populaire contre eux.

Au service des garnis , on remarque une arrivée un peu inaccoutumée de russes venant de Paris. L'examen journalier des fiches d'hôtel permettra de dire prochainement si ce mouvement s'accentue .

Le Commissaire de Police,

Destinataires :
Direction Sûreté Générale
Préfecture Nice (Cabinet)
Sous-Préfecture Grasse.

ARCHIVES NATIONALES

Une manipulation de Staline ?

Selon ce rapport, les Russes blancs de la Côte d'Azur redoutent les conséquences de l'assassinat sur leur statut de réfugiés. (AN, f/7/15960/2) profonde stupeur et de vive indignation. Ce crime fait l'objet de toutes leurs conversations, et l'opinion unanime des émigrés est que ce crime a été commis à l'instigation des Soviets qui, actuellement inquiet au sujet des événements d'Extrême-Orient, auraient projeté d'amener le gouvernement français à prendre des mesures contre l'ensemble des Russes blancs réfugiés sur leur territoire et disloquer ainsi leurs regroupements.

Dans leurs commentaires, les réfugiés russes craignent en effet que soient prises contre eux des mesures telles que le refoulement en masses. Leurs craintes sont d'autant plus vives qu'ils reconnaissent eux-mêmes que la France est le pays où ils trouvent l'hospitalité la plus large. Aussi, autant par crainte que par sympathie, plusieurs d'entre eux viennent offrir leurs services pour nous aider à démasquer les agents soviétiques travaillant dans la région.

Même des individus dont les attaches avec les Soviets ne font guère de doute cherchent à donner des preuves de la part qu'ils prennent à notre deuil national. C'est ainsi que le directeur du Palais Wilson à Juan-les-Pins a fait mettre les drapeaux français en berne.

Ci-joint un exemplaire d'une affiche intitulée « Les émigrés russes aux Français », qui a été tirée à 150 exemplaires par un groupe de réfugiés russes de notre ville, et qui a été placardée timbrée dans l'après-midi d'hier.

Cette affiche a produit une bonne impression sur la population française. Les commerçants russes restent néanmoins très inquiets et craignent un mouvement populaire contre eux.

Au service des garnis, on remarque une arrivée un peu inaccoutumée de Russes venant de Paris. L'examen journalier des fiches d'hôtel permettra de dire prochainement si ce mouvement s'accentue.

Le commissaire de police,
[Signature]

Tract communiste, s. d.
(AN, f/7/15960/2)

L'Union soviétique en danger.
Le Sarajevo français, c'est la guerre contre l'URSS.

L'impérialisme international veut écraser le premier État prolétarien. Il multiplie provocations sur provocations dans le but d'entraîner l'Union soviétique dans une guerre.

Après l'assassinat de Vorovsky à Genève ; l'affaire Vanek : tentative d'attentat contre l'ambassade japonaise à Moscou, tentative avortée grâce à la vigilance du Guépéou ; l'affaire Stern : tentative d'assassinat contre l'ambassadeur d'Allemagne à Moscou, seul le secrétaire fut blessé ; l'affaire de Shanghaï où des généraux et des diplomates furent blessés, l'assassinat de Paul Doumer, président de la République, par un Russe blanc montre que tout est mis en œuvre pour précipiter l'agression antisoviétique. Pour cela Tardieu veut transformer un Russe blanc en un agent de Moscou.

Cette presse, à la solde du gouvernement, qui le soir même du crime relatait en gros caractères : « Un Russe blanc a tiré cet après-midi quatre coups de revolver sur le président de la République », sur ordre du ministère de l'Intérieur change de ton, et ce qui était blanc, hier, devient rouge, le lendemain.

Nous disons : Gorguloff est bien un Russe blanc.

Ancien officier cosaque des bandes contre-révolutionnaires de Denikine et de Wrangel.

Fondateur en 1930, à Prague, du Parti panrusse, organisation terroriste dont le but est de renverser le pouvoir soviétique.

Titulaire du passeport Nansen, pièce d'identité délivrée exclusivement aux Russes blancs.

Il est prouvé que Gorguloff est bien un Russe blanc, mais c'est le gouvernement français qui est directement responsable de l'assassinat de Paul Doumer, président de la République.

En décembre 1930, Maginot, ministre de la Guerre, et Rollin, ministre du Commerce, autorisèrent la formation, à Paris, d'une société de Russes blancs ayant comme objectif : « La fabrication, la vente et l'achat de matériel et de munitions de guerre. »

C'est le gouvernement français qui arma la main de l'assassin par sa campagne antisoviétique de chaque jour, en tolérant des appels directs au crime comme celui paru dans *Sevodnia*, journal blanc russe :

« … Ne visez plus les moineaux bolcheviks. Un coup de feu sur un étranger réputé provoque des complications beaucoup plus graves et peut même susciter des complications politiques.

« Est-il opportun d'assassiner des personnes non bolcheviques ? Oui. »

Seul, franchement avec nous, le parti communiste lutte pour la défense de l'URSS. Par la voix du camarade Doriot, il exigea du gouvernement français, en pleine Chambre des députés, la dissolution des organisations russes blanches en France. Le gouvernement de gauche Steeg, appuyé par la social-démocratie, rejeta cette proposition à la suite (*officiel* du 16 janvier 1931). Le lendemain du crime, Léon Blum, chef du parti SFIO, dans l'article leader du *Populaire*, s'affirma le meilleur défenseur des Russes blancs : « Nous aurions honte, pour notre part, d'abuser des déclarations d'un aliéné pour ameuter l'opinion contre les Russes blancs de Paris. »

C'est le commencement de l'union sacrée, comme en 1914, réalisée par les chefs socialistes. Mais ce mot « Union sacrée » prend toute sa valeur, prononcée par Paul Reynaud, garde des Sceaux, vice-président du Conseil, et paru dans l'*Intran-*

sigeant du 8 mai : « À la veille de la guerre, le sang de Jaurès a cimenté l'Union sacrée. Puisse le sang de P. Doumer avoir la même vertu. »

Travailleurs !

L'heure est venue de passer aux actes décisifs. À l'attaque bourgeoise ripostez par une action organisée dans vos chantiers, vos usines, vos bureaux ; exigez l'expulsion des gardes blancs provocateurs et assassins ; empêchez la guerre contre l'Union soviétique, dont vous serez les premières victimes. Adhérez en masse à l'organisation des amis de l'URSS, organisation de front unique de tous les travailleurs pour la défense de l'Union soviétique, 20, rue du Mail, Paris (2e).

Le comité national des amis de l'URSS

Lettre confidentielle du commissaire spécial au secrétaire général du ministère de l'Intérieur « au sujet de l'assassinat de M. Doumer », 26 mai 1932

(AN, f/7/15960/2)

Ministère de l'Intérieur, direction de la Sûreté générale.
Confidentiel

Annemasse, le 26 mai 1932

Au sujet de l'assassinat de M. Doumer.

Le commissaire spécial Petit à Monsieur le secrétaire général du ministère, directeur de la sûreté générale, contrôle de police administrative.
Paris.

J'ai l'honneur de vous signaler que le nommé Romm Wladimir, le journaliste russe bien connu, accrédité à la conférence du désarmement en qualité de correspondant de l'agence Tass, demeurant à Genève, 121 rue de Lausanne, ayant un bureau rue des Paquis n° 44 (téléphone 22 654), objet de mes rapports n° 8 085 du 10 octobre 1930 et 7 070 du 28 septembre 1931, ainsi que de votre communication numéro 2 229 du 21 octobre 1930, est parti pour Paris le lendemain ou le surlendemain de l'assassinat de M. Paul Doumer.

Il n'est rentré à Genève que vendredi dernier par l'express de 8 heures du matin.

On m'assure que le voyage de cet agent soviétique pourrait avoir une relation avec l'attentat.

D'autre part, dans certains milieux suisses on se demande si le criminel n'aurait pas été l'instrument des bolchévistes. On suggère, même qu'il serait utile de s'assurer si des communications télégraphiques ou téléphoniques n'ont pas été échangées entre Paris et la Suisse dans les quelques jours qui ont précédé et suivi l'attentat, notamment entre Paris, Berne et Genève où résident plusieurs agents soviétiques actifs tels que :

Serge Bagotzky, délégué de la Croix-Rouge soviétique à Berne ;

Melik Eltschian, agent officieux des Soviets à Genève ;

Aaron Starobinsky, correspondant des « Isvestias » à Genève ;

Dès que l'attentat a été connu à Genève, M. Langovoy, représentant militaire de l'URSS, qui était alors la personnalité la plus élevée de la délégation soviétique présente à la SDN, au sein d'une commission, a reçu un coup de téléphone plus ou moins mystérieux à la suite duquel il a quitté subitement la salle de la commission où il siégeait et s'est rendu immédiatement à l'hôtel où loge la délégation russe à la British Pension.

Je crois utile en outre d'attirer votre attention sur la fréquence des voyages effectués en territoire français, antérieu-

IEUR

SÛRETÉ GÉNÉRALE

RÉPUBLIQUE FRANÇAISE

Confidentiel

Beausoleil le 18 Juin 1932

N° 1364

Objet;

A/S du nommé Gorgouloff Paul, auteur de l'attentat contre le Chef de l'Etat.

Autorités informées;

1°- Sûreté Générale (Cabinet)
(Contrôle Administratif)
2°- Préfecture à Nice (Cabinet)

RAPPORT

Pour faire suite à mes précédentes communications, relatives au nommé GORGOULOFF Paul, sujet russe, auteur de l'attentat commis contre le Chef de l'Etat, j'ai l'honneur de vous signaler que " CYRANO " et le " CAMELEON " (ce dernier est un journal humoristique de Nice) ont publié l'entrefilet suivant;

" Ce Gorguloff a râté une belle carrière. On a appris, ces jours-ci, à Monaco, (non sans quelque émotion) que le Médecin russe avait obtenu la protection de S.A.S. la Princesse Héréditaire par l'intermédiaire d'un Général russe qui fait beaucoup parler de lui à Monaco. Gorguloff allait être nommé médecin au titre de Monte-Carlo, cet établissement estival, artificiellement destiné à remplacer une plage absente Cette nomination était déjà signée, paraît-il, quant l'assassin du Président accomplit son geste docile ".

Mon service a procédé à des vérifications qui n'ont rien révélé à cet égard.

On nous rapporte que la Princesse Héréditaire, non seulement elle ne connaît pas le sieur GORGOULOFF, mais à aucun moment elle n'a été appelée à s'occuper de lui. D'ailleurs, il n'a jamais eu affaire xxxxxxxxau Palais Princier.

A la Société des Bains de Mer de Monaco, car l'établissement estival n'est autre que le beach de Monte-Carlo, situé près de la frontière de Monaco, mais en territoire français, commune de Cap-Martin, on déclare que Gorgouloff est inconnu. Il n'a jamais été question, affirme-t-on, de le nommer Médecin au beach.

Ainsi que j'ai eu l'honneur de vous le signaler précédemment, le sieur Gorgouloff fréquentait le casino de Monte-Carlo comme joueur. S'il était assidû dans cet établissement, il jouait très peu.

Le Général russe visé dans l'entrefilet

S.G. 796 A

L'interrogatoire

Pour sa défense, Gorguloff explique qu'il a voulu punir la France de s'être entendue avec les Soviets. (AN, f/7/15940/1)

rement à l'attentat du président de la République, par certains membres de la délégation soviétique à la conférence du désarmement, notamment par MM. Litvinoff, Lunatcharsky et Langovoy.

C'est ainsi que j'ai pu établir leur venue sur notre territoire, les 11 février, 14 février, 12 mars, 12 avril, 17 avril, 24 avril, 1er mai, 3 et 4 mai.

Au début ces personnalités franchissaient la frontière franco-suisse dans une des automobiles de la délégation commerciale soviétique de Paris pourtant apparemment les marques CD (conférence du désarmement). Par la suite, elles sont toujours venues dans une voiture de marque allemande ne portant aucun signe officiel extérieur susceptible de les faire identifier. Cette automobile est toujours conduite par un chauffeur genevois nommé Chappuis, militant communiste des plus convaincus, qui est un de leurs hommes les plus sûrs et duquel on ne peut obtenir aucun renseignement.

On a donc nettement l'impression que lorsque les membres de la délégation russe viennent en France, ils tiennent et cherchent à passer inaperçus. Cela s'explique d'autant plus qu'ils sont étroitement surveillés sur le territoire de la Confédération helvétique par la police suisse chargée de veiller à leur sécurité étant donné le projet d'attentat signalé lors de leur venue à Genève en février dernier. Il est donc difficile à ces membres de se livrer à des tractations occultes sur le territoire suisse.

C'est pourquoi dès que j'ai eu connaissance de leur venue sur notre territoire, j'ai cherché à savoir où ils se rendaient, qui ils pouvaient rencontrer de façon à être à même de vous documenter sur les buts de leur venue en France.

Malheureusement, je n'ai encore pu y parvenir d'une façon précise, faute de moyens matériels et bien que j'aie demandé aux polices locales et à la gendarmerie de me prêter leur concours le plus actif en l'occurrence.

Le 17 avril dernier, après avoir franchi la frontière franco-suisse à Chaucy (Ain) les membres de la délégation soviétique sont passés à Bellegarde où ils ont acheté une carte routière de la région de Grenoble. Ils ont donc dû se rendre dans cette région ce jour-là.

En raison de ce fait, il y a lieu de se demander, s'il ne serait pas intéressant de rechercher, si Gorguloff ne se serait pas absenté de Monaco à cette époque et même s'il n'a pas effectué quelques voyages en Suisse ou à la frontière franco-suisse.

Le commissaire spécial,
[Signature]

Note du ministère de l'Intérieur, 15 juin 1932
(AN, f/7/15960/2)

Ministère de l'Intérieur, direction de la Sûreté générale, contrôle général des services de recherches judiciaires.

Paris, le 15 juin 1932

Gorguloff Paul, né le 29 juin 1895, à Labenskaïa (Russie), est arrivé en France, le 12 juillet 1930, muni du certificat d'identité n° 2 415, délivré à Prague, le 16 mai 1930 et visé le 9 juillet suivant, par le consul de France, en cette ville (visa de transit, avec faculté d'arrêt de 15 jours, à dater du passage à la frontière française).

Le 3 février 1931, alors qu'il habitait l'hôtel des Nations, 41 rue de St-Cloud, à Billancourt (Seine), Gorguloff a formulé une demande de prolongation de séjour en France.

L'enquête d'usage effectuée par les soins de la préfecture de police et dont les résultats ont été transmis à la direction de la sûreté générale, le 23 septembre 1931, a établi que Gorguloff désireux d'exercer sa profession de docteur en médecine de la faculté de Prague dans les colonies françaises, s'était fait inscrire à la faculté de Paris en vue d'obtenir le diplôme d'État français.

Sans fortune personnelle, à l'époque, il n'aurait pu justifier de ses moyens d'existence et était signalé comme exerçant illégalement la médecine, dans la chambre qu'il occupait 12 rue de Solférino, à Boulogne-sur-Seine. Sa clientèle aurait surtout été composée de compatriotes, mais il ne put être établi s'il délivrait des ordonnances.

Le 21 août 1931, Gorguloff a obtenu à la préfecture de police un certificat d'identité, visé le même jour « aller seulement » à destination de Winterthur (Suisse) où il devait se rendre dans la famille de sa fiancée Geng Annie.

Les investigations effectuées depuis, en Suisse, ont démontré que Gorguloff n'a pas utilisé ce visa qui lui interdisait tout retour en France.

La nature des renseignements recueillis entraîna pour Gorguloff une mesure de refoulement (circulaire ministérielle n° 129, du 5 novembre 1931) qui lui fut notifiée par la préfecture de police, le 18 décembre 1931, alors que l'intéressé habitait 31, rue du Commerce, à Paris.

Un délai de départ, expirant le 30 décembre 1931, fut accordé à l'intéressé qui avait manifesté le désir de se rendre à l'étranger, sans autre précision.

Note du 14 septembre 1932

(AN, f/7/15960/2)

L'exécution de Gorguloff a eu lieu ce matin à 5 h 55.

La foule, évaluée à 3 000 personnes, était maintenue par des forces de police à une assez grande distance du lieu de l'exécution.

Il n'y a pas eu d'incident et aucun cri n'a été poussé au moment de l'exécution. Après la levée du service d'ordre, de nombreux curieux se sont rendus sur le lieu de l'exécution, puis se sont dispersés.

Note du directeur de la police judiciaire au préfet de police, 14 septembre 1932
(AN, f/7/15960/2)

Préfecture de police, direction de la police judiciaire, cabinet du directeur.

Le directeur de la police judiciaire
à Monsieur le préfet de police.

L'arrêt de la cour d'assise de la Seine du 27 juillet 1932 qui a condamné à la peine de mort le nommé Gorguloff, Paul, a reçu son exécution ce matin, 14 septembre, à 5 h 57.

Étaient réunis à la prison de la santé :
M. Pressard, procureur de la République,
MM. Gaudel et Lecourt, avocats généraux,
M. Brouchot, substitut au parquet de la Seine,
MM. Lapeyre et Fougery, juges d'instruction,
Le docteur Paul,
Les conseils du condamné :
Mes Henri Géraud et Marcel Roger,
Le père Gillet, Pope.

À 5 h 35, M. Gaudel, avocat général a éveillé le nommé Gorguloff qui dormait profondément.

Ce dernier n'a eu aucune réaction.

Après s'être habillé, aidé par les gardiens de prison, il a été conduit dans une cellule où il s'est entretenu avec le père Gillet qui lui a donné la communion.

Il a été ensuite livré à M. Deibler et à ses aides.

Gorguloff a déclaré qu'il n'était pas bolchevik mais démocrate, qu'il avait tué parce que les nations avaient aidé la «monarchie rouge» de Russie.

Il a remercié le pope de l'assistance que lui avait donnée ce dernier, puis il a dit :

«Je n'ai pas peur de la mort, mais malheureusement il y a 100 millions de paysans russes qui souffrent. Mon idée politique est nationale et non pas communiste.

«Je demande pardon et désire que mon enfant soit élevé comme un bon patriote et non comme communiste.»

Alors qu'il descendait de la voiture, au moment d'être exécuté, il a répété :

«Je demande pardon», puis, devant la machine, il a dit : «C'est par ici la Justice.»

À 5h57 justice était faite.

Le corps du supplicié a été conduit ensuite au cimetière d'Ivry où l'inhumation a été fait à 6h30.

Aucun incident à signaler.

Pour le directeur de la police judiciaire,
Signé Barthélemy

◆

Maisons closes au Maroc

L'affaire des lupanars

Six mille prostituées orientales, c'est beaucoup pour un seul homme. Placide notable quinquagénaire, issu d'une vieille famille savoyarde, Henri Falcoz ne semblait guère prédestiné à régner en pacha sur un pareil sérail : né le 6 mai 1884 à Saint-Jean-de-Maurienne et maire de la ville depuis 1912, cet avocat a réussi à se faire élire député de la Savoie en 1924, sur la liste du Cartel des gauches, après deux échecs. Réélu en 1928, au scrutin uninominal cette fois, il paraît bien implanté et s'est fait connaître à la Chambre pour ses interventions nombreuses au sein de la commission des Travaux publics et des Moyens de communication. Homme posé, réfléchi, il siège au centre gauche, glissant des « républicains-socialistes » aux « radicaux indépendants ». Le 2 mars 1930, sa patience paie : le voici nommé sous-secrétaire d'État aux Travaux publics dans le gouvernement Tardieu.

Trafic d'influence

Mais Falcoz, avant tout, aime l'argent. Son pouvoir ? Il le transforme en or, négociant son entregent. Quand la Banque Oustric fait faillite, engagée qu'elle est dans des opérations sans commune mesure avec son capital, il apparaît que le nouveau sous-secrétaire d'État a touché de substantielles commissions en recommandant les titres de l'établissement. Le 12 novembre 1930, Henri Falcoz doit démissionner du gouvernement, mais il conserve son siège de député. Tenace, matois, il parvient même à se faire réélire, dès le premier tour, aux législatives de 1932.

Le député Falcoz se sent peut-être invincible. Or, une autre affaire le rattrape : le banquier nîmois Espitalier lui a graissé la patte pour faciliter l'ouverture d'un grand chantier. Drôles de travaux publics ! Il s'agit, sur le modèle marseillais, de créer un « quartier réservé » à Marrakech : une cité de houris, entièrement bâtie pour satisfaire aux plaisirs des coloniaux, voyageurs et militaires en goguette… Au trafic d'influence s'ajoute l'opprobre du proxénétisme. « Marrakech, c'est la traite des Blanches, l'exploitation la plus honteuse de l'humanité », placardent en Savoie ses opposants de la SFIO.

Balayé par le grand vent du Front populaire, Falcoz n'a plus ni mandat ni honneur quand, le 22 mai 1936, une auto vient le percuter au bois de Boulogne. Que faisait-il en ce mauvais lieu ? L'homme des lupanars est à ce point discrédité que nul ne songe à crier au complot. Il s'éteint après deux jours de souffrances, à l'hôpital de Neuilly. La République agonisera quelques années de plus, mais les affaires ont mis en danger sa survie.

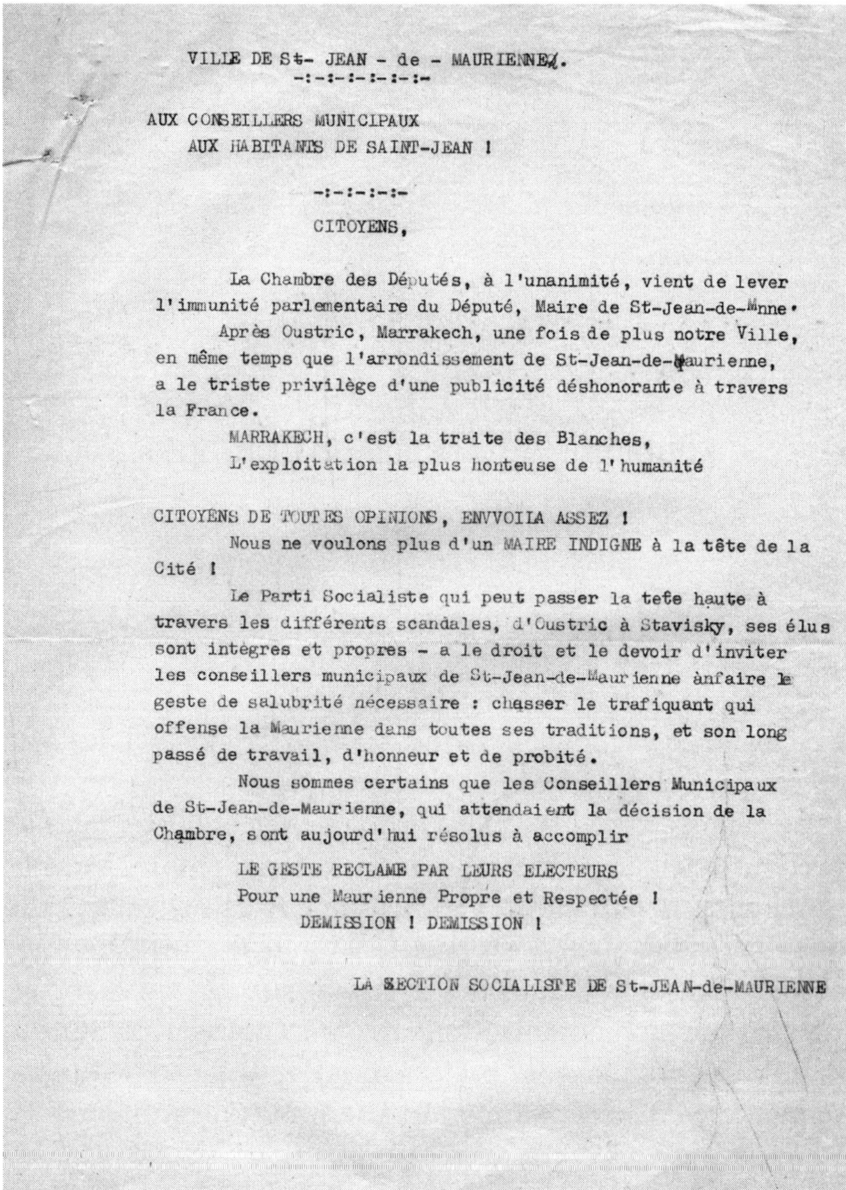

VILLE DE St- JEAN - de - MAURIENNE.
-:-:-:-:-:-

AUX CONSEILLERS MUNICIPAUX
AUX HABITANTS DE SAINT-JEAN !

-:-:-:-

CITOYENS,

La Chambre des Députés, à l'unanimité, vient de lever l'immunité parlementaire du Député, Maire de St-Jean-de-Mnne.

Après Oustric, Marrakech, une fois de plus notre Ville, en même temps que l'arrondissement de St-Jean-de-Maurienne, a le triste privilège d'une publicité déshonorante à travers la France.

MARRAKECH, c'est la traite des Blanches,
L'exploitation la plus honteuse de l'humanité

CITOYENS DE TOUTES OPINIONS, ENVVOILA ASSEZ !

Nous ne voulons plus d'un MAIRE INDIGNE à la tête de la Cité !

Le Parti Socialiste qui peut passer la tete haute à travers les différents scandales, d'Oustric à Stavisky, ses élus sont intègres et propres - a le droit et le devoir d'inviter les conseillers municipaux de St-Jean-de-Maurienne ànfaire le geste de salubrité nécessaire : chasser le trafiquant qui offense la Maurienne dans toutes ses traditions, et son long passé de travail, d'honneur et de probité.

Nous sommes certains que les Conseillers Municipaux de St-Jean-de-Maurienne, qui attendaient la décision de la Chambre, sont aujourd'hui résolus à accomplir

LE GESTE RECLAME PAR LEURS ELECTEURS
Pour une Maurienne Propre et Respectée !
DEMISSION ! DEMISSION !

LA SECTION SOCIALISTE DE St-JEAN-de-MAURIENNE

Transcription d'une affiche socialiste

Le préfet de Savoie adresse au ministère une copie du texte affiché en juin 1934 par la SFIO pour « chasser le trafiquant qui offense la Maurienne dans toutes ses traditions, et son long passé de travail, d'honneur et de probité ».
(AN, f/7/15953/3)

Marchand de canons

Basil Zaharoff, « l'homme mystérieux de l'Europe »

Paris-Soir, dans son numéro du 19 septembre 1934, ne fait pas dans la nuance en décrivant sir Basil Zaharoff en son château de Balincourt, tirant les ficelles de la diplomatie mondiale, protégé par sa garde personnelle de six Hindous en costume traditionnel…

Le ministère de l'Intérieur ordonne une enquête, mais le préfet de Seine-et-Oise ne montre guère d'empressement, sa réponse ne partant de Versailles que le 21 novembre. En deux mois, l'enquête s'est bornée à interroger les habitants et aubergistes de Balincourt. Insistant sur « la vie calme et retirée » de « ce notable vieillard, mécène bien connu du monde scientifique », le préfet considère « que cette vie ne saurait être qualifiée de "mystérieuse", tout au contraire ».

Un mystère impénétrable

Paresse administrative ou volonté de protéger un personnage influent ? Né Grec dans l'Empire ottoman, naturalisé français et anobli en Grande-Bretagne, sir Zaharoff a le bras long… Le mauvais vouloir du fonctionnaire est ici manifeste, s'agissant d'un individu notoirement surnommé « l'homme mystérieux de l'Europe ». C'est aussi un petit voyou de Constantinople, un enfant des rues qui a réussi, comme l'indiquent des rapports plus anciens au ministre de l'Intérieur. « Les trente-huit premières années de la vie de M. Zaharoff sont un mystère impénétrable », constate avec une rare franchise le rédacteur d'une longue synthèse en date du 25 octobre 1921.

« Les différents services de police ont bien cherché à percer ce mystère ; ils n'y sont parvenus que par des moyens de fortune n'offrant pas de certitude. Des indications ont appris que M. Zaharoff aurait été "bandit" dans sa jeunesse, probablement en Turquie. On a assuré que plus tard, étant employé de banque en Égypte, il aurait été condamné à dix-huit mois de prison au Caire et qu'il aurait purgé sa peine. »

Un autre rapport, du 13 décembre 1922, affirme qu'à dix-huit ans, « pompier bénévole ambulant » à Constantinople, « avec une pompe sur le dos », il est à la tête de quelques hommes qui « courent sur le lieu des incendies et volent tout ce qu'ils peuvent. En somme, cette industrie est un vol organisé et camouflé. »

Le rapport de 1921 va plus loin que le reportage de *Paris-Soir*, avec ce potin sulfureux : « Il semblerait, d'après les souvenirs de rares informés, que la richesse de M. Zaharoff aurait dépendu d'une circonstance aussi fortuite que romanesque. Ce Grec-Ottoman aurait cru devoir quitter le ciel inclément pour lui de l'Orient pour tenter la fortune en Angleterre ; au cours de la traversée, sur le bateau qui l'amenait, il aurait fait la connaissance d'un riche fabricant d'armes de Londres

Basil Zaharoff

Le trafiquant d'armes a été anobli en Grande-Bretagne, où il est devenu « sir Zaharoff ».

et il serait devenu l'amant de sa femme. C'est peut-être là qu'il faut chercher la cause de ses débuts dans la firme Vickers & Maxim. »

Un homme à femmes, Zaharoff ? Marié trois fois, le futur époux de la duchesse de Villa Franca n'est pas non plus très net de ce côté-là. En 1889, suite à une rixe dans un hôtel, il est « noté comme pédéraste ». Huit ans plus tard, cet

Oriental décidément compliqué « qui passait pour jouer un rôle occulte en Europe et plus particulièrement en France, est étroitement surveillé ; on suppose qu'il est à la solde de plusieurs États pour surveiller l'armement des puissances ».

Un milliard de bénéfices

Zaharoff a compris que, pour gagner de l'argent, il faut savoir en donner. Ces libéralités qui impressionneront si favorablement le préfet de Seine-et-Oise, il a le secret de les orienter utilement. C'est ainsi que, pendant la Grande Guerre, il finance les volontaires grecs qui s'enrôlent pour combattre l'Allemagne et son allié ottoman. La France ne peut que s'en féliciter, tout comme la Russie, championne de l'orthodoxie, mais Zaharoff en profite pour gagner l'oreille de Clemenceau et du tsar, emportant des marchés considérables. « En résumé, on peut affirmer que ce métèque, qui a participé si grandement à l'armement de la France pendant la guerre et qui s'est dépensé considérablement pour la cause des Alliés, a tout de même réalisé plus d'un milliard de bénéfices quoiqu'il s'en défende, sur les commandes d'armement qui lui ont été faites. »

Quand le conflit mondial prend fin, Zaharoff est richissime. La politique de paix, les efforts de la SDN, font sans doute sourire ce grand cynique. L'ancien « pompier bénévole » sait que le meilleur moyen d'avoir un incendie à éteindre consiste à l'allumer soi-même : c'est ce qu'on lui reproche de faire, à l'échelle mondiale, en poussant les pays à s'armer. Son chef-d'œuvre ? La guerre du Chaco, entre le Paraguay et la Bolivie : deux républiques pauvres, qui vivaient en paix, séparées par le désert du Gran Chaco. Le bruit court que ces étendues désolées regorgent de pétrole ; les deux nations réclament les gisements, s'invectivent, s'équipent massivement d'armes modernes, de véhicules et de blindés. De 1932 à 1935, elles mènent une guerre absurde, pour un territoire qui ne contient en réalité pas une goutte d'or noir… Cet épisode, qui choque l'opinion mondiale, inspire à Hergé de belles planches dans *L'Oreille cassée* : pourvoyeur d'armes des généraux ennemis Alcazar et Mogador, Zaharoff y est immortalisé sous le nom significatif de Bazaroff.

◆

Le dossier

Décoré par la Grande-Bretagne et plus tard anobli, Basil Zaharoff est citoyen français par naturalisation et jouit en fait de quatre nationalités différentes. Ayant su faire oublier son passé tumultueux, il finit sa vie aventureuse dans un luxe princier et s'éteint à Monte-Carlo le 27 novembre 1936.

Note, 20 novembre 1913

(AN, f/7/16028/1)

Préfecture de police, cabinet du préfet, 1er bureau.

Paris, le 20 novembre 1913

Zaharoff, Zacharie Basil, est né le 6 octobre 1849 à Moukhlios (Turquie). D'origine grecque, il a été naturalisé français par décret du 18 février 1898.

Il demeure actuellement 53, avenue Hoche.

Il aurait servi deux ans dans l'armée russe comme officier d'artillerie.

Après avoir séjourné sous le nom de Williamson, croit-on, à Londres, à New York, Constantinople, Athènes et Chypre, il est venu s'installer à Paris en mars 1888.

À cette époque des versions différentes ont couru sur son compte relativement à son nom, son origine et au motif de sa présence à Paris ; on le disait prince étranger et on prétendait qu'il était venu en France pour traiter des affaires de canons.

Plus tard, on le désigna comme étant au service de la compagnie anglaise « Maxim's Nordenfeld » comme agent d'informations secrètes pour la France, l'Allemagne et l'Italie. On avait remarqué qu'il s'intéressait vivement aux questions touchant l'armement de guerre.

Depuis 1899, il est connu comme un des administrateurs et en même temps comme agent général pour la France de l'importante compagnie anglaise « Vickers sons and Maxim's Ld » (ancienne Maxim's Nordenfeld), fabrique de canons et mitrailleuses et entreprise de constructions navales, dont le siège est à Londres.

M. Zaharoff parle couramment plusieurs langues, il voyageait beaucoup et il a acquis dans les affaires une fortune considérable.

Il fut un des souscripteurs des actions émises en vue de lancer le journal *Excelsior*.

Sur une plainte émanant de lui, le service de Sûreté a arrêté en juin 1913, trois étrangers qui avaient tenté de lui extorquer des fonds.

Proposé à plusieurs reprises pour la décoration de la Légion d'honneur, il a fait l'objet d'enquêtes dont les résultats lui ont été favorables au point de vue de la conduite privée.

Lettre secrète du préfet du Rhône au ministre de l'Intérieur, direction de la Sûreté générale, 15 novembre 1915
(AN, f/7/16028/1)

Préfecture du Rhône, 4e division.

Très urgent.

Lyon, le 15 novembre 1915

Le préfet du Rhône à Monsieur le ministre de l'Intérieur, direction de la Sûreté générale, cabinet du directeur.

Mon attention a été appelée sur une série de lettres recommandées provenant de Paris adressées le même jour à des sujets grecs engagés volontaires à la Légion étrangère et affectés au dépôt de ce corps à Lyon.

Ces lettres au nombre de 7 contiennent toutes des mandats-postaux, soit de 20 francs, soit de 30 francs ; la suscription des enveloppes de toutes ces lettres est de la même écriture ; le bureau d'origine de ces correspondances est : Paris 75.

J'ai cru devoir faire saisir une de ces lettres aux fins d'examen. Vous voudrez bien la trouver sous ce pli. Il y est indiqué que « suivant les instructions de Monsieur Zaharoff », un mandat-poste de 20 francs est adressé au nommé Joanides.

Je vous serais très obligé de vouloir bien me retourner la lettre ci-jointe dès qu'elle ne vous sera pas utile afin de me permettre de la faire restituer à l'administration des PTT et remettre au destinataire.

Le préfet du Rhône,
[Signature]

Lettre du préfet de police au ministre de l'Intérieur, 17 décembre 1915
(AN, f/7/16028/1)

Préfecture de police, cabinet du Préfet, 1er bureau.

Paris, le 17 décembre 1915

Le Préfet de police à Monsieur le ministre de l'Intérieur (direction de la Sûreté générale, cabinet du directeur).

Le 17 novembre dernier, vous avez bien voulu m'informer que votre attention a été attirée par M. le préfet du Rhône sur M. Zaharoff, à l'occasion de l'envoi d'une série de lettres recommandées qu'il a adressées des sujets grecs engagés volontaires à la Légion étrangère, et affectés au dépôt de Lyon.

J'ai l'honneur de vous transmettre le résultat de l'enquête à laquelle il a été procédé sur M. Zaharoff qui a déjà fait l'objet d'une communication de ma préfecture à votre département le 18 novembre 1913.

M. Zaharoff qui est en possession d'une fortune considérable qu'il a acquise par des spéculations heureuses, s'est intéressé aux diverses sociétés de volontaires étrangers qui se sont formées depuis la guerre principalement la « Légion des volontaires grecs-ottomans » fondée par le lieutenant Zigania, mort au champ d'honneur, et le lieutenant Valsamachi.

Tout en conservant l'anonymat, il a fourni l'argent nécessaire à l'organisation de ce corps et à l'équipement des volontaires qui s'y enrôlèrent. Il a fait également des versements anonymes aux comités russes et italiens, on prétend qu'il a multiplié ses efforts pour empêcher les volontaires grecs de rejoindre leur pays, n'hésitant pas à leur consentir des dons en argent pour les engager à rester au service de la France.

M. Maurice Loev, dit : « Marc Landry » rédacteur au *Figaro* mobilisé actuellement comme capitaine de frégate et attaché au ministère de la Marine, confirme ces renseignements et se porte garant de la sincérité des bons sentiments de M. Zaharoff à l'égard de notre pays.

Il semble que les envois d'argent faits aux volontaires grecs du dépôt de Lyon, n'aient été effectués que dans un but purement philanthropique et nullement suspect.

L'identité de l'expéditeur qui signe E. T. n'a pu être établie, mais tout laisse à supposer qu'il s'agit d'un secrétaire de M. Zaharoff.

Ce dernier ne fait présentement l'objet d'aucune remarque défavorable au point de vue de la conduite et de la moralité.

Le préfet de police,
[Signature]

Note du ministère de l'Intérieur, direction du Personnel à la direction de la Sûreté générale, 10 juin 1918

(AN, f/7/16028/1)

Ministère de l'Intérieur, direction du personnel,
bureau du personnel.

Paris, le 10 juin 1918

Note pour la direction de la Sûreté générale

M. le ministre des Affaires étrangères vient de consulter le ministre de l'Intérieur au sujet de l'attribution à M. Zaharoff (Basil), demeurant à Paris, 53 avenue Hoche, d'une distinction honorifique de l'ordre de l'empire britannique pour les services qu'il a rendus à la cause des alliés.

M. Zaharoff (Zacharie, Basil) est né le 6 octobre 1849, à Monkiluis (Turquie) de parents d'origine grecque et a été naturalisé français par décret du 18 février 1898.

Afin de le mettre en mesure de répondre à M. le ministre des Affaires étrangères, le directeur du personnel à l'honneur de prier M. le conseiller d'État, directeur de la Sûreté générale, de bien vouloir lui faire parvenir les renseignements qu'il pourrait avoir sur le compte de M. Zaharoff, ainsi que son avis sur la suite à donner à cette candidature.

Le directeur du personnel,
[Signature]

Note sur M. Zaharoff, 25 octobre 1921
(AN, f/7/16028/1)

L'annonce de la prochaine apparition d'un grand journal quotidien, *Le National*, qui serait l'organe de M. Clemenceau, ancien président du Conseil, et de ses irréductibles partisans, vient de mettre une fois de plus en avant la personnalité de M. Zaharoff.

Dans le journal *Le Matin*, du 12 octobre 1921, M. le sénateur Henry de Jouvenel publiait les lignes suivantes sous le titre : « Dans la coulisse de la politique internationale. L'erreur grecque de l'Angleterre ou la politique de M. Basil Zaharoff :

« Sur celles de M. Lloyd George, – (les raisons) – une explication a été apportée le 16 août dernier à la chambre des communes, par le colonel Walter Guiness.

« Je ne puis trouver aucun expert, s'est écrié l'honorable député britannique, soit voyageur, soit soldat, qui approuve notre politique dans le Proche Orient. Ce n'est pas à dire que le Premier ministre n'a pas de conseils.

« La voix derrière le trône, ou, pour être plus exact, la voix derrière le fauteuil présidentiel, est probablement celle de sir Basil Zaharoff.

« Sir Basil Zaharoff est un financier habile. Il représente des intérêts internationaux dans l'industrie des munitions de guerre. En dehors des cercles politiques, il possède dans la production des armements, en quatre ou cinq pays différents, une influence qui va jusqu'au contrôle absolu. Un fait à noter du point de vue anglais, est que sir Basil Zaharoff, quoique assez anglais pour être grand-croix de l'empire britannique et grand-croix de l'ordre du bain, est d'origine grecque. »

L'orateur continua son attaque et définit sir Basil Zaharoff "l'homme mystérieux de l'Europe."

Pour mystérieux qu'il soit, M. Basil Zaharoff n'est pas un inconnu en France. Avant la guerre, il comblait de ses dons nos instituts reconnaissants. Une fois, il acheta un journal, qui n'était politique qu'à demi ; cela passa pour une fantaisie de mécène. Pendant la guerre, il fonda une agence destinée à renseigner la presse française, ce qui était le plus habile moyen de l'inspirer et de la diriger.

Le premier à s'en alarmer fut, je crois, M. Clemenceau. À l'arrivée au pouvoir de ce dernier, M. Zaharoff fut menacé comme d'autres. L'affaire s'arrangea à merveille, puisqu'il reçut, à quelques jours de là, la grand-croix de la Légion d'honneur. Depuis, une partie de la famille de M. Clemenceau est entrée dans les affaires de M. Zaharoff. C'est à M. Zaharoff que M. Clemenceau a été faire sa première visite au retour de son voyage aux Indes. C'est M. Zaharoff qui, directement ou indirectement, sera le principal commanditaire du journal où l'équipe clemenciste va prochainement faire sa rentrée.

Ne reprochons pas à ce financier cosmopolite, riche à plus d'un milliard, né en Grèce, fait sir en Angleterre et grand-croix de la Légion d'honneur en France, d'utiliser au bénéfice de son pays natal l'influence politique qu'il a acquise ici et ailleurs. Le scandale est seulement dans les concours qu'il trouve, car son pays natal n'est ni la France, ni l'Angleterre. Plaignons les peuples qui se laissent enrôler au service de la finance internationale.

Par bonheur, la politique française a reconquis son indépendance, même à l'égard de M. Zaharoff.

Quel est donc cet « homme mystérieux » qui guide encore la politique de M. Lloyd George, comme il a conseillé celle de M. Clemenceau tant que celui-ci est resté au pouvoir ? Si l'amour du devoir professionnel n'excluait toute considération pouvant nuire à la vérité, on éprouverait comme un malaise en rapportant sur un homme dont l'origine reste obscure pour toute l'Europe, mais que les fins ont conduit au sommet des hiérarchies mondiales.

Car M. Zaharoff, aujourd'hui grand-croix de la Légion d'honneur au titre de citoyen français, ne paraît guère avoir davantage de nationalité qu'il n'a d'identité précise.

Son identité et sa nationalité puisque c'est par là qu'il faut commencer, manquent de précision.

Le ministère de la Justice, qui a instruit sa demande de naturalisation, présentée le 6 décembre 1897, possède un certificat daté du 3-15 novembre 1897, de la Légation de Grèce en France, attestant que le dit Zaharoff est sujet hellène, rentier à Paris, 41, avenue Hoche.

Dans sa demande de naturalisation, le susnommé s'indiquait comme étant : Zaharoff (Zakarie, Basil), célibataire, représentant de fabriques, né à Mouklios (Turquie) le 6 octobre 1849.

Un acte délivré par une église orthodoxe d'Orient, et qui est au dossier de l'intéressé, à la grande chancellerie de la

Légion d'honneur, indique que M. « Zacharie, Vasiliou Zacharoff ou Zaharoff Basile est né à Mouchliou le 6 octobre 1849, fils de Vasilios Zacharoff ou Basile Zaharoff. »

Ainsi, M. Zaharoff (ou Zacharoff) est né en Turquie de parents grecs ; il peut déjà revendiquer deux nationalités.

Par décret du 18 février 1898, 73 jours après avoir formulé sa demande, il est naturalisé français.

Depuis, il a été fait « sir » en Angleterre et investi des plus hautes distinctions que peut conférer l'Empire britannique. On peut donc le croire sujet anglais.

On se souvient que lorsqu'il est arrivé en Europe occidentale, il se disait officier de l'armée russe. On se demande alors s'il n'a jamais revendiqué la nationalité russe.

Actuellement, on croit qu'il est, pour le moins, sujet français, anglais et grec à la fois.

On remarque toutefois que depuis sa naturalisation comme français il n'a jamais réclamé son inscription sur les listes électorales du VIIIe arrondissement qu'il a toujours habité.

Ses débuts

Les 38 premières années de la vie de M. Zaharoff sont un mystère impénétrable. Il semble, selon le mot d'un dignitaire français de la Légion d'honneur, qu'il y ait « un trou » dans la vie de cet homme, mais « un trou » de vilenie qu'il faut oublier.

Les différents services de police ont bien cherché à percer ce mystère ; ils n'y sont parvenus que par des moyens de fortune n'offrant pas de certitude. Des indications ont appris que M. Zaharoff aurait été « bandit » dans sa jeunesse, probablement en Turquie. On a assuré que plus tard, étant employé de banque en Égypte, il aurait été condamné à 18 mois de prison au Caire et qu'il aurait purgé sa peine.

On a encore rapporté, – mais ce serait lui-même qui aurait propagé cette information à ses heureux débuts dans la richesse –, qu'il était issu d'une famille de négociants et d'armateurs occupant à Athènes, Saint-Pétersbourg et Varsovie des situations élevées.

Il semblerait, d'après les souvenirs de rares informés, que la richesse de M. Zaharoff aurait dépendu d'une circonstance aussi fortuite que romanesque. Ce Grec-Ottoman aurait cru devoir quitter le ciel inclément pour lui de l'Orient pour tenter la fortune en Angleterre ; au cours de la traversée, sur le bateau qui l'amenait, il aurait fait la connaissance d'un riche fabricant d'armes de Londres et il serait devenu l'amant de sa femme. C'est peut-être là qu'il faut chercher la cause de ses débuts dans la firme Vickers & Maxim.

Il avait, à cette époque, 38 ans bien sonnés.

Son installation et sa vie à Paris

Après un assez court séjour à Londres, M. Zaharoff vint se fixer à Paris le 14 mars 1888. Descendu au Grand Hôtel, parlant couramment plusieurs langues, dont le turc, le grec, le russe, le français, l'anglais et l'espagnol, on le croyait tout d'abord un prince étranger.

Il abandonna au bout de quelques semaines la vie d'hôtel pour se loger au n° 54 de la rue de la Bienfaisance, dans un appartement au loyer annuel de 1 500 francs. À ce moment il avait juste une femme de ménage à son service. Vers cette époque deux de ses sœurs vinrent se fixer à Paris, dans un modeste appartement, 3, rue Treilhard ; l'une était ancienne institutrice ; l'autre s'occupait comme placeuse en marchandises dans les hôtels parisiens. Toutes les deux portaient le nom de Zacharoff.

En 1889, la préfecture de police s'inquiétait de la situation, de la moralité et du genre d'existence de M. Zaharoff.

Le 26 septembre de la même année, on apprit que le susnommé avait frappé un nommé Graniel Pascal dans un hôtel situé 24, rue Brey. Affolé d'une plainte possible, M. Zaharoff envoya deux cents francs au logeur et fit agir le duc de Martchena, apparenté à la couronne d'Espagne, pour arranger l'affaire qui n'eut pas de suite. Cette affaire avait d'ailleurs été provoquée par une rivalité entre homosexuels et à défaut de plainte, le délinquant en fut quitte pour être noté comme pédéraste.

En juillet 1892, on apprit que M. Zaharoff était engagé comme agent d'informations secrètes par la compagnie Maxim Nordenfelt, société anglaise qui avait une succursale à Paris, 5, rue Meyerbeer.

En septembre 1897, M. Zaharoff, qui passait pour jouer un rôle occulte en Europe et plus particulièrement en France, est étroitement surveillé ; on suppose qu'il est à la solde de plusieurs États pour surveiller l'armement des puissances. On sait qu'il a reçu un fusil de guerre expédié par M. Ignacio Gomez y Canovas, ex-capitaine d'artillerie, directeur de la fabrique d'armes de Placencia (Espagne).

Pendant les premières années de sa résidence fixée en France, il fait plusieurs voyages en Europe sous le nom de Williamson ; à cette époque, il n'apparaît guère à Paris que tous les trois mois.

Vers la fin de 1897 il se fixe 41, avenue Hoche, dans un appartement au loyer annuel de 20 000 francs. Il est devenu en titre, agent général pour l'Europe de la « Compagnie anonyme des canons Maxim-Nordenfelt » ; on sait qu'il gagne, rien que dans cette affaire, 50 000 francs par an.

C'est à partir de ce moment que va se multiplier la fortune de M. Zaharoff dont les revenus vont passer d'une dizaine de mille francs en 1889, à 50 000 francs en 1897, quelques millions en 1912, plus de trente millions en 1916 et peut-être plus de cent millions en 1921.

En résumé, on peut affirmer que ce métèque, qui a participé si grandement à l'armement de la France pendant la guerre et qui s'est dépensé considérablement pour la cause des alliés, a tout de même réalisé plus d'un milliard de bénéfices quoiqu'il s'en défende, sur les commandes d'armement qui lui ont été faites.

La fortune a souri à M. Zaharoff du jour où il s'est installé en France. Il n'a eu qu'à tenter une entreprise pour augmenter sa richesse.

On assure qu'il a gagné plus d'un million dans le seul agrandissement de la gare Saint-Lazare; qu'il a encore gagné des sommes considérables dans une négociation de navires de guerre entre l'Espagne et la Turquie.

C'est surtout en armant la Russie, grâce à ses relations avec certain grand-duc, qu'il aurait réalisé ses premiers millions d'avant-guerre.

Avant la guerre, M. Zaharoff avait déjà de gros intérêts dans l'industrie, en Angleterre, en France, en Espagne, en Russie, en Italie, en Grèce et surtout en Allemagne.

Actuellement est le principal actionnaire de la Vickers Maxim.

Il est membre du conseil d'administration de la société française des torpilles Whitehead, constituée le 1er mars 1913, ayant son siège 4, boulevard Malesherbes à Paris et son usine à Gassin près Saint-Tropez (Var). Cette société comprenait d'importants capitaux allemands; M. Zaharoff dénonça lui-même ces intérêts au cours de la guerre et demanda l'application du décret du 27 septembre 1914.

En octobre 1920, toujours avec un grand concours de réclame, M. Zaharoff s'est mis à la tête de l'Anglo-Persian Oil Company, pour une fourniture importante de pétrole à faire à la France; il n'a pas hésité à former une société au capital de cent millions entièrement versés.

Enfin, tout dernièrement, il a mis sur pied la Banque d'Athènes, avec des capitaux anglais.

En dehors de ses intérêts industriels et financiers considérables sur tout le continent, même en Allemagne, il est devenu l'un des plus gros propriétaires fonciers de France et d'Angleterre. On lui connaît notamment sa propriété et son château de l'Échelle-Roye (Somme), dévastés par les Allemands ; la villa « Sans-façon », qu'il a achetée à Deauville pour une de ses sœurs ; on sait qu'il est le principal actionnaire de la société qui exploite les jeux de Monaco sous l'administration de M. Camille Blanc.

En 1904, moyennant 960 000 francs, il est devenu propriétaire de l'immeuble qu'il habite actuellement, 43, avenue Hoche.

L'influence de M. Zaharoff est considérable dans toute l'Europe. Avant la guerre, il a contribué à armer toutes les nations du monde. Pendant les hostilités il est resté fidèlement attaché à la cause des alliés.

Il passe pour être le confident et le conseiller de M. Lloyd George et de M. Venizelos. On assure que pendant la guerre il avait toujours un croiseur anglais à sa disposition pour le transporter de France en Angleterre et vice versa.

On sait en France qu'il est lié par une solide amitié à MM. Barthou, Thomson, Klotz, Mandel et Tardieu ; on le croit encore en intimité avec M. Briand. Il connaissait beaucoup, jadis, MM. Augagneur et Gautier anciens ministres de la Marine.

On dit que vers le 15 courant M. Zaharoff s'est rendu à Londres pour s'y rencontrer avec M. Lloyd George et Gounaris, ce dernier ministre germanophile de Grèce.

Il n'y a donc pas lieu de s'étonner si un journaliste comme M. de Jouvenel, qui est doublé d'un parlementaire éminent, en arrivent à s'alarmer de cette influence qui peut être trop inspirée par des soucis intéressés et devenir nuisible à la nation.

Les libéralités de M. Zaharoff.

On a répandu que M. Zaharoff avait dépensé peut-être cent millions pour la cause des alliés pendant la guerre. Ce chiffre paraît formidablement grossi.

En France, en dehors de ses commandites de presse qui ne sont que des entreprises personnelles, on connaît de lui les donations suivantes :

700 000 francs pour la fondation de la chaire d'aviation de Paris ;

500 000 francs pour la fondation d'une chaire d'aviation en Russie ;

500 000 francs au Comité national des sports, pour la préparation des jeunes français aux jeux olympiques ;

250 000 francs la fondation du Cercle du marin à Toulon ;

500 000 francs au Muséum d'histoire naturelle du Jardin des plantes. (Une allée porte son nom dans ce jardin.)

Il a en outre subventionné plusieurs œuvres de guerre ; on dit notamment qu'il versait une mensualité de 5 000 francs à l'hôpital que dirigeait Madame Barthou ; qu'il assurait l'existence de la formation de Deauville dans laquelle une de ses sœurs était infirmière ; qu'il s'intéressait à une œuvre de Mademoiselle Thomson.

On assure encore qu'il aurait, pendant la guerre, donné dix millions à M. Venizelos, pour l'œuvre de la propagande française en Grèce.

Il est certain d'autre part que M. Zaharoff s'est directement intéressé aux combattants grecs volontaires en France et plus particulièrement à l'œuvre des Grecs-Ottomans. Il a, pour ses coreligionnaires venus chez nous, consenti d'importants sacrifices dont il connaît seul le prix ; mais c'est peut-être la seule action qui n'a pas produit de tapage autour de son nom, car on est obligé de remarquer que M. Zaharoff a toujours mis beaucoup d'ostentation à faire ses donations et qu'il a généralement recherché à provoquer par la publicité une popularité qu'il n'a connue guère autrement que par les honneurs officiels.

Les distinctions honorifiques de M. Zaharoff.

C'est en juillet 1899 que M. Zaharoff fit les premières démarches pour la Légion d'honneur ; il s'était adressé au ministère des Affaires étrangères.

Ce ne fut que le 15 novembre 1908 qu'il fut promu sur un contingent spécial du ministère de la Marine, au titre de l'exposition maritime internationale de Bordeaux (loi du 15 juillet 1908). À cette date il fut nommé chevalier avec la citation suivante : « Administrateur délégué de la société Vickers & Maxim. Exposition de Bordeaux. Grand prix du Groupe V. »

Mais il put, en onze ans, posséder tous les grades de notre ordre national, avec les citations suivantes :

Promu officier le 12 janvier 1913, au titre du ministère de l'Instruction publique : « Fondateur de la chaire d'aviation de l'université de Paris. »

Promu commandeur le 31 juillet 1914 par le ministère de la Marine : « Fondateur de la chaire d'aviation à la Sorbonne, du Cercle du marin et de la Maison du soldat de Paris. Titres exceptionnels. »

Promu grand officier le 3 juillet 1918 par le ministère des affaires étrangères : « Administrateur de la société Vickers Maxim. Services éminents rendus à la cause des alliés. »

Promu grand-croix le 26 juillet 1919, avec la même citation que ci-dessus.

Ses parrains dans l'ordre furent :

Pour les grades de chevalier et d'officier :

M. Vivant Gabriel, officier de la Légion d'honneur, demeurant à Paris, 11, rue de Douai ; directeur du *Moniteur de la flotte*.

Pour commandeur, M. le vice-amiral Aubert, dont on retrouve la personnalité dans la « Société française des torpilles Whitehead » ;

Pour grand officier et grand-croix, monsieur le président de la République.

M. Zaharoff est en outre titulaire des plus hautes distinctions étrangères, notamment d'Espagne, d'Italie, de Russie et même d'Allemagne et de Turquie, assure-t-on.

En Angleterre, il serait grand-croix des ordres du Bain et de l'Empire britannique.

Note, 20 octobre 1922
(AN, f/7/16028/1)

Suite à la note F. 8152.

Ce n'est pas de la « Vickers Maxim Limited » de Londres que M. Michel Clemenceau est le directeur, mais de la Société anonyme française Vickers dont le siège social et les bureaux sont à Paris, 8, rue Édouard VII.

Des précisions seront fournis à bref délai sur la Vickers française, mais dès à présent on peut affirmer qu'elle est la filiale de celle de Londres dont M. Zaharoff est le principal actionnaire. Tout porte à croire que Zaharoff a aussi le « contrôle » de la Société de la rue Édouard VII, et une constatation intéressante est dès aujourd'hui à retenir. Le vice-président de son conseil d'administration est M. Léon Pissard qui est en même temps président de la Banque de la Seine, établissement fondé avec les capitaux de Zaharoff.

Il ne parait pas trop audacieux d'en conclure que, de même qu'à la Banque de la Seine, M. Léon Pissard représente à la Vickers de Paris les intérêts du multimillionnaire ami de Lloyd George et de Venizelos.

Note sur Basil Zaharoff, 13 décembre 1922
(AN, f/7/16028/1)

[Il] était alors à Constantinople, s'appelait : Saharie Djiadez, avait alors 18 ans, était pompier, comme on l'était alors à Constantinople c'est-à-dire pompier bénévole ambulant : se promenait avec son équipe avec une pompe sur le dos ; courent sur le lieu des incendies et volent tout ce qu'ils peuvent. En somme cette industrie est un vol organisé et camouflé.

Il y avait alors, en Turquie, voilà une quarantaine d'années, un ministre qui s'appelait Hessad ou Fessad que Zaharoff est allé trouver lui représentant que les fusils alors en manque dans l'armée turque étaient de vieux Rossignol. L'Allemagne était alors en train d'adopter le Mauser. Zaharoff avec une mission officieuse et tacite alla trouver la maison Manlicher laquelle fit un fusil Manlicher superbe avec dédicace gravée incrustée dans un écrin splendide au sultan qui, flatté, par décret, décida aussitôt la transformation de l'armement et l'adoption du Manlicher.

Mais Zaharoff avait demandé une commission à Manlicher. Il a acheté les fusils environ 40 marks et les a revendus au Sultan turc environ 200 francs de notre monnaie soit pour lui-même et pour le ministre Hessad qui avait servi d'introducteur environ 150 francs de bénéfices. Mais il y avait 1 million de fusils, d'où commencement de fortune.

Ne voulant pas qu'on la lui volât, il ne voulut plus rester que sujet turc et se fit alors naturaliser russe pour éviter la confiscation et prit alors le nom de Basil Zaharoff.

Mais il fallait alors aux Turcs aussi des mitrailleuses. Basil Zaharoff cette fois alla trouver la maison Maxim en Angleterre qui souffrait de la paix. Il fit la proposition : mitrailleuse pour Gouvernement turc, mais, pour moi 20 % de commission à la signature du contrat dont moitié en argent liquide et moitié en actions de la maison. Mais à ce moment la maison ne pouvait pas le faire car ses affaires n'étaient pas assez prospères et son capital aussi considérable et Maxim fit pour cela une augmentation de capital et lui donna la commission demandée. Mais par ailleurs et auparavant les actions Maxim étaient alors cotées à bas cours, Basil Zaharoff en avait fait une rafle. Moyennant quoi il s'est trouvé alors le principal actionnaire et, en fait, le maître de l'affaire Maxim.

À ce moment il annonça officiellement que Maxim avait une grosse commande de la Turquie et les actions montèrent. La maison prit alors sa grosse importance, à partir du moment où Zaharoff en fut devenu le maître. Mais, à ce moment-là, pour être administrateur de la maison Maxim qui était anglaise, il lui fallut se faire naturaliser anglais, ce qu'il fit.

De là date sa fortune que multiplia la guerre russo-japonaise, puis balkanique, puis la Grande Guerre, dont il profita.

Note confidentielle, 27 août 1923
(AN, f/7/16028/1)

D'un correspondant.

Parmi les exécuteurs testamentaires du richissime Basil Zaharoff, on cite les noms de M. Louis Barthou et de M. le procureur général Lescouve.

Les relations d'amitié de Zaharoff et du président Barthou, sont d'ailleurs notoires. L'on rappelle que tout récemment encore Zaharoff a fait entrer au conseil d'administration de Monte-Carlo, pour représenter ses intérêts, M. Léon Barthou, qui dut quitter pour cela son emploi de percepteur à Paris.

La nouvelle situation de M. Léon Barthou lui vaudrait, assure-t-on, une centaine de mille francs par an, au bas mot.

Note du préfet de Seine-et-Oise au ministre de l'Intérieur, 21 novembre 1934
(AN, f/7/16028/1)

République française, préfecture de Seine-et-Oise,
cabinet du préfet.

Versailles, le 21 novembre 1934

Le préfet de Seine-et-Oise à Monsieur le ministre de l'Intérieur (direction générale de la Sûreté nationale, contrôle général des recherches administratives, économiques et financières).

Par dépêche n° 10 656 du 20 septembre dernier, vous avez bien voulu, en me transmettant la coupure ci-jointe parue le 19 du même mois dans le journal *Paris-Soir* me prier de vous faire connaître ce qu'il y avait de fondé dans cet article, concernant sir Basil Zaharoff, naturalisé français, grand-croix de la Légion d'honneur.

J'ai l'honneur de vous informer que, de l'enquête à laquelle il a été procédé, il résulte que les révélations de l'envoyé spécial de la feuille précitée relèvent en grande partie du reportage purement romanesque. Il convient notamment de n'accorder aucun crédit aux allégations relatives à la garde de sir Basil Zaharoff et aux précautions prises lui pour éviter qu'on l'approche. Ces allégations ne peuvent être que le résultat d'une invention propre à frapper l'imagination du public.

Des « 6 hindous » constituant la garde du corps du châtelain, personne n'a entendu parler, aussi bien à Balincourt que dans les communes limitrophes : quant aux aubergistes, il n'ont pas plus rencontré d'hindous que de journalistes.

Sans s'étendre davantage sur la vie calme et retirée dans laquelle, en son château de Balincourt, se complait ce notable vieillard, mécène bien connu du monde scientifique, il est permis d'affirmer que cette vie ne saurait être qualifiée de « mystérieuses » tout au contraire.

Le préfet de Seine-et-Oise,
[Signature]

◆

ASILE POLITIQUE

Quand Trotsky se réfugie en France

Henri Guernut, député de l'Aisne, n'a rien d'un bolchevik. Entre socialisme et radicalisme, c'est un homme de gauche, mais légaliste et mesuré. La grande idée de sa vie tient en un mot, la justice : au temps de l'affaire Dreyfus, il a compté parmi les premiers adhérents de la Ligue française des droits de l'Homme et en a été le secrétaire général pendant vingt ans, jusqu'en 1932. À ce titre, il s'est intéressé à l'URSS et sait comment Staline traite ses oppositionnels.

C'est donc à ce représentant de la gauche bourgeoise que choisit de s'adresser Trotsky, par une brève lettre en français du 31 mai 1933. « Quelques-uns de mes amis ont pris l'initiative de m'obtenir le droit de séjour en France. Ils étaient soutenus par des hommes politiques et des hommes de lettres. On me communique que vous, monsieur le député, êtes intervenu avec énergie et autorité dans cette affaire. Je vous en remercie », écrit l'ancien chef de l'Armée rouge. La France ? Lev Davidovitch Bronstein y a séjourné quatre fois, avant d'en être expulsé en septembre 1916, pour menées séditieuses en temps de guerre. L'année suivante, il était en Russie, au premier rang de ceux qui firent tomber le tsar. Depuis la mort de Lénine en 1924, il est en butte aux agissements de Staline : leur opposition entre « révolution permanente » et « socialisme dans un seul pays » n'est pas seulement doctrinale. Exclu du parti en 1927, relégué à Alma-Ata, Trotsky est finalement banni de l'URSS en 1929.

Il se réfugie en Turquie : les autorités l'installent à Prinkipo, au débouché du Bosphore, sur ces îles des Princes où les sultans assignaient à résidence les prétendants trop remuants. Le Président Kemal ne fait pas autrement et Trotsky ne goûte guère ce séjour sous haute surveillance policière. C'est de Prinkipo qu'il signe, très lisiblement, sa lettre dactylographiée au député Guernut.

« Je ne crois pas que la difficulté consiste dans le fait que j'ai été expulsé de France en 1917 pour mon activité contre la guerre », poursuit-il, en maquillant quelque peu la date et les motifs de l'arrêté pris à son encontre. « Ce qui peut préoccuper les autorités françaises, c'est l'avenir et non le passé. Or je tiens à vous déclarer en toute franchise : si je viens en France, je resterais tout à fait isolé de la vie politique active, je n'interviendrais pas dans la vie des organisations, je ne ferais ni conférences ni meetings, je réglerais ma vie comme ici à Prinkipo d'une manière qui ne puisse donner aucune inquiétude aux autorités chargées de l'ordre public. » Même au conditionnel, ces engagements peuvent étonner, si bien que Trotsky précise ses intentions : « Faire une cure normale », mais peut-être veut-il dire « thermale », et aussi « avoir la possibilité de me servir des trésors des bibliothèques françaises, lire les journaux français et anglais non quatre ou cinq jours après leur parution mais le jour même, et poursuivre mes travaux littéraires ».

Ces raisons médicales et humanistes ne peuvent qu'émouvoir Henri Guernut. Le 15 juin 1933, il transmet la lettre au ministre de l'Intérieur, Camille Chautemps, non sans rappeler que tout cela est déjà «entendu» avec le président du Conseil, Daladier. Trotsky peut s'embarquer pour la France.

«Un attentat possible»

À Marseille, le 24 juillet 1933, une foule de curieux et de journalistes l'attendent à l'arrivée du paquebot *Bulgaria*. Déception : une vedette l'a déjà recueilli en mer, avec sa femme Natalia Sedova, pour les conduire discrètement au petit port de Cassis. Le couple bénéficie d'un asile sans conditions restrictives, mais des précautions s'imposent. Trotsky passe l'été incognito à Saint-Palais, près de Royan, puis le voici, la barbiche rasée, en promenade dans les Pyrénées et le Sud-Ouest, avant de gagner la Seine-et-Marne. «J'appelle votre attention sur ce fait que l'intéressé ayant été l'objet de menaces de mort, il importe que sa résidence soit tenue strictement secrète», écrit le ministre au préfet, le 15 décembre 1933.

«Pour échapper à un attentat possible», Trotsky a obtenu que ses papiers ne soient pas visés dans les mairies, mais directement au ministère. D'abord à Lagny, il passe plusieurs mois à la villa «Ker Monique» de Barbizon. Une imprudence de son secrétaire le fait repérer le 12 avril 1934 : les reporters affluent mais il s'est déjà replié à Lagny, d'où il part pour Chamonix, Lyon, Grenoble, Domène enfin, où il passe près d'un an.

Le glissement à droite des gouvernements français, après l'affaire Stavisky et le 6 février 1934, rend ceux-ci moins compréhensifs. Trotsky, depuis l'épisode de Barbizon, n'est plus que toléré en France, où il se livre bien à des activités politiques : rien de public il est vrai, mais de multiples rencontres, avec Malraux, Simone Weil, et surtout ses partisans qui s'efforcent de structurer la future IVe Internationale.

Le 14 juin 1935, le vieux révolutionnaire quitte la France pour n'y jamais revenir. Trotsky part en Norvège, d'où il gagne le Mexique le 9 janvier 1937. « Conduit à son hôtel sous escorte – par crainte des manifestations hostiles annoncées –, l'ancien leader soviétique a pris passage, le lendemain matin, à bord d'un wagon spécial qui avait été mis à sa disposition, note l'ambassadeur de France. Il est arrivé à Mexico le lundi 11 janvier et s'est rendu aussitôt chez le peintre Diego Rivera, à Coyoacán, dans la banlieue de la capitale. » Une errance qui s'achève le 21 août 1940, sous le piolet de Ramón Mercader, agent du NKVD.

◆

Le dossier

Né en 1879, chef de l'Armée rouge pendant la révolution bolchevik, Lev Davidovitch Bronstein dit Trotsky vit en exil à partir de 1929. Par l'intermédiaire du député Guernut, ancien secrétaire général de la Ligue des droits de l'Homme, Trotsky demande l'asile politique à la France par cette lettre du 31 mai 1933, dans laquelle il s'engage à n'avoir aucune activité politique durant son séjour. Son dossier continue d'être alimenté après son départ pour la Norvège et son arrivée au Mexique, le 9 janvier 1937, où il va s'installer auprès du peintre Diego Rivera et de sa compagne Frida Kahlo.

Lettre de Léon Trotsky au député Henri Guernut, 31 mai 1933
(AN, f/7/15936/2)

Prinkipo, le 31 mai 1933

À Monsieur le député Henri Guernut.
Monsieur le député,

Quelques-uns de mes amis ont pris l'initiative de m'obtenir le droit de séjour en France. Ils étaient soutenus par des hommes politiques et des hommes de lettres. On me communique que vous, monsieur le député, êtes intervenu avec énergie et autorité dans cette affaire. Je vous en remercie.

Je ne crois pas que la difficulté consiste dans le fait que j'ai été expulsé de France en 1917 pour mon activité contre la guerre. Ce qui peut préoccuper les autorités françaises, c'est l'avenir et non le passé. Or je tiens à vous déclarer en toute franchise : si je viens en France, je resterais tout à fait isolé de la vie politique active, je n'interviendrais pas dans la vie des organisations, je ne ferais ni conférences ni meetings, je réglerais ma vie comme ici à Prinkipo d'une manière qui ne puisse donner aucune inquiétude aux autorités chargées de l'ordre public. Mes intentions seraient bien simples, faire une cure normale, ma femme et moi, avoir la possibilité de me servir des trésors des bibliothèques françaises, lire les journaux français et anglais non quatre ou cinq jours après leur parution mais le jour même, et poursuivre mes travaux littéraires.

Veuillez croire, monsieur le député, à ma haute considération.

Léon Trotsky

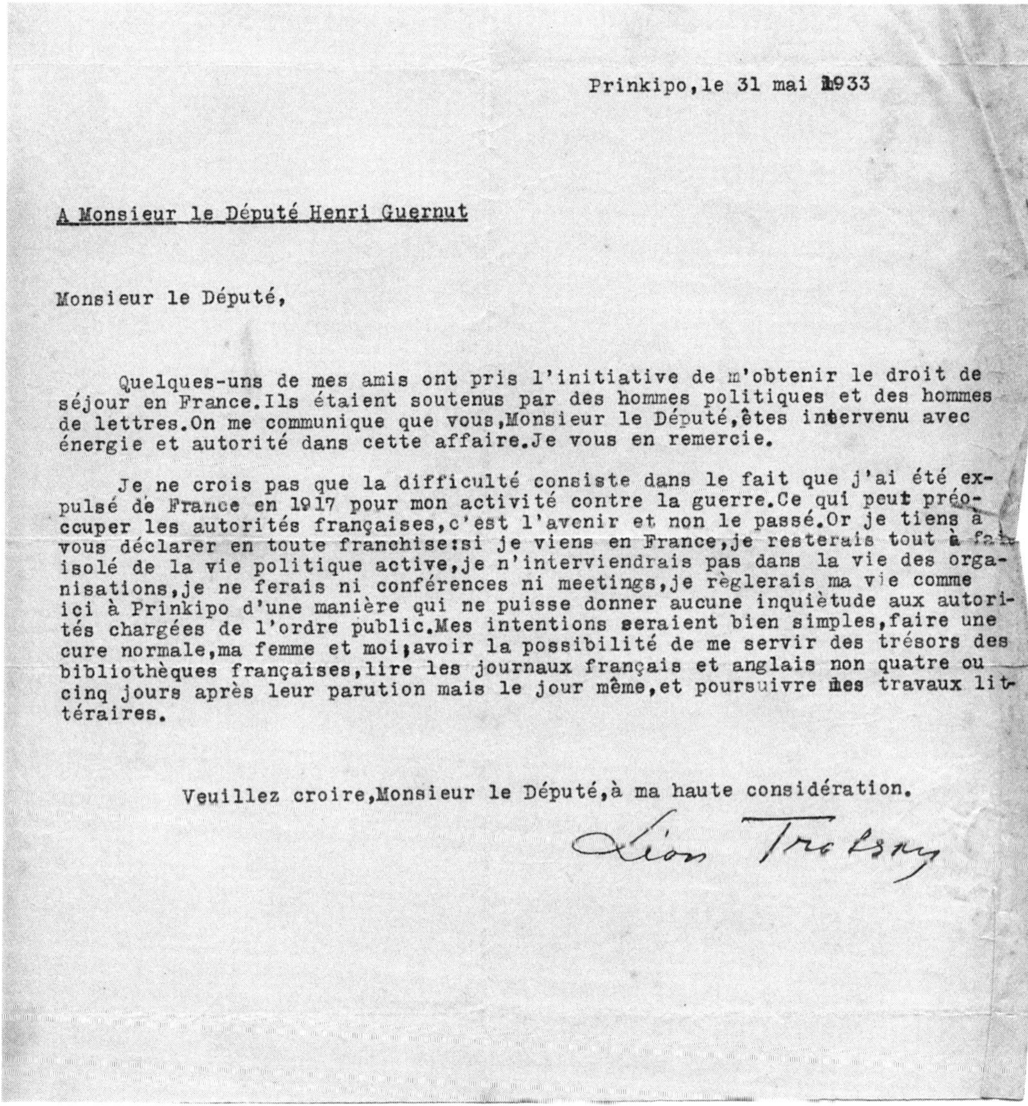

Prinkipo, le 31 mai 1933

A Monsieur le Député Henri Guernut

Monsieur le Député,

Quelques-uns de mes amis ont pris l'initiative de m'obtenir le droit de séjour en France. Ils étaient soutenus par des hommes politiques et des hommes de lettres. On me communique que vous, Monsieur le Député, êtes intervenu avec énergie et autorité dans cette affaire. Je vous en remercie.

Je ne crois pas que la difficulté consiste dans le fait que j'ai été expulsé de France en 1917 pour mon activité contre la guerre. Ce qui peut préoccuper les autorités françaises, c'est l'avenir et non le passé. Or je tiens à vous déclarer en toute franchise: si je viens en France, je resterais tout à fait isolé de la vie politique active, je n'interviendrais pas dans la vie des organisations, je ne ferais ni conférences ni meetings, je règlerais ma vie comme ici à Prinkipo d'une manière qui ne puisse donner aucune inquiètude aux autorités chargées de l'ordre public. Mes intentions seraient bien simples, faire une cure normale, ma femme et moi; avoir la possibilité de me servir des trésors des bibliothèques françaises, lire les journaux français et anglais non quatre ou cinq jours après leur parution mais le jour même, et poursuivre mes travaux littéraires.

Veuillez croire, Monsieur le Député, à ma haute considération.

Léon Trotsky

Demande d'asile

Dactylographiée en français et signée de Léon Trotsky, cette lettre du 31 mai 1933 s'adresse au député Guernut, ancien secrétaire général de la Ligue des droits de l'Homme. (AN, f/7/15936/2)

Lettre au préfet de Seine-et-Marne, M. Sassier, 15 décembre 1933
(AN, f/7/15936/2)

Monsieur le préfet,

Comme suite à notre conversation téléphonique de ce jour, j'ai l'honneur de vous faire connaître que M. Trotsky, voyageant avec un passeport au nom de « Sedoff Léon », viendra s'installer à Lagny, villa les « Hirondelles » allée Antoinette, dans les derniers jours de l'année. J'appelle votre attention sur ce fait que l'intéressé ayant été l'objet de menaces de mort, il importe que sa résidence soit tenue strictement secrète.

Veuillez agréer, Monsieur le préfet, l'assurance de mes respectueux sentiments.

Note « sur la situation administrative de Léon Trotsky », 16 avril 1934
(AN, f/7/15936/2)

Par arrêté, en date du 14 septembre 1916, M. Léon Trotsky, de nationalité russe, avait été expulsé du territoire français.

Au mois de mai 1933, M. Henri Guernut, député, intervint auprès de M. le président Chautemps, pour lui demander de bien vouloir envisager, pour des raisons de santé, la possibilité de donner asile à Trotsky.

Après avoir consulté le président du Conseil, ministre de la Guerre, et M. le ministre des Affaires étrangères, le ministre de l'Intérieur rapporta, par arrêté en date du 22 juin 1933, la mesure d'expulsion prise contre le susnommé, sous réserve qu'il s'abstiendrait de toute intervention dans la vie politique française. Il était, de plus, indiqué que Trotsky était admis sur le territoire français à ses risques et périls.

Cette décision fut portée à la connaissance de M. le ministre des Affaires étrangères, le 23 juin 1933 et, à la même date, à celle de M. le président du Conseil, ministre de la Guerre.

Il importe de noter, qu'à compter du jour du retrait de l'arrêté d'expulsion pris contre lui, Trotsky se trouvait dans la situation d'un étranger quelconque ayant obtenu l'autorisation de résider en France.

C'est dire qu'il avait le droit de voyager librement sur toute l'étendue du territoire et de fixer sa résidence à l'endroit qui lui plairait.

Cependant, Trotsky pour échapper à un attentat possible, demanda qu'un régime particulier lui fût fait, au sujet du visa de ses papiers. Il manifesta le désir que ses pièces soient visées, non pas à la mairie du domicile élu, comme il est d'usage, mais au ministère de l'Intérieur, estimant que cette façon de procéder lui permettrait de garder l'incognito.

C'est ainsi qu'il fut amené à nous indiquer ses domiciles successifs, de façon à permettre au ministère de prévenir, confidentiellement, les préfets intéressés.

Pour sa dernière résidence, cette procédure a été suivie et M. Sassier, préfet de Seine-et-Marne, a été avisé de la présence de Trotsky dans son département, par une lettre jointe au dossier, en date du 15 décembre 1933.

Lettre du ministre de France à Mexico au ministre des Affaires étrangères, 12 janvier 1937
(AN, f/7/15936/2)

Léon Davidovitch Trotsky, dont la présence était devenue indésirable en Norvège, vient d'arriver au Mexique. Dès que les intentions du leader communiste, qui avait décidé d'invoquer le droit d'asile pour se réfugier dans ce pays, ont été connues du public, une certaine agitation s'est manifestée dans divers secteurs de l'opinion et plus particulièrement parmi les groupements ouvriers. Les uns, comme la CGT *(Confederación general de trabajadores)* et la CROM *(Confederación regional obrera mexicana)*, estimaient que le Mexique devait accueillir l'exilé d'Oslo et de lui accorder l'hospitalité que lui refusent la plupart des pays européens ou américains. Les autres, comme la CTM *(Confederación de trabajadores mexicanos)* laquelle est affiliée à la FROC *(Federación regional obrera y campesina)* de M. Lombardo Toledano, et le Parti communiste plus notoirement affilié à Moscou, se déclaraient hostiles à l'installation du chef de la IVe Internationale sur le territoire mexicain.

En vue de couper court aux manifestations qui avaient été annoncées par les deux parties de l'opinion ouvrière, le président de la République a fait, par l'intermédiaire de la *Secretareria* des relations extérieures, une déclaration aux termes de laquelle le gouvernement fédéral n'avait été officiellement saisi, jusqu'alors, d'aucune demande d'entrée sur le territoire mexicain en faveur du fameux leader moscovite ; au cas où M. Trotsky solliciterait l'autorisation de résider au Mexique, sa requête serait examinée conformément aux principes qui régissent la législation mexicaine en matière de droit d'asile.

Le peintre Diego Rivera, ami personnel de Léon Trotsky, qu'il a connu pendant son séjour à Paris, s'entremit aussitôt en vue d'obtenir l'autorisation requise, autorisation qui fut accordée sans difficultés.

Voyageant à bord du pétrolier norvégien *Ruth*, en compagnie de sa femme et de son secrétaire, Léon Trotsky est arrivé à Tampico le 9 janvier, à 14 heures.

Après avoir satisfait aux exigences de la loi d'immigration et versé la caution réglementaire de 500 piastres en garantie de son rapatriement, l'ex-commissaire du peuple a été accueilli par un petit nombre de personnalités, parmi lesquelles les généraux José Beltrán et Guerrero, commandants de la zone militaire et de la garnison, les agents des services maritimes, les représentants de la presse (parmi lesquels le représentant de l'agence Anta-Havas), le peintre Diego Rivera et sa femme, ainsi que quelques agents de la police secrète.

Avant de prendre pied sur le sol mexicain, Léon Trotsky a tenu à dire aux journalistes combien il était touché de la généreuse hospitalité que lui offrait le gouvernement fédéral. Il a donné l'assurance qu'il se ferait un devoir de respecter les lois du pays et « de s'abstenir scrupuleusement de tous actes susceptibles de porter préjudice aux relations du Mexique avec les autres puissances ». Le chef de la IVe Internationale a également censuré « la dure attitude » du gouvernement norvégien à son égard et s'est efforcé de se justifier des accusations portées contre lui tant au cours de son récent procès en Norvège, que pendant la retentissante affaire des Seize à Moscou. « Ma défense, a dit Léon Trotsky, consiste à exposer devant l'opinion publique mes idées, mes plans, mes activités. Mon espoir repose sur l'impartialité et l'objectivité de la presse du Nouveau Monde. »

En ce qui concerne ses projets immédiats, Trotsky a déclaré vouloir « connaître à fond le Mexique et l'Amérique latine ». Pour ce qui est de ses travaux littéraires, il compte terminer la biographie de Lénine que sa maladie l'a empêché d'achever.

Conduit à son hôtel sous escorte – par crainte des manifestations hostiles annoncées –, l'ancien leader soviétique a pris passage, le lendemain matin, à bord d'un wagon spécial qui avait été mis à sa disposition. Il est arrivé à Mexico le lundi 11 janvier et s'est rendu aussitôt chez le peintre Diego Rivera, à Coyoacán, dans la banlieue de la capitale. On assure que l'ex-commissaire à la Guerre ira s'installer sous peu à

San Agel, autre localité des environs de Mexico, il y résiderait dans un ancien wagon de chemin de fer transformé en habitation, à proximité de l'atelier de son ami Diego Rivera.

Dans quelque temps, Trotsky irait s'établir « dans l'intérêt de sa santé et pour sa garantie personnelle » dans une hacienda que possède, dans l'État de Guanajuato, M. Diego Rivera – car, bien que de filiation communiste, M. Diego Rivera possède aussi son hacienda.

[...] L'on est en droit de se demander quelle sera l'attitude qu'observera Léon Trotsky pendant son séjour au Mexique. S'abstiendra-t-il, comme on l'assure et comme il l'a déclaré, de toute activité politique et renoncera-t-il à toute influence idéologique dans le profond mouvement social qui s'éveille parmi les masses laborieuses et les populations indigènes des républiques hispano-américaines ? Recherchera-t-il, au contraire, après avoir endormi la confiance des autorités du pays qui lui a accordé asile, à se créer une position devant l'opinion continentale et à tenter de trouver dans le Nouveau Monde un terrain d'expérience pour la IVe Internationale ?

Quelles que puissent être ses intentions secrètes ou avouées, Léon Trotsky ne saurait perdre de vue que le gouvernement de Washington aura l'œil sur lui et qu'au cas où sa présence deviendrait susceptible de troubler les relations internationales, la politique du « bon voisin », dont le président Roosevelt vient de resserrer encore les liens à Buenos Aires, aurait tôt fait de lui fermer les portes de ce continent pour le rejeter à nouveau sur les routes du monde.

◆

L'AFFAIRE STAVISKY

L'escroc qui a fait vaciller la République

C'est un petit homme en pleurs, fébrile, qui craque. Gustave Tissier, le samedi 23 décembre 1933, se présente à la sous-préfecture de Bayonne. Un homme de rien, aux manières plébéiennes, que sa nomination au poste de directeur du Crédit municipal a hissé au rang de notable provincial. Il sort de chez Garat, le député-maire, qui vient de lui demander la réunion, en urgence, d'un conseil d'administration. Un samedi, à Noël ? Président dudit conseil, le député souhaite à l'évidence dégager sa responsabilité de toute malversation. Tissier se sent lâché ; il demande à être reçu d'urgence par le préfet des Basses-Pyrénées. Le sous-préfet lui ouvre son bureau et, devant la gravité des révélations qui lui sont faites, convoque immédiatement le receveur des finances, le procureur de la République et le juge d'instruction. Ce dernier prie le commissaire adjoint Sangla de l'assister et Tissier renouvelle ses aveux : oui, il a émis de faux bons de caisse ; la comptabilité du Crédit municipal est truquée !

« Vous parlez d'une grave affaire ; si on m'avait donné le temps de me "retourner", tout aurait été arrangé ; maintenant, c'est trop tard, cela va être la débâcle », se lamente

Tissier, tandis que Sangla note ses paroles. « Je ne comprends pas l'attitude de M. Garat qui semble vouloir, tout à coup, m'accabler, et pourtant il n'ignore rien de ce qui se passait dans cette affaire et il en a retiré personnellement de gros profits. Quant à moi, je n'ai rien – ajouta-t-il en retournant la poche droite de son pantalon – c'est M. Garat qui m'a dit de venir à Bayonne, j'ai accepté parce que j'étais en discorde avec ma famille, mais je n'ai été qu'un instrument. »

Dans le taxi qui, en cette veille de Noël, le mène à la maison d'arrêt, Tissier gémit encore : « Que va dire mon fils ? Je suis mûr pour le bagne ! » Le commissaire Sangla lui demande le montant des faux bons émis : « Il répondit d'un air désespéré : "Comme ça" dit-il en levant les bras au-dessus de sa tête. Puis se ravisant : "Aujourd'hui je rentre à la prison, c'est vrai, mais demain Garat viendra m'y rejoindre." »

Tissier a raison en ce qui le concerne : il écopera de sept ans de travaux forcés. Pour Garat et les puissants qui trempent dans la combine, en revanche, la sanction sera exclusivement politique : l'affaire Stavisky vient de commencer.

Alexandre Stavisky est entré dans le « milieu » par choix. Né le 20 novembre 1886 à Slobodka, près de Kiev, ce juif d'Ukraine a immigré très jeune en France, avec son père : celui-ci, dentiste honorablement connu, s'est fait une clientèle dans le XVIe arrondissement de Paris et le petit Alexandre, instruit, a fréquenté les enfants de la bonne société au prestigieux lycée Janson-de-Sailly.

Dès 1909 pourtant, Sacha tourne mal, multipliant les abus de confiance ; son père, déshonoré, se suicide. En 1926, le commissaire Bayard réussit à mettre le fils indigne en prison. Stavisky se jure qu'il n'y retournera jamais. D'abord indicateur, il finit par acheter policiers et politiciens quand ses affaires frauduleuses prospèrent.

Un escroc mondain

Malgré les plaintes qui s'accumulent, Stavisky n'est plus inquiété. Il mène grand train, sous le nom de « Monsieur Alexandre », et chacun admire la beauté de sa compagne, l'ancien mannequin Arlette Simon. Comme le révélera le patron de *L'Auberge du Père Jean*, rue des Volontaires, « il n'était pas rare d'entendre Stavisky appeler ses hôtes "Mon Général", "Cher Maître", "Cher Docteur".

« L'enquêté prévenait toujours le restaurateur du nombre de couverts et souvent lui demandait de soigner plus particulièrement le menu, car "il avait avec lui de grosses têtes".

« Monsieur Alexandre (il n'était connu que sous ce nom), semblait n'avoir aucun souci de l'argent et tirait des liasses de billets de mille francs de sa poche. »

Le 20 décembre 1933, durant le repas, il a demandé deux communications avec Bayonne et Biarritz. Grâce à ses relations avec les députés Bonnaure et Garat, avec des ministres radicaux, Monsieur Alexandre a fait ouvrir un Crédit municipal administré par un de ses hommes de paille, Tissier. Cette sorte d'établissement, qui fait du prêt sur gage, avance normalement de petites sommes à de petites gens ; lui y emprunte largement, laissant en gage des émeraudes synthétiques… Les bons du Crédit municipal sont en outre falsifiés et placés à terme auprès de compagnies d'assurances. Stavisky pense pouvoir couvrir les échéances par un nouveau tour de passe-passe financier, mais déjà quelques bons sont restés impayés.

Photos anthropométriques du jeune Stavisky, en 1918

Devenu indicateur de police, l'escroc bénéficiera d'une longue impunité sous le nom de « M. Alexandre ».

502-396

Les aveux de Tissier déclenchent l'hallali. L'escroc mondain s'enfuit et se cache.

Le 8 janvier 1934, Stavisky est retrouvé dans un chalet de Chamonix, «Le Vieux Logis». Mais il ne parlera pas : il s'est suicidé, explique la police, ce que personne ne croit.

Le préfet de la Haute-Savoie, le 9 janvier, relate la scène : «Invoquant le prétexte d'une location éventuelle de la villa et sous la conduite du propriétaire M. Chatou, les commissaires et inspecteurs visitèrent alors la maison. Ils constatèrent qu'une pièce demeurait fermée. Supposant à juste titre que Stavisky s'y trouvait enfermé, ils téléphonèrent à la direction de la Sûreté générale pour demander des instructions. L'ordre ayant été donné de pénétrer dans la pièce et après un long moment d'attente, le commissaire Charpentier entra dans la maison. Il était accompagné du propriétaire de la villa M. Chatou, de l'inspecteur Le Gall du service du contrôle des recherches judiciaires et du gendarme Brun de la brigade de Chamonix. Le commissaire Charpentier ayant frappé par deux fois à la porte, une voix demanda : Qui est là ? Le commissaire répondit : Ouvrez, à deux reprises. Ne recevant pas de réponse il essaya de forcer la porte. À ce moment, un coup de feu retentit. Le commissaire et les personnes l'accompagnant sortirent alors de la villa et ayant appelé les deux gendarmes de la brigade de Chamonix Augueux et Devaux qu'il avait postés aux abords de la maison, il ouvrit les volets de la porte-fenêtre qui accédait dans la pièce où se trouvait Stavisky et ayant brisé les carreaux pénétra dans cette pièce. Stavisky se trouvait étendu et tenait dans sa main crispée un revolver ; il portait une blessure profonde à la tempe droite, mais vivait encore. Le corps ne fut pas déplacé afin de permettre les constatations d'usage. L'inspecteur Le Gall retira de la main de Stavisky le pistolet qu'il tenait et le plaça sur le lit. On ouvrit alors de l'intérieur la porte de la pièce qui était demeurée fermée ; on fit appel à un médecin de Chamonix, le Dr Jamin ; le blessé fut ensuite transporté à l'hôpital où il est décédé à 3 heures du matin, après avoir subi l'opération de la trépanation. »

« Aucune trace de lutte »

Le Dr Jamin laisse lui aussi son rapport : « À la villa "Le Vieux Logis", un homme était étendu sur une descente de lit, atteint de deux blessures à la tête, produites par un coup de feu. Il y avait un orifice d'entrée, un orifice de sortie. Le blessé râlait et de la matière cérébrale faisait issue par ces deux orifices. Aucune trace de lutte n'a pu être constatée ni dans la pièce, ni sur le blessé. » Stavisky, dans le coma, arrive à l'hôpital où il va s'éteindre. « À ce moment, des traces de poudre au niveau de la tempe droite m'ont fait conclure au suicide », écrit le Dr Jamin, mais cette phrase est clairement ajoutée après coup, à l'encre noire sur un document rédigé en bleu.

« Dans les milieux de la presse et dans les milieux même les mieux intentionnés, on est décidément persuadé que Stavisky a été tué par les policiers de la Sûreté générale qui l'avaient découvert », constate une note du 9 janvier 1934. Les inspecteurs qui arpentent les couloirs de la Chambre ne disent pas autre chose, le 16 janvier : « On continue à douter du suicide de Stavisky. On affirme les choses les plus risquées et la plupart des interlocuteurs parlent comme s'ils avaient perdu toute raison, toute logique. Beaucoup croient que la Chambre n'a pas fini de retentir des échos du scandale. »

Une nuit d'émeute

La rue elle-même frémit, quand, le 12 janvier, interrogée de manière irrégulière par l'inspecteur Bonny, Arlette met en cause le préfet de police, Chiappe : un homme à poigne, apprécié de la droite parisienne, qui réfute toute proximité avec l'escroc et ses complices. Le nouveau gouvernement, que préside Daladier, décide de déplacer ce haut fonctionnaire, en le nommant haut-commissaire au Maroc. Chiappe refuse et publie même une lettre ouverte des plus cinglantes : l'affaire se politise.

Nombreux, organisés, les anciens combattants sont outrés par le scandale : « Toujours est-il que dans des sphères habituellement passives, on commence à percevoir une excitation à laquelle n'échappent pas tous les bons esprits », souligne une note du 23 janvier 1934. « Dans ces sphères, les plus nerveux commentent les faits ; les "forts en gueule" accusent ; d'anciens combattants s'engagent à descendre dans la rue en redresseurs de torts et en justiciers. » La « déplorable affaire Stavisky » irrite leur vieux fond d'antiparlementarisme, porté à son comble par le déplacement de Chiappe. La droite municipale et les ligues appellent à manifester, le 6 février.

« À bas les voleurs ! » clament dans la rue des milliers d'anciens combattants excédés. Le soir, place de la Concorde, les plus résolus veulent franchir la Seine pour prendre la Chambre des députés. Le nouveau ministre de l'Intérieur, Eugène Frot, a prévu un cordon de police sur le pont, mais les gardes mobiles sont littéralement assaillis. La manifestation tourne à l'émeute, un autobus est incendié, des coups de feu claquent : vingt morts ! Le gouvernement doit démissionner le lendemain.

L'affaire Prince

La fièvre est à peine retombée que, le 20 février, le conseiller Prince est retrouvé haché menu, sur une voie de chemin de fer, au lieu-dit La Combe-aux-Fées, près de Dijon. Chef de la section financière du parquet de Paris, n'était-il pas aux premières loges pour connaître les dessous de l'affaire ?

Fragile pour Stavisky, la thèse du suicide paraît encore moins solide pour Prince, attaché à la voie par une cordelette. Appelé à Dijon par un faux médecin, de la part de sa mère malade, le magistrat est tombé dans un guet-apens. L'inspecteur Bonny accuse le milieu marseillais : Carbone et Spirito, ainsi que le pittoresque baron de Lussatz, l'aristocrate criminel, auraient manigancé le crime. Aucune preuve ne vient toutefois les confondre, alors qu'un horrible soupçon s'empare de la famille Prince et, bientôt, de l'opinion. Le conseiller risquait de révéler comment ses avertissements avaient été enterrés par son supérieur, le procureur Pressard – par ailleurs beau-frère de l'ex-ministre de l'Intérieur et président du Conseil, Chautemps !

Un crime ordonné par le pouvoir lui-même ? L'affaire ne sera jamais élucidée ; aucun document, en outre, ne permet de conclure en ce sens. Bonny en revanche, chassé de la police en 1935 pour corruption, montrera son absence totale de scrupule en dirigeant la Gestapo française de la rue Lauriston, sous l'Occupation. En 1944, peu avant de finir fusillé comme collaborateur, il aurait avoué à son fils avoir lui-même orchestré la disparition du magistrat.

En 1934, cette double affaire discrédite profondément les institutions républicaines. Les partis de gauche redoutent un coup de main fasciste : rivaux avant le 6 février, communistes, socialistes et radicaux décident de serrer les rangs.

Telle n'est pas la moindre bizarrerie de l'affaire Stavisky : l'escroc du Claridge, ses fausses émeraudes et ses liasses d'argent facile, très indirectement, se trouvent aux origines du Front populaire…

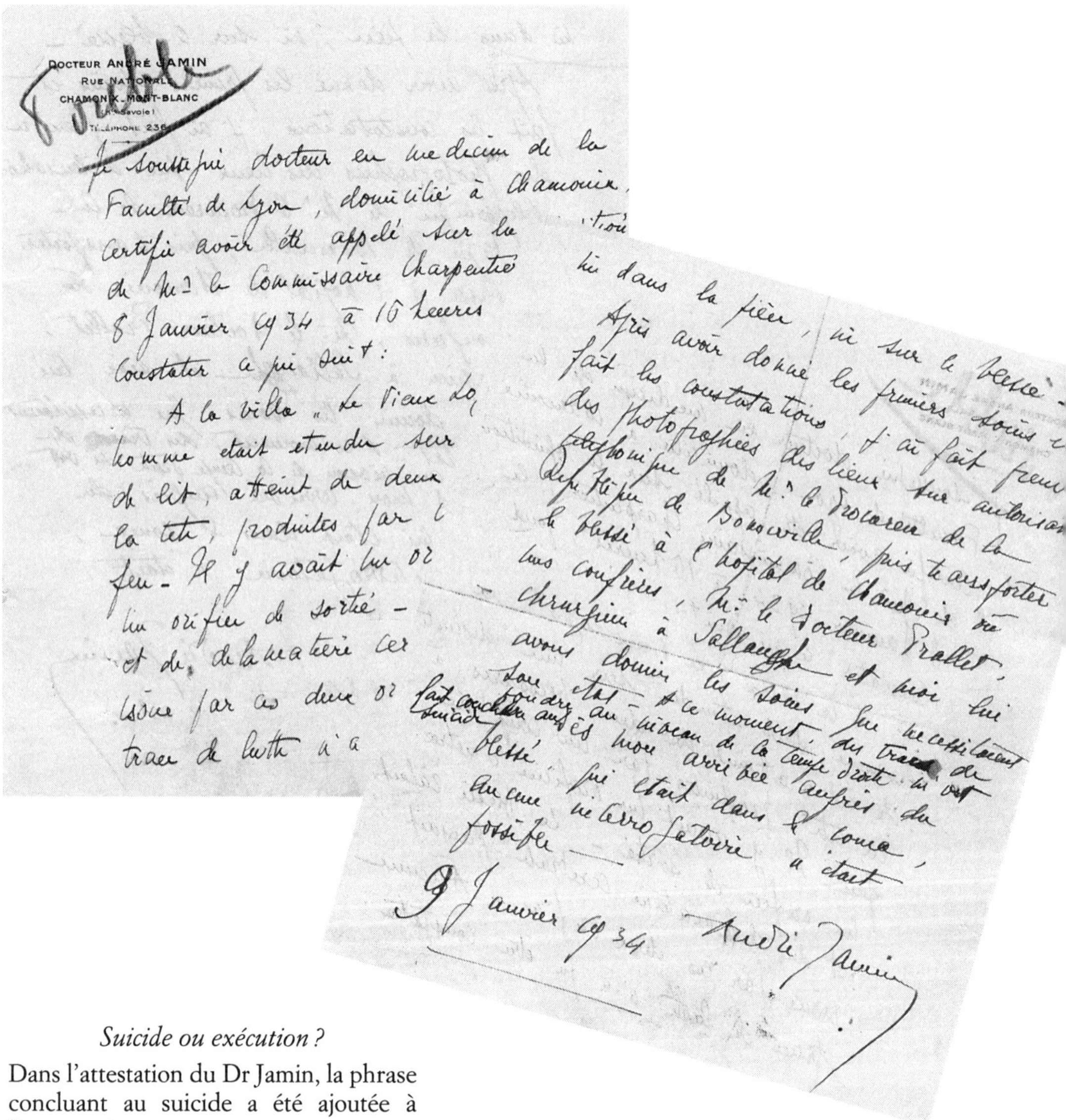
Docteur André Jamin
Rue Nationale
Chamonix-Mont-Blanc
(H^te-Savoie)
Téléphone 236

Je soussigné docteur en médecine de la Faculté de Lyon, domicilié à Chamonix, certifie avoir été appelé sur la [...]tion de M. le Commissaire Charpentier [le] 8 Janvier 1934 à 16 heures [pour] constater ce qui suit :

A la villa « Le Vieux Lo[...] [un] homme était étendu sur [le] lit, atteint de deux [...] la tête, produites par [...] feu. Il y avait un or[...] un orifice de sortie – et de la matière cér[...] issue par ces deux or[...] trace de lutte n'a [...]

[...] dans la pièce, ni sur le blessé.

Après avoir donné les premiers soins et fait les constatations, j'ai fait prendre des photographies des lieux sur autorisation téléphonique de M. le Procureur de la République de Bonneville, puis transporter le blessé à l'hôpital de Chamonix où mes confrères, M. le Docteur Prallet, chirurgien à Sallanches et moi lui avons donné les soins que nécessitait son état. – A ce moment, des traces de poudre au niveau de la tempe droite m'ont fait conclure au suicide. Après mon arrivée auprès du blessé qui était dans le coma, aucun interrogatoire n'était possible.

9 Janvier 1934

André Jamin

Suicide ou exécution ?

Dans l'attestation du Dr Jamin, la phrase concluant au suicide a été ajoutée à l'encre noire.

(AN, f/7/16007/1 à f/7/16019)

L'énigme de La Combe-aux-Fées

Chef de la section financière du parquet de Paris, le conseiller Prince est attiré à Dijon et retrouvé mort sur une voie de chemin de fer. Les examens médico-légaux feront apparaître que le magistrat, couvert d'ecchymoses antérieures à son écrasement, a subi l'inhalation d'une substance narcotique. Comme le montre la photo du bas, il a été attaché à la voie par une cordelette, ce qui rend peu crédible la thèse du suicide.

(AN, f/7/15993/2 à f/7/15995/2)

KÉRILLIS LE CLAIRVOYANT

Un reporter en politique

La Sûreté, qui épie de longue date les villes portuaires et les gares, a étendu sa surveillance aux aérodromes. C'est ainsi que le commissaire en poste au « port aérien du Bourget » signale, le 17 août 1934, le « départ ce jour, pour Moscou, de M. de Kérillis, journaliste, à bord d'un avion spécial, type "Farman 193" », avec un ami pilote.

Henri Calloc'h de Kérillis à Moscou, quelle idée ! Rien de plus éloigné du communisme que ce nobliau d'allure distinguée, ancien officier de cavalerie décoré de la Croix de guerre. Le voici devenu reporter, pour *L'Écho de Paris*. En tenue d'aviateur, il part à l'aventure au pays des Soviets.

La mystique russe

Trois mois plus tard, Kérillis raconte son périple dans le cadre très chic du théâtre des Ambassadeurs, avenue Gabriel, à deux pas de l'Élysée. Un voyage « qui fut sans histoire », assure-t-il, « jusqu'à ce que lui et son ami échouent dans un coin où leur arrivée n'était pas prévue, ce qui leur permit d'observer ce que les visiteurs attendus ne peuvent pas voir».

Il ne faut pas compter sur Kérillis pour vanter le régime. «Il met son auditoire en garde contre certains récits de voyageurs qui ont visité la Russie et notamment sur ce qu'en a rapporté le "naïf Herriot" qui prit pour de l'amitié pour la France ce qui n'était de la part des Russes qui s'empressaient pour le voir, que de la curiosité très compréhensible puisqu'ils n'avaient pas vu d'homme gras depuis dix-sept ans.» Après avoir ainsi exécuté, non sans humour, l'opulent député-maire radical de Lyon, le conférencier «explique longuement ce qu'est l'URSS», note le policier de service.

«Tous ceux qui possédaient, dit-il, ont été chassés ou massacrés ou envoyés en Sibérie. Faut-il conclure qu'il n'y a plus de bourgeoisie? Il y a une nouvelle bourgeoisie qui se crée. Les Russes se dirigent vers un système social assez semblable au nôtre quoi qu'ils disent. Il n'y a pas, voyez-vous, de possibilité de faire l'égalité absolue. Les enfants des dirigeants profitent de la situation de leurs parents et partent dans la vie avec d'énormes avantages : ils sont des bourgeois.» Lucide sur la violence du stalinisme et le phénomène de nomenklatura, Kérillis cultive le paradoxe en décrivant «ce formidable système qui pourrait aussi bien subsister sans le communisme» et aussi «sa mystique», un «phénomène spécifiquement russe» qui l'intéresse au plus haut point.

Anticommuniste en France, Kérillis n'en souhaite pas moins l'établissement de bonnes relations avec l'URSS : «Nous allons vers une alliance russe. Ceux qui ont amorcé cette politique ont-ils eu tort ou raison, l'Histoire le dira. Je crois pour ma part qu'ils ont eu raison parce que nous avons un adversaire fort et puissant sur le Rhin, contre lui nous avons toujours cherché un allié asiatique qui le prenne par-derrière. »

Hitler, en effet, est arrivé au pouvoir en 1933 et Kérillis discerne tout de suite le danger. Il sera le Cassandre des années 30. Fondateur du Centre de propagande des républicains nationaux, il est élu député de Neuilly en 1936 et, seul à droite, refuse de voter les accords de Munich en 1938.

L'expansionnisme du Führer

Le 1er février 1939, c'est au théâtre Marigny qu'il renouvelle ses avertissements. « En face de géants comme Hitler et Mussolini, ce n'est pas des hommes en carton-pâte qu'il nous faudrait ! » soupire-t-il. « M. Hitler a prononcé un discours que tout le monde attendait avec angoisse. La valeur de notre civilisation, l'ordre et l'harmonie du monde, tout cela était en cause, tout cela, à la merci d'un seul homme, de cet homme », s'exclame le conférencier, qui invoque la grande histoire : « Chaque fois qu'un homme a pu devenir le maître d'un peuple, il a semé la gloire et la mort. Toutefois, la situation n'est plus la même. Alexandre, César, Napoléon marchaient à la vitesse des fantassins. Hitler marche à la vitesse des tanks, des avions, des ondes. »

La France n'est-elle pas à l'abri, protégée par sa ligne Maginot et son vaste empire colonial ? Une politique « imbécile », tranche Kérillis, quitte à choquer son public : « Non, nous ne pouvons pas nous défendre seuls ! Quelques chiffres : en cas de conflit, France 26 divisions, Allemagne et Italie, 90 divisions. Est-ce que vous la voyez, vous, cette guerre ? Même en admettant que l'Angleterre puisse nous envoyer une division, nous ne pourrions pas lutter. […] Moi, je reste fidèle à la vieille politique française, à celle qui a donné Bouvines et la victoire de 1918, bref, à la politique d'alliances. »

Avoir raison trop tôt n'est guère payant en politique… La droite française des années 1930 voit en Hitler et Mussolini des remparts contre le communisme. Kérillis a beau s'égosiller, lui qui a lu *Mein Kampf* et prend l'expansionnisme du Führer au sérieux, il prêche dans le désert.

« Quoi qu'il en soit, il était nécessaire qu'un journaliste, un petit député, vienne vous dire la vérité, vienne supplier le public d'élite que vous formez, de réfléchir à la gravité de la situation. Je suis peut-être le seul à vous tenir ce langage pessimiste. Mais, seul ou pas seul, je défendrai ma tranchée ! » En 1940, il s'envole de nouveau, pour l'Angleterre cette fois : aucun commissaire ne remarque le petit avion qui emporte le chef de file des « républicains nationaux » vers le général de Gaulle.

◆

Le dossier

Fils d'un amiral breton, Henri Calloc'h de Kérillis est successivement officier de cavalerie, aviateur, journaliste, puis, après deux échecs électoraux à Paris, devient député de Neuilly en 1936. Il veut une République dotée d'un exécutif fort et d'une armée puissante. Le 17 août 1934 débute son raid Paris Moscou en avion : cet homme de droite croit en la pérennité de l'alliance franco-russe, malgré le communisme. Henri de Kérillis raconte son périple aérien en URSS, dont il réprouve le régime, mais admire la « mystique » et recherche l'alliance. Dans ses conférences, Henri de Kérillis tente vainement d'alerter la droite française sur le péril que constitue l'Allemagne hitlérienne. En 1940, il passe en Angleterre avec son frère, à bord d'un petit avion civil. Déchu de la nationalité française, radié de la Légion d'honneur, condamné à mort par contumace, il perd bientôt son fils, exécuté par la Milice. Fervent gaulliste pendant la guerre et principal rédacteur de la revue Pour la victoire, *le vieil anticonformiste se brouille en 1945 avec le général de Gaulle, qu'il traite de «dictateur»... Ce patriote va mourir en exil, à Long Island, près de New York.*

Note sur Calloc'h de Kérillis, s. d.
(AN, f/7/15974/1)

M. Henri, Adrien, Calloc'h de Kérillis, est né le 27 août 1889 à Vertheuil, arrondissement de Lesparre (Gironde) de Henri, Auguste, lieutenant de vaisseau et de Marie-Louise, Antoinette d'Elbauve.

Engagé volontaire de 5 ans au 20e régiment de dragons le 14 février 1908, il est entré à l'école de cavalerie de Saumur. Nommé sous-lieutenant le 1er octobre 1912, il a été affecté au 16e régiment de dragons. Au moment de la déclaration de guerre, il se trouvait dans ce régiment où, dès le début des hostilités, il a accompli une belle action d'éclat.

Apprenant qu'un parc d'aéroplanes allemands se trouvait sur la route allant de Vivières à l'usine de la Raperre, entre Soissons et Compiègne, de Kérillis se décide à l'attaque qu'il exécute dans la nuit du 9 au 10 septembre 1914. Le combat fut très meurtrier et peu de soldats français purent regagner indemne leurs lignes. M. de Kérillis tue le commandant du parc, mais il est blessé au bras droit d'une balle de revolver et frappé de coups de crosses au ventre et à la vessie. Il peut se réfugier dans un champ de betteraves et pendant 3 jours il vit en plein cantonnement allemand, caché par un curé et un paysan dans le village de Montigny-l'Engrain d'où il est délivré le 13 septembre par l'entrée victorieuse dans le pays de la 14e division d'infanterie.

Sa blessure l'empêchant de rejoindre son escadron, il entre dans l'aviation après avoir été nommé lieutenant 1er octobre 1914. Le 17 février 1915, il obtient le brevet n° 692 de pilote militaire d'avion. Passé le 28 octobre 1915 au commandement de l'escadrille C66 et promu capitaine le 6 mai 1916, il prend part à de nombreuses expéditions de bombardements parmi lesquelles celle effectuée sur Carlsruhe, en représailles du bombardement de Bar-le-Duc, a eu un énorme retentissement, tant par les difficultés de l'expédition que par le nombre de victimes qu'elle entraîna.

Le 1er septembre 1917, il est attaché au cabinet du sous-secrétaire d'État à l'Aéronautique. Mis en congé sans solde de 2 ans le 1er juillet 1919, M. de Kérillis a donné sa démission de l'armée active qui a été acceptée le 16 février 1922.

Durant les hostilités il a obtenu plusieurs citations notamment à l'ordre de la 5e armée le 5 décembre 1915, à l'ordre de l'armée le 27 mars 1916, et à l'ordre de l'escadrille 66 le 12 juillet 1916.

Fait chevalier de la Légion d'honneur le 20 novembre 1914, il est officier de cet Ordre depuis le 16 juin 1920 (commission Fayolle).

Le 29 juin 1914, M. de Kérillis, muni de l'autorisation du général commandant la 6e région, s'est marié avec Mlle Marie, Anne, Demaison, domiciliée 7 rue Rogier à Reims. Il demeure actuellement avec sa femme et ses deux enfants, 20, avenue de Madrid à Neuilly, dans une villa de construction récente dont il est le propriétaire. Sa conduite privée ne donne lieu à aucune remarque défavorable.

Après la guerre, M. de Kérillis est passé dans le cadre technique de l'aviation et est entré chez Farman.

Devenu ensuite publiciste, il écrit dans *L'Écho de Paris*, s'occupant d'abord de questions d'aviation, d'automobile et de sport. Son rôle de journaliste est du reste assez connu. C'est lui qui a organisé à travers la France une immense pétition réclamant la prise en gages de l'aviation allemande. Cette pétition avait recueilli un grand nombre de signatures et l'on dit même que M. Poincaré aurait accueilli favorablement cette suggestion.

Chargé de nombreuses missions à l'étranger, il est allé en Amérique étudier les questions sociales, et a traversé le Sahara avec la mission Gradis, consignant dans un livre les souvenirs de ce raid.

Il a mené dans *L'Écho de Paris* une violente campagne contre le général Sarrail, alors haut-commissaire en Syrie, poursuivant ses attaques dans de nombreuses réunions et dans des meetings dont le plus important, tenu le 21 novembre 1925 à la salle Wagram, se termina, par une manifestation devant le domicile du général.

M. de Kérillis appartient à la Fédération républicaine de M. Marin, et est secrétaire de la ligue des chefs de section, 248, faubourg Saint-Honoré.

Les brillants états de service de guerre de M. de Kérillis, l'ardeur et la fougue de ses articles et particulièrement de sa campagne contre le général Sarrail, l'ont fait connaître dans les milieux de droite et expliquent comment dans la désignation du candidat de l'Union républicaine, sociale et nationale le 2e secteur, il a pu l'emporter sur certains concurrents au passé politique bien plus connu.

C'est au cours d'un congrès de l'Union républicaine et sociale tenu dans la soirée du 24 février 1926, 12, rue du Renard, que par 161 voix sur 236 votants, il a été désigné pour représenter l'opposition au scrutin du 14 mars.

Malgré cette investiture, M. de Kérillis est considéré comme un nationaliste, comme un homme de droite, aussi beaucoup augurent-ils qu'il ne pourra renouveler le succès de ses prédécesseurs : Ignace et Bonnet. Ces derniers évidemment n'avaient pas été élus sur un programme de gauche car ils appartenaient exactement au bloc national, mais Bonnet avait joué jadis un rôle important dans le parti radical dont il avait entraîné une fraction lorsqu'il l'avait quitté. Comme on ne peut considérer M. de Kérillis comme étant du bloc national, il semble que malgré les efforts de ses parrains : Aymard et Taittinger, beaucoup de voix ainsi obtenues par Ignace et Bonnet seront perdues.

Il faut reconnaître que M. de Kérillis s'est lancé dans la lutte électorale avec la même ardeur combative qui l'animait pendant la guerre. Avec son co-listier Reynaud, il multiplie les réunions soit privées soit contradictoires, et jeudi soir, il n'a pas craint d'assister à une réunion donnée par les communistes à la salle Japy. Si les huées ont couvert ses paroles, beaucoup n'en ont pas moins admiré la crânerie de son geste.

L'Humanité et *Le Quotidien* qui mènent une vigoureuse campagne contre la liste Reynaud-Kérillis ont reproché à ce dernier d'avoir été l'agent salarié de la firme Farman et d'avoir, par ses démarches et ses intrigues, imposé au ministère de la Guerre de fructueuses commandes pour cette firme.

Des affiches reproduisant ces accusations ont été placardées dans Paris, elles ont été très lues, sévèrement commentées et ont jeté un certain désarroi dans le camp de l'opposition. Ainsi le candidat du bloc national, cet homme nouveau qui crie « Halte au désordre » appartiendrait lui-même à la grande famille des profiteurs !

Par voie d'affiches, M. de Kérillis a opposé immédiatement un formel démenti qu'il a développé plus longuement dans de nouveaux placards. Utilisant le démenti donné par

M. Maginot, et constatant que l'accord intervenu entre l'administration de la guerre et la maison Farman, a été ratifié par le ministre actuel de la Guerre, il en tire cette conclusion dont la logique peut ébranler bien des convictions : « Si j'avais eu à me reprocher quelque chose et si j'avais eu à redouter une révélation quelconque, aurais-je aussi violemment combattu le ministre de la Guerre lui-même, M. Painlevé et son protégé Sarrail ? On avait usé des mêmes procédés contre Tardieu ! Paris répondra comme a répondu Belfort. »

Sans partager l'optimisme de M. de Kérillis, on doit néanmoins reconnaître que dans les élections législatives du 2e secteur, ses chances de succès apparaissent très grandes.

Note du commissaire spécial au directeur général de la Sûreté nationale sur le « départ pour Moscou de M. de Kérillis », 17 août 1934
(AN, f/7/15974/1)

Ministère de l'Intérieur, direction de la Sûreté générale
Départ pour Moscou de M. de Kérillis

Port aérien du Bourget, le 17 août 1934

Le commissaire spécial à Monsieur le directeur général de la Sûreté nationale (cabinet), Paris

J'ai l'honneur de confirmer ma communication téléphonique relative au départ ce jour, à 16 heures, pour Moscou, de M. de Kérillis, journaliste, à bord d'un avion spécial, type « Farman 193 », immatriculé FAJFC, piloté par l'aviateur J. Boguo.

Le commissaire spécial, chef de service,
[Signature]

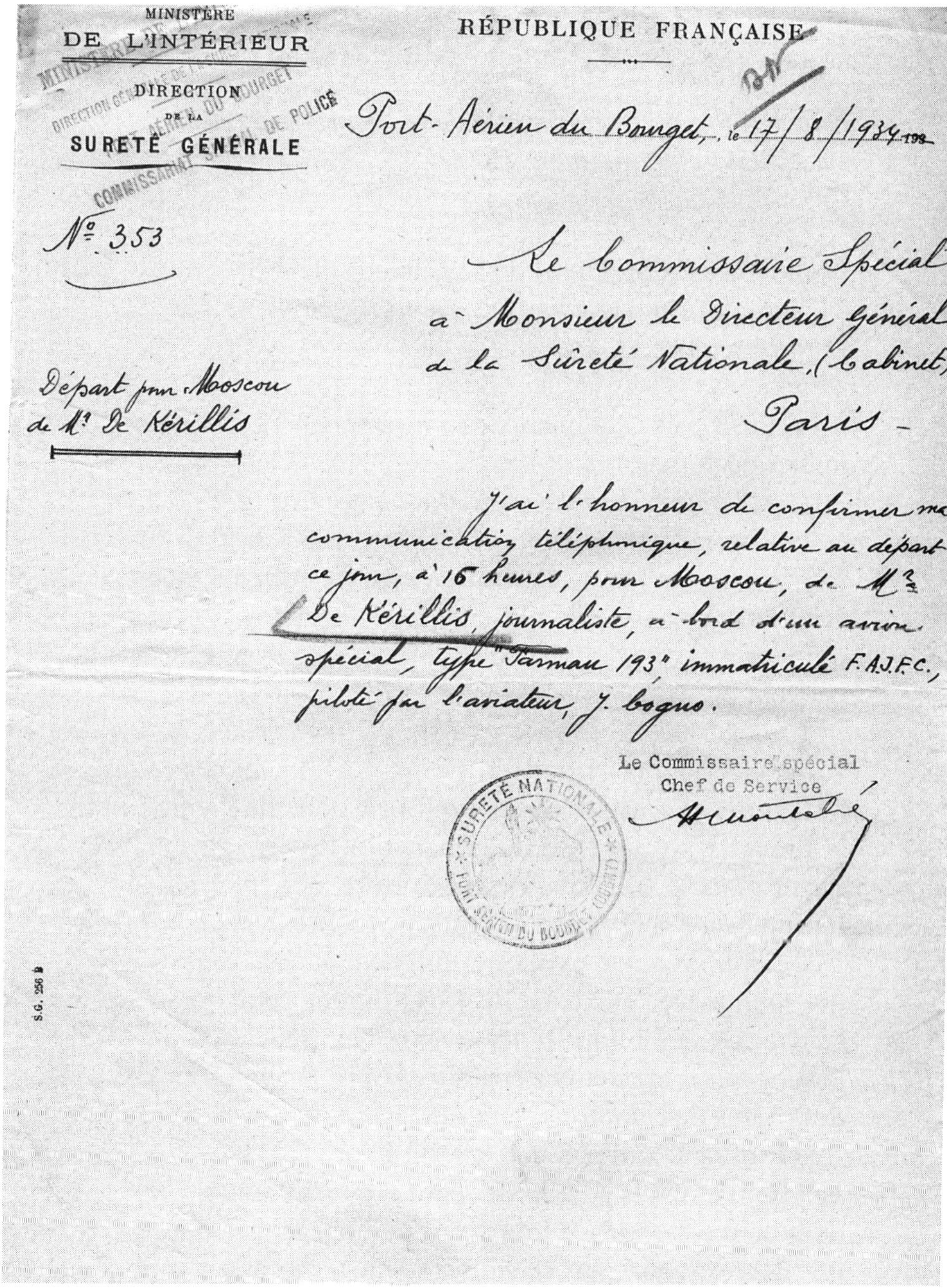

MINISTÈRE
DE L'INTÉRIEUR

DIRECTION
DE LA
SURETÉ GÉNÉRALE

COMMISSARIAT SPÉCIAL DE POLICE
PORT AÉRIEN DU BOURGET

RÉPUBLIQUE FRANÇAISE

Port-Aérien du Bourget, le 17/8/1934

N° 353

Départ pour Moscou
de M^r^ De Kérillis

Le Commissaire Spécial
à Monsieur le Directeur Général
de la Sûreté Nationale (Cabinet)
Paris –

J'ai l'honneur de confirmer ma communication téléphonique, relative au départ ce jour, à 16 heures, pour Moscou, de M^r^ De Kérillis, journaliste, à bord d'un avion spécial, type "Farman 193" immatriculé F.AJ.F.C., piloté par l'aviateur, J. Cogno.

Le Commissaire spécial
Chef de Service

SURETÉ NATIONALE
PORT AÉRIEN DU BOURGET

S.G. 256 B

Rapport du 17 août 1934

Il annonce le départ pour la Russie d'Henri de Kérillis, dont l'avion vient de décoller du Bourget. (AN, f/7/15974/1)

Note relative à la « conférence de M. Henri de Kérillis sur l'URSS », 16 novembre 1934
(AN, f/7/15974/1)

Conférence de M. Henri de Kérillis sur l'URSS.
Théâtre des Ambassadeurs, 1 avenue Gabriel,
le 15 novembre.

M. de Kérillis commence sa conférence à 17 h 15 devant un millier de personnes.

« Le 17 août dernier mon ami Cognot et moi nous nous envolions du Bourget pour Moscou, dit-il. » Et il raconte son voyage qui fut sans histoire jusqu'à ce que lui et son ami échouent dans un coin où leur arrivée n'était pas prévue, ce qui leur permit d'observer ce que les visiteurs attendus ne peuvent pas voir.

Il met son auditoire en garde contre certains récits de voyageurs qui ont visité la Russie et notamment sur ce qu'en a rapporté le « naïf Herriot » qui prit pour de l'amitié pour la France ce qui n'était de la part des Russes qui s'empressaient pour le voir, que de la curiosité très compréhensible puisqu'ils n'avaient pas vu d'homme gras depuis dix sept ans.

Le conférencier explique longuement ce qu'est l'URSS qui a remplacé l'ancienne Russie et dit que cette union est un système de république fédérative très centralisée destiné dans l'esprit de ses créateurs à englober l'univers et où sont chassés des cadres de la loi tous ceux qui vivent du travail des autres.

« Tous ceux qui possédaient, dit-il, ont été chassés ou massacrés ou envoyés en Sibérie. Faut-il conclure qu'il n'y a plus de bourgeoisie ? Il y a une nouvelle bourgeoisie qui se crée. Les Russes se dirigent vers un système social assez semblable au nôtre quoi qu'ils disent. Il n'y a pas, voyez-vous, de possibilité de faire l'égalité absolue. Les enfants des dirigeants profitent de la situation de leurs parents et partent dans le vie avec d'énormes avantages : ils sont des bourgeois. D'ailleurs à Moscou tout comme ailleurs il y a une grande vie bourgeoise. L'inégalité y est même plus grande parce qu'elle est strictement alimentaire : le rouble est une monnaie élastique qui n'a pas la même valeur entre les mains de l'ouvrier qu'entre celles du fonctionnaire. »

Il décrit l'importance de ce formidable système qui pourrait aussi bien subsister sans le communisme qui groupe 23 républiques avec un territoire grand comme 40 fois celui de la France et qui compte 180 millions d'habitants. C'est, assure-t-il, un contraire de l'Empire britannique et entre ces deus géants est engagée une lutte dont dépend le sort du monde. À côté de cet Empire nous ne sommes qu'un tout petit point de rien du tout et pourtant nous comptons, mais si nous n'y prenons garde, si ceux qui nous dirigent n'y veillent, nous risquons de tomber sous son joug ! »

M. Henri de Kérillis dépeint ensuite les caractéristiques de l'URSS, sa mystique « phénomène spécifiquement russe », son monopole industriel et commercial absolu de l'État qui lui a valu tantôt l'abondance, tantôt la misère, qui néglige tout ce qui chez nous constitue le confort et dont les réalisations ne lui paraissent pas compenser le massacre de tant de monde, la destruction de tant de religions, l'envoi de tant de gens en Sibérie et la destruction de la famille. « Si nous sommes sur la terre pour vivre une vie bestiale, ils ont raison, mais c'est l'antithèse de notre civilisation à laquelle nous tenons tant, qu'ils pratiquent. L'homme devient une chaîne pour le rendement maximum. Il est pris à la gorge par sa carte de pain qui l'attache à un coin. C'est si vrai que la Russie refuse à ses ressortissants de s'en "aller hors de ses frontières". »

Il parle ensuite de son militarisme et de son nationalisme poussés à l'extrême et affirme que son armée est mieux outillée que la nôtre, plus moderne et cependant si elles avaient à se battre il indique qu'il a confiance dans le triomphe de l'intelligence et de la finesse de nos chefs. Dans l'ensemble le conférencier voit l'élément asiatique tendant à prendre sa revanche sur l'Europe et à la dominer et déclare qu'il y parviendra si celle-ci ne trouve pas une mystique assez forte pour la galvaniser contre le rêve du communisme russe.

Après avoir indiqué que c'est sur les conseils du maréchal Lyautey et après avoir vu M. Barthou et M. Doumergue qu'il s'était décidé à se rendre en Russie, il dit : « Nous sommes sur une entente avec la Russie et nous allons vers une alliance russe. Ceux qui ont amorcé cette politique ont-ils eu tort ou raison, l'Histoire le dira. Je crois pour ma part qu'ils ont eu raison parce que nous avons un adversaire fort et puissant sur le Rhin, contre lui nous avons toujours cherché un allié asiatique qui le prenne par derrière. La Petite Entente ne peut pas exister si la Russie joue contre nous... C'est une alternative : il faut nous entendre avec l'Allemagne contre les Russes ; je crois qu'il n'est pas actuellement possible de compter sur une alliance avec l'Allemagne. Mais sachons bien que si contre nous avec l'Allemagne la Russie vaut 100, avec nous contre l'Allemagne elle ne vaut que 1. En dehors de son aviation qui est en avance sur la nôtre et qui est un facteur qui compte, ses possibilités militaires contre l'Allemagne sont réduites...

« Peut-on compter sur la parole russe ? Il n'y a pas d'illusion à nous faire de ce côté. Est-ce que l'honneur existe encore ? Ceux qui avaient donné leur parole à Doumergue et qui l'ont ensuite poignardé sont un exemple. Comptons surtout sur l'intérêt des Russes et sachons découvrir où il est, surveillons les positions de l'URSS en Asie et en Europe. Aujourd'hui c'est la mystique hitlérienne qui s'approche de nous, mais prenons garde que l'Allemagne et la Russie ne s'entendent comme le souhaite la Reichswer.

« Évitons aussi, évitons surtout de sombrer dans une révolution, car alors l'attitude de la Russie à notre égard serait changée... Elle n'est avec nous et n'a besoin de nous que si nous sommes forts. Pour le rester il faudrait la destruction immédiate du Parti communiste chez nous. Au lieu de cela, le Gouvernement qui vient d'arriver vient de s'enlever les moyens d'agir : sa victoire est celle du front commun : désarmement des ligues de droite ? mais elles sont les forces d'ordre contre le front commun dans notre pays où il n'y a pas de police ! C'est un crime qui justifie toutes les résistances et toutes les colères...

« Le salut de la France est dans la France elle-même. L'alliance ne vaut que si nos frontières sont garnies... Ma conviction est que nous allons à la guerre. Pour la gagner, il faut que nous soyons forts et nous ne le serons qu'après avoir détruit chez nous toutes les forces malsaines : c'est à cette tâche que je vous convie. »

La conférence prend fin à 18 h 30.

Compte rendu de la conférence de M. de Kérillis sur les « événements », Paris, 2 février 1939

(AN, f/7/15974/1)

Lorsque M. de Kérillis apparaît, vers 17 h 35, la salle est vraiment comble. Le public qui la compose est un public distingué, qui applaudira l'orateur à plusieurs reprises, mais presque toujours de façon discrète et jamais à l'unanimité. Une fois cependant, les applaudissements se firent véhéments et furent même accompagnés de cris de « À la porte », ce fut lorsque le conférencier déclara : « En face de géants comme

Hitler et Mussolini, ce n'est pas des hommes en carton-pâte qu'il nous faudrait ! » Mais là encore, une partie de l'auditoire seulement, manifesta.

Voici, fidèlement rapporté, le texte de sa conférence :

« M. Hitler a prononcé un discours que tout le monde attendait avec angoisse. La valeur de notre civilisation, l'ordre et l'harmonie du monde, tout cela était en cause, tout cela, à la merci d'un seul homme, de cet homme.

« Le seul fait qu'une telle situation puisse se produire est en soi dramatique et nous oblige à nous reporter en arrière : chaque fois qu'un homme a pu devenir le maître d'un peuple, il a semé la gloire et la mort. Toutefois, la situation n'est plus la même. Alexandre, César, Napoléon marchaient à la vitesse des fantassins, Hitler, marche à la vitesse des tanks, des avions, des ondes.

« Bref, qu'a-t-il dit, ou plutôt, que n'a-t-il pas dit ?

« Il a fait deux omissions étonnantes :

« D'abord, pas un mot, mais pas un seul, se référant à l'accord franco-allemand.

« En second lieu, pas un mot se référant à la question russe. L'omission de la déclaration de paix franco-allemande est vraiment stupéfiante : après Munich, notre Gouvernement avait deux solutions à envisager, deux attitudes à prendre à l'égard de l'Allemagne ou bien une attitude de défiance systématique, ou bien une attitude de confiance. Notre Gouvernement a choisi la confiance, la confiance malgré toutes les promesses violées, tous les concordats, tous les traités déchirés, malgré tout le passé.

« Pour ma part, ce traité de paix m'a toujours inquiété : j'ai toujours craint qu'à l'heure où il s'est produit, il n'ait été autre chose qu'une ruse de guerre. Hitler a craint une coalition du monde occidental contre lui et après avoir rappelé

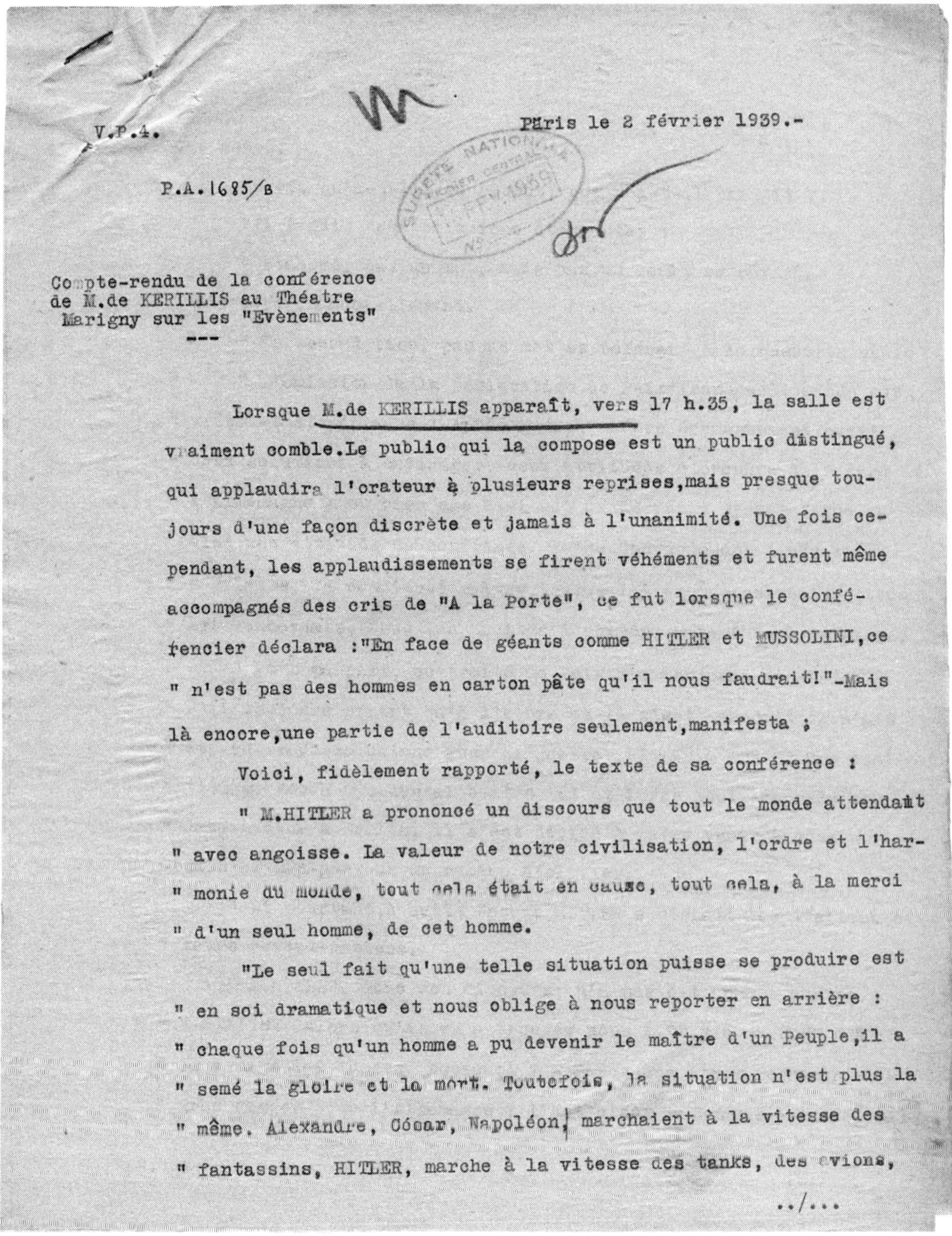

V.P.4. Paris le 2 février 1939.-

P.A. 1685/B

Compte-rendu de la conférence
de M.de KERILLIS au Théatre
Marigny sur les "Evènements"

Lorsque M.de KERILLIS apparaît, vers 17 h.35, la salle est vraiment comble. Le public qui la compose est un public distingué, qui applaudira l'orateur à plusieurs reprises, mais presque toujours d'une façon discrète et jamais à l'unanimité. Une fois cependant, les applaudissements se firent véhéments et furent même accompagnés des cris de "A la Porte", ce fut lorsque le conférencier déclara : "En face de géants comme HITLER et MUSSOLINI, ce " n'est pas des hommes en carton pâte qu'il nous faudrait!" - Mais là encore, une partie de l'auditoire seulement, manifesta ;

Voici, fidèlement rapporté, le texte de sa conférence :

" M.HITLER a prononcé un discours que tout le monde attendait " avec angoisse. La valeur de notre civilisation, l'ordre et l'har- " monie du monde, tout cela était en cause, tout cela, à la merci " d'un seul homme, de cet homme.

"Le seul fait qu'une telle situation puisse se produire est " en soi dramatique et nous oblige à nous reporter en arrière : " chaque fois qu'un homme a pu devenir le maître d'un Peuple, il a " semé la gloire et la mort. Toutefois, la situation n'est plus la " même. Alexandre, César, Napoléon, marchaient à la vitesse des " fantassins, HITLER, marche à la vitesse des tanks, des avions,

../...

Un conférencier visionnaire

Comme le montre ce rapport du 2 février 1939, Henri de Kérillis tente vainement d'alerter la droite française sur le péril que constitue l'Allemagne hitlérienne. (AN, f/7/15974/1)

son ambassadeur à Berlin, il s'est décidé à faire venir à nous un Ribbentrop porteur du rameau d'olivier.

« Et pourtant, à cette époque, Hitler soutenait les Italiens et leurs revendications.

« M. Hitler, dans son discours, n'a pas dit un mot contre M. Staline, alors qu'il en a trouvé pour M. Eden ou M. Duff Cooper. Il ménage les Russes, pourquoi ? Parce que l'Est représente le gros danger pour l'Allemagne ; l'Est c'est la Russie avec 180 millions d'habitants, la Pologne, 30 millions, la Roumanie, 20 millions, plus de 200 millions d'hommes contre l'Allemagne toute seule car l'Italie n'aurait rien à gagner dans son équipée vers l'Est. À l'Ouest, c'est la France, seule, avec 40 millions d'habitant, contre l'Allemagne et l'Italie soit 100 millions d'habitants.

« Hitler proclame bien haut qu'il exécute son programme. Il dit, c'est écrit dans *Mein Kampf*, "d'abord l'Ouest, ensuite l'Est".

« Dans son équivoque, le discours d'Hitler a au moins un sens : "Je me tourne vers l'Ouest." Si l'Est lui fait peur, cela prouve bien que nous avions tout intérêt à ce que notre Alliée de l'Est nous reste, à ce que la Tchécoslovaquie reste entière ; ce pays dont Bismarck disait : "Qui le tient tient l'Europe."

« Premier point : "J'ai pris la Tchécoslovaquie."

« Deuxième point : "Je fais semblant de dévorer l'Est, sous le prétexte de reconstituer la patrie ukrainienne (qui n'a d'ailleurs jamais existé) et on sait que la France, dont il n'y a qu'à lire toute la presse de novembre, ne défendra jamais l'Ukraine, ne se battra pas pour des étrangers."

« Troisième point : "Je me tourne vers l'Ouest."

« Et ce sera tant mieux pour vous, Français, qui avez dit à la Tchécoslovaquie, à l'Ukraine, que vous ne vouliez pas vous battre pour elles et que l'armée française ne défendrait jamais que l'Empire français.

« Il reste l'Angleterre, direz-vous, oui, l'Angleterre, mais entendons-nous bien, je ne doute pas de la sincérité de l'amitié qu'elle nous porte, mais il est un fait certain, c'est que M. Chamberlain est allé à Rome au moment où la presse italienne se dressait contre la France ; je ne crie pas à la trahison, mais souvenez-vous qu'avant de jouer la peau de son empire, l'Angleterre y regardera à deux fois. Si nous sommes forts, elle sera avec nous, si nous sommes faibles, elle nous abandonnera. Elle n'est l'alliée que d'une France forte.

« Le discours de M. Hitler a fait plaisir à tout le monde. Il a plongé les Français dans une sorte d'ivresse et d'euphorie et ce, à tel point que la bourse monte !

« Dans ce discours, il y a trois point à retenir :

« D'abord, l'aveu de la détresse économique ;

« En second lieu, la déclaration coloniale ;

« Enfin, la fidélité en toute circonstance à l'Italie.

« Contrairement au discours de février 1938, il ne fait plus de promesses, il avoue la détresse allemande, qu'il attribue à sa surpopulation. Au surplus, comment aurait-il pu la dissimuler à un peuple famélique ? Je viens de prononcer un mot, "famélique", cela m'amène à vous rappeler qu'il a été vérifié maintes fois au cours de l'Histoire, que les peuples pourvus ne cherchent pas la guerre ; ce sont les peuples qui ont faim, qui la font.

« Hitler demande la redistribution des richesses du monde. En présence de cette revendication, de cette menace, que faisons-nous ? Il paraît qu'il faut obéir à la politique qui consiste à se cacher derrière la ligne Maginot. Cette politique extraordinaire, cette politique qualifiée d'impériale par M. Montigny nous contraint à nous retirer sur notre empire, à nous y blottir : que l'Allemagne prenne tout ce qu'elle voudra, nous, nous avons notre empire.

« Mais à quoi servira notre ligne Maginot, je vous le demande, en Indochine et en Afrique du Nord ?

« Non, nous ne pouvons pas nous défendre seuls ! Quelques chiffres : en cas de conflit, France 26 divisions, Allemagne et Italie, 90 divisions. Est-ce que vous la voyez, vous, cette guerre ? Même en admettant que l'Angleterre puisse nous envoyer une division nous ne pourrions pas lutter. C'est la politique de la solitude. Il paraît que c'est la politique du nationalisme. Moi, je reste fidèle à la vieille politique française, à celle qui a donné Bouvines et la victoire de 1918, bref, à la politique d'alliances.

« Quant aux revendications italiennes, croyez-vous vraiment qu'Hitler puisse lâcher Mussolini ? Moi, je ne le crois pas. C'est une alliance qui est scellée pour longtemps, car elle est basée sur des intérêts communs. Si Mussolini s'effondre, du fait d'un échec dans une guerre contre la France, c'est la mort du fascisme. Croyez-vous qu'Hitler puisse le laisser mourir ?

« Talleyrand disait en 1815 : "Dans les coalitions, ce sont les plus faibles qui sont les plus dangereux !" Ce mot s'est déjà vérifié en 1914 car c'est l'Autriche-Hongrie, qui a entraîné la guerre. Craignons que l'Italie ne joue le rôle de l'Autriche-Hongrie !

« On croit généralement que ce sont les sanctions qui ont amené l'Italie à présenter ses revendications coloniales. Erreur !... Il est possible que les sanctions se soient révélées maladroites, mais elles ne peuvent en aucune façon être la cause des revendications, pour l'excellente raison, que l'Angleterre, qui a été l'âme des sanctions est en ce moment fêtée et acclamée en Italie.

« Qu'on ne dise pas non plus "le monsieur d'en face c'est un matamore."

« L'homme qui vous parle, connaît Mussolini et je n'hésite pas à vous dire que c'est le seul homme d'État qui m'ait donné l'impression du génie. Et pourtant j'en ai vu d'autres, des Eden, des Roosevelt, des Churchill, des Chamberlain. Lui, ce n'est pas un Cavour, il est de la race des César. Cet homme est celui qui a fait reculer 52 nations, qui, au cœur d'une Italie toute seule, abandonnée de tout le monde, peut dire "qu'il est venu et qu'il a vaincu".

« On en sourit dans la presse de droite. Mais moi je vous dis : c'est un grand ennemi.

« Je me souviens d'une parole qu'il a prononcée devant moi, durant une de ces journées dramatiques où 52 nations étaient liguées contre lui : "Croyez-vous que je vais ramener mes soldats avec du crêpe à leurs baïonnettes, sous les arcs de triomphe de Rome ? Jamais je ne leur imposerai une telle humiliation."

« Et c'est le même homme qui nous jette maintenant la menace, le défi à la figure. Je vous dis "Attention !" : Les cris de "À nous la Corse, la Tunisie, la Savoie", ce n'est pas seulement la presse fasciste qui les pousse, c'est Mussolini lui-même qui s'est volontairement engagé et ne peut plus désormais reculer.

« On nous dit encore : "Nous n'avons rien à craindre de Franco, Franco n'est pas l'ennemi de la France."

« Halte-là, que Franco ne soit pas l'ennemi de la France, je le crois, mais ce qu'il aurait fallu éviter, c'est que les Italiens et les Allemands s'installassent son Espagne. Nous n'avions qu'un moyen de l'empêcher, c'était de leur couper l'herbe sous les pieds en prenant Franco lorsqu'il était à prendre, notamment durant les heures tragiques qu'il a vécues après son échec de Madrid.

« Ou bien alors, il fallait carrément soutenir les rouges et non pas se contenter de leur offrir notre cœur comme M. Blum. Les soutenir à fond, c'était une politique. Nous n'avons fait ni l'un ni l'autre.

« L'Allemagne travaille jour et nuit, l'Italie travaille jour et nuit pour faire triompher la politique fasciste, qui n'est en somme que le bolchevisme transporté sur le plan de la politique étrangère. Deux solutions s'offrent à nous : la première consiste à capituler pour éviter la guerre. C'est une politique. Mais est-on bien sûr que la guerre sera définitivement écartée, lorsque nous aurons capitulé ? Personnellement, je ne le crois pas, c'est pourquoi j'opte pour la seconde solution qui consiste à organiser une France apte à se défendre. Il faut avoir du matériel, il faut répondre à la mobilisation par la mobilisation, il y a eu 60 000 mobilisés en Italie, ces temps derniers ; en France, il y a eu un beau discours de M. Daladier. En outre, il faut regrouper autour de nous, tous les peuples menacés par Hitler et Mussolini. Il faut faire une politique d'alliances, c'est la seule chance de paix. Et pourtant, pendant que le comte Ciano vole de capitale en capitale, il n'y a pas un mot, pas un geste, de notre président du Conseil, de notre ministre des Affaires étrangères pour grouper les peuples autour de nous.

« Même à l'heure actuelle, nous sommes les plus forts, si nous savons gagner des alliés. Nous ne serons vaincus que par notre lâcheté, mais devant des géants comme Hitler et Mussolini, il nous faut autre chose que des hommes en carton-pâte.

« On dit enfin : "On ne pouvait faire autrement que d'abandonner la Tchécoslovaquie."

« Moi, je vous dis : on peut toujours faire autrement que de capituler. Avons-nous gagné la paix, il y a quatre mois ? Non ! Nous avons livré la meilleure de nos tranchées. À cette époque nous pouvions encercler l'Allemagne, aujourd'hui c'est nous qui sommes encerclés et tout cela en échange de quoi ? De rien !

« Tout est-il perdu ? Non. Jamais un ancien soldat ne pourra croire cela. La force est encore avec nous, à condition qu'on ne commette plus une seule faute, à condition que nous "en terminions avec les forces obscures" et à ce propos, je vais vous citer les paroles d'un officier supérieur français en contact étroit avec le 2e Bureau tchèque : "La propagande hitlérienne a manifesté une activité considérable durant toute la période de tension internationale et s'est exercée jusque dans les journaux français. J'en ai eu la preuve en constatant la concordance, je pourrais presque dire l'identité de certains passages d'articles, avec des documents allemands que j'avais sous les yeux."

«Est-ce à dire que tous les directeurs de journaux aient trahi ? Je ne le crois pas ! Ce serait une chose horrible ! Mais ce qui est certain, c'est que des agents hitlériens se sont infiltrés dans les services de presse.

«Quoi qu'il en soit, il était nécessaire qu'un journaliste, un petit député, vienne vous dire la vérité, vienne supplier le public d'élite que vous formez, de réfléchir à la gravité de la situation.

«Je suis peut-être le seul à vous tenir ce langage pessimiste. Mais, seul ou pas seul, je défendrai ma tranchée ! »

La sortie s'est effectuée sans incident vers 19 h 15.

◆

L'ATTENTAT DE MARSEILLE

Le roi de Yougoslavie assassiné

Mille deux cents gardiens de la paix et cent quatre-vingt-onze inspecteurs de la Sûreté, plus le renfort de cent vingt gendarmes à pied et de quarante-huit gardes mobiles à cheval : c'est un impressionnant dispositif de sécurité qui se déploie, le 9 octobre 1934, à travers Marseille.

La ville est en fête pour l'arrivée du roi de Yougoslavie, à bord du croiseur *Dubrovnik* qui entre dans le port sous les salves d'honneur de deux bâtiments français ; le ministre des Affaires étrangères en personne, Louis Barthou, est venu l'accueillir, avec le ministre de la Marine. Alexandre Ier et ses hôtes manifestent chaleureusement l'amitié franco-yougoslave devant l'objectif des caméras, avant de monter dans l'auto qui doit les transporter à la préfecture ; sous les vivats d'une population joviale et bruyante, les voici très imprudemment exposés dans une splendide Delage découverte, qu'escortent seulement deux officiers à cheval.

Or, la sécurité du cortège comporte une faille. À l'angle de la Canebière et de la rue Paradis, le chauffeur est obligé de ralentir. Et c'est alors qu'un homme « s'est précipité en courant, venant du terre-plein de la Bourse, un revolver dans chaque main», résume un rapport dactylographié le soir même.

Un gardien de la paix tente de bloquer l'énergumène, mais des coups de feu claquent et il s'écroule dans son sang. Le roi a tout juste le temps de remarquer la scène qu'il est à son tour exécuté. Les policiers répliquent, un cavalier fonce sabre au clair : la confusion est totale.

Outre le roi et le gardien de la paix, tués sur le coup, on dénombre au moins douze blessés, dont le général Georges, assis à côté du souverain yougoslave et, dans la foule, un petit Marseillais de quatorze ans. Quatre victimes mourront de leurs blessures, dont une jeune serveuse et le ministre des Affaires étrangères de la République : Louis Barthou, touché sans doute par une balle française, perd abondamment son sang et, âgé de soixante-douze ans, succombe bientôt à l'épreuve.

Une organisation révolutionnaire

«Le service d'ordre n'a pas été surpris puisque le gardien de la paix qui se trouvait à la hauteur de l'assassin a été le premier frappé», conclut piteusement une note au directeur de cabinet du ministre de l'Intérieur… Une mention rageusement biffée au crayon rouge : après ce désastre, le ministre de l'Intérieur, Albert Sarraut, va devoir démissionner, tout comme le directeur de la Sûreté, Berthoin.

Quant au tireur, «ceinturé presque aussitôt par les gardiens de la paix et les inspecteurs du service d'ordre, il a été trouvé porteur d'une bombe en forme de grenade». L'individu, «blessé très grièvement», n'en est pas moins interrogé sur-le-champ, dans les locaux de la Sûreté de Marseille. Il expire, sans avoir rien révélé. La police en est réduite à lui faire les poches : «Le meurtrier du roi de Yougoslavie est un nommé Kelemen, Petrus, commerçant, né à Zagreb le 20 décembre 1899.» C'est du moins le nom qui apparaît sur son passeport tchécoslovaque, qui se révélera un faux. L'homme porte par ailleurs des vêtements neufs, provenant du grand magasin parisien *La Belle Jardinière*. Le commissaire Mondanel y apprend des employés que le supposé Kelemen est venu en effet, le 3 octobre, en compagnie de quatre hommes qui, eux aussi, ont renouvelé leur garde-robe. S'ensuit un vaste coup de filet parmi les Balkaniques de France, ainsi qu'un contrôle serré des trains et postes-frontières. Un individu suspect, repéré en gare de Fontainebleau, s'enfuit dans la forêt voisine, où il est cueilli après deux jours d'errance en haut des arbres. Deux autres voyageurs, qui s'apprêtaient à passer en Suisse à travers le lac Léman, portent des costumes de *La Belle Jardinière* : interrogés, ils ne font aucune difficulté pour revendiquer leur appartenance à «une organisation révolutionnaire».

Trouver Ante Pavelitch

«Suite révélations faites par individus arrêtés Annemasse il résulte que chef des terroristes auteur et complices attentat Marseille contre roi Alexandre et M. Louis Barthou se nommerait Pavelitch Ante né en 1889 à Iranplanina arrondissement Konitz (Yougoslavie)», télégraphie la Sûreté à la Police criminelle italienne, dès le 15 octobre. En effet, «Pavelitch est signalé comme habitant avec sa famille à Milan. [...] Vous prie instamment faire procéder toutes recherches utiles en vue retrouver Pavelitch et, en cas découverte, garder à vue et me télégraphier extrême urgence. »

L'urgence seule excuse l'incroyable naïveté de ce télégramme. Ante Pavelitch ? Un ancien député séparatiste croate, ennemi déclaré de la Yougoslavie unitaire et francophile qu'incarnait Alexandre Ier. Depuis que le roi, en 1929, a suspendu la constitution parlementaire, Pavelitch vit en exil entre la Hongrie et l'Italie, d'où il dirige la redoutable organisation des Oustachis : les « Insurgés » en croate, prêts à détruire l'État yougoslave par tous les moyens. Or, l'Italie fasciste soutient matériellement cette cause, tout comme la Hongrie et l'Allemagne hitlérienne : création du traité de Versailles, la Yougoslavie contrarie leurs ambitions territoriales dans les Balkans.

Mussolini fait arrêter Pavelitch et son bras droit Kwaternik – l'un des hommes de *La Belle Jardinière*, qui a pu quitter la France. Ces arrestations, toutefois, ne sont qu'une mise en scène : refusant d'extrader les commanditaires de l'attentat, l'Italie reçoit fort courtoisement un commissaire français, mais celui-ci ne pourra jamais interroger les deux hommes, que leur emprisonnement de convenance protège en fait des poursuites.

Le successeur de Louis Barthou aux Affaires étrangères, Pierre Laval, recherche l'apaisement : au lieu de nouer des alliances de revers avec les Yougoslaves, les Roumains, les Tchécoslovaques et les Polonais, il préfère s'entendre avec l'Italie fasciste.

En 1935, c'est donc le procès des comparses qui s'ouvre devant les assises des Bouches-du-Rhône, à Aix-en-Provence. Un procès strictement criminel d'ailleurs, le président refusant toute considération politique. En protestant vigoureusement contre ce déni de réalité, l'avocat des terroristes, Me Desbons, ne réussit qu'à se faire radier du barreau. Mijo Krajli, Zvonimir Pospishil et Ivo Rajitch sont condamnés aux travaux forcés à perpétuité. Les deux premiers mourront pendant leur peine, tandis que Rajitch sera libéré sous l'Occupation, à la demande expresse des Allemands. Ante Pavelitch, quant à lui, sera placé par Hitler à la tête de l'État croate indépendant qui s'érigera en 1941 sur les décombres de la Yougoslavie, envahie et démembrée. En quatre ans, le « Boucher des Balkans » va liquider plus d'un dixième de sa propre population.

La Seconde Guerre mondiale a commencé à Marseille, le 9 octobre 1934, par une journée de fête.

◆

Le dossier

Interrogé malgré ses multiples blessures, le tireur expire sans avoir rien révélé. Seuls ses vêtements, achetés récemment à La Belle Jardinière, *donnent un début de piste aux policiers. Le tueur est entré en France le 28 septembre 1934. À Paris, il a retrouvé trois complices, puis a logé dans un hôtel d'Avignon où des armes lui ont été fournies par une jolie blonde. L'opération a été organisée avec minutie par des individus formés à l'action clandestine.*
Porteur d'un faux passeport tchécoslovaque au nom de Petrus Kelemen, l'assassin s'appelle en réalité Vlado Gueorguiev Tchernozemski. Bien connu de la police yougoslave, qui fournit ses relevés d'empreintes digitales, c'est un tueur professionnel

de l'Organisation révolutionnaire intérieure de Macédoine (ORIM), mouvement allié aux Oustachis croates.
Le commanditaire de l'attentat, Ante Pavelitch, est protégé par l'Italie fasciste comme par l'Allemagne nazie.

Note, s. d.
(AN, f/7/15928/2)

Le meurtrier du roi de Yougoslavie est un nommé Kelemen, Petrus, commerçant, né à Zagreb le 20 décembre 1899. Il était muni d'un passeport tchécoslovaque, délivré le 30 mai 1934 et régulièrement visé par le consulat général de Zagreb.

Il est entré en France le 28 septembre 1934 par le poste de Vallorbe.

Il ne figurait sur aucune des listes de suspects confiées à la police marseillaise par la police yougoslave.

Circonstances de l'accident.

Le meurtrier, au moment où le cortège passait à l'angle de la Canebière et de la rue Paradis, s'est précipité en courant, venant du terre-plein de la bourse, un revolver dans chaque main. Ceinturé presque aussitôt par les gardiens de la paix et les inspecteurs du service d'ordre, il a été trouvé porteur d'une bombe en forme de grenade.

Le meurtrier a été blessé très grièvement.

À l'heure actuelle, il est interrogé dans les locaux de la sûreté de Marseille.

Télégramme, 15 octobre 1934
(AN, f/7/15926/1)

Police criminelle, Rome.

Suite révélations faites par individus arrêtés Annemasse, chef des terroristes auteur et complices attentat Marseille contre roi Alexandre et M. Louis Barthou se nommerait Pavelitch Ante né en 1889 à Iranplanina arrondissement Konitz (Yougoslavie) de Milan et de Maria. Signalement : taille moyenne. Cheveux châtains. Moustache rasée. Sourcils châtains très fournis. Forte corpulence. Stop. Pavelitch est signalé comme habitant avec sa famille à Milan et recevant correspondance sous le nom Pietro Buca, Casello postale 43 à Bologne. Stop. Vous prie instamment faire procéder toutes recherches utiles en vue retrouver Pavelitch et, en cas découverte, garder à vue et me télégraphier extrême urgence.

Intérieur, Sûreté, recherches judiciaires. Paris.

◆

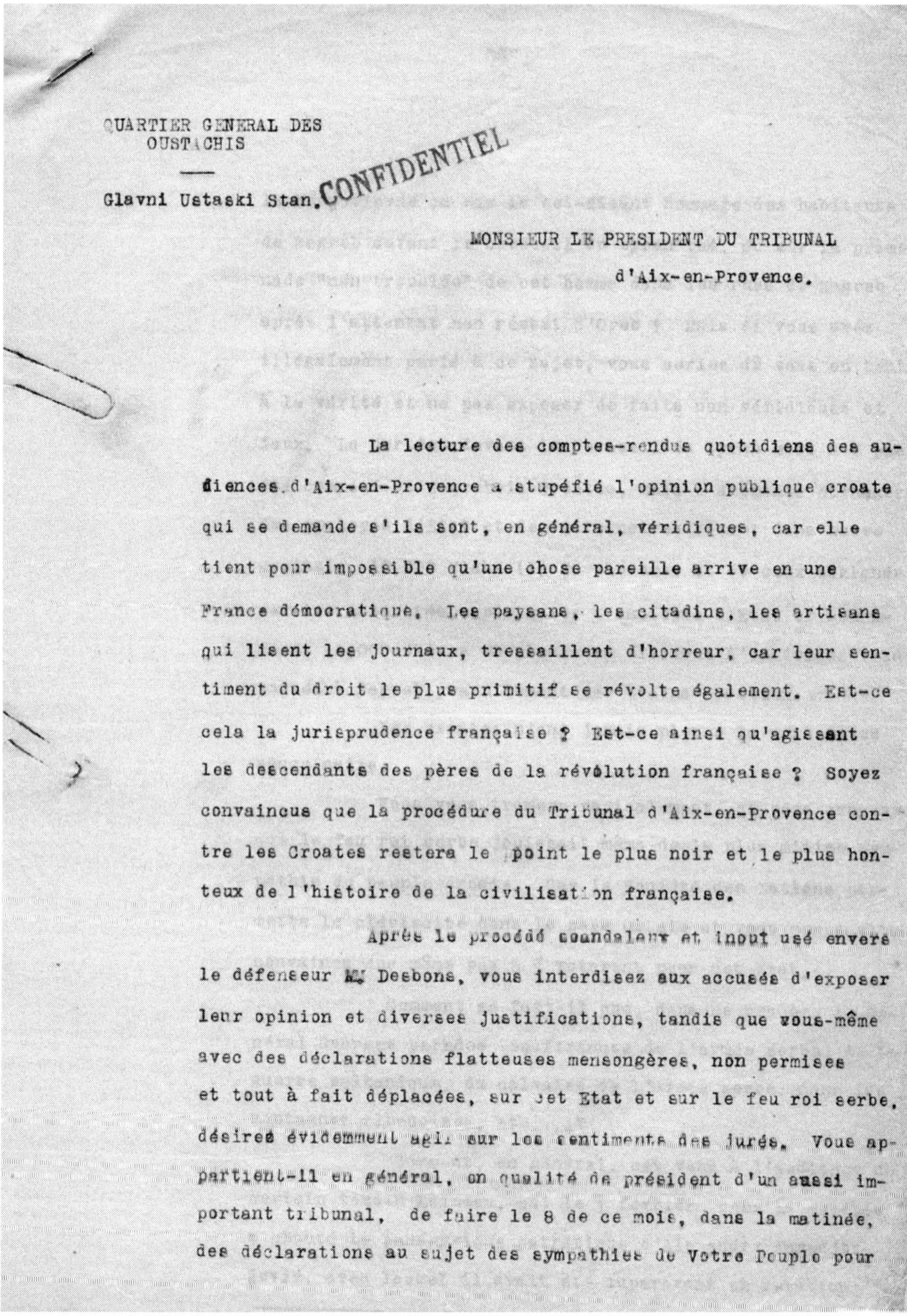

QUARTIER GENERAL DES
OUSTACHIS

Glavni Ustaski Stan.

CONFIDENTIEL

MONSIEUR LE PRESIDENT DU TRIBUNAL
d'Aix-en-Provence.

La lecture des comptes-rendus quotidiens des audiences d'Aix-en-Provence a stupéfié l'opinion publique croate qui se demande s'ils sont, en général, véridiques, car elle tient pour impossible qu'une chose pareille arrive en une France démocratique. Les paysans, les citadins, les artisans qui lisent les journaux, tressaillent d'horreur, car leur sentiment du droit le plus primitif se révolte également. Est-ce cela la jurisprudence française ? Est-ce ainsi qu'agissent les descendants des pères de la révolution française ? Soyez convaincus que la procédure du Tribunal d'Aix-en-Provence contre les Croates restera le point le plus noir et le plus honteux de l'histoire de la civilisation française.

Après le procédé scandaleux et inouï usé envers le défenseur Me Desbons, vous interdisez aux accusés d'exposer leur opinion et diverses justifications, tandis que vous-même avec des déclarations flatteuses mensongères, non permises et tout à fait déplacées, sur cet Etat et sur le feu roi serbe, désirez évidemment agir sur les sentiments des jurés. Vous appartient-il en général, en qualité de président d'un aussi important tribunal, de faire le 8 de ce mois, dans la matinée, des déclarations au sujet des sympathies de Votre Peuple pour

Lettre de menaces

Durant le procès de Krajli, Pospishil et Rajitch, le quartier général des Oustachis écrit en croate au président du tribunal d'Aix-en-Provence, le 10 février 1936. La traduction française réalisée pour la police porte le tampon «Confidentiel». (AN, f/7/15928/1)

Du communisme au nazisme

Le destin de Jacques Doriot

Rarement dossier de police aura été plus composite. Un dossier, en somme, est le reflet d'une vie et celle-ci, sans équivalent, débute sous le drapeau rouge des bolcheviks pour finir sous l'uniforme des Waffen SS.

« Doriot, Jacques, né le 26 septembre 1898, à Bresles (Oise) est célibataire. Habitant Saint-Denis (Seine), 4, rue de la Légion d'honneur, et exerçant la profession d'ajusteur-mécanicien, il s'était déjà fait remarquer par ses idées avancées », indique sa fiche biographique, le 1er septembre 1924.

Doriot, mobilisé en 1918, revient horrifié des tranchées de l'Est et de sa campagne d'Orient. À peine libéré des obligations militaires, il adhère aux Jeunesses communistes : « Son activité, la facilité avec laquelle il s'exprime et écrit, les nouvelles directives qu'il sait imprimer à sa section dans la lutte de classes et contre le militarisme, le font distinguer et passer rapidement au premier plan... »

Emprisonné à la Santé

En juin 1921, il prend un an de prison pour «provocation de militaires à la désobéissance». Mais il est condamné par défaut : Jacques Doriot s'est réfugié en Russie soviétique, où il se forme à l'action clandestine. Revenu en mai 1923, il fait campagne contre l'occupation de la Ruhr et la politique des «réparations de guerre» : encourageant les conscrits à fraterniser avec les ouvriers allemands, il est condamné, les 17 et 24 janvier 1924, à trois peines de six mois de prison. Et cette fois, la police a pu l'appréhender.

«En avril 1924, étant à la prison de la Santé, il est porté par le Parti communiste sur la liste communiste “Bloc ouvrier et paysan” de la 4e circonscription de la Seine (arrondissement de Saint-Denis et de Sceaux) comme candidat aux élections législatives.» Voici l'agitateur élu à la Chambre : «Doriot Jacques, actif, intelligent, d'un esprit vif et d'une conception rapide, sobre dans ses gestes, doué d'une parole simple et facile, paraît être désigné à devenir rapidement un des hommes les plus en vue du Parti communiste.»

Le 14 mars 1927, une dépêche de Hanoï traduit le désarroi des autorités coloniales en Indochine : «Député Doriot entré en relations ouvertes avec Ligue peuples opprimés et réfugiés politiques annamites étroitement groupés autour de Nguyen Ai-Quoc.»

Ce Nguyen Ai-Quoc, «le Patriote», n'est autre que le futur Hô Chi Minh : il vit en Chine, où Doriot fait une tournée remarquée. À Canton, le consul de France l'a vu «se promenant dans la ville, en tenue d'officier de l'armée cantonaise, escorté de six gardes du corps armés de revolvers et aurait figuré dans des cortèges, précédé de musiciens militaires en uniforme ».

Pourtant, Moscou préfère Thorez à Doriot. Certes, celui-ci a raison de préconiser dès 1928 un rapprochement avec les socialistes pour contrer le péril fasciste en Europe, mais ce faisant, il s'est montré indiscipliné...

Affiche du PPF.

Le Parti populaire français

Le député-maire de Saint-Denis « semble se soustraire de plus en plus à l'autorité des dirigeants du Parti communiste », relève une note en date du 10 février 1934. « Il est en effet profondément écœuré des procédés dont on use à son égard et des attaques continuelles dont il est l'objet. » Tendance que confirme un rapport du 5 avril : « Les dissensions qui se sont élevées entre Jacques Doriot, député-maire de Saint-Denis, et la direction du Parti communiste s'accentuent chaque jour. »

Emportant avec lui les camarades de Saint-Denis, Doriot fonde son propre mouvement : le Parti populaire français. Organisation laïque à la phraséologie révolutionnaire, le PPF trouve d'étranges soutiens : « Lorsque le 28 juin 1936, M. Jacques Doriot se tenait à Saint-Denis pour jeter les bases du Parti populaire français, on [a] pu voir avant la séance le député-maire de Saint-Denis s'entretenir confidentiellement mais avec un ton familier avec le journaliste naziste bien connu en France Frédérick Sieburg. M. Sieburg qui est l'auteur du livre *Dieu est-il français ?* qui connut lorsqu'il parut un gros succès de librairie, passe pour être au mieux avec M. von Ribbentrop », rappelle une note du 11 juin 1937.

Le PPF sera fasciste, agrégeant aux anciens communistes des intellectuels de droite, comme Pierre Drieu La Rochelle, ou des hommes d'affaires comme Pierre Pucheu. L'évolution idéologique s'est accompagnée chez Doriot d'une transformation physique : le jeune homme filiforme aux lunettes rondes d'intellectuel est devenu un personnage empâté aux allures mussoliniennes.

Sous l'Occupation, Doriot tente vainement de faire du PPF le grand parti collaborationniste de l'État français. Tenu en lisière du pouvoir par le maréchal Pétain, il fait de la surenchère et soutient en 1941 la création de la Légion des volontaires français contre le bolchevisme ; l'ancien antimilitariste combat lui-même, sur le front de l'Est, sous les couleurs de la LVF, dont les hommes portent un uniforme allemand. En 1944, la LVF est intégrée aux Waffen SS. Doriot croit encore pouvoir présider un hypothétique gouvernement de transition, en cas de reconquête de la France par la Wehrmacht, quand la voiture où il voyage est mitraillée par un avion. Le 22 février 1945 à Mengen, dans le Wurtemberg, les rafales du chasseur mettent fin à sa folle équipée.

◆

Le dossier

Membre du Comité central, député puis maire de Saint-Denis, Jacques Doriot est vite identifié comme l'étoile montante du PC et fait l'objet d'une surveillance si attentive qu'elle en devient trop visible. Elle se poursuit quand l'ex-communiste fonde le PPF : la nouvelle organisation est en lien avec les nazis, mais aussi le « rexiste » belge Léon Degrelle et la Phalange espagnole.

Note sur Doriot, dit « Lochet », dit « Guilleau », 1er septembre 1924

(AN, f/7/15949/2)

Doriot, Jacques, né le 26 septembre 1898, à Bresles (Oise) est célibataire.

Habitant Saint-Denis (Seine), 4, rue de la Légion d'Honneur, et exerçant la profession d'ajusteur-mécanicien, il s'était déjà fait remarquer par ses idées avancées.

Mobilisé avec la classe 1918, il était démobilisé avec celle-ci, après avoir fait campagne en Orient.

Dès sa libération, il adhère aux Jeunesses communistes. Son activité, la facilité avec laquelle il s'exprime et écrit, les nouvelles directives qu'il sait imprimer à sa section dans la lutte de classes et contre le militarisme, le font distinguer et passer rapidement au premier plan des militants de la 4e Entente de la Fédération des Jeunesses communistes.

Comme militant, il écrit de nombreux articles dans *L'Avant-garde*, journal antimilitariste, organe de la Fédération des jeunesses communistes, puis dans *L'Humanité*, articles qu'il signe du pseudonyme de « Guilleau ».

Désigné comme gérant du *Conscrit rouge*, journal créé par les Jeunesses communistes et qui ne fut publié qu'une fois, il est poursuivi en juin 1921, pour provocation de militaires à la désobéissance.

Condamné par défaut, par la 11e chambre correctionnelle, à 1 an de prison, il se réfugie en Russie.

Au contact des Russes, il étend ses connaissances sur le monde ouvrier et prépare une brochure *Entre deux guerres* qu'il fait paraître à son retour en France. En Russie, la Fédération des Jeunesses communistes, section française, le désigne pour la représenter au 2e Congrès de l'Internationale communiste des jeunes à Moscou en décembre 1922, où il est rapporteur de la question de l'antimilitarisme.

Rentré en France en mai 1923, il est hébergé durant quelques jours, chez son cousin Lozeray, Robert, 14, rue Goncourt à Paris, puis se fait domicilier au siège de la Fédération des Jeunesses communistes, 121, rue Lafayette. En dernier lieu, il loge, sous le nom de « Lochet » chez un nommé Cadeau, ancien secrétaire de la CGTU, 114, boulevard de la Villette à Paris.

Dès son retour, il assiste en mai 1923, au 3e Congrès national des jeunesses communistes à Villeurbanne-Lyon (20 et 21 mai), où, sous le nom de Guilleau, il présente le rapport sur les « cellules d'usine » dont il sera en France l'organisateur. À ce Congrès, il est nommé, succédant à Laporte, secrétaire politique au comité national de la Fédération.

Ses connaissances particulières acquises en Russie, le font ensuite désigner comme délégué au comité directeur du Parti communiste.

Continuant son œuvre de « moscoutaire », il est un des plus actifs à créer et à obtenir la scission au sein de la Fédération sportive du travail. Après cette scission effectuée au Congrès de Montreuil, le 22 juillet 1933, il est désigné au poste de délégué de la propagande dans la nouvelle Fédération sportive du travail, section française de l'Internationale rouge sportive. Lors de la fondation (29 juin 1923) du club pédestre de l'Étoile rouge, Doriot adhère à ce club.

En juillet 1923, il fait paraître sa brochure *Entre deux guerres* tirée à 7 000 exemplaires, dans laquelle il fait une violente critique du traité de Versailles, préconise de se dresser contre toute Défense nationale, en régime capitaliste, d'opposer à l'idée de patrie, celle de la lutte de classes et de préparer le déclenchement de la grève générale en cas de menaces de guerre.

Arrêté le 8 décembre 1923, la peine est réduite sur opposition, le 21 décembre, à 4 mois de prison ; mais, comme il fait l'objet de différentes autres poursuites pour avoir fait paraître en octobre 23 dans *L'Avant-garde* un article intitulé : « Les jeunes et la révolution allemande », dans *Le Conscrit* « Manifeste aux jeunes conscrits » et dans *L'Humanité* : « Votre lutte est la nôtre. Les jeunes communistes français aux ouvriers allemands », il est condamné, par la 11e chambre correctionnelle les 17 et 24 janvier 1924, à trois peines de six mois de prison.

En avril 1924, étant à la prison de la Santé, il est porté par le Parti communiste sur la liste communiste « Bloc ouvrier et paysan» de la 4e circonscription de la Seine (arrondissement de Saint-Denis et de Sceaux) comme candidat aux élections législatives.

Le 11 mai 1924, il est élu député, au premier tour, avec 105 590 voix, après Vaillant-Couturier, tête de liste.

Jacques Doriot a toujours mené sa campagne en faveur de la lutte des classes et contre le militarisme, avec une foi qui paraissait très sincère.

Son passage en Russie en a fait un «convaincu» des idées communistes.

Il s'est séparé des anarchistes lorsque les communistes ont dû mener seuls la campagne pour soutenir le prolétariat allemand contre le capitalisme allemand.

Comme militant, il est le promoteur en France, selon les conceptions de Moscou, des «cellules d'usine», en conseillant de constituer dans le lieu même de l'exploitation «la citadelle révolutionnaire» et en engageant les jeunes ouvriers «à aller aux masses» pour défendre les revendications de la jeunesse ouvrière.

Comme rédacteur aux journaux *L'Humanité*, *L'Avant-garde*, *Le Conscrit*, *La Caserne*, il a été l'un des principaux animateurs, sinon le chef véritable de la lutte contre le militarisme.

Dans ses articles, il mène une active campagne contre l'occupation de la Ruhr qu'il qualifie «d'acte de banditisme» et engage, notamment la déclaration faite lors de sa comparution devant la 11e chambre correctionnelle, les soldats français dans la Ruhr à fraterniser avec les ouvriers allemands. Cette déclaration fait dire dans tous les journaux antimilitaristes : «C'est à nous, réconfortés, prêts à l'action, d'aller répéter à tous les ouvriers, ce que Doriot a dit aux juges.»

Enfin, dans *L'Avant-garde* et *La Caserne*, il fait un pressant appel à la classe 1921 : «La classe 21 adhère aux Jeunesses communistes» pour que les jeunes soldats se joignent aux jeunesses communistes.

Pour documenter et activer la campagne antimilitariste, il engage son cousin Lozeray Robert, né le 1er janvier 1901 à Dreux (Eure-et-Loir) à partir dans la Ruhr. Lozeray, muni d'un faux passeport au nom de «Marchand» et sur les indications de Doriot, se rend à Cologne où par l'intermédiaire de Stass, chez qui il était descendu, entre en relation avec un prénommé «Harry» de qui il reçoit 100 billions de marks pour la campagne.

Les directives données à Lozeray par Doriot visaient les points suivants :
– établir la liaison avec les jeunesses communistes allemandes;
– coordonner la propagande antimilitariste;
– prendre contact avec certains militaires pour obtenir divers renseignements sur l'état moral des troupes françaises, sur leur couchage, sur leur nourriture, sur leurs relations avec les officiers.

C'est à la suite de ces faits que se déroulèrent ces différentes arrestations qui devaient motiver les poursuites et les condamnations prononcées en mai 1924 par le conseil de guerre de Mayence contre Lozeray et autres.

Doriot Jacques, actif, intelligent, d'un esprit vif et d'une conception rapide, sobre dans ses gestes, doué d'une parole simple et facile, paraît être désigné à devenir rapidement un des hommes les plus en vue du Parti communiste.

Antimilitariste acharné et convaincu, sa foi ardente dans les théories «moscoutaires» font de Doriot facilement un «illuminé» et par cela même, il doit être considéré comme particulièrement dangereux.

Outre son mandat de député, Doriot doit être considéré comme émargeant au budget de *L'Humanité*.

Il est noté comme suit au sommier judiciaire :

– 4 mois 100 fr. – 11e chambre correctionnelle, provocation de militaires à la désobéissance
– 6 mois 100 fr. – 11e chambre correctionnelle, provocation de militaires à la désobéissance
– 6 mois 100 fr. – 11e chambre correctionnelle, provocation de militaires à la désobéissance
– 6 mois 100 fr. – 11e chambre correctionnelle, provocation de militaires à la désobéissance, défaut.

Note « au sujet de la surveillance de Doriot », 10 décembre 1924
(AN, f/7/15949/2)

De l'ensemble de la surveillance exercée sur Doriot, il résulte que :

Tous les militants du Parti communiste se savent actuellement surveillés et filés.

Une brigade d'une huitaine d'inspecteurs de la préfecture de police, postés ostensiblement à proximité du siège du Parti, 120 rue Lafayette, en surveillent les abords. Un autre groupe, du même nombre environ, est chargé de prendre en filature les militants du Parti communiste.

Ces inspecteurs ont établi « leur quartier général » au bar « Lestrade » 119 rue Lafayette, où, depuis, les quelques communistes qui y venaient habituellement y consommer, n'y paraissent plus.

Les inspecteurs de la préfecture de police se sachant « brûlés » en auraient fait part à leurs chefs respectifs lesquels les auraient invités à continuer quand même leur service. C'est dans ces conditions que ces inspecteurs ne prennent plus aucune des précautions les plus élémentaires, pour se dissimuler.

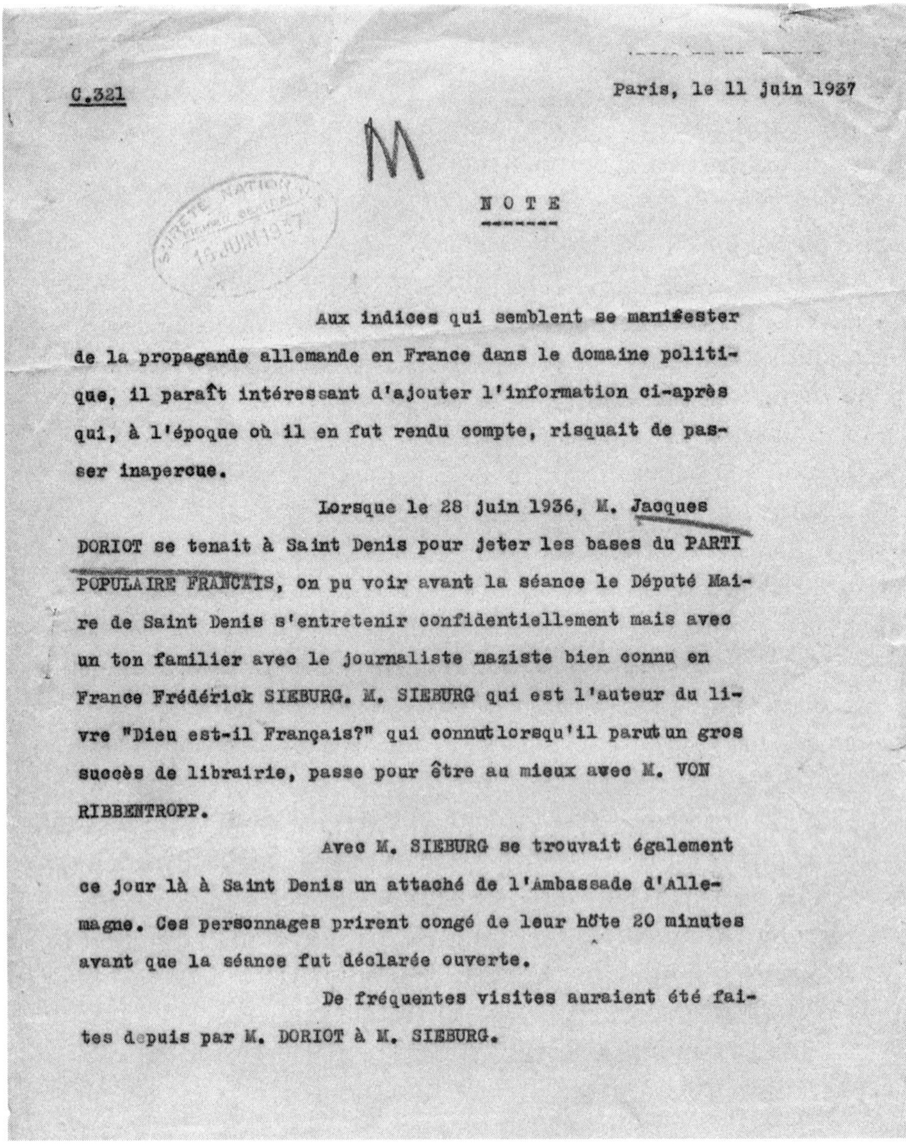

G.321 Paris, le 11 juin 1937

NOTE

Aux indices qui semblent se manifester de la propagande allemande en France dans le domaine politique, il paraît intéressant d'ajouter l'information ci-après qui, à l'époque où il en fut rendu compte, risquait de passer inapercue.

Lorsque le 28 juin 1936, M. Jacques DORIOT se tenait à Saint Denis pour jeter les bases du PARTI POPULAIRE FRANCAIS, on pu voir avant la séance le Député Maire de Saint Denis s'entretenir confidentiellement mais avec un ton familier avec le journaliste naziste bien connu en France Frédérick SIEBURG. M. SIEBURG qui est l'auteur du livre "Dieu est-il Français?" qui connut lorsqu'il parut un gros succès de librairie, passe pour être au mieux avec M. VON RIBBENTROPP.

Avec M. SIEBURG se trouvait également ce jour là à Saint Denis un attaché de l'Ambassade d'Allemagne. Ces personnages prirent congé de leur hôte 20 minutes avant que la séance fut déclarée ouverte.

De fréquentes visites auraient été faites depuis par M. DORIOT à M. SIEBURG.

Note du 11 juin 1937 sur le PPF

Elle signale les liens entre le nouveau parti et les nazis.

(AN, f/7/15949/2)

Il s'ensuit des scènes burlesques.

C'est ainsi que, parfois, on peut voir aux fenêtres du Parti, des militants y apparaître et faire des signes ironiques aux inspecteurs « soi-disant en surveillance ».

D'un renseignement particulier obtenu, déjà plusieurs de ces inspecteurs auraient été photographiés par des militants du Parti communiste.

Ce matin, Doriot arrivant devant le Parti, et passant devant le groupe d'inspecteurs en question, leur dit, non sans ironie, « Bonjour messieurs. Vous devez avoir froid d'être là depuis ce matin » ; et les inspecteurs de répondre : « Oui, naturellement. »

Il y a quelques jours, à la descente du tramway, Cachin dit aux deux inspecteurs qui le filaient, ou bien, plutôt, l'escortaient : « Après vous, messieurs. » Après une hésitation des inspecteurs, Cachin, de répondre : « Nous faisons route ensemble, venant de même point et allant au même endroit, depuis quelques jours. »

Les militants communistes ainsi « encadrés » ne font actuellement que ce qu'ils n'ont pas d'intérêt à cacher et ne vont que là où l'on sait déjà qu'ils ont l'habitude d'aller.

Dans ces conditions, il apparaît que toute surveillance effective de la part de la Sûreté générale, n'est plus utile et doit être même qualifiée de « dangereuse ».

Dépêche télégraphique du ministère des Colonies au service de contrôle et d'assistance en France des indigènes des colonies françaises, 14 mars 1927
(AN, f/7/15949/2)

Hanoï, le 14 mars 1927.

Colonies, Paris.

Suite mon 543, 7 mars. Renseignements confirmés par les services information gouvernement général montrent accueil particulièrement empressé reçu à Canton par les délégués communistes objet mon 543. Député Doriot entré en relations ouvertes avec Ligue peuples opprimés et réfugiés politiques annamites étroitement groupés autour de Nguyen Ai-Quoc [le futur Hô Chi Minh], a présidé toutes manifestations organisées par leurs soins, dont banquets, et a accepté publiquement mission coordonner efforts entre les révolutionnaires annamites résidants en France et ceux émigrés en Chine. Nguyen Ai-Quoc a accompagné constamment délégués européens français portant en caractères chinois inscription : « Offert au grand révolutionnaire français par le peuple annamite » ; un autre par « Ligue peuples opprimés » avec inscription : « L'avant-garde de la révolution mondiale. » D'autre part, gouvernement général reçoit télégramme suivant daté 10 mars de notre consul à Canton, citation : « Doriot a adressé lettre aux représentants de la jeunesse révolutionnaire Indochine française dans laquelle expose qu'Indochine est opprimée politiquement et exploitée économiquement par impérialisme et l'invite à lutter pour son indépendance suivant exemple de la Russie et en soutenant la révolution chinoise. Il lui promet appui du prolétariat français. Il est parti 6 mars pour Hankéou par la voie terre » fin citation.

J'ai interdit publication et circulation dans colonie cet appel.

Pasquier

Lettre sur l'activité de M. Doriot à Canton et à Hankéou du ministre des Affaires étrangères au ministre de l'Intérieur, Sûreté générale, 7 mai 1927
(AN, f/7/15949/2)

J'avais invité notre consul à Canton à contrôler l'exactitude des informations publiées par le *Journal*, d'après lesquelles M. Doriot aurait été vu se promenant dans la ville, en tenue d'officier de l'armée cantonaise, escorté de six gardes du corps armés de revolvers et aurait figuré dans des cortèges, précédé de musiciens militaires en uniforme.

En réponse à ces demandes, M. Danjou m'a fait savoir qu'il n'avait pu obtenir que les renseignements suivants : M. Doriot a été vu en tenue militaire chinoise dans un restaurant. Notre consul n'a pu savoir si le député communiste de la Seine portait un uniforme d'officier ou de soldat. M. Doriot aurait été photographié dans cette tenue, mais M. Danjou n'a pas pu se procurer la photographie.

M. Doriot a, d'autre part, été vu en civil dans une automobile sur le marchepied de laquelle se tenaient des soldats revolver au poing, ce qui est un honneur réservé, en Chine, aux personnages importants. La porte de sa chambre à l'hôtel était gardée par des factionnaires armés. Le député communiste de la Seine a figuré dans un cortège, avec une écharpe rouge sur laquelle l'inscription : « Vive la révolution universelle » était brodée en caractères chinois.

Notre consul général à Hankéou me signale, d'autre part, un léger incident qui s'est produit dans un bar de la concession française dans cette ville. Deux marins pris de boisson ont chanté *L'Internationale* en présence du député communiste de la Seine qui ne semble, d'ailleurs, pas avoir pris une part directe à l'affaire au sujet de laquelle une enquête est en cours.

Vous trouverez ci-joint, à titre d'information, copie des lettres que j'ai adressées en date des 14 mars, 23 et 24 avril, 2 mai, à M. le ministre des Colonies et à M. le ministre de la Justice au sujet de l'activité de M. Doriot en Chine.

Pour le ministre et par autorisation,
*le chef de cabine*t. Alexis Léger

Note, 10 février 1934
(AN, f/7/15949/2)

Jacques Doriot, député maire communiste de Saint-Denis, semble se soustraire de plus en plus à l'autorité des dirigeants du Parti communiste. Il est en effet profondément écœuré des procédés dont on use à son égard et des attaques continuelles dont il est l'objet. Il n'ignore pas que son attitude est sévèrement jugée par les pontifes du secrétariat et du bureau politique, notamment par Thorez et Jacques Duclos.

Hier, Doriot avait reçu l'ordre de se rendre place de la République à Paris pour prendre la tête de la manifestation organisée par le Parti. Il s'est conformé à cette injonction et il a retrouvé les communistes gare du Nord et gare de l'Est. Mais il a constaté que les responsables qui avaient lancé l'ordre de manifestation s'étaient prudemment abstenus de paraître. Aussi n'a-t-il pas tardé à regagner Saint-Denis.

Dans son entourage, Jacques Doriot ne cache pas son dégoût pour les procédés employés par les dirigeants communistes à son égard et on a l'impression que le parti ne le conservera pas très longtemps encore dans son sein.

Note « au sujet de M. Doriot », 20 février 1934
(AN, f/7/15949/2)

D'un correspondant :

Certains éléments du Parti communiste reprochent avec vivacité à M. Doriot d'avoir au cours des derniers événements manifesté de la tiédeur dans l'action. Ce reproche ne serait pas sans fondement. On fait connaître que le maire de Saint-Denis envisagerait de quitter le Parti communiste. Avant de prendre une décision, il veut toutefois procéder à une consultation de ses amis, en particulier de ceux qu'il a dans le conseil municipal de Saint-Denis. On prête en outre à M. Doriot l'intention, pour le cas où il se déterminerait dans le sens qui vient d'être indiqué, de faire approuver son geste par ses électeurs en donnant sa démission de député et en sollicitant à nouveau le mandat législatif de Saint-Denis. Mais auparavant, il voudrait s'assurer de l'appui des socialistes.

Note, 25 mars 1934
(AN, f/7/15949/2)

Le conflit qui vient d'éclater au sein du Parti communiste entre Doriot et le bureau politique se complique chaque jour de difficultés nouvelles pour les responsables du mouvement révolutionnaire. C'est maintenant l'attitude des dirigeants de l'Association républicaine des anciens combattants qui inquiète le secrétariat du parti.

En effet, Guy Jerram, qui a pris jusqu'ici une part prépondérante dans l'organisation des anciens combattants révolutionnaires, paraît vouloir se solidariser avec Doriot. Il n'échappe pas aux « purs » du parti que si cette tactique venait à réussir, ce serait la fin de leur mainmise sur l'ARAC et la possibilité pour le député-maire de Saint-Denis de compter sur un appoint considérable. Aussi viennent-ils de donner à leurs partisans des instructions fermes pour que soit entreprise dès maintenant dans les milieux d'anciens combattants une campagne de dénigrement systématique de Doriot, visant à l'élimination des postes responsables de tous les éléments suspects de pactiser avec lui.

Note, 5 avril 1934
(AN, f/7/15949/2)

Les dissensions qui se sont élevées entre Jacques Doriot, député-maire de Saint-Denis, et la direction du Parti communiste s'accentuent chaque jour.

Aujourd'hui devait avoir lieu, à 14 heures, au siège du Parti, 120 rue Lafayette, une réunion de la commission municipale, organisme composé de tous les maires des localités de banlieue administrées par un conseil municipal communiste. La convocation de ses membres doit être faite par Jacques Doriot en sa qualité de président de la Fédération des municipalités communistes. Or celui-ci, malgré la décision des dirigeants du parti, a décidé que cette réunion aurait lieu ultérieurement arguant qu'il lui était impossible d'y assister aujourd'hui.

Les membres du secrétariat n'ont pas été dupes de ce prétexte pris par Doriot pour leur montrer qu'il n'est pas disposé à leur obéir « au doigt et à l'œil », aussi lui en ont-ils fait la remarque, mais le député de Saint-Denis s'est fâché et a répliqué qu'il était seul qualifié pour convoquer au jour et à l'heure qui lui conviennent la commission municipale du Parti.

Note « au sujet de M. Jacques Doriot », 27 juillet 1934
(AN, f/7/15949/2)

D'un correspondant :

M. Jacques Doriot, député de Saint-Denis, a déjeuné la semaine dernière avec M. Pierre Laval, au domicile de celui-ci, villa Saïd.

La conversation a porté sur la prochaine élection sénatoriale d'Aubervilliers et sur les conséquences de l'alliance socialiste communiste dans la banlieue parisienne.

Note, 11 juin 1937
(AN, f/7/15949/2)

Aux indices qui semblent se manifester de la propagande allemande en France dans le domaine politique, il paraît intéressant d'ajouter l'information ci-après qui, à l'époque où il en fut rendu compte, risquait de passer inaperçue.

Lorsque le 28 juin 1936, M. Jacques Doriot se tenait à Saint-Denis pour jeter les bases du Parti populaire français, on [a] pu voir avant la séance le député-maire de Saint-Denis s'entretenir confidentiellement mais avec un ton familier avec le journaliste naziste bien connu en France Frédérick Sieburg. M. Sieburg qui est l'auteur du livre *Dieu est-il français ?* qui connut lorsqu'il parut un gros succès de librairie, passe pour être au mieux avec M. von Ribbentrop.

Avec M. Sieburg se trouvait également ce jour-là à Saint-Denis un attaché de l'ambassade d'Allemagne. Ces personnages prirent congé de leur hôte 20 minutes avant que la séance fût déclarée ouverte.

De fréquentes visites auraient été faites depuis par M. Doriot à M. Sieburg.

Note, 30 mars 1938

(AN, f/7/15949/2)

On fait connaître que M. Jacques Doriot va se rendre prochainement à Bruxelles «incognito». Il doit y rencontrer diverses personnalités dont M. Degrelle et, croit-on savoir, le comte de Paris. M. Doriot sera accompagné par M. Barbé et par un certain M. Iraube, qui est son garde du corps.

Note sur les «relations de M. Jacques Doriot avec la Phalange espagnole», 9 août 1939

(AN, f/7/15949/2)

On fait connaître que M. Jacques Doriot a été invité par M. Calvino, délégué de la Phalange espagnole en Catalogne à se rendre à Barcelone, pour y faire une conférence sur l'activité du Parti communiste en France.

M. Doriot aurait accepté cette invitation pour la fin du mois de septembre prochain.

◆

L'ASSASSINAT DE L'INGÉNIEUR NAVACHINE

Au croisement de tous les complots

Le 25 janvier 1937, à 10 h 15, le corps tiède d'un homme est découvert dans une clairière du bois de Boulogne, à une centaine de mètres de la grille des Princes. Trois douilles de petit calibre gisent dans l'herbe, mais c'est la lame d'un stylet ou d'une baïonnette qui l'a tué.

Crime d'un rôdeur ou d'un fou ? Très improbable : l'individu assassiné est connu dans le quartier pour promener ses deux chiens dans les parages et en profiter pour faire des exercices de culture physique. Ses habitudes ont pu être repérées pour le frapper à l'abri des regards, en situation de vulnérabilité. Les témoins divergent sur des détails, mais deux riverains ont aperçu un suspect d'allure sportive, un jeune homme en chandail prenant le large au pas de gymnastique.

Quand l'identité de la victime est connue, les thèses les plus folles circulent. Dimitri Navachine est né à Moscou : ingénieur, conseiller financier, il a dirigé la Banque commerciale pour l'Europe du Nord, la fameuse « banque des

Soviets » dont on assure qu'elle finance les républicains espagnols. Depuis son arrivée en France, il est fiché comme agent de Moscou, mais on dit aussi qu'en 1930, rappelé en URSS, il a refusé de quitter la France.

Navachine serait-il en délicatesse avec le Kremlin ? Par ailleurs, on le sait franc-maçon, peut-être « 33e », le plus haut grade. Finances occultes, communisme, services secrets et franc-maçonnerie forment un cocktail détonant, dans cette France des années 1930 qui voit des complots tous azimuts. Navachine était-il un trotskyste, éliminé par les staliniens ? Un franc-maçon dissident qui allait fonder une obédience révolutionnaire ? N'a-t-il pas plutôt été liquidé par Napoléon Bey, qu'il redoutait – un ancien communiste qui s'est mis à son compte, en formant son Parti national prolétarien sur le modèle nazi ?

L'hypothèse cagoularde

Ces hypothèses multiples ne font que brouiller les pistes et l'enquête n'avance pas. Un an après l'assassinat, un journaliste fait état de confidences troublantes. Il cite Jean Filliol et ses amis du XVIe arrondissement, anciens Camelots du roi en rupture avec l'Action française, qu'ils ont trouvée trop modérée le 6 février 1934. Une centaine de jeunes activistes d'extrême droite glisse ainsi vers le Parti national révolutionnaire d'Eugène Deloncle, bientôt remplacé par un mouvement clandestin, le CSAR.

Craignant que le Front populaire débouche sur une dictature marxiste, les membres du Comité secret d'action révolutionnaire stockent des armes et se préparent au combat.

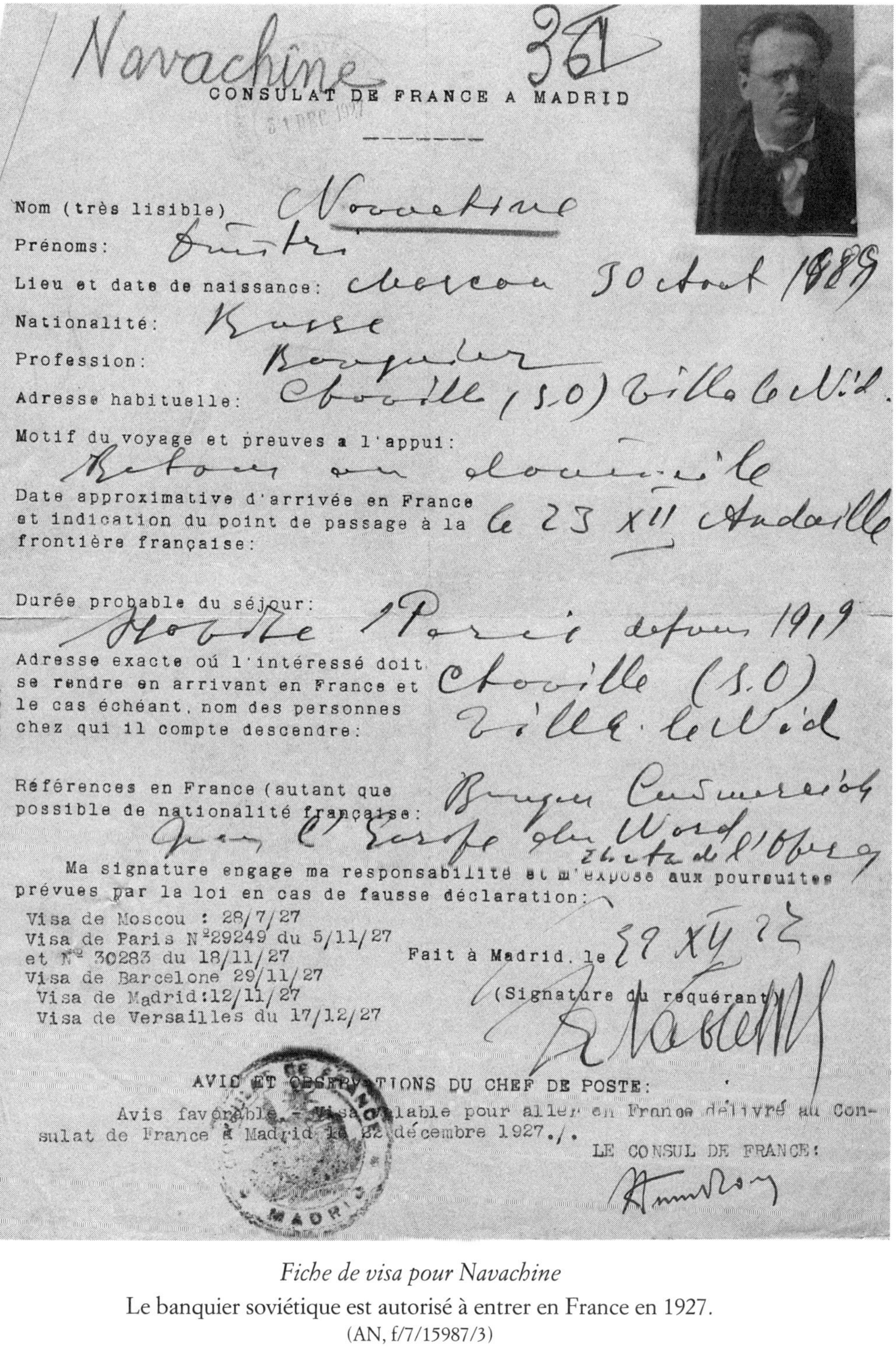

Navachine 361

CONSULAT DE FRANCE A MADRID

Nom (très lisible) Navachine

Prénoms: Dmitri

Lieu et date de naissance: Moscou 30 août 1889

Nationalité: Russe

Profession: Banquier

Adresse habituelle: Chaville (S.O) Villa le Nid.

Motif du voyage et preuves a l'appui:
Retour au domicile

Date approximative d'arrivée en France et indication du point de passage à la frontière française: le 23 XII Hendaye

Durée probable du séjour:
Habite Paris depuis 1919

Adresse exacte où l'intéressé doit se rendre en arrivant en France et le cas échéant, nom des personnes chez qui il compte descendre: Chaville (S.O) Villa le Nid

Références en France (autant que possible de nationalité française: Banque Commerciale pour l'Europe du Nord

Ma signature engage ma responsabilité et m'expose aux poursuites prévues par la loi en cas de fausse déclaration:

Visa de Moscou : 28/7/27
Visa de Paris N° 29249 du 5/11/27
et N° 30283 du 18/11/27
Visa de Barcelone 29/11/27
Visa de Madrid:12/11/27
Visa de Versailles du 17/12/27

Fait à Madrid, le 29 XII 27

(Signature du requérant)

Passeport N° 128545 / 25336 délivré à Moscou le 7 juillet 1927.

AVIS ET OBSERVATIONS DU CHEF DE POSTE:

Avis favorable - Visa valable pour aller en France délivré au Consulat de France à Madrid le 22 décembre 1927./.

LE CONSUL DE FRANCE:

Fiche de visa pour Navachine

Le banquier soviétique est autorisé à entrer en France en 1927.

(AN, f/7/15987/3)

Surnommée «la Cagoule», l'organisation est financée par l'Italie fasciste, qui lui demande des services en retour, comme l'assassinat de deux opposants réfugiés en France, les frères Rosselli. Parmi les cagoulards impliqués dans l'affaire : Jean Filliol.

Bien qu'attaché à la ville de Nantes, le commissaire Simon relance l'enquête en 1939. Le dossier est encore repris en 1941 par le commissaire de police mobile Chenevier. Au fil des indiscrétions, la piste du CSAR devient sérieuse, mais Jean Filliol prend du galon parmi les collaborateurs et il est difficile de l'inquiéter : chargé du renseignement au sein du Mouvement social révolutionnaire d'Eugène Deloncle en 1941, il tente d'évincer son mentor et, après avoir subi une mesure d'internement, torture pour le compte de la Milice des résistants du Limousin.

L'instruction reprend donc après 1945 pour déboucher sur une commission rogatoire en 1948, plus de onze ans après les faits ! L'affaire n'a toujours pas livré tous ses secrets. Les cagoulards ont-ils tué Navachine pour des motifs politiques, ou parce que ses opérations financières gênaient les affaires de leurs bailleurs de fonds ? Quant à Jean Filliol, réfugié en Espagne franquiste à la Libération, nul ne sait ce qu'il est devenu.

◆

Le dossier

Dimitri Navachine était à la fois franc-maçon, communiste et ancien directeur de la BCEN, établissement de droit français à capitaux soviétiques qui contrôle tous les flux financiers avec l'URSS. Son assassinat fait donc l'objet de multiples hypothèses. En janvier 1939, le commissaire Simon reprend l'enquête et accuse de jeunes cagoulards : Jean Filliol ainsi que les frères Ignace et François Derville, dont la sœur avait repéré les habitudes de Navachine.

Note sur Navachine, 30 juillet 1923
(AN, f/7/15987/3)

D'un correspondant,

D'après une information d'une source habituellement bien renseignée, le nommé Navachine, un des dirigeants à Paris de l'Association commerciale d'Orient, serait en relations avec le banquier Poutilof et il serait aussi secrètement chargé de l'organisation de l'écoulement, en France et aux États-Unis, des bijoux et œuvres d'art « expropriés » en Russie par les agents des Soviets.

Ces bijoux et objets d'art sont expédiés à l'aide de valises diplomatiques ou par des courriers spéciaux se faisant passer pour commerçants, industriels, journalistes et même touristes.

Navachine prétend posséder à Paris des relations politiques et financières suffisamment puissantes pour lui permettre de croire qu'il ne saurait être inquiété dans son trafic.

Il a surtout des attaches avec plusieurs banques parisiennes dont on espère connaître les noms ; il aurait dans l'une de ces banques, un bureau personnel au premier étage : c'est là qu'il se livrerait au trafic en question.

Note confidentielle du bureau de contrôle des étrangers, 8 mars 1926
(AN, f/7/15987/3)

D'un bon informateur :

Le sieur Navachine est lui aussi un agent secret des Soviets. C'est un homme intelligent et fin qui peut leur rendre beaucoup de services.

À surveiller de près.

Note « au sujet du meurtre de M. Navachine », 29 janvier 1937
(AN, f/7/15987/3)

Dans la colonie russe de Paris, deux opinions circulent au sujet du meurtre de M. Navachine. On les rapporte ici à titre d'information.

D'après la première, le crime serait d'instigation soviétique, la victime étant susceptible de faire sur le procès des trotskystes des révélations gênantes pour les dirigeants de Moscou.

D'après la seconde, il s'agirait d'un meurtre maçonnique. M. Navachine qui, comme on sait, était un haut dignitaire de la franc-maçonnerie était en train de créer un nouveau rite, à tendances beaucoup plus révolutionnaires qui risquait de produire, au sein de la franc-maçonnerie une scission dangereuse.

Note « au sujet de l'assassinat de M. Navachine », 29 janvier 1937
(AN, f/7/15987/3)

On apprend de bonne source que M. Navachine aurait dit il y a quelque temps à l'un de ses intimes qu'il redoutait quelque chose « du côté » de Napoléon Bey.

Eugène Napoléon Bey, né le 11 juin 1897 à Corbeil est le fondateur du « Parti national prolétarien » dont le siège est 52, avenue des Ternes. Bey est bien connu comme étant un agent de l'Allemagne en France, et le programme du parti prolétarien français est d'inspiration nettement hitlérienne.

Mais Napoléon Bey a été il y a plusieurs années membre du Parti communiste dont il a été radié. Très intriguant, il a su se ménager et conserver des relations dans tous les partis et dans tous les milieux. Il est considéré comme sans scrupules et est prêt à n'importe quelle combinaison pour gagner de l'argent.

D'après un renseignement parvenu au service, le Parti national prolétarien aurait un bureau au n° 15 de la rue Guersant. Une vérification a révélé que cet organisme était inconnu à cette adresse. On signale toutefois que le n° 15 rue Guersant et le n° 52 de l'avenue des Ternes peuvent communiquer par leurs cours.

L'adresse de Napoléon Bey est 49, rue Boussingault.

Note du commissaire de police de Nantes à l'inspecteur général chargé des services de police criminelle, 13 janvier 1939
(AN, f/7/15987/3)

Ministère de l'Intérieur,
direction générale des services de police criminelle.

Paris, le 13 janvier 1939

Le commissaire de police Simon Louis attaché à la ville de Nantes à Monsieur l'inspecteur général chargé des services de police criminelle

J'ai l'honneur de vous rendre compte du résultat de l'enquête que vous m'avez chargé d'effectuer à Paris et environs relative à l'assassinat en janvier 1937, du nommé Dimitri Navachine.

En 1936, peu après la nouvelle orientation politique une scission se produisit au centre de l'A[ction] F[rançaise] (Camelots du roi) dont certains trouvaient la majorité trop modérée et désiraient vu l'emprise croissante du PC en France, passer à l'action directe et impressionner le gouvernement au pouvoir par une série d'attentats.

Une centaine de ligueurs quittèrent donc l'AF sur les conseils du nommé Filliol le plus extrémiste, et créèrent la bande dite des cagoulards dont Filliol fut le chef et l'animateur ayant comme lieutenant Jean de Castellane.

On connaît le but de cette société secrète : s'imposer par une série d'attentats terroristes, toute trahison devant être également punie de la peine de mort.

Parmi les membres, plusieurs étaient des timorés et sans aucune valeur pour le but qu'ils se proposaient d'atteindre.

MINISTÈRE
DE L'INTÉRIEUR

DIRECTION GENERALE des
SERVICES DE POLICE
CRIMINELLE

RÉPUBLIQUE FRANÇAISE

PARIS, le 13 janvier 1939

Le Commissaire de Police S I M O N Louis
attaché à la Ville de Nantes
à Monsieur L'Inspecteur Général chargé
des Services de Police Criminelle .

J'ai l'honneur de vous rencre compte du résultat de l'enquête que vous m'avez chargé d'effectuer à Paris et environs, relative à l'assassinat en janvier 1937, au nommé Dimitri NAVATCHINE.

En 1936, peu aprés la nouvelle orientation politique une scission se produisit au centre de l'A.F. (Camelots du Roi) dont certains trouvaient la majorité trop modérée et désiraient vu l'emprise croissante du P.C. enFrance, passer à l'action directe et impressionner le Gouvernement au pouvoir par une série d'attentats ?

Une centaine de ligueurs quittérent donc l'A.F. sur les conseils du nommé FILIOL le plus extrémiste , et créérent la bande dite des Cagoulards dont FILIOL fut le Chef et l'animateur ayant comme lieutenant Jean de CASTELLANE .

On connait le but de cette société secréte : s'imposer par une série d'attentats terroristes , toute trahison devant étre également puine de la peine de mort .

Parmi les membres , plusieurs étaient des timorés et sans aucune valeur pour le but qu'ils seproposaient d'atteindre .

Un rapport accusateur

En janvier 1939, le commissaire Simon reprend l'enquête et accuse de jeunes cagoulards, Jean Filliol et les frères Derville. (AN, f/7/15987/3)

Toutefois, il y avait quelques hommes de premier plan comme Filliol, Jean de Castellane qui démissionna par la suite, les frères Derville, leur jeune sœur, et quelques autres capables de tuer pour le triomphe de leurs idées.

En décembre 1936, Filliol, de bonne foi ou non (car il a été souvent suspecté d'être un agent du PC) fit admettre à certains de ses camarades qu'un putsch communiste allait se produire incessamment et que l'un des principaux auteurs et l'organisateur était le nommé Dimitri Navachine, demeurant 28 rue Michel-Ange.

Il fut donc décidé de le supprimer et les frères Derville Ignace et Francis furent chargés de l'exécution pour diverses raisons. La première ils étaient considérés comme les plus sûrs, la deuxième ils étaient amis personnels de Filliol et d'autre par ils demeuraient à cent cinquante mètres de la victime.

Toutes les modalités de l'exécution auraient été discutées et mises au point au domicile même des frères Derville, 74 bd Exelmans où Filliol et d'autres cagoulards se rendirent très souvent pendant l'hiver 1936-37.

C'est la jeune sœur des frères Derville, âgée à ce moment-là de 18 ans, qui aurait été chargée d'étudier les habitudes de Navachine et d'obtenir son signalement complet.

Elle se serait donc rendue à diverses reprises au domicile de Navachine et l'aurait également suivi lors de ses promenades au bois de Boulogne pour en connaître les heures et l'itinéraire.

L'affaire se serait donc passée de cette façon :

Le jour de l'exécution Filliol aurait pris dans sa propre voiture Ignace et Francis Derville ainsi que leur jeune sœur. À l'aide de son véhicule, il aurait surveillé dans le bois le retour de Navachine, l'aurait dépassé faisant descendre Ignace Derville sur son passage et se serait ensuite garé un peu plus loin sur la route des Lacs pour surveiller et protéger au besoin la fuite de son complice.

Le crime commis, l'assassin l'aurait rejoint en faisant un léger crochet dans le bois au lieu de se diriger vers Paris où il avait plus de chance de disparaître s'il n'avait pas eu de véhicule à sa disposition.

Les auteurs de ce crime seraient donc Filliol, Derville Ignace comme exécuteur, Derville Francis et leur jeune sœur.

Le secret paraît donc avoir été gardé entre ces quatre personnes mais il est à peu près certain que les deux autres frères Derville Joseph et Noël, élevés dans le même milieu et ayant les mêmes idées n'ont rien ignoré de cette affaire.

D'autre part, au lendemain du crime et au moment où les journaux s'en étaient emparés les frères Derville, Ignace et Francis racontèrent leur exploit à deux de leurs amis les frères Jean et Lionel de Castellane, ex-camelots du roi également. À ce moment-là les frères Derville expliquèrent qu'ils craignaient beaucoup d'être reconnus, vu la proximité de leur domicile de la victime et l'avait suivie, car à ce moment-là on parlait beaucoup de l'intervention d'une femme blonde.

Lorsque la bande des cagoulards fut mise en vedette et que Filliol fut recherché, il se cacha assez longtemps chez les frères Derville 74 bd Exelmans au coin de la rue Michel-Ange. Il dut quitter cet asile vers octobre 1937 et un mois plus tard environ Derville Francis disparaissait à son retour et depuis on ne l'a plus revu.

J'ai tenté de connaitre la provenance des balles découvertes auprès du corps de la victime et j'ai obtenu l'explication suivante : au moment de l'agression, Navachine qui aurait été armé, contrairement à ce qu'on a dit, aurait tiré pour se défendre mais sans résultat. [...]

Signalement des frères Derville :

1 – Joseph, 26 ans environ, 1 m 65 châtain foncé, accomplit actuellement son service militaire sur la ligne Maginot ;

2 – Francis, Paul, Louis, né le 27 juillet 1917 au Vésinet, de Joseph Émile et de Ferrant, Marie-Thérèse, 1 m 72 environ, maigre, allure sportive, cheveux châtains foncés, toujours tête nue. Il a disparu du domicile de ses parents un peu après la fuite de Filliol, c'est-à-dire fin novembre ou décembre 1937. Il est actuellement insoumis et recherché.

3 – Noël, 19 ans environ, 1 m 65 assez trapu, cheveux châtains foncés. Il est actuellement en traitement chez ses parents (fracture d'un membre).

4 – La jeune Derville est âgée de 20 ans, elle est blonde, visage frais et allure sportive.

Tous sont bien connus comme des extrémistes de droite, et Ignace, Francis et leur jeune sœur sont parfaitement capables d'un crime pour le triomphe de leurs opinions.

Ignace est actuellement sous-lieutenant dans un régiment d'aviation à Toulouse croit-on.

Je me permets de donner ici mon opinion toute personnelle pour tenter d'arriver au résultat final. Vu que nous nous trouvons dans l'impossibilité de pouvoir compter sur un témoin de la première heure en vue de la reconnaissance possible de l'un des assassins ou des complices je crois qu'il serait utile d'entendre d'abord :

Certains anciens membres de l'association des cagoulards où des indiscrétions ont pu être commises, puis, par la suite, effectuer la même opération auprès des frères de Castellane dont l'un Jean a dû être au courant du crime avant son exécution, tandis que l'autre ne l'a appris que quelques jours plus tard comme je l'ai dit plus haut. Ceci dans le but d'éviter toute indiscrétion sur la personnalité de mon informateur.

J'ajoute que la famille Derville n'a fait l'objet d'aucune perquisition au moment de l'affaire des cagoulards. D'autre part, les frères Derville seraient les neveux ou tout au moins les alliés de M. Prévost ou Provost, chef de service au journal *Paris-Soir*.

Je continuerai d'essayer d'obtenir de plus amples renseignements par mon correspondant dont la bonne foi ne peut être mise en doute.

Le commissaire de police,
Signé : Simon

Rapport de l'inspecteur principal de police mobile au commissaire divisionnaire des services de police criminelle, 3 mars 1939

(AN, f/7/15987/3)

Ministère de l'Intérieur, direction générale de la Sûreté nationale.
Inspection générale des services de police criminelle.

Objet : assassinat du sieur Navachine Dimitri.

Enquête faisant suite à deux rapports
de M. Simon Louis, commissaire de police à Nantes.
Au sujet des frères Derville et autres.
Pièces jointes : deux procès-verbaux (n° 13 et 14).

Paris, le 3 mars 1939

L'inspecteur principal de police mobile Bascou à Monsieur le commissaire divisionnaire, chef de la 1re section, à l'inspection générale des services de police criminelle.

J'ai l'honneur de vous rendre compte du résultat de l'enquête effectuée, selon vos instructions et comme suite aux deux rapports, ci-joints n° 1291 et 1292, établis, le 13 janvier 1939, par M. le commissaire de police Simon Louis, attaché à la ville de Nantes, relativement à l'assassinat commis au bois de Boulogne, le 25 janvier 1937, vers dix heures 15, sur la personne du sieur Navachine Dimitri :

Les rapports précités font état d'informations selon lesquelles ce crime aurait été perpétré par Filliol Jean, en fuite (compromis dans différentes affaires en cours, assassinat des frères Rosselli, notamment) avec la complicité des frères Derville, Ignace (né le 15 mai 1914 à Wervicq, Nord); Joseph (né le 14 mars 1913 à Wervicq) et Francis en fuite (né le 17 juillet 1917 au Vésinet, Seine-et-Oise).

La demoiselle Derville Jacqueline (née le 5 février 1915 Paris, 7e) sœur des susnommés [a] « été chargée tout d'abord d'étudier les habitudes de Navachine et d'obtenir son signalement précis. »

Avant de procéder aux investigations qui s'imposaient je me suis rendu au cabinet d'instruction où M. Girard a bien voulu me permettre de compulser le dossier de cette affaire qui nous occupe.

J'ai ainsi constaté que, dès le mois de mars 1938, les frères Joseph et Noël Derville, et leur jeune sœur Jacqueline avaient été interrogés par M. le commissaire Roche, au sujet de la présente affaire.

À cette époque, des accusations à peu près du même ordre que celles rapportées par M. Simon, avaient été portées à l'encontre de ces jeunes gens, du nommé Filliol Jean et de Bouvyer Jean (poursuivi actuellement dans l'affaire de l'assassinat des frères Rosselli), par un sieur Guchtenaere Herman, *alias* « Paul Méral » né le 28 juillet 1895 à Gand.

Ce dernier, vaguement journaliste, avait connu Joseph Derville, au journal *Paris-Soir*. Leurs relations étaient devenues cordiales et c'est ainsi qu'en décembre 1936, janvier et février 1937 « Paul Méral » se rendait fréquemment chez les Derville au n° 74 bd Exelmans. Parmi les jeunes gens, amis de ces derniers se trouvait Bouvyer, Jean, Marie, Alfred (né le 28 février 1917 à Loches (Indre-et-Loire) dont il est parlé plus haut.

Au cours de conversations ayant trait à la politique « Paul Méral », aurait fait observer à Joseph Derville, que les partis d'extrême droite, énergiques en paroles, ne passaient pas à l'action, en même temps, il aurait donné son opinion, sur Bouvyer Jean, considéré par lui comme « un garçon insignifiant. »

Entre-temps, survenait l'assassinat de Navachine : deux ou trois jours après ce crime, Joseph Derville, rappelant à Paul Méral son appréciation plutôt sévère sur Bouvyer, lui aurait dit : « Vous vous êtes lourdement trompé sur son compte, en le considérant comme un garçon incapable de rien faire. Il vient cependant de montrer qu'il a du poil au cul *(sic)*. C'est lui qui a fait le guet, lors de l'assassinat de Navachine… !

« Méral ayant mis en doute une telle confidence, émanant de jeunes gens vantards et écervelés, Joseph Derville, lui aurait répliqué : "Je connais l'assassin, c'est un nommé Filliol ; je vous le ferai voir." »

Deux ou trois jours après, Joseph Derville, lui aurait raconté que Bouvyer, craignant d'être inquiété, avait demandé à ses amis Derville, de témoigner qu'il était chez eux, au moment du crime.

À quelque temps de là, au restaurant « Doucet » rue d'Auteuil Joseph Derville aurait désigné à Méral, un jeune homme qu'il lui dit être Filliol.

On peut trouver étrange, que le sieur Guchtenaere, ait attendu plus d'un an pour faire de telles révélations. À ceci, le témoin explique que c'est seulement après l'arrestation de Bouvyer, Jean pour le double assassinat Rosselli, qu'il est venu à penser que les révélations de Joseph Derville étaient loin d'être anodines. [...]

De ce fait, et à défaut d'élément nouveau, que je n'ai pu cueillir au cours de mes recherches, j'ai été amené à interroger les frère Jean et Lionel de Castellane, signalés par M. Simon, comme ayant reçu des confidences.

Leurs explications enregistrées à mes deux procès-verbaux n° 13 et 14, n'apportent aucune clarté à l'affaire, ces deux témoins anciens militants de l'action française, du même monde que les Derville n'ayant pu ou voulu fournir aucune indication.

M. Jehan de Castellane 12 *bis*, rue des Marronniers (16e) déclare avoir seulement connu Joseph Derville pour l'« avoir eu sous ses ordres », il y a quelques années, à la 17e équipe de l'Action française ; d'autre part, il affirme n'être jamais allé chez les Derville (mon PV n° 13).

Par contre son frère, M. Lionel de Castellane, a effectivement fréquenté ces jeunes gens, à l'époque qui nous intéresse : fin décembre 1936 et début 1937. Il soutient énergiquement ne rien savoir de l'affaire Navachine, et n'avoir reçu aucune confidence (voir mon PV n° 14).

En résumé, cette double audition n'a donné aucun résultat et il en a été de même de toutes les investigations que j'ai effectuées en règle, de façon régulière ou non, en faveur de Derville.

Depuis, à la date du 10 octobre 1937, Derville Ignace, a été promu sous-lieutenant et affecté à l'escadre aérienne n° 36 à Paris.

Je dois, ici, rappeler que d'après mon collègue l'inspecteur Savary, de la police judiciaire, qui s'est occupé plus particulièrement de l'affaire Navachine, la photographie d'Ignace Derville, n'a pas été reconnue par les principaux témoins, pas plus que celles de ses frères et de Bouvyer Jean-Marie,

Mlle Derville Jacqueline, n'a pas été reconnue, non plus, comme pouvant être la jeune femme venue se renseigner chez Navachine, quelques jours avant le crime (il paraissait s'agir d'une femme russe, âgée de 30 à 35 ans).

En ce qui concerne Francis Derville également cité dans les deux rapports ci-joints, on ignore toujours son adresse actuelle.

Affecté à compter du 2 novembre 1938 au 11e bataillon de chasseurs alpins à Gap, il n'a pas rejoint son corps et a été signalé «insoumis.»

Ami intime de Bouvyer Jean, il est fortement compromis dans les affaires dites du «CSAR» et a fait l'objet de la part de l'inspection générale d'une circulaire télégraphique de recherches adressée le 15 mars 1938, à tous les services de police.

J'en terminerai en indiquant qu'à ma connaissance et comme l'indique M. Simon, dans son rapport n° 1291, la famille Derville n'a fait l'objet jusqu'ici, d'aucune perquisition.

L'inspecteur principal de police mobile,
S. Bascou

Rapport du commissaire de police mobile, 12 janvier 1941
(AN, f/7/15987/3)

Direction générale de la Sûreté nationale, Inspection générale des services de police criminelle, 1re section.

Vichy, le 12 janvier 1941

Le commissaire de police mobile Chenevier à Monsieur le commissaire divisionnaire chef de la 1re section, à l'inspection générale des services de police criminelle.

J'ai l'honneur de vous rendre compte, que le 17 décembre dernier, alors que je me trouvais en mission à Paris, je fus avisé par M. Mallet, commissaire divisionnaire, chef de la 1re brigade régionale de police mobile, que M. Barrué, juge d'instruction au tribunal de la Seine, demandait à ce que je me rende à son cabinet pour m'entretenir d'une affaire judiciaire.

Ayant déféré à la convocation de ce magistrat, celui-ci me fit connaître qu'il était chargé, depuis la mort accidentelle de son collègue de Girard, de régler le dossier concernant l'assassinat du sieur Navachine.

Pour faciliter sa tâche, et en raison de ma participation à cette enquête, M. Barrué, me pria de rédiger une note récapitulative sur cette affaire.

Le 25 janvier 1937, dans la matinée, la direction de la police judiciaire était avisé, par le commissaire de police du quartier d'Auteuil, que le cadavre d'un homme non identifié, âgé de 50 ans environ, avait été découvert, vers 10 h 15, dans une clairière, à une centaine de mètres de la grille des Princes, au bois de Boulogne, et à environ 25 mètres de la route du Point-du-Jour à Bagatelle.

M. Guillaume, commissaire divisionnaire, alors chef de la brigade spéciale, se transporta immédiatement sur les lieux avec le commissaire Roches et des fonctionnaires de son service.

Constatations

Les constatations permirent d'établir que le cadavre était vêtu d'une veste de flanelle kaki, d'un pantalon de flanelle grise, d'un chandail marron, de plusieurs sous-vêtements en tricot, etc.

Les pieds de l'inconnu étaient repliés l'un sur l'autre, et le corps était encore tiède. À la poitrine, dans la région du cœur, le sang avait coulé abondamment d'une petite plaie pénétrante. Le visage était ensanglanté, et portait également une petite plaie pénétrante à la joue droite.

Tout près du corps, sur le sol, se trouvait une paire de lunettes à monture métallique dorée et à environ 2 m 50, en direction de la grille de la porte des Princes, gisait une deuxième paire de lunettes, mais à monture d'écaille.

Contre un arbre, à 5 mètres environ du cadavre, était appuyée une canne, dont l'extrémité était légèrement fichée en terre.

Trois douilles de balles de petit calibre, ont été trouvées sur le sol, à mi-distance, entre le cadavre et l'arbre contre lequel est appuyée la canne.

Un numéro du journal *L'Humanité* portant la date du 25 janvier 1937, a été découvert à 30 mètres environ de l'endroit où gisait le cadavre.

Identification du cadavre

Le cadavre fut donc identifié comme étant celui du sieur : Navachine Dimitri, né le 30 août 1889, à Moscou, de nationalité soviétique, demeurant à Paris, 28 rue Michel-Ange.

Autopsie

Malgré la découverte des 3 douilles à proximité du cadavre, il ressort de l'autopsie du corps, pratiquée par le docteur Paul, médecin légiste, que Navachine n'a pas été blessé mortellement par des balles, mais qu'il a été frappé de quatre coups d'un instrument pointu et fortement piquant, présentant des arêtes vives, vraisemblablement un stylet ou une canne-épée, ayant provoqué quatre blessures, l'une profonde de 22 centimètres, avec perforation du cœur, du poumon droit et de l'aorte, la deuxième à l'épaule droite, la troisième à la nuque et la quatrième au maxillaire droit.

La première de ces blessures a amené la mort de la victime en quelques minutes.

Des témoins

Divers témoins furent retrouvés et entendus.

Le sieur Levœuf Théophile, né le 13 avril 1905 à Saint-Nicolas de Boutances (Manche), comptable, demeurant 25 rue Lemarois à Paris, se rendant à son travail, par le bois de Boulogne a aperçu, à 125 mètres environ de lui, deux hommes qui lui ont paru s'entraîner à la boxe, ou faire de la culture physique.

Continuant sa route, pour aller prendre un autobus et regardant machinalement vers l'endroit où, quelques minutes auparavant, il avait remarqué ces deux personnes il en a vu un, qui fuyait à toutes jambes, et au même moment, il a entendu des chiens aboyer. Tout ceci n'a pas été sans l'intriguer et il est donc revenu sur ses pas. C'est alors qu'il a aperçu, étendu la face contre terre, un homme qui râlait.

Il alerta un charretier qui passait et un garde du bois.

M. Levœuf n'a pas eu son attention attirée sur des coups de feu, mais a eu l'impression d'entendre à un certain moment, un bruit semblant être le résultat d'un claquement de fouet.

Il n'a pu fournir un signalement précis du fuyard, mais il croit qu'il s'agit d'un homme jeune, car il courait très vite et « en souplesse. » Il était vêtu d'un chandail paraissant gris et était nu-tête.

Le sieur Debin Jean, Louis, né le 26 mars 1889 à Campel (Ille-et-Vilaine), garde au bois de Boulogne, demeurant à la caserne des Gravilliers, a déclaré qu'après avoir été prévenu par M. Levœuf il avait alerté la police et s'était ensuite rendu sur les lieux du drame. Il a alors découvert près du corps, une douille de balle de petit calibre. Deux autres douilles identiques lui ont été remises soit par des agents, soit par des curieux.

L'un de ces derniers a ramassé un numéro du journal *Paris-Soir*, en date du 5 janvier 1937, formant fourreau et maintenu par des épingles. Il a pris ce journal et l'a déplié pour le placer sur la figure de la victime.

Le sieur Nicolas Joseph, né le 7 août 1885 à Piriac-sur-Mer (Loire inférieure), charretier du fleuriste principal, demeure 141 *bis* boulevard Édouard Vaillant, à Boulogne-sur-Seine, a eu son attention attirée par un claquement sec, identique au bruit produit par un coup de fouet, alors qu'avec son attelage, il arrivait à environ 35 mètres de la grille des Princes.

Il n'a, sur le moment, prêté aucune attention à ce fait. Un peu plus loin, il fut hélé par un jeune homme qui se trouvait à proximité d'un homme étendu à terre, (il s'agit du témoin Levœuf). En dehors de ceci, Nicolas n'a rien remarqué d'autre.

Le sieur vannier Maurice Achille, né le 20 novembre 1905, à Boulogne-sur-Seine, cantonnier aux jardins de Paris, demeurant, 104, rue du Château, à Boulogne-sur-Seine, a déclaré que se trouvant, ce jour-là, vers 10 h 15 à la pépinière d'Auteuil, il avait entendu le bruit de deux détonations très proches l'une de l'autre. Ces détonations ne lui ont pas paru plus particulièrement étranges, en raison de la proximité d'un pavillon des gardes du bois, où des tirs à la carabine ont parfois lieu. Lui non plus n'a rien remarqué d'anormal.

Le sieur Pinaudeau Armand, né le 29 octobre 1888, à La Châtaigneraie (Vendée), gazier, demeurant 173, rue du général Gallieni, à Boulogne-sur-Seine, était occupé à l'entretien des lampadaires placés au-dessus de la grille des Princes, lorsqu'il a vu un homme, qu'il connaissait de vue entrer dans le bois, comme il le faisait très fréquemment, avec ses deux chiens (il s'agit de Navachine).

Un quart d'heure plus tard, il a entendu le bruit produit par deux détonations, mais a pensé qu'il s'agissait là d'explosions provenant d'un moteur de voiture automobile.

Un peu après, il fut alerté par un jardinier de la ville qui lui annonça qu'un homme venait d'être tué. Il se rendit près du cadavre et a reconnu en celui-ci le promeneur qu'il avait remarqué quelques instants auparavant.

Le sieur Pinaudeau, n'ayant aucune raison pour le faire, n'a prêté aucune attention aux personnes qui ont pénétré dans le bois, soit aussitôt avant, soit immédiatement derrière Navachine.

Le sieur Brosset Alfred, né le 5 octobre 1885, à Malièvre (Vendée), frotteur de parquets, demeurant 70 rue Boileau à Paris, a vu le meurtrier.

Alors qu'il se promenait et se trouvait à la hauteur de la route Fortunée, il a aperçu, devant lui, à 25 mètres environ, un homme qui se dirigeait vers la ferme d'Auteuil. Il allait d'une allure rapide, d'un pas qui peut être situé entre le pas de promenade et le pas de course, tout en se dissimulant le long de la clôture des pépinières de la Ville de Paris, qui, à cet endroit, forme une courbe accentuée.

Cet individu tenait ses mains à la hauteur de la ceinture semblant soit retenir un objet dissimulé sous un chandail, soit se maintenir le ventre comme s'il en souffrait.

L'homme, que le sieur Brosset n'a vu que de dos, paraissait être âgé de 25 ans environ. Il n'avait ni veston, ni pardessus, mais il portait un chandail à col roulé, qui lui a paru être de couleur beige.

Lorsqu'il a eu au cours de sa promenade, connaissance du drame, ce témoin s'est alors souvenu, qu'il avait remarqué, à peu de distance des lieux du crime, la présence de trois voitures automobiles.

La première se trouvait sur le trottoir face à la ferme d'Auteuil, le capot en direction de Passy.

Les deux autres, à l'angle formé par les pelouses de Boulogne et la route du Point-du-Jour, à Bagatelle, devant un abri pour enfants.

Il n'a toutefois prêté aucune autre attention à ces véhicules, ni à leurs occupants éventuels.

La dame Crespin, née Malot Lucie, artiste peintre, demeurant 59 boulevard Murat, à Paris, qui connaissait bien de vue, Navachine, sans toutefois savoir son nom, pour le rencontrer souvent au bois de Boulogne, et avec lequel elle échangeait de temps à autre quelques banalités, a remarqué le jeune homme dans le signalement a été donné par les sieurs Levœuf et Brosset.

Elle l'avait aperçu, ce jour-là, à une soixantaine de mètres d'elle, alors qu'il paraissait discuter avec Navachine, mais n'y prêta pas plus attention. Au cours de sa promenade, elle n'eut pas l'occasion de porter à nouveau son regard dans la direction où se trouvaient les deux hommes.

Divers autres témoins s'étant trouvés à ce moment dans le bois de Boulogne, furent entendus par les fonctionnaires de la police judiciaire, mais ils n'ont apporté aucun renseignement précis pour l'enquête.

L'auteur du crime

L'auteur ou, tout au moins, l'un des auteurs du crime apparaît être le jeune homme, vêtu d'un chandail, qui a été remarqué par le témoin Levœuf aux prises avec Navachine et qui a été ensuite vu par le même témoin s'enfuyant en direction de la route Fortunée, allée cavalière, alors qu'il fut aperçu par le sieur Brosset. Cela permet d'affirmer que l'assassin se dirigeait vers les deux voitures automobiles qui étaient stationnées à Bagatelle, dans les conditions indiquées plus haut.

Signalement

Il a été simplement établi que le meurtrier était un homme jeune, à l'allure souple, type du sportif entraîné, portant un chandail à col roulé, de couleur gris ou beige.

Habitudes de la victime

Les témoignages ont permis d'apprendre que Navachine avait l'habitude de venir régulièrement chaque jour, à la même heure, à l'endroit où il a trouvé la mort, afin d'y promener ses chiens et y pratiquer des exercices de culture physique.

Ces faits n'étaient certainement pas ignorés du meurtrier aussi la préméditation peut très bien s'admettre.

Lunettes

Des renseignements recueillis auprès de Mme Navachine et de sa cuisinière, Mme Creutz, il est apparu avec certitude que les lunettes, à monture en métal jaune et à verres ovoïdes, trouvées à côté du cadavre, appartenaient bien à Navachine.

Le sieur Robert Edmond, opticien, 30 rue Saint-Roch à Paris, chez qui, depuis l'année 1928, se fournissait la victime, a apporté la confirmation.

Quant à celles à monture, genre écaille, et verres ronds, il est certain qu'elles ne pouvaient être la propriété de Navachine.

Douilles

L'enquête effectuée en vue de découvrir l'origine des trois douilles d'arme à feu, trouvées sur les lieux du crime, a démontré que celles-ci avaient été fabriquées par les usines « Impérial Chemical Industries » et dont les initiales « ICI » figurent sur le culot de chacune d'elles.

Il s'agit là d'une fabrication anglaise, dont la vente est

interdite en France. Tout au moins, elle l'était à l'époque du crime.

Toutes trois sont semblables :

Longueur 15 mm

Largeur 5 mm

Calibre 22 long.

Elles correspondent à deux types de cartouches, à balles de plomb.

22 long pour carabines et pistolets

22 long rifle, pour carabines.

Ces munitions sont peu courantes, et ne sont utilisées en principe, que dans des armes d'origine étrangère, soit :

Pour les carabines de marque :

Winchester (anglaise)

Browning (belge)

Mauser, Walter (allemande)

Pour les pistolets automatiques :

Smith et Wesson (américain)

Widmer (suisse)

Walter (allemande)

Navachine n'ayant pas été blessé par des balles, les enquêteurs ont été amenés à émettre l'hypothèse qu'il pouvait être l'auteur des coups de feu tirés entendus par les témoins et qu'il avait agi ainsi pour se défendre.

Toutefois, l'enquête ne permit pas de faire la preuve que la victime avait été en possession d'une arme pouvant utiliser de telles cartouches, et, par ailleurs, il a été impossible d'exactement établir à la suite de quelles circonstances, les trois balles décrites plus haut, se trouvaient à cet endroit.

Canne

La canne retrouvée fichée en terre, au pied d'un arbre était du genre dite « Makila » et appartenait à Navachine.

Journal Paris-Soir

À son arrivée sur les lieux du crime, le garde du bois Bébin a reçu, d'un des curieux qui s'y trouvaient, un exemplaire de *Paris-Soir* en date du 7 janvier 1937, qu'il venait de ramasser à proximité du cadavre. Ainsi qu'il est indiqué plus avant, ce journal était plié, formant une sorte de fourreau et était maintenu par des épingles, que M. Bébin a cru devoir retirer.

Il n'a pas été possible de retrouver la personne qui a découvert le journal en question.

Entourage de la victime

Mme Navachine, née Tcherbatcheff Maria, le 12 mars 1889, à Irkoust (Russie), femme de la victime, qu'elle avait épousé à Moscou, le 11 janvier 1911, n'a pu apporter aucun renseignement susceptible d'orienter utilement l'enquête.

Il en a été de même, pour les secrétaires de Navachine, les demoiselles :

Thouvenot, Madeleine, née le 8 février 1903, à Paris, demeurant 13, rue Antoine Chantin, à Paris.

Jolliet Suzanne, née le 14 octobre 1895, à Paris, y demeurant, 6 rue Poncelet.

La femme de chambre, Hugel Emma, née le 3 mars 1912, à Wintzenkeim-Hoclasbag (Bas-Rhin), la cuisinière, Crentz Catherine, née à Metz, 26 mai 1908, à Phalsbourg (Moselle), et le concierge, le sieur Nicaise Émile, âgé alors de 61 ans n'ont donné aux enquêteurs aucune indication permettant l'identification du meurtrier.

Causes du crime

Dès le début, les enquêteurs ont été amenés à examiner quels pouvaient être les mobiles de l'assassinat de Navachine.

Les causes pouvaient être de plusieurs ordres et différentes hypothèses pouvaient être ainsi envisagées :

1 – crime passionnel,

2 – crime d'un fou,

3 – crime de vengeance, à la suite de différends commerciaux,

4 – crime politique.

Les deux premières hypothèses ont paru devoir être écartées après une enquête des plus minutieuses et cela aussi en raison des circonstances ayant entouré le meurtre.

Il semble bien en effet, que Navachine a été victime, d'un crime particulièrement prémédité, et froidement exécuté.

C'est pourquoi le crime de vengeance à la suite de différends commerciaux, en raison des témoignages édifiants recueillis peut fort bien s'admettre, une telle hypothèse ne devant cependant pas être séparée de celle ayant trait au crime politique.

Personnalité de la victime

Navachine avait déployé, depuis son arrivée en France, en 1920, une activité s'étendant à différents domaines.

Il a été en effet, tour un tour :

Conseiller technique financier,

Directeur de la banque commerciale pour les pays du Nord,

Expert économique du gouvernement soviétique dans les négociations qui ont précédé la signature du contrat de fournitures de pétrole au monopole espagnol,

Intermédiaire la vente des actions de la banque « Arnus » de Barcelone,

Économiste apprécié d'hommes politiques français et russes, très influents,

Conseiller technique pour le compte de groupement de la bourse du commerce et de sociétés industrielles.

Par son action, en tant qu'expert et conseil de groupements de la bourse du commerce, il s'est trouvé, à une certaine époque, en opposition brutale avec certains consortiums très puissants, qui ont pu voir dans son activité une gêne considérable pour leurs intérêts.

Par ailleurs, il est certain qu'il a traité ou servi d'intermédiaire pour la conclusion d'affaires avec des groupements étrangers, tractations au cours desquelles il a pu s'attirer la haine d'autres intermédiaires mécontents.

Il est également incontestable qu'à une époque de la vie, et jusqu'à la fin de l'année 1930, Navachine a été tout dévoué au gouvernement soviétique.

Par la suite, bien que les raisons qui lui ont fait rompre officiellement avec les dirigeants soviétiques ne soient pas connues, il semble certain qu'il ait eu alors des dissentiments avec certains de ces derniers puisque, rappelé en Russie en 1930, il a refusé d'obéir.

Malgré ces derniers faits, Navachine passait jusqu'aux derniers temps de sa vie, à tort ou à raison dans certains milieux russes de la capitale, pour un agent des Soviets.

D'autres, au contraire, sans qu'ils puissent en faire la preuve, le représentaient comme un adversaire acharné des dirigeants de Moscou et partisan convaincu de Trotsky.

Quoi qu'il en soit, il semble certain que, jusque dans le courant de l'année 1936, Navachine a été en relations suivies avec des personnalités russes, dont certaines ont été compromises dans les retentissants procès qui ont eu lieu dernièrement en Russie et qui se sont terminés par de nombreuses exécutions, dont la presse mondiale s'est longuement entretenue.

Enquêtes

De nombreuses pistes ont été suivies dans cette affaire par les enquêteurs de la police judiciaire et de la Sûreté nationale, agissant les premiers en vertu de la commission rogatoire générale, en date du 27 janvier 1937, de M. de Girard, juge d'instruction aujourd'hui décédé, et les seconds en exécution d'une même délégation, en date du 18 janvier 1938, de ce magistrat, auquel ont été ainsi transmis de nombreux actes de procédure.

La dernière de ces pistes fut provoquée en mars 1938, par la déclaration confirmée devant M. le juge d'instruction d'un sieur Méral Paul, homme de lettres.

Ce dernier, né le 28 juillet 1895, à Gand – Belgique – demeurant 6 avenue de la Grande-Armée, qui était le commensal des frères Derville bien connus des militants d'un groupement d'extrême droite, déclara que l'un de ceux-ci – Joseph – lui avait confié, au cours d'une conversation, à son domicile, 71 boulevard Exelmans, que Bouvyer avait fait le guet, pendant que Filliol assassinait Navachine.

Ces deux derniers n'étaient pas des inconnus pour la justice, puisque Bouvyer Jean, Marie, Alfred, né le 28 février 1917 à Loches (Ille-et-Vilaine), était alors détenu à la maison d'arrêt de Domfront (Orne), pour complicité dans l'assassinat des frères Rosselli.

Quant à Filliol, Jean, Paul, Robert, né le 12 mai 1909, à Bergerac (Dordogne), en fuite, il fait l'objet des quatre mandats d'arrêt suivants :

1 – Mandat d'arrêt, en date du 22 janvier 1938, de M. Brochard, juge d'instruction à Domfront, pour assassinat (BPC 1 581 n° 152 521).

2 – Mandat d'arrêt, en date du 4 mars 1938, de M. Barrué, juge d'instruction à Paris, pour destructions d'édifices avec mort de personnes et tentative d'homicide volontaire (BPC 1 587 n° 153 080).

3 – Mandat d'arrêt en date du 22 mars 1938, de M. Béteille, juge d'instruction à Paris, pour détention, distribution, importation en contrebande d'armes de guerre (BPC 1 590 n° 153 345).

4 – Mandat d'arrêt en date du 21 février 1939, du juge d'instruction de Paris, pour homicide volontaire (BPC 1 642 n° 158 157).

À l'occasion de cette révélation divers témoins furent entendus et des confrontations faites, tant par le commissaire Roches, de la police judiciaire, que par le magistrat instructeur.

C'est ainsi que les personnes suivantes furent appelées à apporter leur témoignage

1 – Sicard, Paul, né le 8 janvier 1915, à Paris (15e), demeurant 90 rue du Commerce, à Paris.

2 – Retout, Maurice, dit du Trévou, né le 19 novembre 1905, à Nogent-sur-Marne (Seine), demeurant 51 rue Michel-Ange.

3 – Maire, Marcel, né le 14 septembre 1910, à Garches (Seine-et-Oise), demeurant 17 rue Michel-Ange.

4 – Derville, Joseph, né le 15 mars 1913, à Wervicq-Sud (Nord).

5 – Derville, Ignace, Louis, né dans la même localité, le 15 mai 1914.

6 – Derville, François, dit Francis, né le 27 juillet 1917, au Vésinet (Seine-et-Oise).

7 – Derville, Noël, né le 18 décembre 1918, à Paris (7e).

8 – Derville, Jacqueline, Renée, née le 5 décembre 1905 à Paris (7e).

Demeurant tous les cinq, chez leurs parents, 71 boulevard Exelmans, à Paris.

Au cours des confrontations, le sieur Méral, confirma ses déclarations précédentes et les révélations que lui aurait faites Joseph Derville, quant au rôle prêté à Bouvyer et Filliol.

Quoi qu'il en soit, la lumière ne put être faite sur ce point, et au mois de mai 1940, cette piste fut alors abandonnée.

En définitive, le mystère qui entoure la fin tragique de Navachine n'a pu être éclaircie à ce jour, malgré les efforts conjugués des différentes autorités judiciaires et policières qui ont eu à s'en occuper.

Il est de fait que les difficultés nées des hostilités actuelles n'ont pas été sans ralentir considérablement ces efforts, bien qu'il importe de dire que pour amener un rebondissement à cette affaire, il faudrait, après tant de pistes soulevées et éclaircies, dans la mesure du possible, qu'il se produise un événement de nature à provoquer de nouvelles investigations.

En l'état actuel des choses, il n'apparaît plus, dans cet ordre d'idées, que l'arrestation éventuelle du nommés Filliol Jean, lequel, malgré l'activité considérable déployée pour l'appréhender n'a pu être découvert quant à présent.

Le commissaire de police mobile,
Chenevier

Rapport sur « l'affaire Navachine », 3 mai 1941
(AN, f/7/15987/3)

On se souvient que le 25 janvier 1937, dans la matinée, le sieur Navachine Dimitri, était assassiné au bois de Boulogne.

Ce crime qui devait défrayer pendant de longs mois la chronique judiciaire et provoquer des polémiques de presse plus ou moins partisanes, fut toujours entouré d'un certain mystère. La fin tragique de Navachine, n'avait pu être éclaircie, malgré les efforts conjugués des différentes autorités judiciaires et policières qui ont eu à s'en occuper.

Dès le début, les enquêteurs ont été amenés à examiner les mobiles de l'assassinat de Navachine.

Les causes pouvaient être de plusieurs ordres, et différentes hypothèses pouvaient être ainsi envisagées :

1 – crime passionnel,

2 – crime d'un fou,

3 – crime de vengeance à la suite de différends commerciaux,

4 – crime politique.

Les deux premières hypothèses ont paru devoir être écartées après une enquête des plus minutieuses et cela notamment en raison des circonstances ayant entouré le meurtre.

Il semble bien en effet, que Navachine, a été victime d'un crime particulièrement prémédité et froidement exécuté.

C'est pourquoi le crime de vengeance à la suite de différends commerciaux en raison des témoignages troublants recueillis pouvait fort bien s'admettre, une telle version ne devant cependant pas être séparée de celle ayant trait au crime politique.

Il est certain que Navachine a traité ou servi d'intermédiaire pour la conclusion heureuse d'affaires avec des groupements, tractations au cours desquelles il a pu s'attirer la haine d'autres intermédiaires évincés et mécontents.

Par ailleurs, par son action en tant qu'expert et conseil de groupements commerciaux, il s'est trouvé, à une certaine époque, en opposition brutale avec certains consortiums très puissants, qui ont pu voir dans son activité une gêne considérable pour leurs intérêts.

À la suite d'un renseignement, de source très sérieuse, le mystère enveloppant cette mort semble quelque peu s'éclaircir.

En effet, il a été rapporté que le crime fut décidé et ordonné par Eugène Deloncle, alors chef du CSAR et aujourd'hui leader du « Mouvement social révolutionnaire. »

L'exécuteur en fut Filliol Jean bien connu de nos services assisté de Bouvyer Jean, qui faisait le guet.

Ce dernier qui avait été arrêté pour complicité dans l'assassinat des frères Rosselli, se trouve actuellement au « MSR » à Paris.

Il avait été établi au cours de l'enquête, que quelques jours avant le crime, un jeune homme qui ne fut jamais identifié s'était rendu sous un motif futile au domicile de Navachine, afin de « photographier » la future victime.

Cet individu ne serait autre qu'un sieur Friess, actuellement domicilié à Nogent-sur-Marne.

Ce n'est d'ailleurs pas la première fois que les noms de Filliol et Bouvyer sont cités à l'occasion de cette affaire.

En effet, au mois de mars 1938, un sieur Méral Paul, homme de lettres, faisait une déposition devant le magistrat instructeur de laquelle, il ressortait, qu'au cours d'une conversation avec un sieur Derville Joseph, militant d'extrême droite, celui-ci avait confié que Bouvyer avait fait le guet pendant que Filliol assassinait Navachine.

Au cours des confrontations, Méral confirma ses déclarations, pendant que Joseph Derville nie les faits.

Ce dernier, qui est né le 15 mars 1913 à Wervicq-Sud (Nord) est actuellement délégué au « centre de propagande de la révolution nationale » 13 rue de la Saunerie, à Montpellier.

Quant aux raisons qui ont motivées l'assassinat de Navachine elles sont ainsi expliquées :

Navachine était chargé de distribuer par l'intermédiaire de la banque Worms à Paris, des sommes importantes aux organisations et journaux d'extrême droite.

Ces sommes provenaient d'un fond de propagande alimenté par des consortiums affiliés à la « Confédération patronale. »

Mécontent de la gestion des fonds qu'il avait distribués au sieur de La Rocque, frère du colonel et directeur du *Courrier royal*, Navachine devint très présent et exigea de son obligé des explications sur l'emploi des sommes importantes remises à des fins de propagande.

L'intéressé ne fut pas en mesure d'apporter des justifications suffisantes pour apaiser « les inquiétudes » de Navachine, il s'en ouvrit à Eugène Deloncle et c'est ainsi que l'exécution fut décidée.

Quelques temps après Deloncle et Filliol se montrèrent assez inquiets sur une campagne ouverte par le *Populaire* dont l'un des rédacteurs Jean Maurice Hermann, paraissait fort bien documenté sur l'activité du CSAR et sur les crimes qui lui étaient imputés.

Il leur apparaissait très nettement que des fuites avaient dû se produire dans leur entourage ; aussi un « conseil de guerre » se tint au domicile de Corre Aristide, au cours duquel il fut décidé que Filliol exécuterait ce journaliste trop bien renseigné.

Toutefois, Mme Hermann, attendant un bébé, certains membres du CSAR inquiets par la répétition de ces crimes, émirent l'idée que la campagne du *Populaire* pourrait être arrêtée à l'aide d'autres arguments. C'est ainsi que par personne interposée, Hermann fut pressenti, et que pour une somme de 20 000 francs il aurait mis fin à la série de ses articles.

Note du juge d'instruction Mazel au directeur des services de police judiciaire de la Sûreté nationale, 24 mars 1948

(AN, f/7/15987/3)

Tribunal de première instance du département de la Seine, cabinet de Monsieur H. Mazel, juge d'instruction.

Soit transmis à Monsieur le directeur des services de police judiciaire de la Sûreté nationale.

En ayant l'honneur de lui signaler :

1 – que l'exécution de cette commission rogatoire est particulièrement urgente. En effet si la nouvelle procédure démontrait que Navachine a été exécuté par un membre de

la Cagoule, Monsieur le procureur général a l'intention de joindre le dossier Navachine au dossier de la Cagoule qui doit être évoqué devant les assises dans le courant du mois de mai 1948.

2 – qu'il y aurait intérêt si possible à confier l'exécution de cette commission rogatoire à Monsieur le commissaire Bascou qui est déjà au courant d'une partie de l'information contre l'organisation de la Cagoule.

Paris, le 24 mars 1948
Le juge d'instruction,
H. Mazel

Commission rogatoire du juge d'instruction Mazel, 24 mars 1948

(AN, f/7/15987/3)

Tribunal de première instance du département de la Seine, cabinet de Monsieur H. Mazel, juge d'instruction.

Commission rogatoire.

Nous, H. Mazel, juge d'instruction au tribunal de la première instance du département de la Seine, vu la procédure en instruction X. inculpation d'homicide volontaire.

Donnons commission rogatoire à Monsieur le directeur des services de police judiciaire de la Sûreté nationale et à tout officier de police judiciaire compétent à l'effet

1 – de bien vouloir prendre connaissance en notre cabinet des dernières dépositions recueillies au sujet de l'assassinat du sieur Navachine, tué au bois de Boulogne le 25 janvier 1937.

2 – de procéder à toutes recherches, constatations, auditions, confrontations, perquisitions, saisies et d'une manière

générale à toutes mesures susceptibles d'aider la manifestation de la vérité.

Fait en notre cabinet, au Palais de justice
À Paris, le 24 mars 1948
Le juge instruction,
Signé : H. Mazel.

Scellés : copie de documents découverts chez Deloncle Henri, dit Grosse
(AN, f/7/15987/3)

Scellé n° 42, cote 85, 2 novembre 1937.

Joseph Caillaux exposait son inquiétude il y a deux jours à plusieurs amis. Inquiétude qui prenait naissance dans l'assassinat du sieur Navachine.

Pour lui, cet incident était indicatif d'une lutte entre la maçonnerie et les Soviets. Les Soviets veulent évincer toute la maçonnerie.

Navachine 33ᵉ aurait parlé à des Russes et la maçonnerie s'en serait vengé en l'exécutant.

Nous avons été frappé de l'importance exagérée que Caillaux attachait à cette disparition.

Même scellé, cote 84, 3 mai 1937.

Pierre Cot fréquente toujours le salon de Mme Félix Decori, où l'on trouvait Navachine et tant de gratin maçonnique bolchevisant.

Il y a quelques jours, Pierre Cot y a tenu les propos suivants :

« Si les Allemands veulent la guerre, il nous la feront au mois d'octobre. Ils ont, d'une part une aviation extrêmement puissante et d'autre part ont poussé la motorisation de leur armée à un tel point que agissant par surprise ils sont capables de donner un coup de boutoir extrêmement rapide et terrible.

« Ils auront l'avantage de la surprise et du côté français nous serons dans l'impossibilité de réagir efficacement et immédiatement à cause de l'hiver.

« Les Allemands mettraient ce temps mort à profit pour réparer leurs forces et pourront reprendre efficacement leurs opérations au printemps. »

◆

La dernière courtisane

Les frasques de Paulette del Baye

Novembre 1940. La France occupée recense les sujets britanniques encore présents sur son territoire. De la mairie de Voutezac, en Corrèze, parvient la fiche de Mrs Prinsep : une petite vieille au visage dur, au menton volontaire, dont le ministère de l'Intérieur n'a jamais entendu parler. Le tampon « Inconnu au fichier central » est à peine apposé qu'on s'avise toutefois que la dame est née Batalla : un nom combatif mais fort peu anglais. Et les archivistes exhument un vieux dossier de la Belle Époque, dont la couverture jaunie ne porte pas moins de quatre patronymes, impeccablement calligraphiés à l'encre noire.

Épouse morganatique

Née à La Havane, Paulina Batalla y Batalla se fait connaître en France sous le nom de scène de Paulette del Baye : l'actrice n'a rien d'inoubliable, mais son charmant minois, ses toilettes échancrées, ses plumes d'autruche, tournent la tête des beaux messieurs qui parcourent les coulisses. « On la vit successivement sur les scènes de la Cigale, du Moulin rouge, de la Scala. À cette époque, elle faisait commerce de ses charmes et eut de nombreux amants», résume un rapport de police du 29 mai 1913. Après le vicomte Beugnot, dont elle a deux fils, Paulette séduit en 1908 le duc de Montpensier, frère du duc d'Orléans et de la reine-mère du Portugal. C'est alors la grande vie : hôtel particulier à Neuilly, domesticité nombreuse et croisières à travers le monde. Le duc, tombé amoureux, présente partout la comédienne comme son «épouse morganatique». Paulette se fait appeler la comtesse de Brioude, ou la comtesse de Bernis. Elle rompt avec sa mère qui, «aussitôt qu'elle a quatre sous», les donne «à un vulgaire marlou des boulevards extérieurs, dont elle ne peut se séparer depuis plusieurs années».

En 1915, le duc de Montpensier est ruiné; la demoiselle Batalla, *alias* Paulette del Baye, *alias* la comtesse de Brioude, *alias* la comtesse de Bernis, disparaît du grand monde – et des dossiers de police. Actrice de cinéma en Angleterre, elle se marie avec un Britannique, fortuné sans doute, puisqu'en 1940, elle déclare vivre de ses rentes.

«Ne s'occupe pas de politique», certifie le maire de Voutezac. Anglaise par mariage, elle «se considère comme Française». L'un de ses fils est mort pour la France pendant la Grande Guerre, son petit-fils vient d'obtenir la Croix de guerre et, prisonnier des Allemands, s'est évadé.

On laissera tranquille la dernière courtisane, dans sa retraite corrézienne. Le temps n'est plus aux fanfreluches.

◆

Le dossier

Alors que le Royaume-Uni continue la guerre, la France occupée recense les ressortissants britanniques présents sur le territoire : parmi eux, une vieille dame au passé sulfureux. Sur la couverture de son dossier, apparaissent les identités multiples de « Mrs Prinsep », anciennement Paulette del Baye. Au temps de sa splendeur, l'actrice franco-cubaine a séduit et ruiné le duc de Montpensier, qui la présentait comme son « épouse morganatique » sous le nom de « comtesse de Brioude ».

Note, 11 octobre 1911

(AN, f/7/15930/2)

Le duc d'Orléans vient de se brouiller avec son frère, le duc de Montpensier, dans les conditions suivantes :

À la messe du mois de septembre, à Weybridge (anniversaire de la mort du comte de Paris), le duc de Montpensier s'est éclipsé sitôt après le service après avoir dit à sa mère et sa sœur (la reine-mère du Portugal) qu'il ne pouvait déjeuner avec sa famille. La raison de ce départ précipité est que la reine-mère du Portugal était chargée de parler à son frère de sa conduite scandaleuse, de la vie de dissipation qu'il mène et qui va le conduire à la ruine avant peu. On reproche au duc de Montpensier de s'être « collé » avec une femme, Paulette Debaye (ou Delbaye) qu'il a emmené avec lui au Tonkin, qu'il a même présentée au gouverneur et à qui il a acheté l'hôtel Continental de Saïgon, plus une grande terre à proximité de cette ville. Ce n'est pas tout. Il aurait aussi acheté à cette femme (qui a plusieurs enfants) un château en Anjou, près de Saumur, où [il] invite des officiers de l'école. Cette Paulette va de temps [en temps] à Angers, en automobile, fait des achats chez de nombreux fournisseurs au nom du duc de Montpensier, qui ne paie pas !

La comtesse de Paris, qui est au courant de tous ces scandales, aurait [aimé] que sa fille aînée, la reine du Portugal, fît de sévères remontrances à son frère. Celui-ci, averti, fila aussitôt à Londres et disparut.

À la suite de cet esclandre, le duc d'Orléans qui [a] déjà fait son testament, a fait demander à Me Lanquest, son notaire, pour, en cas de décès, révoquer certaines dispositions qu'il avait faites en faveur de son frère.

Note sur Mme Batalla y Batalla à Neuilly, 20 mai 1913
(AN, f/7/15930/2)

Au 15 du boulevard de La Saussaie, à Neuilly-sur-Seine, demeure depuis 1906 une dame Batalla y Batalla, Cathelina, Francisca, Paulina, que l'on dit être veuve ou divorcée d'un certain Kiriloff.

À cette adresse s'élève un magnifique hôtel particulier qu'elle habita de 1906 à 1910 en payant un loyer annuel de 5 500 francs et dont elle devint la propriétaire en 1910 pour le prix de 180 000 francs.

Cette dame que l'on croit d'origine brésilienne, a été la femme d'un juif très riche, dont on ignore le nom, et deux enfants, issus de cette union, sont aujourd'hui avec elle.

Son amant actuel est le duc de Montpensier qui l'entretient richement et a payé intégralement le prix d'achat de l'hôtel particulier.

Le duc est très attaché aux deux enfants de Mme Batalla y Batalla dont il a ordonné le baptême il y a quelques années.

Il vient assez souvent boulevard de La Saussaie 15 où il est connu sous le nom de Batalla.

Il n'y reçoit personne et tient ses assises ou donne ses rendez-vous chez le duc de Vendôme demeurant rue Borghèse 24, à Neuilly, et quelques fois chez le baron Tristan Lambert, chef des Camelots du roi de la localité, 113 avenue du Roule à Neuilly.

Mme Batalla y Batalla mène un grand train de vie, a de nombreux domestiques et se déplace assez fréquemment.

Note, 29 mai 1913
(AN, f/7/15930/2)

Madame Batalla y Batalla, Cathelina, Francisca, Paulina, 36 ans, née à La Havane, épouse séparée d'un certain Kiriloff, connue également sous les noms de Paulette del Baye, comtesse de Brioude et comtesse de Bernis, a eu, il y a quelque quinze ans, une certaine notoriété comme artiste de concert.

On la vit successivement sur les scènes de la Cigale, du Moulin rouge, de la Scala. À cette époque, elle faisait commerce de ses charmes et eut de nombreux amants. L'un de ceux-ci le vicomte Beugnot serait affirme-t-on, le père de l'un des deux enfants de Mme Batalla, Louis et Serge, aujourd'hui âgés de 16 et 14 ans.

De 1900 à 1906, Mme Batalla a habité, 12, rue Lalo, où elle était richement entretenue. Devenue, vers 1908, la maîtresse du duc de Montpensier, frère du duc d'Orléans, elle demeure depuis lors dans un coquet hôtel particulier, 15, boulevard de La Saussaie, à Neuilly-sur-Seine. Cet hôtel qu'elle a d'abord occupé comme locataire, pour un prix annuel de 5 500 francs, est devenu sa propriété, le 20 janvier 1910, par acte passé chez Me Robin, notaire à Paris, pour un prix de 180 000 francs payé à M. Péchard, architecte domicilié, 16, rue Clauzel. C'est le duc de Montpensier qui a payé l'immeuble.

Mme Batalla a de nombreux domestiques et mène grand train. Le duc est, dit-on, très attaché aux enfants de sa maîtresse et les aurait fait baptiser. Il vient souvent boulevard de La Saussaie, mais à cette adresse, il ne reçoit personne. La plupart du temps, il donne rendez-vous à ses amis, chez le duc de Vendôme, rue Borghèse, 24, à Neuilly.

Note, 9 janvier 1915
(AN, f/7/15930/2)

On se demande avec autant d'intérêt que de curiosité dans le monde royaliste, si M. Viviani a répondu à la lettre que le duc d'Orléans lui a écrit récemment. Quant au prince lui-même il est trop occupé de la déconfiture de son frère pour s'hypnotiser sur cette question.

Dès que le duc de Montpensier est arrivé chez sa mère à Randan, le chef de la maison de la princesse est retourné chez lui à Nantes pour échapper aux discussions d'intérêt qui ne pouvaient manquer d'être amorcées aussitôt. M. Charles Dupuy sait, en effet, que ce prince est ruiné et que c'est sa mère qui, sitôt son retour à la santé, sera obligée de payer ses dettes.

À ce sujet il a été dit à tort que Mme des Meslays ancienne maîtresse du duc d'Orléans était dans la combinaison d'une affaire de disques qui a fait perdre au prince plus de 600 000 francs. Il n'en est rien. C'est Mme Paulette Delbaye *alias* Mme Baladin (?) qui l'a engrené et entraîné dans cette affaire qui frise la vulgaire escroquerie. C'est ainsi que l'explique un tailleur de la rue de La Boétie, porteur d'une créance de 31 000 francs exigible le 16 de ce mois et qui doit

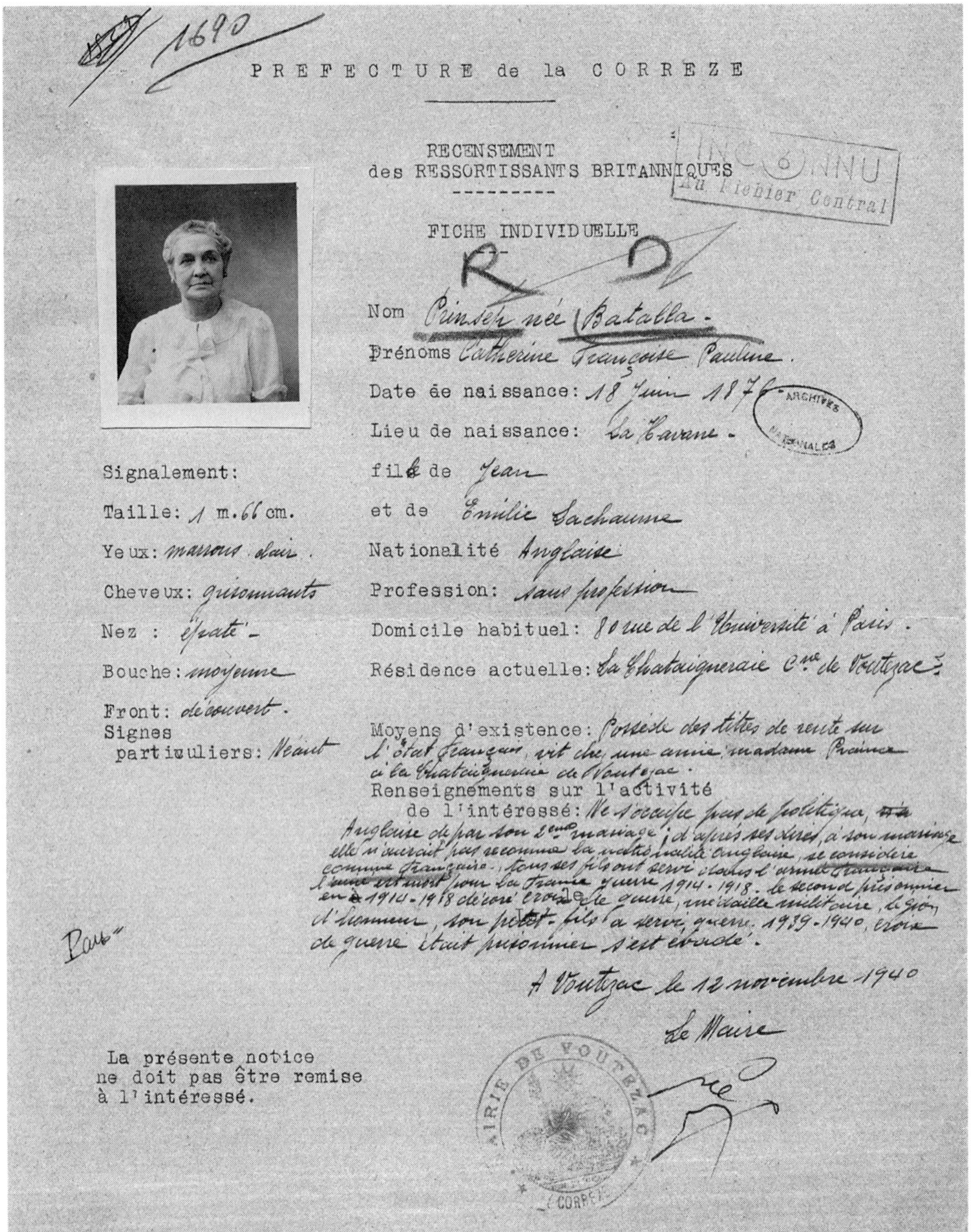

1690

PREFECTURE de la CORREZE

INCONNU au Fichier Central

RECENSEMENT
des RESSORTISSANTS BRITANNIQUES

FICHE INDIVIDUELLE

R — D

Nom Pinser née Batalla.

Prénoms Catherine Françoise Pauline.

Date de naissance: 18 Juin 1876

Lieu de naissance: La Havane.

ARCHIVES NATIONALES

fils de Jean

et de Emilie Sachaume

Nationalité Anglaise

Profession: sans profession

Domicile habituel: 80 rue de l'Université à Paris.

Résidence actuelle: La Chataigneraie Cne de Voutezac.

Signalement:

Taille: 1 m.66 cm.

Yeux: marrons clair.

Cheveux: grisonnants

Nez: épaté.

Bouche: moyenne

Front: découvert.

Signes particuliers: Néant

Moyens d'existence: Possède des titres de rente sur l'état français, vit chez une amie, madame Prainca à la Chataigneraie de Voutezac.

Renseignements sur l'activité de l'intéressé: Ne s'occupe pas de politique, est Anglaise de par son 2ème mariage ; d'après ses dires, à son mariage elle n'aurait pas reconnu la nationalité anglaise, se considère comme française. tous ses fils ont servi dans l'armée française l'une est mort pour la France guerre 1914-1918. le second prisonnier en à 1914-1918 décoré croix de guerre, médaille militaire, légion d'honneur, son petit-fils a servi, guerre 1939-1940, croix de guerre était prisonnier s'est évadé.

Pau

La présente notice ne doit pas être remise à l'intéressé.

A Voutezac le 12 novembre 1940

Le Maire

MAIRIE DE VOUTEZAC CORREZE

Fiche de recensement

La France occupée recense les ressortissants britanniques présents sur son sol : parmi eux, une vieille dame au passé sulfureux. (AN, f/7/15930/2) être portée à 36000 si elle n'est pas remboursée à cette date. Des démarches sont faites auprès du notaire Lanquest pour arranger les choses. Mais il y a encore de nombreuses dettes criardes.

Le duc de Montpensier a dû réduire son train de maison au strict nécessaire. Son loyer du 41 avenue du Bois de Boulogne a été ramené de 32000 francs à moins de 8000. Le prince occupe maintenant au 60 de la même avenue un rez-de-chaussée convenable mais qui ne permettra plus de donner des réceptions et d'inviter presque tous les ducs à déjeuner. C'est une belle garçonnière de 6 pièces en tout. Le duc d'Orléans qui a été indirectement mis au courant de ce déménagement est ravi de savoir que son frère va être obligé de se tenir tranquille «faute de galette».

Fiche individuelle de renseignement, 12 novembre 1940
(AN, f/7/15930/2)

Préfecture de la Corrèze.
Recensement des ressortissants britanniques.
Fiche individuelle.

Signalement :
Taille : 1 m 66 cm.
Yeux : marrons clair.
Cheveux : grisonnants.
Nez : épaté.
Bouche : moyenne.
Front : découvert.
Signes particuliers : néant.

Nom : Prinsep, née Batalla.
Prénoms : Catherine Françoise Pauline.
Date de naissance : 18 juin 1876.
Lieu de naissance : La Havane.
Fille de : Jean
et de : Émilie Lachaume.
Nationalité : anglaise.
Profession : sans profession.
Domicile habituel : 80 rue de l'Université à Paris.
Résidence actuelle : la Châtaigneraie, commune de Voutezac.
Moyens d'existence : possède des titres de rente sur l'État français, vit chez une amie, madame Praince à la Châtaigneraie de Voutezac.
Renseignements sur l'activité de l'intéressé : ne s'occupe pas de politique. Anglaise de par son 2e mariage ; d'après ses dires, à son mariage elle n'aurait pas reconnue la nationalité anglaise, se considère comme française, tous ses fils ont servi dans l'armée française l'aîné est mort pour la France guerre 1914-1918. Le second prisonnier en 1914-1018 décoré Croix de guerre, médaille militaire, Légion d'honneur, son petit-fils a servi, guerre 1939-1940, Croix de guerre était prisonnier s'est évadé.

À Voutezac, le 12 novembre 1940

Le maire
[Signature]

◆

Léon Blum arrêté

En route pour le procès de Riom

Le commissaire Chabot est un homme prévoyant. Le 15 septembre 1940, le préfet de la Haute-Garonne lui confie par arrêté une mission importante : « Monsieur Léon Blum, résidant à Colomiers, sera interné administrativement au château de Chazeron, commune de Loubeyrat (Puy-de-Dôme), établissement désigné par arrêté de M. le ministre de l'Intérieur. » flanqué de quatre commissaires et de sept inspecteurs de la Sûreté, Chabot se présente donc dans la banlieue toulousaine, où s'est replié l'ancien président du Conseil. Fonctionnaire ordonné et discipliné, il a dactylographié d'avance le procès-verbal de l'opération : « Parlant à la personne de M. Léon Blum, nous lui avons fait connaître notre qualité et, lui avons ensuite exhibé l'extrait du registre des arrêtés de la préfecture du département de la Haute-Garonne, document dont nous avons délivré aussitôt à Monsieur Léon Blum une ampliation certifiée conforme par M. le préfet de la Haute-Garonne. »

« Nous avons ensuite invité Monsieur Léon Blum à nous suivre au château de Chazeron. » Le commissaire de police mobile Chabot a même rédigé, en style administratif, la formule finale, rendant compte de la signature conjointe de l'acte : « De tout quoi, procès-verbal, signé après lecture par Monsieur Léon Blum et par nous. »

Or, Léon Blum refuse de valider son papier, en marge duquel le commissaire devra donc insérer, avec dépit, le complément suivant : « Après avoir accepté une ampliation de l'arrêté de M. le préfet de la Haute-Garonne le concernant, M. Léon Blum refuse de signer avec nous le présent procès-verbal de notification. »

Léon Blum est arrêté, c'est un fait – mais rien qu'un fait. En refusant de signer, l'ancien conseiller d'État fait beaucoup plus que marquer son mécontentement : c'est l'arrestation même qu'il conteste et, au-delà, la légitimité du pouvoir qui l'a ordonnée.

La France, vaincue, a signé l'armistice. Son effondrement, en juin 1940, a stupéfié le monde. Hitler lui-même pensait affronter un adversaire plus coriace et les Français, humiliés, se disent qu'ils ont été trahis. Le maréchal Pétain n'a-t-il pas fustigé « l'esprit de jouissance », qui a prévalu sur « l'esprit de sacrifice » ? La défaite serait donc à la fois la conséquence et l'expiation du Front populaire, des grèves, de la semaine des quarante heures et des congés payés…

Léon Blum a aggravé son cas le 10 juillet 1940, en se rangeant parmi les quatre-vingts parlementaires qui ont refusé de voter les pleins pouvoirs au « sauveur de la France ».

Les responsables de la défaite

Dès le lendemain, trois actes constitutionnels mettent définitivement fin à la IIIe République honnie : l'État français s'organise, sans aucune des garanties promises aux parlementaires, comme la réunion d'un conseil délibératif. Le nouveau pouvoir a toutes les allures d'une dictature et son chef signe des textes inquiétants. Dès le 22 juillet est instituée une commission de révision des naturalisations, qui doit retirer la qualité de Français à certains naturalisés. Le 13 août, les francs-maçons sont visés par la loi portant dissolution des sociétés secrètes. Le 3 septembre, tandis que les congrégations religieuses prennent leur revanche sur Jules Ferry en obtenant l'autorisation d'enseigner, le ministre de l'Intérieur obtient une autre loi, l'autorisant à interner sans jugement « des individus dangereux pour la défense nationale ou la sécurité publique ». C'est sur la base de ce texte que le commissaire Chabot embarque Léon Blum pour le château de Chazeron, en Auvergne.

Le policier rédige le soir un procès-verbal retraçant la journée : « Mentionnons que de même suite, nous avons conduit en voiture automobile, en effectuant le trajet : Toulouse, Montauban, Cahors, Brive, Tulle, Ussel, Clermont-Ferrand et Châtel-Guyon, M. le président Léon Blum au château de Chazeron où nous l'avons confié à M. Courrier, commissaire de police mobile, chargé de l'internement et de la surveillance. » Cette fois, c'est un collègue qui contresigne, sans faire de difficultés : « Du tout quoi, nous avons dressé le présent procès-verbal qui a été signé par M. le commissaire de police Courrier et par nous. » Voici l'ex-président du Conseil sous bonne garde, avec quelques autres responsables de la défaite : Georges Mandel, Édouard Daladier, le général Gamelin…

Pourtant, le commissaire de police mobile Chabot n'en a pas fini avec Léon Blum. Le 11 novembre 1941, il le retrouve à l'établissement pénitentiaire de Bourrassol, dans le Puy-de-Dôme également, où le leader socialiste a été transféré. Chabot lui notifie son départ, le lendemain, pour « sa détention dans l'enceinte fortifiée du Portalet », décidée par le Maréchal en personne. La même scène se rejoue : « A pris lecture du présent procès-verbal. M. Léon Blum refuse de signer. »

Le procès de Riom

Cette constance est en définitive la seule manière de résister pour le prisonnier, jusqu'à ce que s'ouvrent enfin les audiences du procès de Riom, le 19 février 1942. « Si la République doit rester l'accusée, nous resterons à notre poste de combat comme ses témoins et ses défenseurs », prévient Léon Blum. L'homme qui a refusé de signer ne refuse pas de parler. Ce régime qui hait l'éloquence en méconnaît la puissance. Dans le prétoire, Blum se défend et, avec lui, c'est le Front populaire qui reprend vie, tandis que les mensonges de ses adversaires se dissipent. Soulignant, avec Daladier, les irrégularités du procès et les abus de l'accusation, il passe à l'offensive. Responsable de la défaite ? Il a engagé le réarmement de la France. Traître à son pays ? Reprenant les anciennes formules de son maître Jaurès, il en appelle à la « tradition démocratique » de la France.

Le président du tribunal, Caous, et le procureur général, Cassagneau, ne parviennent en somme qu'à donner une tribune à Léon Blum devant la presse internationale. « Vous pourrez naturellement nous condamner. Je crois que, même par votre arrêt, vous ne pourrez pas effacer notre œuvre », proclame l'ancien leader du Front populaire le 11 mars 1942. Le même jour, une note rapporte que, selon certains journalistes, le nouveau ministre de l'Intérieur, Pucheu, « s'est toujours montré hostile à l'ouverture du procès » et ils se disent « convaincus que ce dernier ne manquerait pas, lors du prochain Conseil des ministres, de soutenir le point de vue de ceux qui estiment souhaitable la suspension des débats.

« Après l'audition de M. Léon Blum, au cours de la séance d'hier au procès de Riom, et constatant l'habileté avec laquelle l'ex-président du Conseil s'est attaché à réfuter les principaux chefs d'accusation retenus à son encontre, l'opinion s'accréditait de plus en plus parmi les journalistes favorables au gouvernement, que la continuation des débats constituerait une grave faute politique. »

Le procès est ajourné et ne reprendra jamais : Hitler est très mécontent de cette farce judiciaire qui a fait renaître une parole libre dans la France de Vichy.

Léon Blum va finir la guerre aux portes de Buchenwald, dans une petite maison sise à l'entrée du camp. Libéré en mai 1945, il revient en héros et, l'année suivante, remporte un grand succès avec son livre *À l'échelle humaine*, qu'il a écrit durant sa détention. Du 12 décembre 1946 au 22 janvier 1947, il sera le dernier président du Gouvernement provisoire de la République française : cet éphémère « gouvernement de la Saint-Sylvestre » fait de l'ancien proscrit, symboliquement, le chef de l'État et de la nation française, juste avant l'installation de la IVe République.

◆

Le dossier

Le 15 septembre 1940, Léon Blum est arrêté : il fait l'objet d'une mesure d'internement administratif. Le procès-verbal du commissaire de police mobile Chabot relate l'arrestation ; une mention ajoutée en bas à gauche indique que l'ex-président du Conseil « refuse de signer ». Jugé à Riom, il se défend avec un tel brio que le procès des « responsables de la défaite » est ajourné.

Arrêté du préfet de la Haute-Garonne, 15 septembre 1940
(AN, f/7/15933/1)

Préfecture de la Haute-Garonne, cabinet du préfet.

Toulouse, le 15 septembre 1940

Le préfet de la Haute-Garonne, officier de la Légion d'honneur, Croix de guerre.

Vu la loi du 3 septembre 1940, relative aux mesures à prendre sur les instructions du gouvernement à l'égard des individus dangereux pour la défense nationale ou la sécurité publique ;

Vu les instructions de M. le ministre, secrétaire d'État à l'Intérieur.

Arrête

Article 1er : Monsieur Léon Blum, résidant à Colomiers, sera interné administrativement au château de Chazeron, commune de Loubeyrat (Puy-de-Dôme), établissement désigné par arrêté de M. le ministre de l'Intérieur.

Article 2 : M. Chabot Pierre, commissaire de police mobile, est chargé de l'exécution du présent arrêté.

Le préfet

Procès-verbal relatant l'internement de Léon Blum au château de Chazeron, 15 septembre 1940
(AN, f/7/15933/1)

Assisté des commissaires de police Chenevier, Mace, Fabre, Pigeon, ainsi que des inspecteurs Juge, Félix, de Escarrega, Leluc, Remoue, Penot et Ravaze, de la Sûreté nationale,

Étant porteur de l'extrait ci-joint, du registre des arrêtés de la préfecture de la Haute-Garonne ordonnant l'internement de M. le président Léon Blum, député, au château de Chazeron, commune de Loubeyrat (Puy-de-Dôme), mesure administrative prise le 15 septembre courant, en vertu de la loi du 3 septembre 1940,

Vu la loi sur l'état de siège et l'art. 8 dudit arrêté nous chargeant spécialement de son exécution,

Nous sommes présenté, ce jour, à six heures, au domicile de M. Léon Blum, à Colomiers (Haute-Garonne).

Parlant à la personne de M. Léon Blum, nous lui avons fait connaître notre qualité et, lui avons ensuite exhibé l'extrait du registre des arrêtés de la préfecture du département de la Haute-Garonne, document dont nous avons délivré aussitôt à M. Léon Blum une ampliation certifiée conforme par M. le préfet de la Haute-Garonne.

Nous avons ensuite invité M. Léon Blum à nous suivre au château de Chazeron.

De tout quoi, procès verbal, signé après lecture par M. Léon Blum et par nous.

Le commissaire de police mobile
Chabot

Après avoir accepté une ampliation de l'arrêté de M. le préfet de la Haute-Garonne le concernant, M. Léon Blum

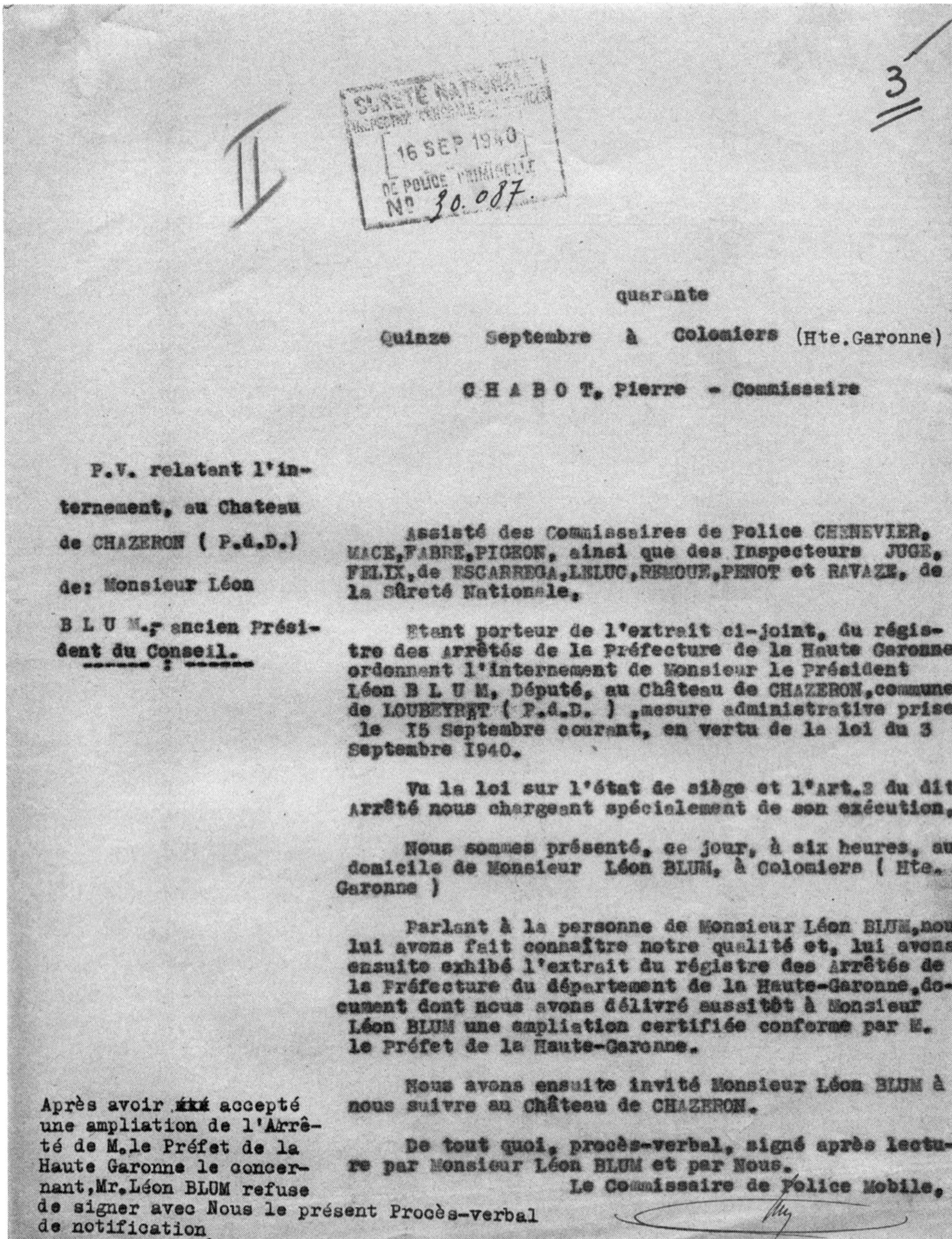

SÛRETÉ NATIONALE

16 SEP 1940

DE POLICE

N° 30.087

3

quarante

Quinze Septembre à Colomiers (Hte.Garonne)

C H A B O T, Pierre - Commissaire

P.V. relatant l'internement, au Chateau de CHAZERON (P.d.D.) de: Monsieur Léon B L U M., ancien Président du Conseil.

Assisté des Commissaires de Police CHENEVIER, MACE,FABRE,PIGEON, ainsi que des Inspecteurs JUGE, FELIX,de ESCARREGA,LELUC,REMOUE,PENOT et RAVAZE, de la Sûreté Nationale,

Etant porteur de l'extrait ci-joint, du régistre des Arrêtés de la Préfecture de la Haute Garonne ordonnant l'internement de Monsieur le Président Léon B L U M, Député, au Château de CHAZERON,commune de LOUBEYRAT (P.d.D.) ,mesure administrative prise le I5 Septembre courant, en vertu de la loi du 3 Septembre I940.

Vu la loi sur l'état de siège et l'Art.2 du dit Arrêté nous chargeant spécialement de son exécution,

Nous sommes présenté, ce jour, à six heures, au domicile de Monsieur Léon BLUM, à Colomiers (Hte. Garonne)

Parlant à la personne de Monsieur Léon BLUM,nous lui avons fait connaître notre qualité et, lui avons ensuite exhibé l'extrait du régistre des Arrêtés de la Préfecture du département de la Haute-Garonne,document dont nous avons délivré aussitôt à Monsieur Léon BLUM une ampliation certifiée conforme par M. le Préfet de la Haute-Garonne.

Nous avons ensuite invité Monsieur Léon BLUM à nous suivre au Château de CHAZERON.

De tout quoi, procès-verbal, signé après lecture par Monsieur Léon BLUM et par Nous.

Le Commissaire de Police Mobile,

Après avoir accepté une ampliation de l'Arrêté de M. le Préfet de la Haute Garonne le concernant, Mr. Léon BLUM refuse de signer avec Nous le présent Procès-verbal de notification.

Internement administratif

Ce procès-verbal du commissaire de police mobile Chabot relate l'arrestation de Léon Blum, le 15 septembre 1940. Une mention ajoutée en bas à gauche indique que l'intéressé « refuse de signer ». (AN, f/7/15933/1)

refuse de signer avec nous le présent procès-verbal de notification.

Note du commissaire de police mobile Chabot, s. d.
(AN, f/7/15933/1)

Mentionnons que de même suite, nous avons conduit en voiture automobile, en effectuant le trajet : Toulouse, Montauban, Cahors, Brive, Tulle, Ussel, Clermont-Ferrand et Châtel-Guyon, M. le président Léon Blum au château de Chazeron où nous l'avons confié à M. Courrier, commissaire de police mobile, chargé de l'internement et de la surveillance.

Du tout quoi, nous avons dressé le présent procès-verbal qui a été signé par M. le commissaire de police Courrier et par nous.

Dont acte clos au château de Chazeron le quinze septembre mil neuf cent quarante à 18 heures 30.

Le commissaire de police mobile
Chabot

Procès-verbal d'exécution d'instruction, 11 novembre 1941
(AN, f/7/15933/1)

Conformément aux instructions de M. le ministre, secrétaire d'État à l'Intérieur, nous rendons à l'établissement pénitentiaire de Bourrassol (Puy-de-Dôme), où est détenu M. Léon Blum, ancien président du Conseil, en vue de lui notifier une décision, en date du 7 novembre 1941, de M. le Maréchal, chef de l'État français, ordonnant sa détention dans l'enceinte fortifiée du Portalet.

Mis en présence de M. Léon Blum, nous lui donnons lecture de la décision le concernant, et aux fins qu'il n'en n'ignore, lui en laissons copie.

Nous l'avisons également que le départ de Bourrassol aura lieu le 12 novembre 1941, à 6 heures du matin.

Lecture faite, M. Léon Blum, signe avec nous.

A pris lecture du présent procès-verbal.

M. Léon Blum refuse de signer.

Le commissaire de police mobile
Chabot

Note, 11 mars 1942

(AN, f/7/15933/1)

Après l'audition de M. Léon Blum, au cours de la séance d'hier au procès de Riom, et constatant l'habileté avec laquelle l'ex-président du Conseil s'est attaché à réfuter les principaux chefs d'accusation retenus à son encontre, l'opinion s'accréditait de plus en plus parmi les journalistes favorables au gouvernement, que la continuation des débats constituerait une grave faute politique. Certains représentants de la presse, qui croient savoir que M. Pucheu s'est toujours montré hostile à l'ouverture du procès, se disaient convaincus que ce dernier ne manquerait pas, lors du prochain Conseil des ministres, de soutenir le point de vue de ceux qui estiment souhaitable la suspension des débats.

On ajoutait, dans les mêmes cercles, que samedi dernier déjà, la discussion à ce sujet aurait été assez âpre au sein du Conseil des ministres et que MM. Bouthillier et Berthelot avaient fortement insisté pour que le procès suive son cours normal.

Note de renseignements sur les partis politiques, 18 décembre 1945
(AN, f/7/15933/1)

Note de renseignements n° 2 288.
Objet : opinion des socialistes d'extrême gauche au sujet de MM. Léon Blum et Daniel Mayer, secrétaire général du Parti socialiste.
Sources : milieux intéressés.
Valeur : certaine.

Parmi les extrémistes du Parti socialiste de Lot-et-Garonne, on critique violemment le comité directeur du Parti socialiste de garder dans son sein Léon Blum qui devrait être remisé à l'arrière-plan politique, d'abord parce qu'il n'a pas réussi sur le plan socialiste et ensuite, en tant qu'israélite.

On fait le même reproche pour Daniel Mayer, en ce qui concerne son état d'israélite.

Les milieux socialistes d'extrême gauche pensent que c'est une erreur de mettre à la tête des partis ouvriers des hommes qui, par leur race, se trouvent être au service de la Finance internationale.

◆

ATTENTAT TERRORISTE

Marcel Déat visé par la Résistance

En ce temps-là, les résistants ne sont que des « terroristes » pour le ministère de l'Intérieur. Peu nombreux au début de l'Occupation, ils s'organisent, d'autant plus forts que les communistes, après la rupture du Pacte germano-soviétique en 1941, s'engagent clairement dans la bataille. À partir de 1942, en outre, la France libre du général de Gaulle établit de solides contacts avec la résistance intérieure : les échanges d'informations, les livraisons d'armes et de matériel renforcent « l'armée des ombres », qui inquiète les collaborateurs.

Parmi eux, Marcel Déat. Ancien député socialiste, il a glissé du pacifisme à l'hitlérisme. Avec Eugène Deloncle, l'ancien chef de la Cagoule, il a fondé en février 1941 le Rassemblement national populaire, puis en 1943, le Front révolutionnaire national. Né dans la Nièvre, le 7 mars 1894, l'éminent collaborateur y possède une maison, au village d'Arbourse. Il n'a guère le temps d'en profiter, mais le 3 mars 1943, il vient s'y reposer avec sa femme, seulement accompagné d'un inspecteur chargé de sa protection. Il retrouve sa sœur, Jeanne Chambon, des amis, des voisins. Il se promène, à pied ou en auto, et invite ses proches pour un bon repas, aubaine rare en ces années noires.

Le 9 mars vers 22 h 35, les invités s'apprêtant à rentrer chez eux, Marcel Déat fait quelques pas dans la cour. « C'est alors que Mme Chambon se trouvait encore sur le seuil de la porte de la cuisine, qu'une fusillade nettement dirigée contre M. Déat a éclaté. C'était, a déclaré ce dernier, un véritable “feu d'artifice”. »

Cet attentat raté, visant l'une des personnalités les plus engagées dans la voie de la collaboration, ne peut rester impuni. Aux brigades régionales de Sûreté et aux Renseignements généraux, se joignent la gendarmerie de Nevers et surtout le Service de répression des menées anti-nationales (SRMAN) : avant même l'attentat, le préfet de la Nièvre avait demandé l'intervention de cette unité parisienne « afin de réprimer une activité communo-terroriste de plus en plus intense dans le département ».

Or, le SRMAN n'est pas un service comme les autres. Police parallèle créée par Pierre Laval, elle est aussi connue sous le nom de SPAC, Service de police anti-communiste. À Arbourse, c'est le redoutable commissaire Fourcade qui intervient : lui et ses hommes emploient tous les moyens.

Le dossier ne montre que ce qui est montrable : le croquis de la maison, les relevés d'empreintes, les constatations balistiques… Une enquête beaucoup moins conventionnelle est menée sans traces écrites par les sbires du SRMAN. Le 26 mars, le communiste Maurice Jenot, trente-trois ans, est arrêté en gare d'Orléans. Vivant dans la clandestinité, il est commissaire politique interrégional FTP de « l'Inter 23 » qui couvre cinq départements, dont la Nièvre. Torturé, martyrisé, il finit par parler.

« En résumé, sur dix-sept personnes ayant pris une part plus ou moins active à l'attentat, six seulement d'entre elles sont encore en liberté. Sur ce nombre, trois sont identifiées », conclut un rapport du 20 avril.

Maurice Jenot, condamné à mort avec seize autres partisans, est fusillé le 8 octobre 1943, au champ de tir des Groues, dans le Loiret.

Marcel Déat quant à lui va poursuivre son chemin. Éphémère ministre du Travail en 1944, il rencontre Hitler et se retrouve à Sigmaringen, l'irréel château allemand où la Délégation gouvernementale française en exil vit en extraterritorialité. En avril 1945, quand tout semble fini, Déat passe entre les mailles du filet, parvenant à gagner l'Italie. Dernière mue de l'ancien socialiste : il se convertit au catholicisme et vit caché au monastère de San Vito, près de Turin, où il s'éteindra dans la paix du Seigneur, le 5 janvier 1955.

Armes saisies

L'attentat raté provoque un vaste coup de filet. Par la torture, les hommes du SRMAN obtiennent des noms et trouvent de nombreuses armes et munitions chez les Francs-tireurs et partisans (FTP) qu'ils arrêtent. (AN, f/7/15945)

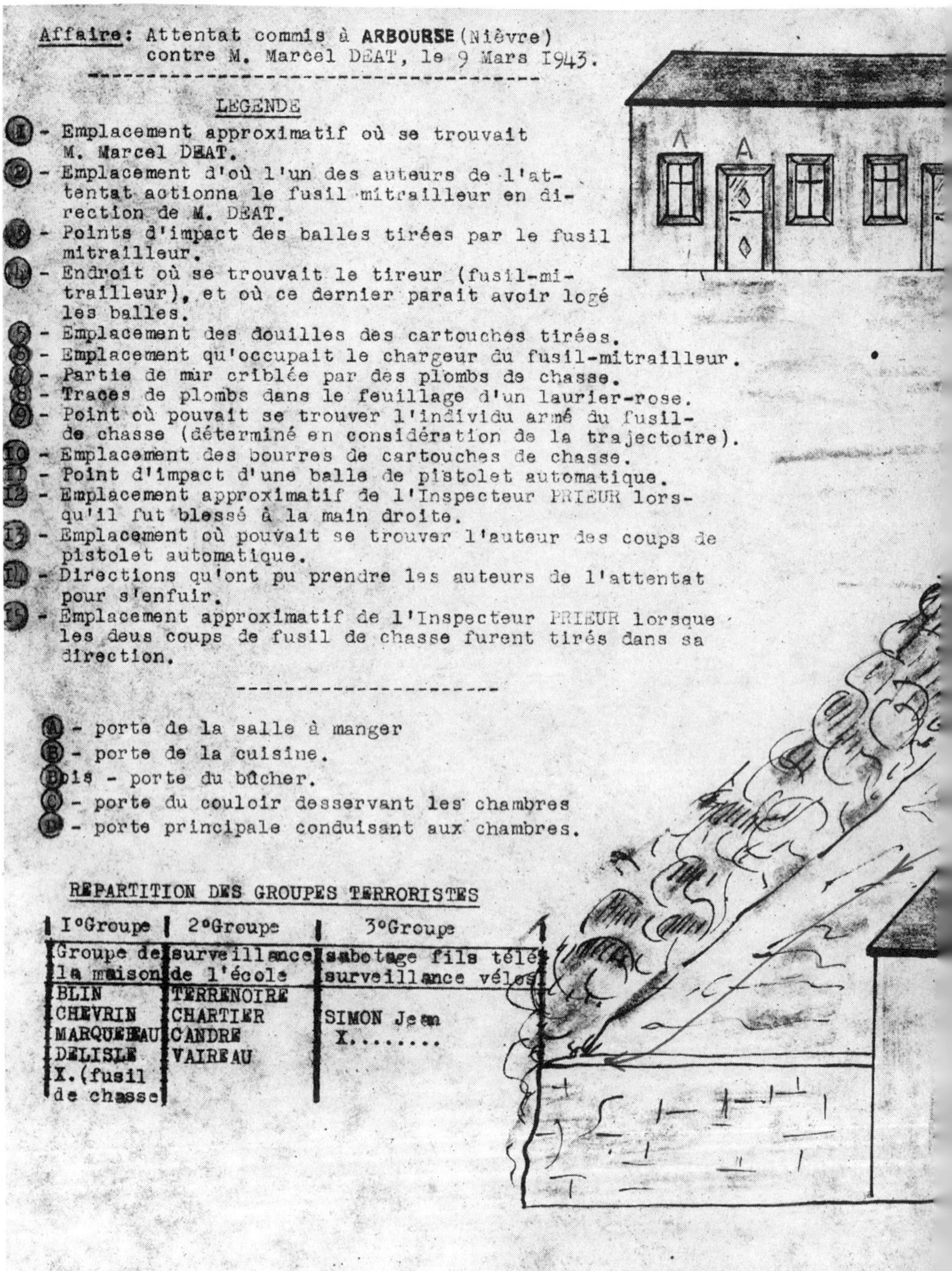

Affaire: Attentat commis à **ARBOURSE** (Nièvre) contre M. Marcel DEAT, le 9 Mars 1943.

LEGENDE

1 - Emplacement approximatif où se trouvait M. Marcel DEAT.
2 - Emplacement d'où l'un des auteurs de l'attentat actionna le fusil mitrailleur en direction de M. DEAT.
3 - Points d'impact des balles tirées par le fusil mitrailleur.
4 - Endroit où se trouvait le tireur (fusil-mitrailleur), et où ce dernier parait avoir logé les balles.
5 - Emplacement des douilles des cartouches tirées.
6 - Emplacement qu'occupait le chargeur du fusil-mitrailleur.
7 - Partie de mur criblée par des plombs de chasse.
8 - Traces de plombs dans le feuillage d'un laurier-rose.
9 - Point où pouvait se trouver l'individu armé du fusil-de chasse (déterminé en considération de la trajectoire).
10 - Emplacement des bourres de cartouches de chasse.
11 - Point d'impact d'une balle de pistolet automatique.
12 - Emplacement approximatif de l'Inspecteur PRIEUR lorsqu'il fut blessé à la main droite.
13 - Emplacement où pouvait se trouver l'auteur des coups de pistolet automatique.
14 - Directions qu'ont pu prendre les auteurs de l'attentat pour s'enfuir.
15 - Emplacement approximatif de l'Inspecteur PRIEUR lorsque les deus coups de fusil de chasse furent tirés dans sa direction.

A - porte de la salle à manger
B - porte de la cuisine.
Bbis - porte du bûcher.
C - porte du couloir desservant les chambres
D - porte principale conduisant aux chambres.

REPARTITION DES GROUPES TERRORISTES

I°Groupe	2°Groupe	3°Groupe
Groupe de la maison	surveillance de l'école	sabotage fils télé surveillance vélos
BLIN CHEVRIN MARQUEBEAU DELISLE X. (fusil de chasse	TERRENOIRE CHARTIER CANDRE VAIREAU	SIMON Jean X........

L'attentat du 9 mars 1943

Sur ce dessin en perspective cavalière, les positions et mouvements des protagonistes sont minutieusement reconstitués. (AN, f/7/15945)

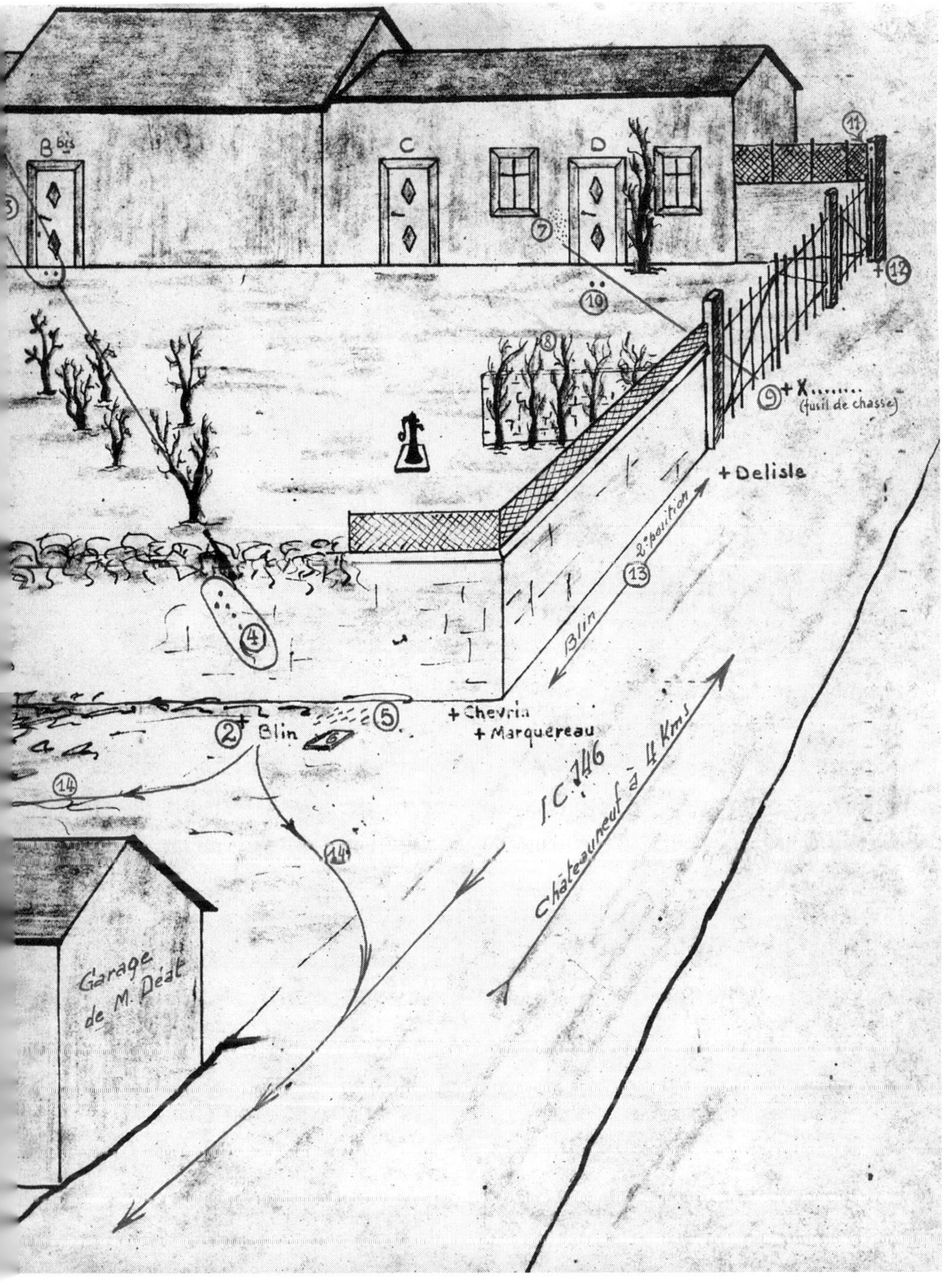
B bis
C
D
7
11
12
10
8
9 + X........
(fusil de chasse)
+ Delisle
2e position
13
Blin
4
5
+ Chevrin
+ Marquereau
2 + Blin
6
14
14
I.C. 146
Châteauneuf à 4 Kms
Garage
de M. Déat

Une évasion spectaculaire

De Lattre de Tassigny s'est échappé

Un reportage photographique, des croquis détaillés : c'est tout ce que la police peut faire, ce 3 septembre 1943, maintenant que le prisonnier s'est évadé.

Et quel prisonnier ! Jean de Lattre de Tassigny, le plus jeune général de France en 1939. Saint-cyrien, officier de cavalerie, combattant de la Grande Guerre, il s'est illustré contre Abd el-Krim pendant la guerre du Rif, puis a vaillamment affronté l'offensive allemande de 1940, évitant la débâcle de son unité. D'abord rallié à Pétain, ce patriote est resté dans la petite « armée de Vichy » qu'a consentie la convention d'armistice, mais les collaborateurs extrémistes de la Milice se méfient de lui. Ils ont raison : quand les troupes allemandes envahissent la zone libre, en 1942, il donne l'ordre de résister, ce qui lui vaut d'être arrêté et condamné, le 9 janvier 1943, à dix années d'emprisonnement. Aristocrate catholique, de Lattre est avant tout un patriote, né en Vendée, à Mouilleron-en-Pareds – comme Clemenceau, à qui l'officier s'était présenté jadis et qui avait dit : « Il ira loin. Très loin. » Le Tigre ne croyait pas si bien dire...

« Ce jour à 9 heures 30, j'ai été prévenu par M. Citerne, surveillant stagiaire, que venant d'ouvrir la cellule occupée par le général de Lattre, il s'était rendu compte de la disparition de ce dernier », écrit le surveillant-chef Dumas à son directeur, qu'il vient de prévenir par téléphone. Affolement complet à la maison d'arrêt de Riom, dans la capitale judiciaire de l'État français : la porte est bloquée par des planches appliquant un matelas, pour insonoriser la cellule pendant les préparatifs de l'évasion. Deux tables empilées montrent que le prisonnier s'est fabriqué un petit échafaudage pour scier les barreaux.

Une échelle de corde

« Continuant pour enquête je vais dans le chemin de ronde et aperçois une échelle de corde et une corde accrochée aux barreaux du vasistas, qui assurément ont servi à l'évasion, puis j'ai recherché l'endroit où avait pu avoir lieu l'escalade du mur extérieur, sur lequel j'ai constaté un piétinement et des traces d'escalade à l'angle sud-ouest », constate, penaud, le surveillant-chef.

L'alerte est donnée partout, le signalement du général est diffusé auprès des forces de police et de gendarmerie. La faute est d'autant moins pardonnable que, dès le 31 mai, le secrétaire général à la police de Vichy, René Bousquet, faisait état d'une information inquiétante : « On m'a signalé à Paris que d'après des renseignements obtenus par la préfecture de police, il serait question de favoriser l'évasion du général de Lattre de Tassigny. » Des « précautions » étaient demandées, et voici que l'oiseau s'est envolé.

« Le général avait, après en avoir découpé le montant central, enlevé la boiserie d'une des fenêtres en demi-lune éclairant sa cellule, scié à la base inférieure un des barreaux de la grille protégeant cette fenêtre et retiré ce barreau non solidement scellé au mur », explique piteusement le directeur. « À l'aide d'une partie d'une échelle de corde, dont l'autre coupée est restée dans la cellule, et d'une corde attachée à un barreau, il franchissait la hotte masquant la fenêtre et descendait dans le chemin de ronde longeant la rue Valmy, parcourait le chemin de ronde vers le fond des bâtiments, escaladait le mur de ronde dans une partie en pan coupé, côté sud-ouest, donnant sur des jardins et dont la surveillance était rendue difficile en raison de la présence d'un mur bas d'environ un mètre de hauteur touchant à une arête du mur d'enceinte clôturant les jardins et ne permettant pas aux gendarmes de service à l'extérieur de la prison de longer le mur de ronde. »

Des complicités extérieures

Plus grave encore, le général a bénéficié de complicités extérieures. En particulier, l'un des gendarmes de garde a disparu.

« Évasion préparée de longue date », confirme par téléphone le directeur des services de la police de Sûreté Buffet, missionné le jour même à Riom : « Matériel important, tenaille, marteau, vrille à percer, scie à métaux, peinture et mastic pour masquer les trous au fur et à mesure qu'ils étaient pratiqués pour le découpage du bois de la croisée, se trouvaient dans la cellule. »

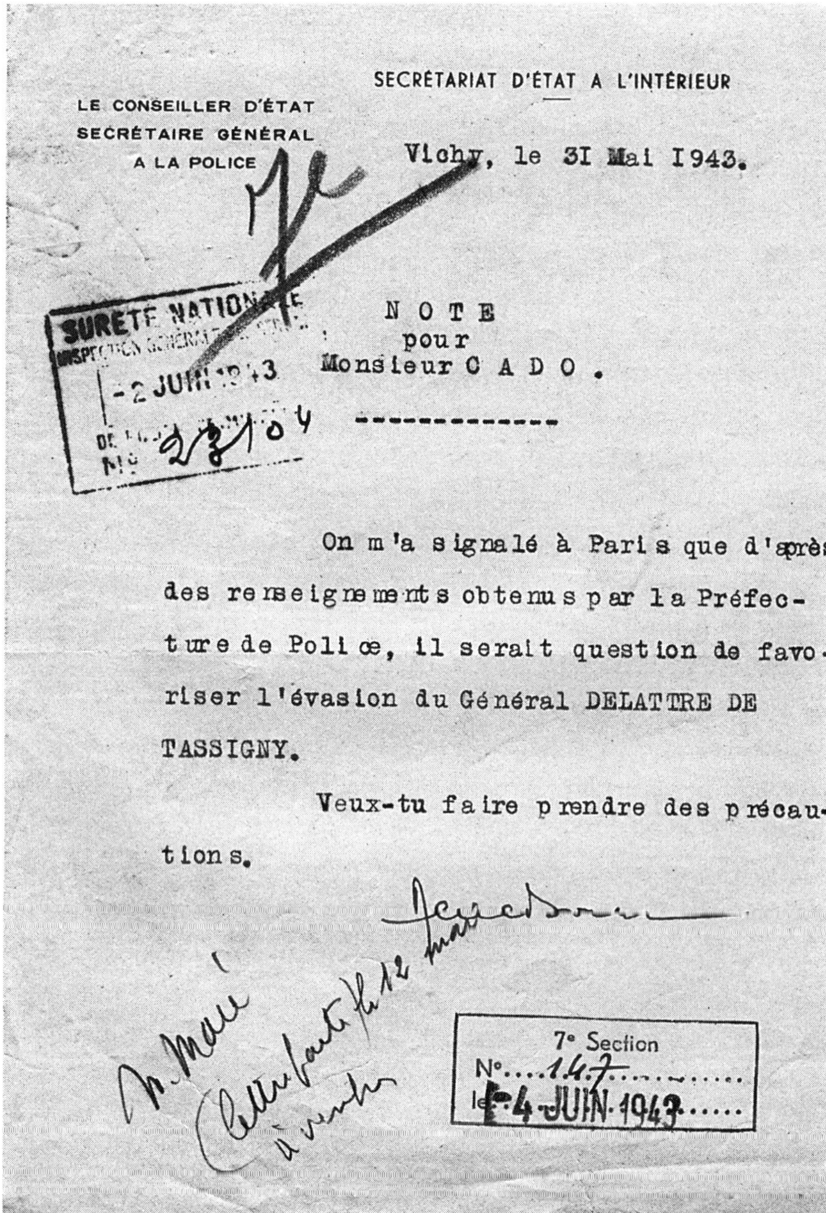

SECRÉTARIAT D'ÉTAT A L'INTÉRIEUR

LE CONSEILLER D'ÉTAT
SECRÉTAIRE GÉNÉRAL
A LA POLICE

Vichy, le 31 Mai 1943.

SURETÉ NATIONALE
INSPECTION GÉNÉRALE
- 2 JUIN 1943
N° 23104

NOTE
pour
Monsieur C A D O.

On m'a signalé à Paris que d'après des renseignements obtenus par la Préfecture de Police, il serait question de favoriser l'évasion du Général DELATTRE DE TASSIGNY.

Veux-tu faire prendre des précautions.

7e Section
N° 147
le 4 JUIN 1943

Un avertissement inutile

Trois mois avant l'évasion, René Bousquet, secrétaire général à la police de Vichy, a eu vent de l'opération. Les «précautions» qu'il demande n'empêcheront nullement de Lattre de berner son gardien. (AN, f/7/15977/2)

Le surveillant-chef Dumas est immédiatement relevé de ses fonctions « sous le motif de négligence de service » et tous les gendarmes qui ont gardé l'établissement pendant la nuit se retrouvent en garde à vue : juste retour des choses !

Pendant ce temps, de Lattre est déjà loin. Aidé de sa femme et de son fils, il va vivre un mois dans la clandestinité, avant qu'un « pick-up » lui permette de s'envoler pour Londres. Avec lui, de Gaulle fait une recrue de choix : outre sa valeur militaire, de Lattre est l'homme qu'il lui faut pour amalgamer en une seule entité l'armée de l'Armistice, les troupes de la France libre et les Forces françaises de l'Intérieur.

C'est une épopée qui commence, celle de la 1re Armée française. Le 15 août 1944, de Lattre et ses hommes débarquent en Provence avec les Alliés, qui remontent bientôt la vallée du Rhône. Le 3 septembre, ils libèrent Lyon, un an jour pour jour après son évasion. Puis ce sera la reconquête de Strasbourg et la campagne « Rhin et Danube » en terre allemande, jusqu'à la victoire.

Le 8 mai 1945, l'Allemagne capitule enfin. Au QG du maréchal Joukov, à Berlin, c'est l'évadé de Riom qui représente la France.

ÉPILOGUE

« Au coffre »
Le dossier caché du général de Gaulle

Le fonds Panthéon ne s'arrête pas à la Libération, mais il devient très lacunaire à partir de 1944 : Maurras arrêté pour « trahison », Doriot mitraillé par un avion en Allemagne, Laval extradé de l'Espagne franquiste, il retrace ainsi quelques épilogues de la Seconde Guerre mondiale. Le dossier Déat court jusqu'en 1956, témoignant d'une très molle volonté d'enquête sur le devenir du chef collaborationniste, dont la mort dans un monastère italien est en fait révélée par la presse.

Autre dossier hérité de l'Occupation, celui de Louis Renault : l'industriel est mort en captivité, si bien que sa famille obtient en 1957 une enquête sur les mauvais traitements qui, en prison, ont pu hâter sa fin. Les récits des témoins, l'exhumation même, n'apportent toutefois rien de décisif.

Cet épuisement, cette longue extinction du fonds Panthéon trouve plusieurs explications. La désorganisation de la police, dans une France en ruines, ne saurait suffire, car l'épuration restera tout de même très partielle.

La création de la DST, en 1944, change profondément la donne, y compris pour les historiens. D'abord chargée de retrouver les criminels de guerre et les anciens collaborateurs, la Direction de la surveillance du territoire se mue rapidement en un service de sécurité intérieure et de contre-espionnage, très actif pendant la Guerre froide. Or, la DST a ses propres dossiers, conservés pour la plupart dans ses locaux : cette documentation est restée au sein du renseignement intérieur français en 2008, quand la DST a fusionné avec les RG au sein de la DCRI, rebaptisée DGSI en 2014.

Une fiche mystérieuse

Des productions de la DST, seules figurent donc au fonds Panthéon quelques correspondances avec son ministère de tutelle, l'Intérieur. C'est ainsi que Roger Wybot, le fondateur de la DST, fournit plusieurs procès-verbaux d'interrogatoires au sujet des giraudistes. De 1944 à 1949, il enquête pour savoir si les réseaux du général Giraud, le rival du général de Gaulle, avaient établi des liens avec les Allemands. Le 14 février 1947, Wybot demande ainsi copie des déclarations qu'aurait faites en ce sens le général Jodl, ancien chef d'état-major de la Wehrmacht, au tribunal international de Nuremberg.

Enfin, dernière piste à explorer pour comprendre la mort lente du fonds Panthéon, une fiche dans le dossier Giraud indique : « Voir également de Gaulle Charles Dossier coffre ». Mystérieuse et étonnante formule : il y a donc eu un coffre ! Les dossiers sensibles de l'après-guerre ont été classés à part, sous clef, comme ce dossier secret du Général, extrait du fonds Panthéon et dissimulé aux curieux.

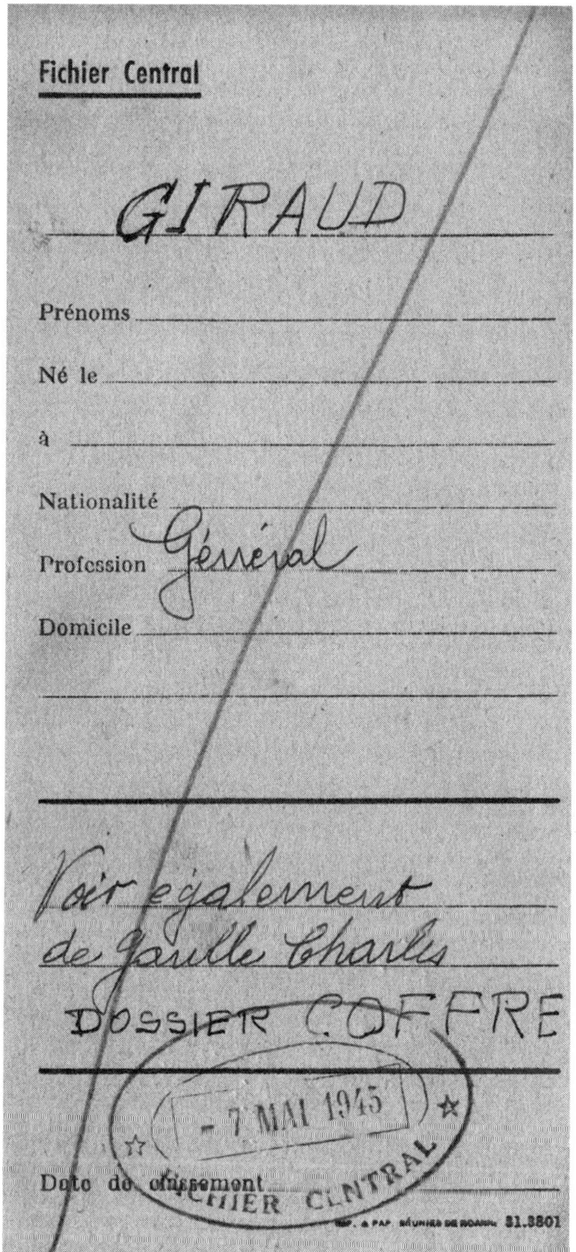
Fichier Central

GIRAUD

Prénoms

Né le

à

Nationalité

Profession Général

Domicile

Voir également
de Gaulle Charles
DOSSIER COFFRE

- 7 MAI 1945
FICHIER CENTRAL

Date de classement

31.3801

« Dossier coffre »

Dans le dossier du général Giraud, cette fiche révèle l'existence d'un dossier de Gaulle classé à part et rangé dans un coffre.

(AN, F/7/15960/1)

Ce dossier 141B, conservé sous la cote 19980221/14, existe toujours ; les Archives nationales ont accepté de me l'ouvrir. On y trouve seize pièces très hétéroclites, de 1940 à 1967, montrant que le dossier était encore actif sous la Vᵉ République, sous la présidence même de l'intéressé. Les trois premières ne sont que des copies, savoureuses il est vrai, des mandats d'arrêt lancés en 1940 contre l'officier rebelle : « Inculpé de refus d'obéissance en présence de l'ennemi et de provocation de militaires à la désobéissance », puis « du chef de trahison, atteinte à la sûreté de l'État et désertion à l'étranger en temps de guerre », le chef de la France libre est inscrit au *BDI*, le *Bulletin des déserteurs et insoumis*…

En conséquence, le ministère de l'Intérieur a conservé une copie dactylographiée du décret du Maréchal par lequel Charles de Gaulle « est déchu de la nationalité française à dater du 2 août 1940 », ainsi qu'une petite correspondance administrative sur la mise sous séquestre de ses – maigres – biens immobiliers dans l'ancien département de Seine-et-Oise.

Neuf pièces disparues

Quatre documents d'après-guerre donnent à voir une biographie très syncopée du Général : la copie d'un télégramme du 24 février 1946 annonçant la fausse nouvelle de son arrestation par les communistes, un rapport du 18 avril 1947 sur la rumeur d'une visite à Rouen, un télégramme du 4 mai 1952 sur un discours du leader du RPF dans le Tarn, un télégramme du 13 juillet 1967 annonçant l'arrivée du président de la République à Orly, au retour d'un voyage à Bonn…

Pas de quoi bouleverser la connaissance historique, si ce n'est, au milieu du dossier, un ensemble de documents troublants. À la date charnière du 5 mai 1945, alors que la France est presque entièrement libérée et que l'Allemagne se trouve sur le point de capituler, une note indique judicieusement « qu'il y aurait intérêt à supprimer, dès maintenant, les inscriptions concernant le général de Gaulle » au *Bulletin des déserteurs* comme à celui des personnes condamnées. Un extrait d'avis de cessation de recherches est préparé, sans date, mais un tampon au verso d'un mandat d'amener indique qu'il n'a été administrativement enregistré que le 27 août 1946 : président du GPRF jusqu'en janvier, de Gaulle était donc toujours sous le coup théorique d'une mesure d'arrestation !

Le 5 mai 1945 encore, une note au directeur général de la Sûreté nationale est rédigée au verso d'une feuille à l'en-tête de l'État français : on ne saurait mieux marquer le renversement politique qui vient de s'opérer. Cette note accompagne « les deux dossiers existant au fichier central au nom du général de Gaulle », dossiers à l'intérieur desquels un fonctionnaire a « dissocié les pièces concernant personnellement le chef du gouvernement des rapports d'ensemble présentant un moindre intérêt ».

Or, la consultation des bordereaux listant les pièces fait apparaître avec certitude que douze des documents fournis au directeur de la Sûreté, André Pélabon, n'ont jamais réintégré les cartons. Trois existaient en double exemplaire, mais neuf ont disparu, dont une « notice individuelle » d'une feuille, ou douze feuilles de correspondance avec le 2e Bureau de la Marine à Toulon, en octobre 1940.

Ces pièces pouvaient-elles gêner le général de Gaulle ? Ou étaient-elles véritablement accablantes pour la police ? Ont-elles définitivement disparu ou peuvent-elles ressurgir un jour, dans un autre dossier ?

Sur ce dernier mystère s'achève l'exploration du fonds Panthéon et de sa périphérie, rappelant fort opportunément les vicissitudes et contingences du travail d'historien : une recherche n'est jamais finie sans déboucher sur une nouvelle énigme, au fur et à mesure que les dossiers s'ouvrent et que les preuves se dérobent. Pas d'histoire sans écrits, pièces et témoignages, mais quelle illusion de croire que toute la vérité pourrait être contenue dans une liasse de vieux papiers… Les archives ? C'est ce qui reste.

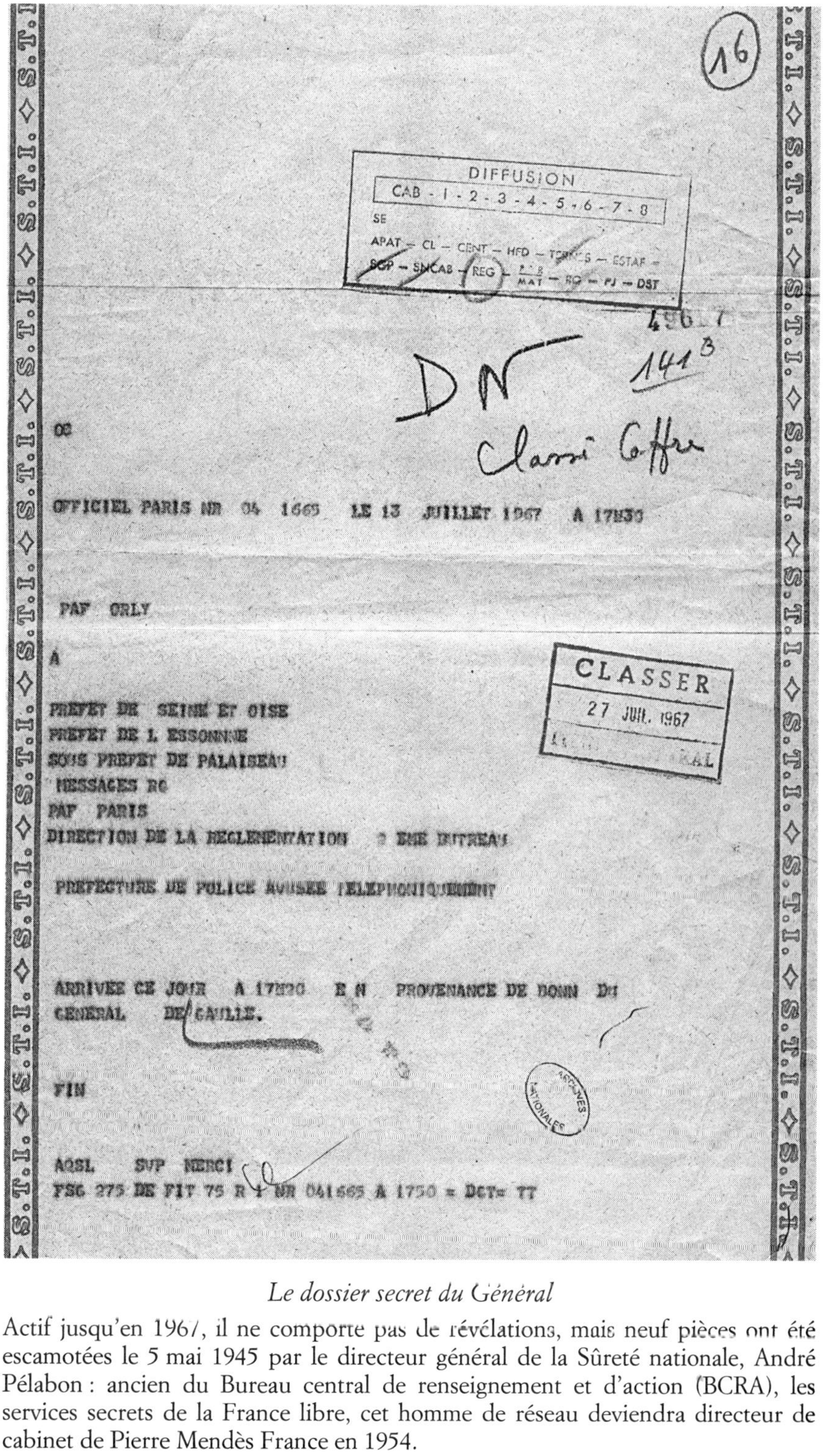

(16)

DIFFUSION
CAB - 1 - 2 - 3 - 4 - 5 - 6 - 7 - 8
SE
APAT – CL – CENT – HFD – TRANS – ESTAF –
SGP – SNCAB – REG – P.B / MAT – RG – PJ – DST

4961
141 B
DN
Classé Coffre

OC

OFFICIEL PARIS NR 04 1665 LE 13 JUILLET 1967 A 17H30

PAF ORLY

A

CLASSER
27 JUIL. 1967

PREFET DE SEINE ET OISE
PREFET DE L ESSONNE
SOUS PREFET DE PALAISEAU
MESSAGES RG
PAF PARIS
DIRECTION DE LA REGLEMENTATION 2 EME BUREAU

PREFECTURE DE POLICE AVISEE TELEPHONIQUEMENT

ARRIVEE CE JOUR A 17H20 E N PROVENANCE DE BONN DU
GENERAL DE GAULLE.

FIN

ARCHIVES NATIONALES

AQSL SVP MERCI
FSG 275 DE FIT 75 R 1 NR 041665 A 1750 = DCT= TT

Le dossier secret du Général

Actif jusqu'en 1967, il ne comporte pas de révélations, mais neuf pièces ont été escamotées le 5 mai 1945 par le directeur général de la Sûreté nationale, André Pélabon : ancien du Bureau central de renseignement et d'action (BCRA), les services secrets de la France libre, cet homme de réseau deviendra directeur de cabinet de Pierre Mendès France en 1954.

(AN, 19980221/14, dossier 141B)

Liste chronologique des ministres de l'Intérieur sous la IIIe République

(1870-1940)

La date indiquée est celle de la nomination. Entre le décès, le départ ou la chute du titulaire et la prise de fonctions de son successeur, il peut y avoir une vacance de plusieurs jours. Certains gouvernements comportaient en outre un sous-secrétaire d'État à l'Intérieur.

Léon GAMBETTA – 4 septembre 1870
Jules FAVRE – *(par intérim à Paris)* 7 octobre 1870
Ferdinand HÉROLD – *(par intérim à Paris)* du 6 au 22 février 1871
Emmanuel ARAGO – 6 février 1871
Ernest PICARD – 19 février 1871
Félix LAMBRECHT – 5 juin 1871
Auguste CASIMIR-PÉRIER – 11 octobre 1871
Victor LEFRANC – 6 février 1872
Eugène de GOULARD – 7 décembre 1872
Auguste CASIMIR-PÉRIER *(2e passage)* – 18 mai 1873
Charles BEULÉ – 25 mai 1873
Duc de BROGLIE, président du Conseil – 26 novembre 1873
Oscar Bardi de FOURTOU – 22 mai 1874
Général baron de CHABAUD-LATOUR – 20 juillet 1874
Louis BUFFET, vice-président du Conseil – 10 mars 1875

Jules DUFAURE, vice-président du Conseil et ministre de la Justice – *(par intérim)* – 23 février 1876
Amable RICARD – 9 mars 1876
Émile Deshayes de MARCÈRE – 15 mai 1876
Jules SIMON, président du Conseil – 12 décembre 1876
Oscar Bardi de FOURTOU *(2e passage)* – 17 mai 1877
Charles WELCHE – 23 novembre 1877
Émile Deshayes de MARCÈRE *(2e passage)* – 13 décembre 1877
Charles LEPÈRE – 4 mars 1879
Charles LEPÈRE *(2e passage)* – 28 décembre 1879
Jean CONSTANS – 17 mai 1880
Jean CONSTANS *(2e passage)* – 23 septembre 1880
Pierre WALDECK-ROUSSEAU – 14 novembre 1881
René GOBLET – 30 janvier 1882
Armand FALLIÈRES – 13 septembre 1882
Armand FALLIÈRES, président du Conseil *(2e passage)* – 29 janvier 1883
Pierre WALDECK-ROUSSEAU *(2e passage)* – 27 février 1883
François ALLAIN-TARGÉ – 6 avril 1885
Ferdinand SARRIEN – 7 janvier 1886
René GOBLET, président du Conseil *(2e passage)* – 11 décembre 1886
Armand FALLIÈRES *(3e passage)* – 30 mai 1887
Ferdinand SARRIEN *(2e passage)* – 12 décembre 1887
Charles flOQUET, président du Conseil – 3 avril 1888
Jean CONSTANS *(3e passage)* – 22 février 1889
Léon BOURGEOIS – 1er mars 1890
Jean CONSTANS *(4e passage)* – 17 mars 1890
Émile LOUBET, président du Conseil – 27 février 1892
Émile LOUBET *(2e passage)* – 6 décembre 1892
Alexandre RIBOT, président du Conseil – 11 janvier 1893
Charles DUPUY, président du Conseil – 4 avril 1893
David RAYNAL – 3 décembre 1893
Charles DUPUY, président du Conseil *(2e passage)* – 30 mai 1894
Charles DUPUY, président du Conseil *(3e passage)* – 1er juillet 1894

Georges LEYGUES – 26 janvier 1895
Léon BOURGEOIS, président du Conseil *(2e passage)* – 1er novembre 1895
Ferdinand SARRIEN *(3e passage)* – 30 mars 1896
Louis BARTHOU – 29 avril 1896
Henri BRISSON, président du Conseil – 28 juin 1898
Charles DUPUY, président du Conseil *(4e passage)* – 1er novembre 1898
Charles DUPUY, président du Conseil *(5e passage)* – 18 février 1899
Pierre WALDECK-ROUSSEAU, président du Conseil *(3e passage)* – 22 juin 1899
Émile COMBES, président du Conseil – 7 juin 1902
Eugène ÉTIENNE – 24 janvier 1905
Fernand DUBIEF – 12 novembre 1905
Fernand DUBIEF *(2e passage)* – 18 février 1906
Georges CLEMENCEAU – 14 mars 1906
Georges CLEMENCEAU, président du Conseil *(2e passage)* – 25 octobre 1906
Aristide BRIAND, président du Conseil – 24 juillet 1909
Aristide BRIAND, président du Conseil *(2e passage)* – 3 novembre 1910
Ernest MONIS, président du Conseil – 2 mars 1911
Joseph CAILLAUX, président du Conseil – 27 juin 1911
Théodore STEEG – 14 janvier 1912
Aristide BRIAND, président du Conseil *(3e passage)* – 21 janvier 1913
Aristide BRIAND, président du Conseil *(4e passage)* – 18 février 1913
Louis-Lucien KLOTZ – 22 mars 1913
René RENOULT – 9 décembre 1913
Louis MALVY – 17 mars 1914
Paul PEYTRAL – 9 juin 1914
Louis MALVY *(2e passage)* – 13 juin 1914
Louis MALVY *(3e passage)* – 26 août 1914
Louis MALVY *(4e passage)* – 29 octobre 1915
Louis MALVY *(5e passage)* – 12 décembre 1916

Louis MALVY *(6e passage)* – 20 mars 1917
Théodore STEEG *(2e passage)* – 12 septembre 1917
Jules PAMS – 16 novembre 1917
Théodore STEEG *(3e passage)* – 20 janvier 1920
Théodore STEEG *(4e passage)* – 18 février 1920
Théodore STEEG *(5e passage)* – 23 septembre 1920
Pierre MARRAUD – 16 janvier 1921
Maurice MAUNOURY – 15 janvier 1922
Justin de SELVES – 29 mars 1924
Justin de SELVES *(2e passage)* – 9 juin 1924
Camille CHAUTEMPS – 14 juin 1924
Abraham SCHRAMECK – 17 avril 1925
Abraham SCHRAMECK *(2e passage)* – 29 octobre 1925
Camille CHAUTEMPS *(2e passage)* – 28 novembre 1925
Louis MALVY *(7e passage)* – 9 mars 1926
Jean DURAND – 10 avril 1926
Jean DURAND *(2e passage)* – 23 juin 1926
Camille CHAUTEMPS *(3e passage)* – 19 juillet 1926
Albert SARRAUT – 23 juillet 1926
André TARDIEU – 11 novembre 1928
André TARDIEU *(2e passage)* – 29 juillet 1929
André TARDIEU, président du Conseil *(3e passage)* – 3 novembre 1929
Camille CHAUTEMPS, président du Conseil *(4e passage)* – 21 février 1930
André TARDIEU, président du Conseil *(4e passage)* – 2 mars 1930
Georges LEYGUES *(2e passage)* – 13 décembre 1930
Pierre LAVAL, président du Conseil – 27 janvier 1931
Pierre LAVAL, président du Conseil *(2e passage)* – 13 juin 1931
Pierre CATHALA – 14 janvier 1932
Albert MAHIEU – 20 février 1932
Camille CHAUTEMPS *(5e passage)* – 3 juin 1932
Camille CHAUTEMPS *(6e passage)* – 18 décembre 1932
Camille CHAUTEMPS *(7e passage)* – 31 janvier 1933
Camille CHAUTEMPS *(8e passage)* – 26 octobre 1933

Camille CHAUTEMPS, président du Conseil *(9e passage)* – 26 novembre 1933
Eugène FROT – 30 janvier 1934
Albert SARRAUT *(2e passage)* – 9 février 1934
Paul MARCHANDEAU – 13 octobre 1934
Marcel RÉGNIER – 8 novembre 1934
Fernand BOUISSON, président du Conseil – 1er juin 1935
Joseph PAGANON – 7 juin 1935
Albert SARRAUT, président du Conseil *(3e passage)* – 24 janvier 1936
Roger SALENGRO – 4 juin 1936
Marx DORMOY – 24 novembre 1936
Marx DORMOY *(2e passage)* – 22 juin 1937
Albert SARRAUT *(4e passage)* – 18 juin 1938
Marx DORMOY *(3e passage)* – 13 mars 1938
Albert SARRAUT *(5e passage)* – 10 avril 1938
Henri ROY – 21 mars 1940
Georges MANDEL – 18 mai 1940
Charles POMARET – 16 juin 1940
Adrien MARQUET – 27 juin 1940[1]

1. Le régime de l'État français aura successivement pour ministres de l'Intérieur Adrien Marquet, Marcel Peyrouton, l'amiral Darlan, Pierre Pucheu, puis à partir du 18 avril 1942, Pierre Laval, chef du gouvernement.

Le général de Gaulle nomme quant à lui André Diethelm le 24 septembre 1941, André Philip le 28 juillet 1942, Emmanuel d'Astier de La Vigerie le 9 novembre 1943 et Adrien Tixier le 9 septembre 1944. Félix Gouin nomme André Le Troquer le 26 janvier 1946.

CRÉDITS PHOTOGRAPHIQUES

Tous les documents et photographies reproduits dans cet ouvrage proviennent du « fonds Panthéon » des Archives nationales, à l'exception de ceux-ci :

Couverture : © Préfecture de police, p. 20 : © Keystone, p. 34-35 : © cliché Allan Hughan/album Demore/ANC/José Barbançon, p. 59 : © Bianchetti/Leemage, p. 86 : © adoc-photos, p. 101 : © Coll. O. Calonge/adoc-photos, p. 106-107 : © adoc-photos, p. 118 : © Joseph Canellas/Musée Carnavalet/Roger-Viollet, p. 130 et 135 : © Archives du Sénat, p. 152-153 : © Lux-in-Fine/Leemage, p. 223 : © Mondadori Portfolio/Rue des Archives, p. 251 : © Albert Harlingue/Roger-Viollet, p. 272 : © *L'Illustration*, p. 274 : © Coll. Sirot-Angel/KLC, p. 285 : © *Excelsior*/*L'Équipe*/Roger-Viollet, p. 298-299 : © *Excelsior*/*L'Équipe*/Roger-Viollet, p. 310-311 : © Préfecture de police, p. 345 : © Jewish Memories/Kharbine-Tapabor, p. 361 : © Rue des Archives/BCA, p. 365 : © Selva/Leemage, p. 374 : © Rue des Archives/PVDE, p. 376 : © Albert Harlingue/Roger-Viollet, p. 410-411 : © Préfecture de police, p. 414 : © Préfecture de police, p. 442 : © Getty Images, p. 478-479 : © Préfecture de police, p. 518 : © BDIC/Steinlein/Keystone.

Table des matières

L'EXEMPLAIRE QUE VOUS TENEZ ENTRE LES MAINS
A ÉTÉ RENDU POSSIBLE GRÂCE AU TRAVAIL DE TOUTE UNE ÉQUIPE.

COORDINATION ÉDITORIALE : Julie Deffontaines

DIRECTION ARTISTIQUE : Quintin Leeds avec Vincent Lever
COUVERTURE : Quintin Leeds
ICONOGRAPHIE : Julie Deffontaines

MISE EN PAGE : Dominique Guillaumin
PHOTOGRAVURE : Daniel et Clément Regard, Les Artisans du Regard,
avec Axiome pour la présente édition.
RÉVISION DES TEXTES, RÉDACTION DES LÉGENDES ET DES TRANSCRIPTIONS :
Matthieu Recarte, Juliette Gallois
NUMÉRISATION : Jean-Baptiste Noilhat
FABRICATION : Marie Baird-Smith, Lucie Lebon, Valentine Ferrante

COMMERCIAL : Pierre Bottura
COMMUNICATION : Karine Vincent
RELATIONS LIBRAIRES : Marie Labonne et Jean-Baptiste Noailhat

RUE JACOB DIFFUSION : Élise Lacaze (direction), Katia Berry (Grand Sud-Est), François-Marie Bironneau (Nord et Est), et Charlotte Jeunesse (Paris et région parisienne), Christelle Guilleminot (Grand Sud-Ouest), Laure Sagot (Grand Ouest), Diane Maretheu (coordination) et Charlotte Knibiehly (ventes directes), avec Christine Lagarde (Pro Livre), Béatrice Cousin et Laurence Demurger (équipe Enseignes), Fabienne Audinet (LDS), Bernadette Gildemyn et Richard Van Overbroeck (Belgique), Nathalie Laroche et Alodie Auderset (Suisse), Kimly Ear (Grand Export).

DISTRIBUTION : Hachette

DROITS FRANCE ET JURIDIQUE : Geoffroy Fauchier-Magnan
DROITS ÉTRANGERS : Sophie Langlais
ENVOIS AUX JOURNALISTES ET LIBRAIRES : Patrick Darchy

LIBRAIRIE DU 27 RUE JACOB : Laurence Zarra
ANIMATION DU 27 RUE JACOB : Sophie Quetteville

COMPTABILITÉ ET DROITS D'AUTEUR : Christelle Lemonnier avec Camille Breynaert
SERVICES GÉNÉRAUX : Isadora Monteiro Dos Reis

Achevé d'imprimer en France par Normandie Roto Impression s.a.s. en octobre 2018.

ISBN : 978-2-37880-036-9
N° d'impression : 1803484
Dépôt légal : octobre 2018